ZARD

ギャンブルトレーダー

The Poker Face of Wall Street
Aaron Brown

【著】アーロン・ブラウン
【訳】櫻井祐子

ポーカーで分かる相場と金融の心理学

Pan Rolling

序文

ナシーム・ニコラス・タレブ（ダイヤモンド社刊『まぐれ』の著者）

I

ギャンブルは、ほかにやることがあまりない人がのめりこむ、あるいは、ほかにやることがない時間を浪費する不毛な活動と見なされることが多い。そして「経済的リスクを負うこと」と「ギャンブル」とは別物と考えられている。つまり、一方には敬意が払われ、他方には悪習や寄生行為の産物というレッテルが張られているわけだ。

しかし、本書は純粋に「ギャンブル」と呼ばれるものと「生産的な経済活動」と呼ばれるものとの区別が、社会的に構築され、人の心にこびりつき離れない種類の区別であることを示している。

多くの人が、この主張に異議を唱えるだろう（われわれの経済文化は、さまざまな営みの間に存在するこうした心的境界によって損なわれている）。しかし、ギャンブルは将来の現金移動への期待という形で、経済生活に通貨を注入している。世界を前進させるのは、狭義の「生産的」活動だけではないのだ。

この考え方は受け入れられないかもしれない。なぜなら経済学は説明的な学問であり、これは誤った説明であるように思われるからだ。

「ギャンブルが経済活動を模倣しているのではない、経済生活は主にギャンブルをモデルにして作られたのだ」――。これは破産のために悪評を得たものの、独創的な思想家だったジョン・ローの考え方である。そしてまた独創的な思想家であるアーロン・ブラウンも、この考え方を再び取り上げ、さらに発展させている。

II

本書の原稿をひもとく日まで、私はどのような形のものであれ、ギャンブルにはまったく関心がなかった。確率論に関する膨大な書物や、確率または「リスク」の歴史について書かれた見当違いの書籍などが教えることとは裏腹に、私はギャンブルから「真のランダム性」についての教訓を得ることはできないし、ギャンブルがこの厄介で非観念的な現実世界に生きるために実地訓練を積む実験室にはなり得ない、という攻撃的な考えを持っていた。

概して人間は、人生において偶然が果たす役割を過小評価し、同様にこうしたゲームでは、それを「過大評価」する傾向にある。これは、頭のなかで想起しやすい情報のほうが重視されるという「利用可能性ヒューリスティック」の作用によるものだ。

実際、私の専門が確率論であることを知ったとたん、サイコロの話をしようとする人たちがいる。これには強い憤りを感じずにいられない。私の著書のペーパーバック版を担当した二人のイラストレータは、何も指示されないのに勝手に、イラストレータが表紙に、組版担当者が各章見出しの下に、それぞれサイコロの絵を添え、私を激怒させた。

編集者は、二人に対して、いわゆる知的侵害であるかのように「遊戯的詭弁《ルーディック》を回避せよ」と警告した。興味深いことに、二人とも「ああ、すみませんでした。知らなかったんです」と答えた。

遊戯的詭弁とは（「遊戯」を意味するラテン語の「ルーダス」にちなんだ）私の造語だ。認識論的根拠としてゲームを誤用することを指す。

こうしたゲームでは、ランダム性が最終的に消滅してしまう。どうしてだろうか。確率は既知で、報酬は不変と仮定しよう。またカジノは、賞金を一〇〇倍支払うとか、十分の一しか支払わないなどと宣言して、客を驚かせるようなことはないとする。サイコロ投げは、すぐに平均値に落ち着く。スキルではなく、ノイズが相殺されるからだ（これがカジノの強みである）。ルーレットは、ごく近い将来にカジノが客を負かすと断言できる。期間を長く設定すればするほど（あるいは賭け金を小さくすればするほど）、平均化のせいで、ランダム性はこうしたギャンブルの構成概念からますます消えていくのだ。

遊戯的詭弁は、例えばランダムウォーク、サイコロ投げ、コイン投げ、〇か一かで表される悪名高いデジタル式の「表か裏か」、水中を漂う花粉の微粒子のような動きの「ブラウン運動」など、偶然の機構に存在する。これらが生み出すのは、ランダム性と見なされてもいない性質のランダム性だ。「プロトランダム性」あるいはマンデルブロのいわゆる「マイルド型のランダム性」のほうが、呼び名としてより適切だろう。こうした理論はどれも、その根底で不確実性の層を無視している。さらに悪いことに、この層の存在すら認識していないのだ！

ところが、本書がもたらした意外な新事実がある。それは、ポーカーがランダムウォークと著しく異なること、そしてそれゆえにポーカーから教訓を学ぶことが可能ということだ。

さらに言えば、ポーカーはランダム性について学べる唯一の現場なのかもしれない。なぜなら、ポーカーには、ほかにも不確実性の上位層がたくさん隠れているからだ。

ポーカーでは、食い物にしたくなるようなカモもいれば、あなたをカモにしようとする人もいる（もちろん、あなたに気がつかれないまま）。ただコインを投げて、左や右に賭けるわけではない。ルーレット盤のように、大きな機械を相手に賭けをするわけでもない。カードを見ずに引くわけでもない。ほかの人間を相手にプレーするのだ。対戦相手が最大限に賭けてくることを簡単に制御できない。

どのような方針で賭けるかは、ある特定のカードを獲得する確率よりも、はるかに重要だ。ポーカーでは、はったり《ブラフ》をかけて逃げ切ったり、ほかのプレーヤーを混乱させたり、悪い手をものともせずに勝ったり、あるいは予想外に良い手でも負けたりすることがある。また、賭けというものは、とりわけエスカレートするものだ。

つまるところ、確率には「自閉的確率」と「社会的確率」がある。後者は、人間関係のごたごたや、もつれのせいで複雑だ（だから面白い）。そしてポーカーと本書がわれわれを導いてくれるのは、その後者である。

このように、カードに関する不確実性、他人の賭け方に関する不確実性、他人があなたの賭け方をどう考えるかに関する不確実性があるため、ポーカーは現実世界に似ているといえる。だが、ポーカーは本書が示すように、思いもよらない点で、さらに現実世界に似ているのだ。

III

本書の著者、アーロン・B・ブラウンのことは、主に確率論の経験主義的知識人として、数年前から知っていた。ただ、彼が実際にどのような考えの持ち主なのかは、本書を読むまで知らなかった。

私が知っていたのは、彼がリスク管理という知的活動に携わり、トレードとギャンブルの経験を通じて、偏見のない心で（不確実性を理解するために必要なものだ）、より深く不確実性を理解するようになったという、一風変わった貴重な経歴の持ち主だということだった。つまり、彼は「実務家が腹を立てずに話すことのできるファイナンスの教授」というわけだ。

ただし、彼のすごさは、たった一つの大きなアイデアを持ち、それを縦横に探究し、熟成させ、その興味深いひだのなかに入りこみながら、人生を歩んでいることにある。このことは、偏見のない確率論の知識人という、ただでさえ珍しい分類よりも、はるかにまれなことだ。

ポーカー経済学、または単なる一般的なギャンブルが、アーロンの専門である。彼は遊戯というプリズムをとおして、この世界を見ているのだ。

遊戯的詭弁に対する概念に、遊戯的美徳がある。これはヨハン・ホイジンガの「ホモルーデンス（遊戯人）」や、ロジエ・カイヨワの「遊びと人間」、最近のものではミハイ・スパリオスの「ディオニサス・リボーン（Dyonisus Reborn）」などが提示する、遊びの動作主としての人間モデルである。

ただ、こうした文学的、心理学的発想を経済生活の現代的説明に飛躍させることは、難しいままだった。本書が画期的なのは、単にホモエコノミカス（経済人）とホモルーデンスとを融合するにとどまらず、ホモエコノミカスがホモルーデンスであることを、納得できる形で説明していることにある。

経済生活とはギャンブルなのだ。

読者が私のように、この世界を違った観点から見始めてくれればと願っている。

はじめに

一月のある夜のこと、私はニューヨーク市で、世界リスク管理専門家協会の会議に参加していた数人の金融関係者と、テキサスホールデム（編注　米国で最も人気のあるポーカーの一種）をプレーしていた。その日、私は「クレジットデリバティブの利用」というセミナーの講師を終え、新旧友人からポーカーのメンバーを募り、残りの時間を彼らとすごしたのである。

メンバーの一人に、出版社ジョン・ワイリー・アンド・サンズの金融投資編集主任、ビル・ファルーンがいた。話をするうちに、私が以前書いたポーカーに関する論説のことが話題に上った。それから数カ月後とはいえ、ビルは本書『ギャンブルトレーダー』の執筆契約をもちかけてきた。ビルと助手のローラ・ウォルシュ、販売責任者のキム・クレイブンとナンシー・ロスチャイルドをはじめとするワイリーの全社員が、非常に大きな助けとなり、支えとなってくれた。

本書を執筆して一番嬉しかったのは、友人や見ず知らずの人たちが、望外の援助を買って出てくれたことだ。だれもがこのテーマを気に入ってくれ、重要な仕事の手を止めて、物事を説明してくれたり、有益な助言をくれたり、だれかに紹介してくれたりした。

こうした人たちの名前は、ここで列挙せず、本文の適切な箇所で挙げさせてもらう。ただ、本文で紹介できなかった人たちもわずかながらおり、こうした人たちのアイデアも本書に活用されている。非常に寛大で心強い人たちだ。

デイブ・シャーフは、ポーカーの何でも屋であり、プレーヤーであり、作家であり、博学者でもある。レイチェル・ホースウッドは、金融リスクジャーナリストのスーパースターだ。彼女の同僚で同じように才能に恵まれたニナ・メータは、計量ファイナンス関係の執筆の専門家である。エイミー・カリストリは著名なポーカーコラムニストだ。

室内ゲームの世界的権威、デイビッド・パーレットからは有益な回答を得た。物理学者から転身し、今はヘッジファンド「パララックスファンド」で働くトム・マクファーランドからは、有益な情報と紹介を得た。ちなみに彼は、社長であるファンドマネジャーのロジャー・ローに勧められた賭け金の高いゲームを敬遠したことを私に打ち明けてくれた。

マイケル・ヘンベリーは意見するにもうんざりして、本書の最も重要な段落の三つを書き換え、大幅に改善してくれた。またその過程で、私の考え方を具体的に表す、英単語九語から成る標語を考えてくれた。さらに計量ファイナンスのベストサイト「www.Wilmott.com」やポーカーのベストサイト「www.twoplustwo.com」のオンラインフォーラムに書き込んでくれた人たちにも大いに支えられた。本文でも名を挙げたが、この場でサイトの運営者に改めて感謝の意を表したい。

金融および関連分野では、幾人かの素晴らしい師を得た。社会的ネットワークの理論家ハリソン・ホワイト（ハーバード大学での指導教官だった）、会計士のキャサリン・シッパー、統計学者のフレデリック・モステラー、クレイグ・エインズリー、ミリアム・グリーン、ハリー・ロバーツ、ロバート・エングル、ジョン・タッキー、アーノルド・ゼルナー、チャールズ・スタイン、彼の教え子のエド・ジョージ（シカゴ大学で私の指導教官だった）、経済学者のケネス・アロー、グラシエラ・チチルニスキー、ジョージ・

スティグラー、ゲイリー・ベッカー、ミルトン・フリードマン、ファイナンス教授のユージン・ファーマ、ジョン・インガーソル、マートン・ミラー、ロバート・ジャロウ、そしてフィッシャー・ブラック（本書は、特にブラックからインスピレーションを得た。ただし、彼は本書の中心となる考えの、およそ三分の一に強い異議を唱えている）。

お世話になった何人かには、ポーカーテーブルで何度か手ほどきすることでお返しをした。もしポーカーで、ノーベル賞受賞者から獲得した賞金総額を競う賞があったなら、私は厚かましくも自薦するだろう（優勝できるかどうかを知る術はないが）。

また、私が教授として指導している研究員や学生たちからも、同じくらい多くのことを学んだ。本文でもその数人を紹介している。マルコ・アベラネダ、ピーター・カー、エマニュエル・ダーマンとは、単位取得の時代が終わってから知り合った。彼らがニューヨークで運営する素晴らしい数理ファイナンスのセミナーには、大いに得るところがあった。

本書にその才能が間接的に反映されているポーカープレーヤーには、ジョン・アグリアロロ、マイク・カーロ、ボブ・フェドゥニアック、デイビッド・ハヤノがいる。ただし、ここで挙げたのは著名人だけである。それ以外の、同じように才能に恵まれていながら主に内輪《プライベート》のゲームでプレーし、ここで取り上げられることを喜ばないかもしれない人たちについては割愛させていただく。

スタン・ジョナスとマイク・リプキンは、時間を割いて長いインタビューに答えてくれた。スタンはいくつかの素晴らしい物語を、マイクは素晴らしい理論を持っていた。だが、そのすべては最終的に編集で割愛されてしまった。この場を借りてお詫びしたい。その文章は無駄にせず、ほかの論文で使わせていただく。

比類なきポーカーのノンフィクション小説『ポジティブリー・フィフス・ストリート（Positively Fifth Street）』の著者、ジェームズ・マクナマスとは面識はない。しかし、彼は本書にいくつかの回答と激励を寄せてくれたほか、著書の一部を利用させてくれた。特に、素晴らしい一行をある一節の見出しとして使わせていただいたことに感謝する。これこそ、本書の立派なタイトルになっていただろう。

ライティング・キャンプの創設者ムハマッド・コーエンは、期待した以上の編集を施し、私のランダムな思想の断片をこれからのページで見ていくような形に直してくれた。長い時間をかけ、ほとんど共著と言っても差し支えないほど、言い回しを直してくれた。エール大学とスタンフォード大学で学んだこの人物は、グレアム・グリーンの小説に感化されて外交官の道に入ったものの、自己主張が強すぎたために追い出され、香港のどの地図にも載っていない場所で、昔の恋人の夫たちから、クリスマス音楽から、背広を着た人たち（あるいは彼を提訴する人たち）から、また政府の暗殺者から身を隠している。また原稿整理編集者のジニー・キャロルは、原稿を一文字ずつ、一句読点ずつ、大幅に改善してくれた。

本を執筆するということは、家族と共にすごす時間が奪われることに等しい。家族から奪った私の時間、精力、配慮、忍耐、礼儀正しい態度は、本書のブラックホールに吸い込まれた。奪ったことに礼を言うのも変な気がするが、幸い妻のデボラには、伴侶として感謝することができる。彼女はポートフォリオマネジャーとしての自分の仕事の時間を割いてまで、インタビュー相手を見つけ出し（何人かは見つからないように身を潜めていた）、事実を調査し、話をしてくれるよう相手を説得してくれた。こどものジェイコブとアビバとは、ある約束をして、二人は私が知るほとんどの大人よりも、しっかりそれを守ってくれた。本書を書き終えた今、私も自分の側の約束を果たすことができる。

アーロン・ブラウン

二〇〇五年八月二四日

目次

第3章　金融の基礎――111

第9章 ゲームはだれのもの?――439

第10章　ユーティリティベルト――505

文献解題――531

第1章　計算外のリスクという名のアート

本書は、ギャンブルで勝つ方法についての本である。

ギャンブルは、経済思想や経済組織の中核をなす。多くの金融関係者がこの考えをどれほど不愉快に思おうと、それが事実であることに変わりはない。

金融市場に最もよく似たゲームであるポーカーが、金融のプロの間で非常に人気が高いのは、驚くにあたらない。ポーカーからは市場で勝つための貴重な教訓を得られるし、市場からもポーカーで勝つための同じように貴重な教訓を得られるのだ。

本書を通じて、この両方の種類のギャンブルへの洞察を養うことができるだろう。本書ではまず、ポーカーと金融の基礎知識について説明し、続いてポーカーの金融的、経済的側面について掘り下げる。また、勝つための戦術を初歩的なものから高度なものまで概説する。

そのなかで、米国人のポーカーや市場でのギャンブルに対して抱く情熱が、いかに米国の経済的成功と国民性を形作り、またいかにわれわれが今日生きるこのグローバル化した世界を生み出したかについて考察しよう。

章末の「フラッシュバック」の節には、論点に人間味を加えるため、私の断片的自伝をはさんだ。

最後に、こうした分野で行われているいくつかの最先端の研究について取り上げた。避けて通るべき危険なナンセンスについてもみていきたい。

リスク

最初の論点は、自明ながら見落とされやすいことである。それは「勝つためにはリスクを負わなければならない」ということだ。したがって、勝ちたい人にとって、リスクは良いものである。ただし、私の場合、リスクは尊重するものだ。

リスクは実在する。ポーカーやトレードなどリスクを伴うもので生計を立てようとすることは、すなわち失敗する可能性があるということだ。無一文になったり、友人のいない惨めな状態に陥ったりすることもあれば、死ぬこともあるかもしれないし、さらにひどいことになるかもしれない。これを信じられない人、神や宇宙やハリウッドの脚本家が頭脳明晰な善意の冒険者のためにハッピーエンドを保証してくれるなどと考える人、あるいは自分のような人間に悪いことは起こりようがないなどと考える人にとって、本書は有害無益である。もっとも、神に見守られているのだから、心配無用なはずだ。

朝ベッドから起きるのも、道路を渡るのもリスクが伴う、だから賭けを避けて通れない、と片づけてしまうのは簡単である。確かにそうだ。しかし、不要なリスクを避けようと努めることはできる。

さらに重要なのは、計算外のリスクは避けられるということである。つまり石橋を叩いて渡るわけだ。だが、この方法では、なかなか大きく勝てない。

無リスクの利益をすばやくさらい、自分が適正値に近いと考える価格でリスクと機会を取ろうとする人もいる。しかし、計算不能なリスク、つまり飛び立つ前に注意深く点検できないような信念に賭けるなら、競争率はずっと低くなる。だからこそ、そこではケタ外れの機会が見つかるのだ。

計算可能なわずかなリスクしか伴わない機会が与えてくれるもので満足できる人は、それはそれでよしとすべきである。これは中産階級に特徴的な戦略だ。もっとも、金持ちだろうが貧乏だろうが、だれにでも取れる。

「リスクのあまりない分野の仕事に就き、適切な訓練をみっちり受ける」「だれにでも親切にする」「堅実な投資先のなかから平凡なものを選び、税金を払い、法を守る」「前年よりも少し良い成果を上げる」――。多くの人にとって、これがアメリカンドリームだ。また人によっては、これが唯一の良識ある選択、つまり幸福を手に入れるためにだれかを犠牲にせずにすむ人生だ。

本書は、われわれのような「それ以外の人間」、そんな人生をすごすなど、見当もつかない人たちのために書かれている。例えば、順応性に問題がある人たちである。性的または政治的、宗教的に逸脱した人たち、あるいは単にお行儀の良い社会に順応できない分類不能な変わり者たちなどだ。

また、紛争地帯や恐怖政治下に生まれた人たち、あるいは社会階級や遺伝子異常などに対する偏見のせいで虐待を受けてきた人たちにとって、限られた安全な選択肢が提供する見返りは、考えるにも値しないほど微々たるものだ。そのほか、ただ単に退屈で、月並みな安楽では、あまりにも味気ないという人たちもいる。

だが、私の知る人たちがリスクを進んで取ろうとする最も一般的な理由は、純粋なエゴイズムだ。自分には育み、開花を許されるべき、何らかの才能があると信じているのである。われわれはものを書くか、行動を起こすか、調査するか、探検するか、教授するか、技術を生み出すか、あるいはただ、自分らしくあること、それ自体を目的とせずにはいられない。この強迫観念があるために、規則を超越し、いかなるリスクや行動も正当化するのだ。

私がこれまで会ったポーカーやトレードの成功者で、自分がだれよりも優秀だと信じていない人は一人としていなかった。その信念を誇示する人もいる。ほとんどの人にとって、それはとりたてて考えてもみない、目立たない信条の一つにすぎない。しかし、こうした意識を持つ人は、たとえ絶対的に居心地が良かったとしても、だれもが手に入れるものでは、けっして満足できない。

私にとっては、これこそ本物のアメリカンドリームである。歴史のほとんどで、大規模な中産階級は存在しなかった。富める人もいれば貧しい人もおり、どちらの人生にもリスクが伴い、だれもがギャンブルをした。

中産階級の発展が始まったのは一七世紀のオランダである。中産階級の安心を手に入れた欧州の人のほとんどがギャンブルをやめ、ほどなくしてほかの人にもやめさせようとした。

だが、米国では一九世紀になると中産階級があまりにも巨大化したため、かなりの割合の人がそこから逃れようとし始めた。米西部の辺境に住み着いた人たちのなかには、放浪者や亡命者だけでなく、より広大な土地を求め、金を稼ぐ機会を得るためなら破滅や死をも厭わないという富裕な東部の農民もいたのだ。そのことを知って、欧州の人々は驚いた。

成功者のなかには、社会的、宗教的などの慣習への順応から逃れるために、西部に移った人たちもいる。それまでの世界史では、鉱山で働くのは奴隷や虐げられた小作農と相場が決まっていた。ところが、米国では大卒者や事務員、地主が、北米中の採鉱キャンプに（採掘とポーカーのために）押し寄せたのである。さらに驚いたことに、同じような人たちが、しばしば戦争で（戦《いく》さとポーカーのために）歩兵を買って出たのだ。

彼らはみな「富と自由」を得るために中産階級の安心を投げ打ち、多くの場合その両方を手に入れたのである。「機会と無秩序」という、この前例のない組み合わせが、ポーカーと現代ファイナンスの両方を生み出したのだ。

リスクには計算できないものもあるからといって、慎重な戦略をはねつけたり、何も考えずに直感に基づいて行動したりしてよいというわけではない。この一五年間、金融リスク管理の分野で高度な数学が使われるようになったおかげで、それまでトレーダーが無秩序に上げていた利益が、貴重な収益源に変わった。

計算外のリスクを扱うれっきとした学問が初めて登場した。そのおかげでリスク管理に優れたトレーディングデスクは、リスク管理者不在のデスクを破滅させるほどのリスクを取ることができるようになったのである。

このテクニックは、ポーカーなどリスクを伴う活動にも利用できる。リスク管理の原則を理解するポーカープレーヤーは、賭け金の大きなゲームで、より攻撃的に、より少ない手持ち資金でプレーできるし、成功率も高いのだ。

リスクルール

これから示すのは、計算不能なリスクを取るための四つのルールである。これらのルールは、ポーカーやトレードにも、結婚にも、女優になるためヒッチハイクでニューヨークへ行くことにも、だれが見ても馬鹿げている物理学の新理論を構築するのに一生を捧げることにも適用できる。

一．下調べをする

中産階級的な考え方をしてみよう。同じ結果を得るのに、より安全な方法はないだろうか。リスクに計算可能な部分はないだろうか。ある一つの側面について有益な情報がないという理由だけで、計算をやめてはいけない。先人たちから学べることはないだろうか。

私が慎重なのは、リスクを尊重すればこそである。不要なリスクは避けなければならない。

また同様に大切なのは、計算可能だからといって、むやみにリスクを負わないようにすることだ。トレーダーの言葉を借りれば「リスクを負うのは、それに見合うだけの報酬を得られる場合に限る」。ポーカーの言葉なら「まずはカードからできるかぎりの価値を引き出すこと」である。ポーカーの腕前に頼るのは、その後だ。

二．成功に向かって努力しよう

ディクソン・ワッツが一九世紀の名著『スペキュレーション・アズ・ア・ファイン・アート（Speculation as a Fine Art）』で述べているように、リスクを取るのに必要なのは「慎重さと勇気、つまり熟考による慎重さと実行での勇気」である。行動すると決めたら、素早く、そして決断力を持って行動する。最小限ではなく、最大限のリスクを追求しよう。マクダフの城を攻める決断を下したマクベスが、どれほどの決意を持っていたか思い出してほしい。

「この瞬間から、心に最初に浮かんだことを手で最初に行うことになる」

自転車に乗る方法を学びたいなら、自転車にまたがってペダルを踏まなければならない。ぶつかることもあるだろう。しかし、乗り方は身につくはずだ。

ただし、リスクが大きすぎるなら、自転車に乗ってはいけない。慎重も過ぎれば、けっして学ぶことはないし、転倒するだろう。

三．つらいフォールドを断行する

ポーカーでよくある負け方に「ポットコミット」がある。プレーヤーはいったんポット（テーブルに集められた賭け金）に多額の賭け金を入れようと決心すると、たとえその後の出来事でゲームから降りたほうが得策になっても、あきらめようとしない。しかし、並みのポーカープレーヤーになるにしても、良い手を捨てなければならないことはよくある。すでにどれだけの金を賭けていようが、賭けを続けていれば勝てる公算があったとしても関係ない。

ゲームのできるだけ早い時点でフォールドをする（ゲームから降りる）ことを学ばなければならない。「最初の負けが最小の負け」なのだ。計算不能なリスクに取り組むうちに、計算に役立つことを学んでいく。その計算の結果、追加投資を正当化するほどの勝ち目がないと分かったら、できるだけ早く、そして始めたときと同じ位の決断力を持って、あきらめる。

ちなみに、ポーカープレーヤーがリーダーとして失敗することがあるのは、ゲームを降りようとするタイミングが遅すぎるからではない。早すぎるのが一因だ。

たとえ討ち死にしようとも、船もろとも沈もうとも、望みがついえるまで指揮官が戦うべき状況もある。これは大義のためにはよいかもしれない。しかし、ポーカーではまずいプレーだし、トレーダーにとっては大罪だ。

ルール二と三を適用すれば、たとえルール一によって和らげられるにせよ、何度も困った状況に陥るのは明らかである。ルール二は成功目指して頑張るときには尻込みしないようにと教え、ルール三はしばしば見切りをつけるようにと教えているからだ。

金を残しておきたい場合、あるいは負けても差し支えない金額だけを賭ける場合、退却するための良策にこだわる場合、自分の計算できるリスクだけに専念すべきだ。だが、計算不能なリスクを受け入れる決心をしたのであれば、ちょっとした安全策がある。

四．プランBは自分だ

損失を出した後で当てにできる唯一の資産は、あなた自身のなかにある。あなたの性格、あなたの才能、あなたの意志だ。

見知らぬ場所で友もなく無一文の状態の自分を想像する必要はない。しかし、そう考えると絶望にうちひしがれることはないだろう。現実はそれほどわびしいものではない。社会制度や経済組織が打撃をいくらか和らげてくれることも多い。

志を同じくする投機家の人脈を作ったり、リスクテイクを本気で支援してくれる組織に参加したりしてもよい。ただし、人脈は常に信頼できるとは限らないし、そうした組織は数が少なく、だれでも参加できるわけではない。

損失がどれほど大きくても、真のギャンブラーは生き残るものなのだ。俗に言われるように「競馬場で自殺する人などいない」。次のレースを逃すかもしれないからだ。

ここで強調しておきたいのは「四つのルールは成功の秘訣ではない」ことだ。私はそんな秘訣など知らない。せいぜい、この四点をすべて習得すれば失敗しないというだけの話である。控えめな目標と十分な資金を持った人なら、成功する可能性は高い。もちろん確率を数値化することはできない。というのも定義上、ここで問題にしているのは計算不能なリスクだからだ。手持ち資金の割に目標がむやみに野心的であれば、失敗する可能性は高い。だが成功するかもしれない。

もし自分にとって、計算可能で低いリスクしか伴わない選択肢が提供する人生よりも、成功する現実的な見込みがある（そして失敗する現実的な見込みがある）人生のほうが魅力的であれば、本書は、あなたが選んだ危険な道を行くための指針となるだろう。

金融とギャンブル

金融はギャンブルとしてしか理解できないし、ギャンブルは金融の一形態としてしか理解できない。

この前半部分は、難なく受け入れる人が多いだろう。ウォール街は大きなギャンブル場と考えられているからだ。

一九七一年、ニューヨークに場外馬券売場が初めてできたとき、こんなスローガンが使われた。

「株式投資家の皆さん、賭けるならこちらのほうかもしれません」

当時のニューヨーク証券取引所会長バーナード・ラスカーが、株式と競馬との比較に抗議する電報を送ると、ニューヨーク市の場外馬券公社社長であったハワード・サミュエルズは、こう返事した。

「一九七〇年にわが国で競走した四万八九七二頭のなかには、ニューヨーク証券取引所の犬（**訳注　価格分の値打ちのない株式**）よりも優れた投資対象であることを自負している馬もいることでしょう」

彼は正しかったのかもしれない。この月、つまり一九七一年四月に、ダウ工業株平均は九四一ドル七五セントで取引を終えた。そして、これはその後二一年間にわたるインフレ調整後の最高値だったのだ。ラスカーの肩を持つ人たちでさえ、市場参加者の多くがギャンブルをしていることは認めるだろう。

だが、私が言いたいのは、ラスベガスでもニューヨーク証券取引所でも儲けたり損したりすることがある、という表面的な比較とはちょっと違う。金融商品には付加的なリスクが埋め込まれており、それがルーレットやクラップス（二つのサイコロの出目を競うゲーム）の根底にあるものと同じ、マイナスサムで純粋にランダムなリスクだということなのだ。

確かにリスク分散が行われている株式ポートフォリオを長期保有する投資家は、本物の経済的リスクを負っている。しかし、それは株式市場で行われていることのほんの一部分にすぎない。今後二〇年間の株主資本利益率の平均がどうなるかをじっと座って心配することで高い給料をもらう人はいないし、そんなことのために悲鳴を上げたり叫んだりする人もいない。

高い給料をもらったり、悲鳴を上げたり、叫んだりするのは、ある銘柄の株式を買って別の銘柄を売ったり、株式を買ってその五秒後に売ったりすることに対してである。並みの株式投資家は、並みの利益を得る。それ以外は全員、単にギャンブルをしているにすぎない。

並みの利益を上回る勝ちは、並みの利益ほども得られなかっただれかが負担する。賭けがマイナスサムなのは、カジノのハウスエッジ（カジノ側の取り分）と同じように、税金や取引所の取引コストがかかるからだ。また少なくとも株式市場には、多少の潜在的な経済リスクがある。だれかがほかのだれかに勝つだけではない。

商品市場以外のすべての市場は、ゼロサムだ（編注　参加者の利益と損失を合計するとゼロになる）。いかなる貸付や債券にも借り手と貸し手がいる。いかなる通貨取引にも買い手と売り手がいる。いかなるデリバティブ契約にも別の当事者に支払いをする当事者がいる。実際に市場に身を置く人にとって、刺激と機会は、すべてこのような賭けから生まれる。

このような取引は資本配分の役に立つし、重要な価格発見をもたらすのだと指摘する経済学者もいる。だが、ほとんどの資本配分は取引市場の外で行われるし、どのみちあまりにも間接的で、実際に行われる取引の量を正当化できない。

価格発見機能は確かに有用だ。しかし、企業経営者は秒刻みで変動する株価や、すべてを合わせれば単一企業と経済的に同等になる数十種類もの証券の価格など、知っている必要はない。

競売市場は、それよりもずっと重要な社会的問題の答えを驚くほど正確に出せる。しかし、いまだに主要な経済機構とは見なされずに、学者の慰みものになっている。
私の考えでは、リスクが金融商品に付加される理由は、四つある。重要度の低いものから順に並べる。

一．リスクがあると、投資家にとって商品がより魅力的になる

人は賭けごとを好むため、ファストフードの会社が商品に余分な脂肪や砂糖、塩をこっそり入れるように、金融機関も金融商品にリスクを加える。
大抵の人が最初に思いつくのはこの理由だ。確かに正しい。しかし、重要度は最も低い。

二．資本形成上、リスクは欠かせない

消費に使える資金を資産運用に回し、将来の収入源として考えてもらう。そのように投資家を納得させる必要がある。料理に熱が必要なように、このためにはリスクが必要だ。

三．リスクは勝者と敗者を生み出し、動的な経済はその両者を必要とする

人は生まれながらに人生の選択肢をたくさん持っている。ボラティリティ（変動性）が高くなると選択肢の価値も高まる。資本が勝者に集中すれば変化を起こす力になる。
また損失を被ったことで、何不自由ないときには目もくれなかったような選択肢の価値を活用できるようになった敗者も多い。

て来ない。

四．リスクはトレーダーを引きつける

トレーダーは受動的に注文を出すだけの存在ではない。経済におけるきわめて重要で動的な勢力だ。成功者の稼ぎがあれほど多いことには理由がある。十分なリスクがなければ、しかるべき人材はやって来ない。

これらの理由が正しいと私が考えるのは、金融市場がどのように組織されているかについて、従来の理由では説明できない多くのことを細部にわたって説明してくれるからだ。これらの理由から、金融市場ではどのようなものが取引され、市場がどのように組織されているかが分かるし、ボラティリティのレベルや委託証拠金、トレーダー間の利益配分といったことも理解できる。

こう書いたからといって、私のことをこれまでだれも考えつかなかった経済理論を持つ変人と思わないでほしい。金融市場にはいろいろな見方があり、そのそれぞれに、なにがしかの真実があるのだろう。金融の仕組みに関するこれ以外の説明がすべて間違っていると主張するつもりもない。ただ「トレーダーとギャンブラーにとって、お互いの視点からそれぞれの仕組みについて考えることが有意義な場合もある」と言いたいだけなのだ。この類推は、たとえ的確でないとしても、啓蒙的ではあるし、ともすれば災いをもたらしかねない狭量な考え方や無知を防御する手段にもなるだろう。

現代ファイナンスは、昔からある経済学の体系でも、自然発生した体系でもない。金融モデルや分析の形に封じ込めることができるものでもない。

現代ファイナンス発祥の地は、一八〇〇年代初め、蒸気船によって莫大な天然資源が開拓可能になっ

たときから、同世紀の最後の数十年に鉄道網が完成するまでの時代のミシシッピ川流域だ。この地域で、スコットランド人ギャンブラーで、後にフランスの銀行家に転身したジョン・ローの経済に関する見識と、動的な自己組織型ネットワークをもとにした驚くべき経済システムが組み合わされた。

この経済システムは、この地域の先住民が利用していたもので、コンゴ川とニジェール川流域の経済圏の住民がもたらしたいくつかの新機軸によって活性化された。数学的な言葉を用いた説明を初めて発表したのは、ファイナンス教授で銀行家のフィッシャー・ブラックだった。

人口がまばらで陸上輸送が困難な河川網では、ほとんどの交易が町村を結ぶ道路や港湾をとおして行われる地域に比べて、はるかに柔軟で動的な経済システムが生み出される。米国で奇跡の経済成長が始まったのは西部の先物取引市場であって、東部の銀行や証券取引所ではなかった。この同じ時期、同じ場所でポーカーが発明されたのは、偶然ではない。

トレーディングゲームの例

ある株式の価格について考えてみよう。経済学者なら、株式が企業の利益に対する所有権を表すことを指摘し、将来の予想利益とそれが投資家の手に渡る時期とを分析することで、株価を予想しようとするかもしれない。これは「ファンダメンタル分析」と呼ばれる。

一方、ファイナンスの教授は、これとは違う見解を強調する。彼らは株式をはじめとする証券が経済ファンダメンタルズを表すことを否定しない。だが、根本原理に基づいて価格を評価するのは難しすぎる。市場の実勢価格よりも正確な価格を導き出すことは、だれにもできないように思われる。したがって、株価をギャンブルとして扱うこと、つまり何らかの確率で変動し得る数字として扱うことは理に適っているとする。これが「ランダムウォーク理論」だ。

ファンダメンタル分析もランダムウォーク理論も両方正しい、ということは十分あり得る。例えば、ルーレットの玉が回転盤を回転するとき、それが落ちる場所を決定するのは物理法則だ。だが、結果を予測するのはあまりにも難しいため、ほとんどの場合、ルーレットの回転をランダムな数字として分析して差し支えない。

クロード・シャノン（情報理論の生みの親）とエド・ソープ（ブラックジャックのカードカウンティング手法を開発した数学教授）の両夫妻は、ルーレットの回転を予測する電子装置の初期のものを発明した。クロードは硬貨を投げて表か裏を指定どおりに確実に出せるロボットアームを作った。こうした人たちにとって、ルーレットやコイン投げは、物理学によって分析すべき根本事象だ。だが、大抵の人は、これらをランダムとして扱うことで満足している。

しかし、トレードでの重要な行動で、ファンダメンタル経済学でも統計理論でも説明できないものが、もう一つある。これはこの二つの見方を否定するものではなく、同じ値動きを見る別の方法というだけだ。これを有益と考える人も、そう考えない人もいる。

それは「テクニカル分析」と呼ばれることもある。しかし、それが本来適用されるべきでない分野でこの名称は用いられている。日々の金儲けの手段としてではなく、神秘的な信仰の対象にしてしまった人たちのせいで、この名称には悪評がつけられてしまった。

トレーダーの一般則の一つに「市場は大きく動く前に常にストップ（＝逆指値注文）を取りにいく」というものがある。ストップのなかで最もよく知られているものが「ストップロス注文＝損切り用の逆指値注文（厳密にはストップセル注文＝逆指値売り注文）」だ。投資家が担当ブローカーに、株価がある一定水準を切ったら株を売るよう指示するというものである。株式投資から生じる損失を食い止めるためのテクニックだ。

ほかに「ストップバイ（＝逆指値買い）注文」つまり株価が一定のレベルを超えたときの買い注文もある。プロの投資家がよく使う手法だ。

このトレーダーの一般則は、ブローカーや取引所に出される正式なストップ注文だけを指すものではない。価格が下がれば売る決心をする人もいれば、上がれば買う決心をする人もいる。

またそうするよう、追い込まれる人もいる。これを「ウィークハンズ」（訳注　および腰の投資家）と呼ぶ。株を買うために多額の借り入れをした投資家は、株価が下がれば債権者に株の売却を強制されるかもしれない。また人気のある銘柄を買い損ねたポートフォリオマネジャーは、その銘柄が上昇を続ければ上司から購入を命じられることもあるだろう。

やや単純化しすぎかもしれないが、ある株式の価格が二五ドルで、二三ドルには一〇〇万株の売りストップ注文が、二七ドルには一〇〇万株の買いストップ注文があるとする。

こうした注文のせいで、市場は神経質な展開になる。株価が下がり始めると、トレーダーは二三ドルで一〇〇万株の売り注文がヒットする前に売りたいと考える。そこで彼らは二四ドルで売り始めて、株価を二三ドル七五セントに押し下げる。それがさらに売りを呼び、ストップを発動させるかもしれない。

一株でも二三ドルで取引された瞬間、一〇〇万株の売りストップは成行《なりゆき》の売り注文（市場で取引されている価格がいくらであれ、その価格で売るという無条件の注文）に変わる。そのため、株価は二二ドルまで下がるかもしれない。

しかし、一〇〇万株が吸収されると株価は戻し始め、二四ドルをつける。結局のところ、株価をあの点から押し下げたのは、ストップの恐怖でしかなかったのだ。

株価が上がってくると、トレーダーは二七ドルで作動する一〇〇万株の買い注文に欲が出てくる。だれもがこの注文がヒットする前に買いたいと考える。その結果、株価は二七ドルに押し上げられ、一〇〇万ドルの買い注文が発動し、二八ドルまでつり上げられるかもしれない。

トレーダーは一つの集団として、二二ドルから二三ドルまでの間の価格で一〇〇万株を買い、二七ドルから二八ドルまでの間の価格で一〇〇万株を売ったことになる。

静かな市場では、株価は二五ドルからほとんど動かないため、こんなことは起こらない。だが、その銘柄に関する噂が流れると、価格が変動することが多い。どちらに動いても、上記のような棚ぼたをトレーダーにもたらす。株式はストップが取り除かれてからしか、経済状態に即した動きを取ることができないのだ。

ここで話を先に進める前に、留意点を一つ指摘しておこう。トレードで儲けることは、ストップがどこにあるか推測して、それがつく前に行動するだけの、単純なことではない。もし市場が常にすべてのストップを取りにいくのなら、ストップ注文を使う人はいなくなる。したがって、これは常に成功するわけではない。そのうえ、ストップポイントの推測を誤れば、取引をし損じるばかりか、自分自身がストップの一つになってしまうかもしれない。

ストップで儲けようとするのは、ポーカーのブラインドスチール（編注　ブラフをかけて賭け金を上げ、他のプレーヤーが降りるのを促し、ポットを取ろうとすること）に少し似ている。うまくやれば成功するかもしれない。だが、そうでなければ高くつく。

つまるところ、本当の動きが始まる前の、二五ドルから二二ドルへ、そして二八ドルまでの動きは、経済ファンダメンタルズとは無関係だったし、ランダムでもなかった。むしろ、この動きは勝者と敗者が出るゲームの結果に似ていたのだ。

売り買いが早すぎた一部のトレーダーは利益を逃した。待ちすぎた人たちも同じ結果だった。株価が再び上昇することを見越してある価格で買ったものの、市場の動きに驚かされ、それよりも低い価格で売らざるを得なかった人たちもいた。このそれぞれの動きが、ほかのトレーダーに影響を与えた。こうした動きを事前に推測して儲けた人もいれば、推測を誤って損をした人もいた。

一般に、このような動きは、あまりにも小さく短命なので、それを活用できるのはトレーダーをおいてほかにいない。取引所の立会場で、あるいはコンピュータから、ほかのトレーダーと直接売買するのでないかぎり、結局のところ売買スプレッド（買値と売値の差）コストや手数料を支払い、あまりにも遅いタイミングで、しかもテクニカルな動きで儲けるにはあまりにも不利な価格で、注文が執行される羽目になる。プロのトレーダーのなかにも、こうしたゲームをしようとして損する人がたくさんいる。

タイミングが早くても、自分が一つの取引を行う間に、正確に計算された数百万もの注文を送信するようなコンピュータを持つ人がいるかもしれない。あるいは自分がそのコンピュータの持ち主だったとしても、一カ月で一〇〇〇万ドルを稼いでから、一秒で一億ドルを損するかもしれない。これはゲームではある。だが、手強いゲームなのだ。

金融市場とそれが経済におよぼす影響を理解したいのなら、トレードというゲームを理解しなければならない。短期的な価格変動の多くはランダムでもないし、経済ファンダメンタルズによって引き起こされるわけでもない。投資家による売買がそれを引き起こすのだ。

このことが、予測可能な動きをもたらす。例えば、オプションの満期が近づくと、株価がオプションの権利行使価格に「貼りつく」現象がある。あるいはオプションの売り手よりも買い手のほうが強い支配力を持っている場合、株価が権利行使価格からむりやり引き離される現象がある。

このような短期変動は、証券のボラティリティや流動性に影響を与え、ひいては発行者と投資家にとって、証券の経済的魅力を左右するようになる。トレードの特性における小さな違いが、価格評価における大きな違いをもたらし、それが資本配分や投資家のポートフォリオ選択に影響を与えるのだ。

こうした理由から、トレードというゲームは、経済や国内のムードにきわめて大きな影響をおよぼす。さらに、トレーダーが搾り取る金額は、総資産のかなりの割合を占め、ほかの資産プールに比べ、はるかに動的に有効活用される。こうした影響について考えることなくして、経済を理解することはできない。

ギャンブルとファイナンス

くだんの主張の後半部分、つまりギャンブルが金融市場のような機能を果たすという点については、異論が多い。ギャンブルに対する一般的な見方は、せいぜいよくてもゼロサムゲームというものだ。勝者が勝ち取るものを失う敗者が、常に存在する。

最悪の場合、ゲームを運営するのが「プロ」であれば、運営者側が必ず勝つため、プレーヤーにとってはゼロサムよりも分が悪くなる。したがって良識あるギャンブルをするなら、余興のために少額を賭けるしかない。この種の気晴らしを楽しむ人が多いのは事実だ。

しかし、それはここで問題にしているギャンブルではない。本書で扱うのは、真剣な経済的理由からギャンブルをする人たちである。こうした人は大勢おり、経済に大きな影響をおよぼしている。

米国での合法ギャンブルの総収入は、商業銀行の総収入のおよそ三分の二に相当する。合法ギャンブルでの年間の賭け金総額は、商業銀行の総資産とほぼ同じだ。違法ギャンブルについては信頼できる統計がないし、またギャンブルと銀行業を比較すべき方法は明らかでない。しかし、ギャンブル業界と銀行業界の規模は、ほぼ同じであるように思われる。

銀行は大勢の人から預金を集め、その資金を融資や証券の形で投資する。単体で見た銀行は、ちょうどギャンブルのようにゼロサムだ。預金者に支払われる利息は、借り手が支払う利息によってのみもたらされる。実はこれこそが、銀行をはじめとする貸金業者に対する歴史的な批判であった。貨幣は何も生まないのに利息を課すことは道徳的に間違っているという考え方だ。

だが今日、銀行を単独で分析する人などいない。銀行の融資や投資によって（願わくは）生み出される利益、つまり本物の事業から得られた本物の経済的利益が、分析には必ず含められる。この利益があるからこそ、銀行は預金者の金に利息をつけて返し、なおかつ経費を賄えるのだ。銀行は受動的な導管の役割を果たすだけではなく、経済成長の強力な牽引役にもなれる。そしてギャンブルも大勢の人から金を集め、少数の人の手に渡す。そして、こうした人々の少なくとも一部は、儲けを生産的に使う。

億万長者には、最初の元手をポーカーで得た人たちもいる。カーク・カーコリアンは、最初の事業であるチャーター航空のロサンゼルス・エアサービスの設立資金をポーカーの勝ち金で調達した。H・L・ハントは全財産をポーカーゲームに賭けて、最初の油田を勝ち取った。ビル・ゲイツ、ジョン・クルーゲ（総合メディア企業の創始者）、テキサスの石油王クリント・マーチソン、企業乗っ取り屋のカール・アイカーンの誰もが、金持ちになる前はポーカーで大きな賭けをしていた。

これは億万長者に限った話ではない。リチャード・ニクソンは最初の議会キャンペーンの資金をポーカーの勝ち金で賄い、それを利用して大統領の地位を手に入れた（大統領としてもリスクの高い賭けを続けたが、それほど成功はしなかった……）。古今を通じて、ギャンブルの勝ち金をもとに成功への道を歩み始めた人には事欠かない。最初の元手を銀行借入や証券発行で調達して成功した人の数は、これほど多くないはずだ。

敗者ですら、ギャンブルに助けられることがある。ドストエフスキーからマリオ・プーゾまでの多くの作家が、ギャンブルで負けたおかげで、インスピレーションと創作意欲をかき立てられ、素晴らしい作品を完成させることができたとしている。

もう一つの違いは、銀行の預金者は利息つきで金が戻ってくることを当然のことと期待して、ほとんどの場合、金が戻ってくるのに対し、ギャンブルはむしろ保険会社に近いという点だ。保険会社も大勢の人から金を受け取り、その金を貸付や証券の購入に充てる。保険会社から払い戻しを受け、投資額の何倍もの金を受け取る人は、ほんの少数だ。ほとんどの加入者は何ももらえない。

ただし、ギャンブルは保険とも違う。保険加入者は受動的である。要するに、賭けの対象は選ぶものの、賭けを成功させるために手を貸そうとはしない（保険金詐欺を働こうとする人は別だが）。一方、ポーカーのように技術が問われるゲームでは、賭けをする人は積極的に勝つための努力をする。この性質はミューチュアルファンドにも共通しており、また投資家への支払いが運と技術の組み合わせによって決まる株式などの取引については、さらに共通項が多い。

従来型の金融機関とギャンブルとの違いは、種類ではなく度合いの違いだ。株式市場ではポーカーに比べ、計算できるリスクの割合が大きい。これは大事なことで、忘れていると痛い目に遭う。だが、さらに悪い過ちは、株式市場ではあらゆるリスクが計算可能で、ポーカーではいかなるリスクも計算不能だと思い込むことだ。

この時点で読者の皆さんに納得してもらえたとは思わない。ほとんどの人が、ギャンブルと金融機関の間には本質的な違いがあると考えているはずだ。その違いを知っているつもりの人もいれば、定義するのは難しいがそれでも違いは実在すると考える人もいる。後の章で納得してもらうつもりだが、さしあたっては、私が完全に真剣だということと、この考え方がリスクを取る人にとって重要だということだけは分かっておいてほしい。

もしギャンブルが金融機関であるなら、勝者が経済的に生産的であるかを知ることは大切だ。不良債権を抱え、保険にも加入していない銀行に預金したり、無謀な投資を行う保険会社の保険に加入したり、まずい銘柄を選んだミューチュアルファンドに投資したいと思う人はいないだろう。さらに悪いのは、まったく投資を行わずに預金者の金を浪費するだけの詐欺的な金融機関だ。ギャンブルでも、これと同じ洞察眼を働かさなければ、確実に負ける。

この考えの対極にあるのが「テーブルに着いている人のなかで、だれがカモなのか分からないなら、カモは自分自身だ」という、陳腐な決まり文句で表される考え方だ。だれが言い出したのかは定かでなく、何十人もの言葉だという説がある。だれが言ったにせよ、これはまったくばかげている。

ほとんどの詐欺は、自分以外のだれかがカモだと思い込むように仕組まれている。カモかだれなのか知っていると思うとき、だまされている可能性が一番高いのはあなた自身だ。

あなたはカモがだれなのかを知っていようが、カモだらけのテーブルに着いていようが、重要な問題は「なぜあなたがカモから金を巻き上げる側の立場にあるのか？」ということだ。

カモを食い物にしようとする競争相手は大勢いる。したがって、あなたが考えるべきことは、どこにカモがいるかではない。「どこに競争相手がいるか？」である。

「カモの一人または全員が、カモのふりをしているのではないか？」「だれかが突然やってきて自分の金を強奪するのではないか？」「自分を逮捕して、勝ち金をすべて罰金として没収するのではないか？」「自分は中間段階のカモで、小さなカモから金を回収する一方で、だれかが自分から金を回収しようとたくらんでいるのではないか？」

もちろんやろうと思えば、カモを食い物にすることで生計を立てることはできる。競争が激しいやり方とはいえ、成功する人もいる。

しかし、これはギャンブルとは何の関係もないし、これに挑戦して、健康または裕福なまま人生を終えた人は、そういないはずだ。世の中には利口でタフな人がたくさんいる。もし、あなたがだれにでも損失をもたらしていれば、今度はだれかがあなたをダシにして、皆の損失を食い止めようとする可能性が高い。

それに、たとえうまくいったとしても、カモとつき合う人生を送りたい人などいるだろうか。彼らを食い物にして生きていかなければならないなら、少なくとも会わずにすむように、電子メール詐欺にすべきだ。

カモを探す代わりに、自分のゲームがどのようにして生産的な経済活動を促しているのか考えてみよう。今までこのような考え方をしたことがないなら、最初は難しいかもしれない。だが、少し練習を積んで少し偏見を捨て去れば、できるはずだ。

そのうち、カモの集うテーブルに着くよりも、生産的な人たちの集うテーブルに着いたほうがずっとましだということが分かってくるだろう。それに何らかの才能を持ってテーブルにのぞむことができれば、勝つ可能性がある。

ただし、ポーカーやトレードのやり方や、自分が取ると決めたリスクに必要なすべてのスキルを学ぶ必要はある。たとえ有利な得意分野にいても、自分の資金は一手ずつ一トレードずつ、自分の手で勝ち取らなければいけない。

だれも何も与えてはくれない。少なくとも、私の専門分野ではそうだ。だが大勢のカモを見つけることをあてにした計画より、強いプレーヤーに勝つ計画を持つほうが、はるかに幸せだ。

敵

私は「敵」という言葉を使わずにポーカーの本を書きたかった。だが、第1章ですでに挫折してしまった。それでも、この言葉を頻繁に使うつもりはないし、ポーカー以外のゲームや、ゲーム理論的ポーカーに関してのみ使うことにする。

ポーカーでは、敵を相手に戦うのではない。テーブルに集う人たちと一緒にゲームをする。敵を支配することで勝つのではなく、破壊しようなどと、だれも思いもしない。

戦略的に有利な得意分野を探すことによって勝つのだ。もちろんその分野を防衛する必要はある。しかし、何が何でも、というわけではない。

私に並みの一般的能力を持つポーカー初心者を九人紹介してくれれば、世界最強のポーカープレーヤーに九対一で勝つ方法を一時間あまりで伝授できる。いかさまをするわけではない。カードをいじったり開いたり、合図を送ったりなどせず、公明正大に賭けるだけだ。

各プレーヤーがめいめいの短期的利益を最大化するのではなく、テーブル全体が結託して特定のプレーヤーを負かそうとすることは、間違いなく倫理に反している。だが、これを禁じる規則は、実施することはおろか、定義することも不可能だろう。なによりも、ほかのプレーヤーを全員敵と見なすことは、私がチャンピオンキラーたちに伝授するような手法を計画しなさいと、テーブルの全員にけしかけるようなものだ。意識的にそうする人はいなくても、多少うまいプレーヤーなら無意識にやるだろう。

これは、デイビッド・スクランスキーの有名な「ポーカーの基本定理」に矛盾するように思われるかもしれない。

「敵の手をすべて見ることができた場合に自分が取る行動と、実際に自分が取った行動とが異なるときは、敵が勝つ。敵の手をすべて見ることができた場合に取る行動と、実際に取った行動が同じなら、敵が負ける。逆に、自分の手をすべて見ることができた場合に敵が取る行動と、敵が実際に取った行動とが異なるときは、自分が勝つ。また自分の手をすべて見ることができた場合に敵が取る行動と、敵が実際に取った行動が同じなら、自分が負ける」

だが、この二つの見解は対立するものではなく、互いを補い合うものだ（私なら基本定理で「敵」という言葉の代わりに「ほかのプレーヤー」を使うが）。基本定理から「敵を負かすことによって、またはすべてのゲームで勝つことによって、長期的な成功がもたらされる」と読み取るのは間違いのもとである。目標は全体をとおして勝つことであり、この二つの目標には意味がない。

その違いを理解するために、例えばだれかがこれに似た、セールスの基本定理を提唱したとしよう。

「顧客が支払ってもよいと考える金額よりも低い金額を課したときには、必ず顧客が勝つ。より高い金額を課そうとして、儲かる販売を逃すたびに、必ず損をする」

これは本当だし、規律ある価格決定方針を設定するためには、覚えておかなければならないことだ。

間違いは「顧客が得をしないようにしたいとか、最良の戦略は自分が損をしないようにすること」などと考えることにある。実際、顧客が得をすればあなたも得をするし、最良の戦略は、ゼロよりも大きい最適金額の損失を受け入れることだ（これはあくまで一般論で、製品の無償提供が最良の戦略という場合もある）。価格決定方針を忘れても負けるが、顧客を敵と見なせば確実に負ける。

「ポーカーはゼロサムゲームであり、自分が勝つためには、ほかのプレーヤーが負けなければならない」という反論もあるだろう。だが、これは一つのトレードだけに焦点を当てるなら、セールスにもあてはまる。顧客が使わずに済んだ金はすべて売り手の損になり、その逆も同じだ。

このトレードが、さまざまに絡み合う経済活動全体の小さな一部分にすぎないことは、だれでも知っている。より大きな見方をすれば、トレードは両当事者に利益をもたらすものかもしれないし、実際そうあるべきなのだ。

ポーカーで成功するためにも、大きな視野を持つことが必要だ。事業と同じで、あらゆる取引の一銭一銭に至るまでを大事にする必要を見すごしてはならない。しかし「小銭を大切にすれば大金は自ずと貯まる」という古いことわざを信じてもいけない。

確かに、固定的なプレーヤー集団が行うポーカーのセッションでは、全員の勝ち負けを足すと必ずゼロになる。タイムチャージやレーキ（ゲーム手数料）が課される場合は、カードルームも一人のプレーヤーとして数える。

だが、ここではすべてのポーカーゲームをJ・R・R・トールキンの「一つの道」のような、一つの巨大なネットワークとして考えてみよう（『指輪物語』の三部作より）。

彼は「道は一つしかない」とよく言っていた。それは大きな川のようなもので、その源はそれぞれの家の戸口で、小道は支流だと。「フロドや、戸口から外に出ることは大変な仕事なのだよ」と、彼はよく言ったものだった。「道に踏み出すときには、足をしっかり地面に着けていないと、どこに流されるか分かったものじゃない。この道は、闇の森を通るまさにその道だ。流されれば、離れ山や、もっと怖い場所にまで連れて行かれるその道なのだよ。それが分かっているのかい?」

数百万人のプレーヤーが、終わることのないゲームをしていると考えてみよう。勝った人は外に出て外の世界で金を使い、負けている人は、内にとどまって勝負を続けるとする。いかなるプレーヤーにも、少なくとも理論的には、勝つ可能性がある。より広範な経済的背景のなかで見た場合、ポーカーゲームは銀行と同じように、金を生み出すことができる。ジョージ・ソロスの言葉を借りれば、これが「ファイナンスの錬金術」だ。

残念ながら、事はこれほどうまく運ばない。すべてのポーカープレーヤーが勝つわけではなく、大多数が、少なくとも帳簿上は損をする。だからといって、テーブルで会うすべての人に最大限の損失を負わせることを目標にしたのでは、絶対に成功できない。それはちょうど賢明な企業が、価格のつり上げを目標としないのと同じだ。

それに、すべての損失を回避することを目指すべきでもない。損失を回避するのは簡単だ。プレーしなければよい。だがプレーする以上は、負けるためではなく、勝つためにプレーしなければならない。以上が、あらゆるリスクテイクの行動にあてはまる、二つの原則だ。一方では損益をもたらすあらゆる機会に一心に集中し、だらしなさから機会を逃すようなことのないようにする。他方では、成功する見込みのある、より大きな戦略的視点のもとに行動すること。もし逆に自分以外の全員を敵と見なせば、自分の身にも同じことが降りかかってくる。

ポーカー理論には、二人プレーヤー一ゲームの、ゼロサムモデルから導かれたものが多い。だがポーカーの醍醐味のほとんどは、それよりも高度なレベル、つまりテーブルの全員がセッション全体をとおして行うゲームでこそ味わえる。私がそう考えるのは、一つにはこれまでトーナメントやオンラインポーカー、商業ポーカーなどではなく、質の高い招待制の内輪のゲームで経験を積んできたからだ。

内輪のゲームでは、プレーヤーがひっきりなしに来ては去るということがないので、長期的な視野に立てる。それにゲーム時間が大体分かっているので、短期的に勝っている人が勝ち逃げする心配をせずにすむし、五分五分に持ち込もうと三日間も粘るような輩もいない。

一つひとつのゲームだけに焦点を絞ると、結果は分散のきわめて大きなランダムウォークになる。このアプローチを取れば、いかにうまいプレーヤーであっても、儲けの大きな変動に耐えなくてはならなくなる。この場合、手早いゲームを年間数千時間もプレーする必要がある。もっとのんびりしたペースで、年間二〇〇～三〇〇時間のプレーでコンスタントに勝つためには、細心の対応が必要なのは言うまでもない。

だからといって、私の主張だけが正しく、ほかが間違っているということではない。単に、論じているポーカーの種類が違うというだけのことだ。

だが、たとえ読者の皆さんがプレーしているのが違う種類のポーカーだったとしても、本書は役に立つ。あなたのやっていることの視野を広げるような、また別の助言を提供するからだ。まだだれもプレーに採り入れていない新鮮な角度からゲームを見ることができれば、勝つための新しい方法を考え出せるかもしれない。

ホールデムエース

私が言いたいことを説明するために、具体例を挙げよう。本書が目指すのは、実体のない一般論を紹介することではなく、実践に役立つことだ。この例を理解するには、第2章で説明するような、ポーカーに関する知識が多少必要になる。もちろん私を信用して、この例を飛ばしてくれても構わない。だが、それはポーカーの本の精神に沿った読み方とは言えない。

テキサスホールデムというポーカーゲームでは（編注　具体的なルールについては第2章で説明）、最初に配られる二枚の手札を三種類に分けられる。「A《エース》」が含まれる手、二枚の高位《ハイ》のカードの手、そしてコンビネーション（「ペア」または「スーテッドコネクター」つまりマークが同じで、かつ数字が連続するカード）の手だ。これらの手は重複する。

例えば「A」と「Q《クイーン》」は「A」を含む手でもあり、高位のカードの手でもある。また「ハートのK《キング》」と「ハートのQ」は、高位のカードの手でもあり、スーテッドコネクターでもある。

私がさまざまな種類のゲームで幾度となくプレーした経験から弾いた大まかな平均として、フロップ（最初のラウンド1で置かれる3枚の共有カード）を見るプレーヤーが、この三種類の手のいずれかを手に入れる確率は、四〇％ほどだ。足し合わせると確率が一〇〇％を超えるのは、重複のためである。ホールデムの戦略を決定するうえで最も重要な数字は、個々のプレーヤーに適用される確率ではない。テーブル全体に適用される確率だ。私がこれまで見たホールデムのゲームでは、熟達したプレーヤーがプレーする場合を含め、必ずと言っていいほど、この三種類のどれかの手を持たないプレーヤーが、プレー続行がほとんど割に合わなくなるまで自分の手を過信することはない。

個々の対戦相手が、どれだけいい加減でどれだけまじめなのか、彼女はミドルペア（2番目にランクの高いフロップの一枚と手札との組み合わせ）でプレーしたがるのか、といった問題に比べれば、どの種類の手を避けるべきかという問題のほうが決めやすいし、安定している。

一人の対戦相手から、一時間のうちに二、三種類の手が見られることもある。そのプレーヤーがどれほど頻繁にコールをして（上昇した掛け金の額に合わせること）、どういったフロップで降りるかといった情報をもとに、ある程度推測したとしても、非常に役に立つ情報を集めるには時間がかかる。それにうまいプレーヤーなら、頻繁にやり方を変えて、ほかのプレーヤーを欺こうとするだろう。

だが、テーブル全体で「A」、高位のカード、コンビネーションが出る確率のデータは、ほぼすべてのゲームで明らかになる。そのデータについて人を欺こうとする人などいない。

なぜこのことがそれほど重要なのだろうか。もし二枚の手札にAが含まれていれば、それらが同じランクのカードを共有している確率は、当然一〇〇％だ。もし二枚の手札に異なる「10」以上のカードが含まれていれば、その二枚の手札で同じ順位のカードを共有している確率は六二％になる。もし二枚の手札がペアまたはスーテッドコネクターであれば、それらが同じランクのカードを共有している確率は七％にすぎない。もし両方ともスーテッドなら、同じマークを共有している確率は一九％にすぎない。

互いにカードを共有する二人のプレーヤーがあなたと同じポットにいるとき、あなたには常に二つの強みがある。二人はそれぞれ相手の手を良くするカードを持っているので、それ以上に手が良くなる見込みは薄い。さらに重要なのは、二人ともあなたを負かすか、二人ともあなたを負かさないかの、どちらかの可能性が高いということだ。二人ともあなたを負かす場合、どちらか一方があなたを負かした場合に比べて、あなたの損失が大きくなることはない。だが、どちらもあなたを負かさない場合には、あなたの賭けた二倍の金額が手に入る。

逆に、自分がマルチウェイポット（訳注　三人以上のプレーヤーがポットを争っている状態）でだれかとカードを共有することは避けたい（二人しか残っていないなら問題ない）。この要素、つまり自分がだれか一人のプレーヤーとカードを共有しているのか、ほかのプレーヤー同士が互いにカードを共有しているのかという要因は、一つの手を別の手と区別するそのほかの要因を圧倒する。

ほかのプレーヤーたちが全員同じカードを求めている場合は、プレーに値するどのような手でも参加するのが得策だ。だが自分がほかのプレーヤーと同じカードを求めている場合に、ポットに参加したいとは思わないだろう。

そこで例えば、自分のテーブルで「A」を含む手が十分に考慮されずに、高位のカード、スーテッドコネクター、ペアばかりがプレーされていることに気づいたとしよう。当然、自分の「A」を含むすべての手と、それ以外の特に良い手だけをプレーしたいと思うだろう（また競争率が高すぎるせいで、高位のカードよりも重複する確率が低くなっているコンビネーションも好むだろう）。

ほとんどのポーカー理論は、個々のプレーヤーに焦点を当て、「A」をプレーする比率が低すぎるプレーヤーに対抗する場合に限って、「A」を含む手で参加するよう教える。だが、まるでほかにだれも「A」を持っている人がいるはずがないかのように、自分がすべての手をプレーしたらどうなるだろうか。あなたに対抗して「A」を含む手でマルチウェイポットに参加する人は、金を失うだろう。あなたも金を失う。

しかし、精力的に自分のニッチを守れば「指定Aプレーヤー」になれるだろう。ほかのプレーヤーは合理的に考えて、あなたに対して「A」を含む手で降りて、儲けの多いニッチにあなたを一人残してくれるだろう（あなた自身がポットにいないときには、だれが何をしようと問題ではない）。

あなたが「A」を含む手だけをプレーすることを全員が知っていれば、あなたに対抗して、ポットのほかのプレーヤーと「A」を共有したがる人はいないだろう。もしだれかがあなたに挑戦すれば、テーブルを全体としてみた場合の状況は良くなる。しかし、個々のプレーヤーの状況が良くなるわけではない。オーケイ、分かった、ポーカーに勝つのはこれほど簡単なことではないと認めよう。この戦略にはいくつかの問題点がある。一つは、手の内が見え透いていることだ。また勝つほどの価値もない「A」のニッチをめぐる争いで大金を失ったり、大金を賭けた揚げ句ニッチを失ったりすることもあるだろう。それにあなたの行動が、対戦相手に「A」「K」か、同じマークの「A」の手を待つように仕向けるかもしれない。

私は何も「テキサスホールデムでは必ず『A』を含む手をプレーしろ」などと言っているわけではない。このゲームが、ルーレットの回転盤のスピンのような独立した一連の手ではなく、「有利な立場を手に入れるために早い時点で金を投資する価値のある、一つのセッションだ」ということを忘れないでほしいのだ。

ポーカーのセッションは、個々の対戦相手との独立した一連の戦いではない。成功するためには、テーブルのだれも獲得しようと思わない儲けの多いニッチを見つけ、それを守ることが必要だ。

本書では木よりも森について詳しく説明する。ただし、木についても知る必要がある。そうはいっても一つひとつの手をプレーし、一人ひとりのプレーヤーと対戦しなければならないのだから。

だが、森の上にはもう一つ階層がある。これを「生態系」と呼ぼう。ポーカーで勝つためには、テーブルに集う人たちがなぜそこにいるのか、また自分自身がなぜそこに加わったのかを理解していなければならない。もしランダムウォーク・ポーカーを、極端に高額のバンクロール（資金）やわずかな賭け金のためにプレーするのではなく、真剣にプレーしたいのであれば、ポーカー経済学の信用構造を理解していなければならない。

もしあなたが時間的にであれ、経済的にであれ、人生のかなりの部分をこのゲームに結びつけるつもりなら、金融機関として見なされるこのゲームの歴史と今後の方向性について、いくつかの重要なことを伝えたい。

真実

本書ではいくつかの物語を紹介する。私はそのすべてが実話だと信じている。登場人物の名前が重要な場合は「ビル・ゲイツ」や「ボブ・フェドゥニアック」といったフルネームを使うし、そうでない場合には「ロバート」や「ブライアン」といった実名のファーストネームを使うことにする。個人的な話で本人がきまりの悪い思いをするかもしれない場合には「ディクシー」や「スリック」といったあだ名を使う。

混乱を招きかねない唯一の例は「アーム」や「クレイジー・マイク」など、私があだ名でしか知らない実在の人物について語るときだ。こうした例については本文で指摘する。

本書には、私が過去にやったことではなく、今考えていることを記した。また論点を説明するために、さまざまな話を織り交ぜた。話をでっち上げたり意識的に改ざんしたりはしていないとはいえ、文書記録や、ほかの関係者の記憶に照らし合わせて確認したわけではない。

記憶というものの性質を考えれば、事実を置き換えたり、出来事の起こった順番を入れ替えたりしてしまったことはあるだろう。しかし、それはほとんど問題にならない。なぜなら、私の現在の思考を形成するのは、実際に起こったことではなく、私が覚えていることだからだ。

一般的なポーカーの本には、手に関するさまざまな話が載っている。大抵はストレートフラッシュがフォーカードに勝った話や、まったく何の手もできなかったプレーヤーの話などが多い。

しかし、ポーカーで金が人から人へ渡るのは、どちらのプレーヤーも最強ではないが、そこそこ良い手を持っているときがほとんどだ。例えば「7」と「3」のツーペアが「A」のワンペアを負かしたり、「J《ジャック》」のワンペアが高位カードの「K」を含む手を負かしたりなどである。どうしたわけか、こうした手は本に載ることがあまりない。

ちょうど厄介な事件のせいで悪法ができるのと同じように、統計的に珍しい手が悪いポーカーを教えてしまう。もしストレートフラッシュとフォーカードがぶつかったときに合わせてプレーを最適化すれば、人生を通じてほとんどのゲームで推測を大きく誤るだろう。

もう一つの問題点は「面白いポーカーの手」なるものが存在しないことだ。プレーが意味をなすのは、セッションという文脈においてだけである。個々の手について語るのは、本に登場する四つ五つの興味深い単語を選ぶことで、その内容を概説するようなものだ。

実際のところ、アマゾンドットコムは「統計的に珍しい言い回し」や「大文字で書かれた言い回し」などで、まさにこれをやっている。どれほど役立つものか、実際に見てみるといい。ポーカーでは最も単純な決定を下すときですら、過去と将来の手について考慮する必要がある。

同じことがトレードや投資についても言える。私は株式投資のコツを聞かれたり、ドルを買い持ちあるいは売り持ちにすべきだろうかなどという質問を受けたりすることが多い。しかし、そんな考え方をしているようでは、負けたも同然だ。

戦略が必要なのだ。トレードや投資の決定は、戦略に照らして初めて評価することができる。

とはいえ、ポーカーの手やディーリングの実例についてまったく論じないのでは、本書を書くことはできない。問題は、どうすれば誤解を与えずにそれができるかだ。たった一つの手でも、そのために考察したすべてのことを列挙すれば、この本を埋め尽くしてしまうだろう。テーブルにいた全員について私が知っていたすべてのことや、彼らが持っていた手について私が下した判断に影響したすべてのこと、それに過去のすべての手、将来の手について私が考えていたすべてのことを書かなければならないからだ。

だが、そんなことをすれば、まるで私が価値のない手を降りる前に、二時間もかけて細かいことをあれこれ考えていたかのような印象を与えかねない。実際は、きちんとした計算や意識的な考察にさえ、数秒をかけることはほとんどない。

また、私が決定を下すために検討した諸要因を再構成することになるが、そうすれば決定が現実よりもずっと系統的で意図的だったような印象を与えてしまう。「あなたは今着ているものをなぜ着ることにしたのですか?」と聞かれたら、自分の選択に影響を与えた何十もの要因を列挙できるだろう。しかし、実際には、ほとんど意識的な努力をせずに、それらを考慮したのではないだろうか。

このような説明の仕方には、誤解を招く恐れのあるもう一つの側面がある。私は高校時代、野球の審判をやっていた。その当時、ランナーがセーフになり、私もセーフだと思い、セーフを宣告するつもりだったのに、遊体離脱して、自分自身がアウトを宣告するのを見たことが何度かあった。しかもこういったときの宣告は、それまでに自分が行ったなかで、最も明確で揺るぎないものだった。一方、脳の一部分はずっと「いや、セーフと言うべきだった」と言っていた。

なぜそうしたのかは、自分でも説明できない。脳の意識的な部分はすべて「セーフ」と言っていた。それなのに、私の体は「アウト」の合図をはっきり伝えていたのだ。

同じことをトレードでもポーカーでもやったことがある。なぜ自分がそのような行動を取るのか、理解できたためしがない。この出来事を思い出すのは、自分の脳みそが伝えるのと正反対の行動を取っているときだけだ。それ以外のときは、自分の人生は自分自身が取り仕切っている、という想定を崩さないために、認識と行動の違いは無視することにしている。

野球では審判が判定を変更することは絶対にない。ワールドシリーズなど、非常に重要なゲームでは変更もあり得るかもしれないが、ワールドシリーズの審判を頼まれたことは一度もないので分からない。

アマチュアのゲームで判定を変更してしまえば、どの判定にも文句が出て、だれも楽しめなくなってしまう。それに審判に仕返しをされることもある。不当な判定は運悪くイレギュラーに跳ねるゴロのような、ランダムに起こる出来事なのだろう。

妙な話、私はこうした異次元からやってきた不当判定について、文句を言われたためしがない。ミスがどれだけ明らかでも、脳の命令に背いたことで私の体を何らかの威光が覆い、それが人々を威圧するのだろう。彼らは深層心理で気がついたに違いない。もし私の身体が私の脳に従わないのなら、彼らに私を動かせる見込みがあるはずがないと。

ポーカーとトレードでは判断を変更しても仕方ない。それを計算に織り込み、そこからまた続けるしかない。これを読んで動揺してしまった人は、ジェームス・ジョイスのユリシーズから引用した次の格言を三回唱えてほしい。

「天才は誤りを犯さない。その誤りは意志的であり、発見への入口である」

もし自分が下した決定がうまくいったのなら、それは異例の大成功だったのだ。もしうまくいかなかったのなら、それはほかのプレーヤーのバランスを崩すことを狙った、よこしまなミスディレクション（編注　**相手の視線や注意を誤った方向に誘導する**）だったのだ。けっして誤りなのではない。

こうした理由から、本書でポーカーの手を取り上げるときは、そのときどきに私が何を考えていたかをあえて説明しない。私にできる最良のことは、自分の記憶を基に、数秒間の意識的思考について、実際の自分の行動とも調和するシナリオを再構築することだ。ただし、これは私の論点を説明するのに都合が良いとはいえ、それをプレー中の私の思考方式として解釈されるのは、誤解を与えかねない。私自身、自分がゲーム中に何を考えているか分からないし、自分の考えが実際の行動にどのように影響するかも分からないのだから。

最後にささいなことだが、私はこれまでプレーしたすべてのゲームのすべてのカードを覚えているわけではない。そこで「私が持っていたのは、おそらく『6』から『9』までのそこそこのペアと、ストレートやフラッシュの可能性がないかぎり重要ではない、何枚かのカードだった」と言う代わりに、単にこう書くことにする。「私が持っていたのは『クラブの7』『ダイヤの7』『スペードのK』『ダイヤの9』『スペードの3』だった」。トレードでも同様の方式に従うことにする。

第2章　ポーカーの基本

「大の大人が走り回ってボールを打ったりするのは、いったい分別のあることなのかね？　大の大人がやるのにふさわしいゲームといえば、ポーカーだけだ。ポーカーでは、きみの手が皆の手を敵に回し、皆の手がきみの手を敵に回すことになる。協力しあう？　一体協力しあって、ひと儲けした人がいるというのかい？　ひと儲けする方法はたった一つ。相手に回ったやつを叩きのめすだけのことだ」

——W・サマセット・モーム『コスモポリタンズ』より

ポーカーとは、手役の順位と賭けのルールを共有する、一群のゲームのことである。二人からプレー可能だが、内輪のゲームで最も一般的な人数は六人、商業施設の大テーブルでは九～一〇人だ。最近ではオンラインゲームも盛んに行われている。

ポーカーに必要なものは、五二枚から成る標準的なカード一組だ。ただし、ゲームによってはジョーカーを使うものもある。カードには四つのマーク（編注　スペード、ハート、ダイヤ、クラブのこと。ポーカー用語では複数の場合「スーツ」または単数の場合「スート」だが、本書ではマークで統一する）と一三の順位がある（高順位の「ハイカード」としても低順位の「ローカード」としても使える「A」それから「K」「Q」「J」そして「10」から「2」まで）。

ブリッジとは異なり、ポーカーではマークに順位はない。マークは違うが順位が同じ二枚のカードは、同点となる。またカードを受け取る順番が問題になることはまずない。自分の手を自分の好きなように並べ替えることができる。

ポーカーの手役

ワイルドカードを使うポーカーで最も強い手役は「ファイブカード」だ。例えば、もしジョーカーがワイルドカードになる場合、ファイブエースが最強の手になる。

一枚のワイルドジョーカーが五三枚目のカードで、取り替え《ドロー》をしない場合、ファイブカードに出会う確率は、五枚のカードを使って作る二二万七四五通りの組み合わせのうちの一通りにすぎない。

多くのポーカーでは、ジョーカーが何でも完全にワイルドになるわけではない。「A」として、またはストレートかフラッシュを完成させるためにだけ使える。またジョーカー以外のカードがワイルドになるポーカーゲームもある。

次に強い手役、つまりワイルドカードなしでできる最強の手役は、同じマークで数字が連続している五枚のカードから成る「ストレートフラッシュ」だ。例えば、次のとおり。

「A」は常にハイカードとして使えるので、ストレートフラッシュのなかで最も強いもの（ロイヤルフラッシュと呼ばれる）は次のようになる。

「A」は、ほとんどのゲームでローカードとしても使えるので、次もストレートフラッシュになる。

「A」が入ってはいるものの、ローカードとして使われているので、最も低いストレートフラッシュだ。
「A」をハイカードとローカードの両方で使うことはできない。
次の「ラウンドザコーナー・ストレートフラッシュ」は、標準的なポーカーでは認められていない（フラッシュではあるが、ストレートフラッシュではない）。

同じ順位の二組のストレートフラッシュは同位となる。マークの間には順位付けがないからだ。

ワイルドカードなし、ドローなしの場合、ストレートフラッシュが出る確率は、五枚のカードを使って作る六万四九七四通りのうちの一通りだ。以下の確率は、すべて同じ条件のもとに算出をした。7カードスタッド（後述）やテキサスホールデムなど、七枚のカードでプレーをするポーカーゲームでは、ストレートフラッシュが揃う確率は、この二〇倍以上、つまり三二一七通りのうちの一通りになる。

次に強い手役は「フォーカード」または「クワッド」とも呼ばれるものだ。二人のプレーヤーがそれぞれフォーカードを持っている場合、その四枚の順位の高いほうが勝つ（「A」はハイカード）。例えば、

という「J」のフォーカードは、

という「7」のフォーカードに勝つ。

二人のプレーヤーが同じフォーカードを持っている場合（編注　これはテーブルに表向きに置かれる共通のカード「コミュニティカード」で起こり得る。プレーヤーは手札とコミュニティーカードを組み合わせて手役を作る）、五枚目のカード（「キッカー」と呼ばれる）の高いほうが勝つ。例えば、ホールデムのコミュニティカードが次のような場合、

あなたの二枚の手札（ホールカード）が次のとおりで

私の二枚の手札が次のとおりならば

あなたの勝ちだ。なぜなら、あなたが五枚のカードで作れる最強の手は、四枚の「9」とキッカー「Q」で、私は四枚の「9」とキッカーの「J」となるからだ。私の三枚の「J」は関係がない。五枚のカードだけがカウントされる。

では、もしあなたの持ち札が次の場合はどうか。

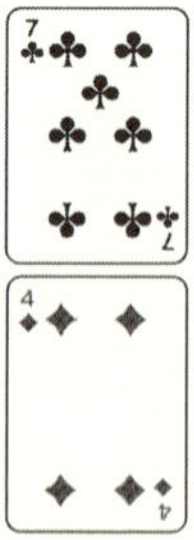

われわれは同位となる。なぜなら二人とも四枚の「9」とキッカーの「J」を持っていることになるからだ。フォーカードに出会う確率は、五枚のカードを使って作る場合が四一六五通りのうちの一通り、七枚のカードを使って作る場合が五九五通りのうちの一通りである。

フォーカードの次に強いのは「フルハウス」だ。これは同順位のカード三枚と別の順位のカード二枚の組み合わせである。フルハウス同士ではスリーカードの高い順位のほうが勝ち、それが同位ならばペアの順位の高いほうが勝つ。フルハウスが揃うのは、五枚のカードを使って作る場合が六九四通りの組み合わせのうちの一通り、七枚のカードを使って作る場合が三九通りのうちの一通りである。

次に来るのが「フラッシュ」だ。同じマークの連続していない数字の五枚のカードである。フラッシュはまず最も順位の高いカードを比較し、それが同じなら二番目、さらに同じなら三番目に高いカードと比べてゆく。例えば、次のようなケースだ。

は次のカードに勝つ。

フラッシュが揃うのは、五枚のカードを使って作る場合が五〇九通りの組み合わせのうち一通りだけ、七枚のカードを使って作る場合が三三通りのうちの一通りだ。

フラッシュの次は「ストレート」だ。マークが揃っていない、数字の連続した五枚のカードである。ストレートが同位なら、ストレートフラッシュと同じルールで順位を決める。ストレートが揃うのは、五枚のカードで作る手の場合が二五五通りのうちの一通り、七枚のカードで作る手の場合が二二通りのうちの一通りである。

次に強い手役は「スリーカード」だ。別名「トリップ」または（コミュニティカードを使うゲームで、少なくとも一枚のカードがホールカードの場合は）「セット」とも呼ばれる。三枚のカードの順位の高いほうが勝つ。同位の場合、まず最も高いキッカーを比べ、必要なら二番目に高いキッカーを比べる。スリーカードが揃うのは、五枚のカードを使って作る場合が四七通りのうちの一通り、七枚のカードで作る場合が二一通りのうちの一通りだ。

次に強いのが「ツーペア」で、ペアになっているカードの順位の高いほうが勝つ。同位なら、二つ目のペアで順位の高いほうが勝つ。どちらのペアも同じなら、キッカーの高いほうが勝つ。ツーペアが揃うのは、五枚のカードを使って作る場合が二一通りの組み合わせにつき一通り、七枚のカードで作る場合が四・三通りにつき一通りの確率だ。

次が「ワンペア」だ。順位の高いほうのペアが勝ち、同位なら三枚のキッカーの高いほうから順に比較する。ペアはカードが五枚でも七枚でも確率はほぼ同じで、五枚では二・四通りにつき一通り、七枚では二・三通りにつき一通りの確率で揃う。

最後に、ペアもストレートもフラッシュもない手は、フラッシュと同じ方法で順位をつける。これは五枚のカードでは二通りにつき一通りだが、七枚ではこれほど悪い手は五・七通りにつき一通りの割合でしか出ない。

賭け方

プレーヤーにとって何らかの価値のあるものを賭けてプレーするのでなければ、ポーカーとは呼べない。一つには、ポーカーのカードプレーはあまりにも単純なため、そうでなければ関心を持ち続けることはできないからだ。そのうえ、このゲームの目的自体、賭け《ベット》にある。これが、ポーカーとファイナンスの類似点の一つだ。

ベットは金を使ってもできる。だが、より一般的にはチップが使われる。内輪のゲームでは伝統的に白、赤、青のプラスチック製のものが使われることが多い。賭け金に合わせて価値を割り当ててよいが、白五枚に対して赤一枚、赤二枚に対して青一枚の比が慣習となっている。

一人のプレーヤー（通常は主催者）が「バンカー」としてチップを売り、ゲーム終了時に買い戻す方式か、プレーヤー全員に一定額のチップが支給され、ゲーム終了後、勝者と敗者の間で清算する方式がある。

市中のカードルームでは、重い、偽造防止対策を施した自前の粘土製チップを発行する。施設によって違いはあるものの、一般的な色として、白または青（一ドル）、赤（五ドル）、緑（二五ドル）、黒（一〇〇ドル）、紫（五〇〇ドル）、オレンジ（一〇〇〇ドル）がある。テーブルリミット（最大掛け金）の標示札も、その金額に見合ったチップの色で色分けされていることが多い。

ポーカーでは、テーブルのどこに座るかがきわめて重要だ。自分の右隣に上手な（または慎重な）プレーヤーが、左隣に下手な（または向こう見ずな）プレーヤーがいるのが有利である。

多くのゲームでは、プレーヤー同士で席を取り決め、だれかが去ったときにだけ移動する。まじめなプレーヤーであれば、一枚ずつカードを配り、その結果で席を割り当てることが多い。一番高いカードの人が「ディーラー」になり、二番目に高い人がその右隣に座り、そうやって順番に席を決めていく。同位がいれば、追加のカードを配って決める。

慣習として、プレー開始から一時間経てば、だれでも新しい席順を要求できる。ほとんどの商業施設では、プレーヤーが到着順に席を決めてよい。プレーヤーが去ると、新しいプレーヤーに提供される前であれば、同じテーブルのプレーヤーはだれでもその席に移ることができる。トーナメントでは、席はランダムに割り当てられる。

ラスベガスやアトランティックシティのカジノや、北カリフォルニアのカードルームをはじめとする一部の商業施設では、プレーに参加しない従業員がディーラーを務める。それ以外の、例えば南カリフォルニアのカードルームや小規模施設では、プレーヤーが自らカードを配る。

どちらの場合でも、一人のプレーヤーがディーラーの役を務め、プレーするポジションを決めるためのカードを配る。そのプレーヤーの場所にはディーラーポジションを示す「ボタン」が置かれる。ボタンとは、この目的のために使われる印となるものだ。このためディーラーポジションは「オンザボタン」と呼ばれる。ディーラーポジションはゲームが終わるごとに、左に一つずつ位置を変える。

賭けはカードが配られる前、あるいは少なくとももどのプレーヤーも手札を見ていないときに開始される。プレーヤーが手札を見る前にポットを作る仕組みには、多くのやり方がある。

内輪のゲームでは、ほとんどの場合、各プレーヤーがポットに白チップを置く。この賭け金は「アンティ」と呼ばれる。

商業施設の場合、最も一般的な取り決めは、アンティの代わりに二種類のブラインドを使うことだ。ディーラーの左隣のプレーヤーが「スモールブラインド」を置く。リミットゲーム（後述）の場合、これは第一ラウンドの最低掛け金の半分になる。スモールブラインドの左隣のプレーヤーは、その二倍の金額を置く。これは「ビッグブラインド」と呼ばれる。

ブラインドの数や金額、ブラインドとアンティの組み合わせなどを変えた、これ以外の取り決めもあり得る。ゲームによってはストラドルやキルなど、ディール前により複雑なベットができる場合もある。

アンティとブラインドの違いは、ブラインドが実質的には賭けている点だ。ブラインドの左隣のプレーヤーは、自分の手札を見てからビッグブラインドと同額をベットするか、レイズをかけるか、あるいは賭け金を置かず、そのゲームから降りる「フォールド」かの、いずれかを迫られる。

アンティがあってブラインドがないゲームでは、ディーラーの左隣のプレーヤーがベットを開始する。この場合、そのラウンドではまだベットが行われていないので、チェックをして（ベットをせずに）ゲームに残ることができる。アンティのあるゲームでは、最後のブラインドの左隣のプレーヤーがベットを開始する。このときチェックまたはベットができる。

ブラインドがあるゲームでは、最後のブラインドの左隣のプレーヤーが最初に行動を起こす。このときベットまたはフォールドができる。どちらの場合でも続くラウンドで、残っているプレーヤーのなかでディーラーの左側に最も近い人が賭けを開始する。ただし例外があり、さらされたカードで賭けの順番を決めるゲームもある。

リミット

今日では、ほとんどすべてのポーカーゲームで、ベットに何らかの「制限《リミット》」が設けられている。最も一般的なのは「固定リミットゲーム」だ。ベットとレイズの額が固定されており、通常後半のラウンドでは金額が倍に設定される。

例えば、典型的なリミットゲームは「一〇〇ドル／二〇〇ドル」のホールデムだ。これはスモールブラインドが五〇ドルで、ビッグブラインドが一〇〇ドルとなる。

ビッグブラインドの後でゲームを続けたいプレーヤーは、そのベットと同じ金額の一〇〇ドルを「コール」として置かなくてはならない。またレイズ（掛け金の上乗せ）をかけるならば、二〇〇ドルまでである。つまりコールに一〇〇ドル、レイズにプラス一〇〇ドルで、それ以上でもそれ以下でもないというわけだ。

さらに後のプレーヤーがレイズをかけるには三〇〇ドル、つまりコールに二〇〇ドル、レイズに一〇〇ドルを置くことになる。それ以上でも以下でもいけない。最後の二回のラウンドでは、すべてのベットとレイズの額が二〇〇ドルと決められている。

そのほか、スプレッドリミット、つまりプレーヤーがベットまたはレイズのできる額の上限が決まっているゲームもある。ゲームによってはレイズの回数が一ラウンドにつき三回か四回に制限されているものもある。このルールは、ポットに残る人数が二人になると、また場合によってはベットの最終ラウンドになると、免除されることが多い。

またそのほかポットリミット、つまりポットと同額（前回のベットをコールするために入れなくてはならない金額を足した額）までレイズをかけられるゲームや「テーブルステークス」つまりベットの上限が自分の前に置いたチップ額というゲームもある（この場合、ゲーム中にテーブルに金を加えたりしまったりしてはいけない）。

テーブルステークスは現在では「ノーリミット」と呼ばれることが多い。だが、本物のノーリミットではレイズの金額に制限はなく、その金額を現金で調達するのに二四時間の猶予が与えられる。

ベットは厳密に左回りに行われる。各プレーヤーは順番が回ってきたら、自分の前回のアクション以降に行われたすべてのベットとレイズの総額と同じ金額でコールをするか、コールをしてポットにさらに資金を追加することによってレイズをかけるか、あるいは降りる（フォールドをする）。

ベットのラウンドが終わるのは、だれかがベットまたはレイズをかけ、降りずに残っているほかのすべてのプレーヤーがコールまたはフォールドをしたときだ。自分のレイズに対してさらにレイズをかけることは許されない（部分的な例外は最後のブラインドで、全員がフォールドをした後、または全員がブラインドにコールをした後でもレイズができる）。ベットラウンドが終了した時点で、残っているプレーヤー全員が、そのラウンドで（そしてアンティが均一でない場合を除き、そのゲームが始まって以来）ポットに同額を入れたことになる。

ポットにいったん入った金は、取り出されることがない。取り出せるのは、ゲームの勝者（たち）だけだ。ゲームによっては「チェックレイズ」が許されないものもある。チェックレイズとは、最初の機会ではチェックして（ゼロで賭けて）おきながら、ほかのプレーヤーがベットした後でレイズをかけることを指す。「サンドバッグ」とも呼ばれる。チェックレイズが許される場合であっても、それを敵意のあるものとみなすプレーヤーもいる。しかし、真剣なプレーヤーは重要な戦術として大事にする。

プレーヤーが手持ち資金よりも多い金額をレイズされるような状況も起こり得る。ほとんどの場合、現代のゲームでは「オールイン」をする。手持ちのチップを全額賭けることが許されるのだ。

それまでにベットされた金額のうち、オールインプレーヤーに揃えられなかった金額は、別の「サイドポット」に隔離され、残りのプレーヤーだけがサイドポットでベットを続けられる。

ゲームが終了すると、残ったプレーヤーは手を見せ合う。最高の手を持つプレーヤーがメインポットを獲得し、オールインプレーヤーを除くプレーヤーのうち、最高の手を持つ人がサイドポットを獲得する。

例えば、Aがオールインになり、BとCがベットを続けるが、最後にCが降りたとする。AとBが手を見せ合った結果、AがBに勝てば、Aはメインポットを獲得し、Bがサイドポットをもらう。

ここで、Cの手がAよりも良ければ、CはAのすべてのベットに合わせ、かつAよりも良い手を持っているのだから、メインポットを獲得するのは自分だと主張することがある。これは多くのプレーヤーが議論してきた問題だ。しかし、ポーカーのルールではAにポットが与えられる。いったんだれかにフォールドをしてしまえば、そのゲームでは、どのポットの分け前にもあずかれないのだ。

仕組み

内輪のゲームでは、プレーヤーが自分でポットにチップを投げ入れ、必要なら自分で両替し、勝ったときはポットをわしづかみにすることが多い。

一方、プロのディーラーがいる場合、プレーヤーは賭けるつもりのチップをスタックの前に置くが、ポットまで持って行くことはない。ディーラーがチップの金額を確認し、ベットラウンドが終わるごとにポットに押し込み、必要なら釣りを渡してくれる。ゲームが終了すると、ディーラーはチップを勝者のほうに押しやる。プレーヤーはけっしてポットには触らない。

一般に民営施設には「ストリングベット禁止」のルールがある。これは、プレーヤーがある金額でベットをかけ、ほかのプレーヤーの反応を伺ってからチップを増額することをいう。何も宣言しない場合、いったんベットエリアに金を置けば、それが自分のベットの総額となり、変更できない。例外として、どの額面のものでもチップを一枚置けばコールと見なされ、それがコールの額を超えていれば釣りがもらえる。声に出して何かを宣言した場合、それを忠実に実行することが要求される。もし「一〇〇ドルレイズ」と言えば、入れた金額にかかわらず、コール額プラス一〇〇ドルをポットに入れなければならない。

ストリングベットの口頭版を防ぐために、「コールと一〇〇ドルレイズ」と宣言しても、ディーラーはコール以降の言葉はすべて無視するため、レイズをかけることはできない。これらのルールは厳格に適用されるか、あるいはまったく適用されないこともある。

民間のカードルームで気楽な内輪のゲームに慣れたプレーヤーが戸惑いがちな点に、自分のカードを自分で責任を持って守らなければならないことがある。例えば、チップや何らかの目印を自分の手札の上に置いておかなければ、ディーラーがフォールドと決め込んでチップをかき集めてしまうことがあるのだ。また、だれかのカードが自分のカードにふれてしまえば、勝っていた手であっても「無効《デッドハンド》」になる。カードがディーラーの視界から消えても、デッドハンドになる。

ホールデムのプレーヤーが、カードの上で両手を椀状に丸め、カードの角を持ち上げているのを見ることがある。カードがテーブルの縁から伸びた仮想平面を離れれば、デッドハンドになる。自分の顔の前でカードを仰ぎながら椅子にそっくり返るのもいけない。

商業施設でのゲームは内輪のゲームよりもずっと速く進行する。プレーヤーは、時間料金を払っているときには急いでプレーしようとする。ハウスは、ポットに対する割合でレーキを徴収する場合、急いでゲームを終わらせようとする。

内輪のプレーヤーはたとえ経験豊かであっても、プレーする前に長い間かけて観察し、非常に低い賭け金から始め、ディーラーがいる場合には不慣れであることを伝えておくことが望ましい。

オンラインプレーはさらに速い。しかし、物理的にカードやチップを渡すわけではないし、ソフトウェアがほとんどの違法行為を防いでくれる。また金を賭ける前に、シミュレータで練習できる。一度に複数のオンラインゲームをするプレーヤーも多い。

潮時を知る

今日最も人気のあるポーカーゲームは、テキサスホールデムだ。このゲームでは目の前に伏せて配られる二枚のカードと五枚のコミュニティカード（「ボード」と呼ばれる）を使って、最強の五枚の手役を作る。

このとき問題となるのは、自分の使う五枚のカードだけである。二人のプレーヤーが同位であっても、六枚目と七枚目のカードは問題とされず、単にポットを分け合う。

テキサスホールデムのゲームは、まず各プレーヤーに二枚のカードが伏せて配られて始まる。これは「ポケットカード」または「ホールカード」と呼ばれる。

ここで最初の「ベットラウンド」が行われる。

もし少なくとも二人のプレーヤーが降りずに残っていれば（どのようなポーカーでも、一人しかプレーヤーが残らなければ、そのプレーヤーが勝ち、ゲームはその時点で終了する）、ディーラーはカードを「バーン」して（デッキの一番上のカードを見せずに一番下に移すこと）、三枚のカードを伏せてボードに置く。

一番上のカードをバーンするのは、プレーヤーが一番上のカードの裏にあるかもしれない傷やしみから、フロップカードの何枚かを知ってしまうことを回避するためだ。一番上のカードは各ラウンドの前に必ずバーンされる。

この三枚のカードは「フロップ」と呼ばれ、同時に表に返される。

カードをただ表向きに配るのではなく同時に見せる理由は、個々のカードに対するプレーヤーの反応からテル（プレーヤーのカードや戦略についてヒントを与える、表情や仕草）を観察できないようにするためだ。

続いて二回目のベットラウンドが行われる。

それから四枚目の「ターン」またの名を「フォースストリート」カードが、表向きにボードに置かれる。

三回目のベットラウンドが終わると、「リバー」または「フィフスストリート」カードが表向きにボードに置かれる。

それから最後のベットラウンドが行われる。

もし二人以上のプレーヤーが降りずに残っていれば、最後にレイズをかけたプレーヤーがホールカードを見せ、残りのプレーヤーも順に手札を見せていく。

ポーカーの慣例として、カードを見せれば自明（カードスピーク）というものがある。これは、もしストレートを持っていることに気づかずに「Jのペア」を宣言しても、手役は依然ストレートであり、スリーカードを負かすということだ。

それでも、自分の手役をしっかり理解し、それをはっきり宣言するのは重要なことだ。プレーヤーの利益に気を配ってくれるプロのディーラーがいない場合はなおさらである。

これが「ショーダウン」と呼ばれる段階だ。多くのプレーヤーがショーダウンでは気が緩んで、手札を見せる順番を守らなかったり、（自分より良い手役を見た後で、敗北を認めて）見せずに捨てたりする。内輪のゲームでは、こうしたことは軽微な違反行為と見なされる。ただし、市中の競技ゲームでは、ほとんどの場合、プレーヤーのだれかが抗議しないかぎり放置される。

ショーダウンがない場合にも手を見せることは認められている。しかし、伝統主義者はこうした慣行に眉をひそめる。プレーヤーは対戦相手の手を見るために金を払うものだからだ。だれかが捨てたカードを見ることは重大な違反行為で、カードルームやトーナメントから追い出されることもある。

プレー中に自分の手札を見せたり、プレーヤーに情報を与える可能性のあることを一言でも言ったりするのは、さらに悪い。例外は、自分ともう一人だけが降りずに残っているとき、あるいは全員がオールインの状態で、これ以上ベットアクションが可能でないときだ。見せたければ何を見せてもよい。

もう一つの重要なルールは、一手一プレーヤー、つまりポーカーの手をプレーしている最中にだれかから助言を得てはいけないということだ。

テキサスホールデムは、特にほかの戦略ゲームを経験したプレーヤーにとって、簡単に学べるバリエーションの一つだ。またホールカードを見なくても頭のなかでゲームについていけるという点で、見物人にとっても最高のゲームである（テレビでよくやるように、ホールカードを見ながらポーカーを見物するのは、結果の分かっているサッカーゲームを見るのと同じくらい退屈なことだと私は思うが、どちらも退屈ではないと異議を唱える人が多いのだろう）。

またテキサスホールデムは、リミットが少額でも多額でもノーリミットでも、同じようにうまくプレーできる数少ないポーカーゲームの一つだ。年次選手権のなかでは最も古く最も権威のある、世界ポーカー選手権（ＷＳＯＰ）で知られるようになったことも、人気の一因となっている。

彼の答えは「オマハまで」

もう一つ人気のあるゲームが「オマハ」だ。ポケットカードが四枚で、最後の手ではそのうちの二枚を必ず使わなければならないという点を除けば、テキサスホールデムとルールは同じである。

ただし、おまけのひとひねりとして、ハイローでプレーされることが多い。つまり最強の手を出したプレーヤーと最弱の手を出したプレーヤーがポットを二分するのだ（ほとんどのオマハゲームではルールにより、ローハンドは「8」以下のカードの組み合わせでなければならない。ストレートとフラッシュは手役と見なされない）。

ハイローゲームでポットの勝者を決める方法はいくつかある。通常オマハでは、カードスピークが適用される。つまり、ゲームの終わりに各プレーヤーが手を見せ合い、最強の手がポットの半分を獲得し、最弱の手がもう半分を獲得する。ハイとローの両方で勝つプレーヤーもいる。これは、ハイとローでは違うカードを使うか、次に示す「ホイール」の場合に可能だ。

これは最強のローハンドであり、しかもストレートである。

オマハで違うカードを使ってハイとローの両方で勝つ手の一例は、

を手札で持ち、

がボードにある場合だ。
ハイとしては「K」のスリーペアを持ち、ローとしては「8」「5」「4」「3」「A」を持っている。このハイに勝てるのは「A」のスリーペアと「J」「10」でストレートになる場合だけだ。またこのローに勝てるのは「4」「2」と「5」「2」を持っている場合だけだ。

そのほかのハイローゲームに、プレーヤーが宣言《デクレア》するものもある。通常テーブルの下で二枚のチップを取り、そのうちの何枚かを手に隠して握ったまま、テーブルの上に拳を置く。全員（つまりゲームに残っている全員）の拳がテーブル上にあるとき、一斉に開く。握ったチップが高額チップであればハイ、低額チップならロー、両方握っていればハイローを宣言したことにする。

もう一つ、握ったチップの枚数がゼロ枚ならロー、一枚ならハイ、二枚ならハイローを宣言したことにするやり方がある。この場合の通常のルールは、もしハイローを宣言して、ハイかローのどちらかで負ければ、フォールドの場合と同じようにポットを取る権利を失い、ポットは残りのプレーヤーの間で分けられる。全員がハイローを宣言したものの、ハイとローの両方で勝った人がだれもいない場合、ポットは全プレーヤーの間で分けられる。

こうしたゲームは非常に複雑になることがある。ほかのプレーヤーがハイなのかローなのかを推測しなければならないからだ。運が良ければ、どの手にも勝てなくてもポットの半分を手に入れることができる。あるいはテーブルで最強の手を持ちながら、自信が持てずにローに逃げて、自分よりも良いローの手に負けることもある。

スタッド

今日人気のあるポーカーの一種に「スタッド」がある。最初に生まれたのは「5カードスタッド」だ。おそらくこれがポーカーの最初の変形だろう。一八五〇年代には現代と同じルールでプレーされており、一八〇〇年代の初めごろから（もしかしたらこのゲームがポーカーと呼ばれるよりも前から）この名前で呼ばれていた。

スタッドでは、各プレーヤーにカードが一枚ずつ伏せて配られ、次の一枚は表向きに配られる。ここで一回目のベットラウンドが行われる。そしてさらに一枚のカードが各プレーヤーに表向きに配られる。

残っているプレーヤー全員が五枚ずつ（裏向きが一枚、表向きが四枚）カードを持つまで、この手順が繰り返されることになる。

これは記憶集約型のゲームである。カードがゲームの早い段階で明らかにされるため、プレーヤーは早い段階で降りるからだ。どのカードが重要だったかは、ゲームの後のほうにならないとはっきりしない。

ほとんどの場合、プレーヤーは少なくともテーブル上にさらされたカードをすべて負かすことができなければ降りることになる。つまり最初に配られた二枚のカードに、ペアか、さらされたすべてのカードと同等か、それ以上のカードがなくてはならない。このルールを念頭に置きながらカードに注意を払えば、ほかのプレーヤーの保持しているカードや、自分の手が良くなる可能性について、かなりの情報を得ることができる。

例えば、一〇人のテーブルでプレーしているとして、全員がアンティとしてチップを一枚ずつ払い、次の手が配られたとする。

あなた

プレーヤー一

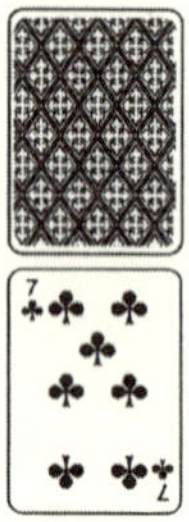

プレーヤー二

もちろん、あなたの「4」は、ほかのプレーヤーからは見えない。あなたはチップを一枚ベットし、二人（プレーヤー一とプレーヤー二）がコールをし、それ以外のプレーヤーが低位のカードを見せて降りたとする。

このときプレーヤー一は「A」「K」または「7」のいずれかを持ち、プレーヤー二は「A」「K」または「Q」のいずれかを持っているはずだ。もちろん、確信はない。しかし、それが最もあり得そうだ。

三枚目の札が配られて次のようになった。

あなた

プレーヤー一

プレーヤー二

あなたはもう一枚チップをベットし、二人ともコールをした。そしてさらに一枚配られた。

あなた

プレーヤー一

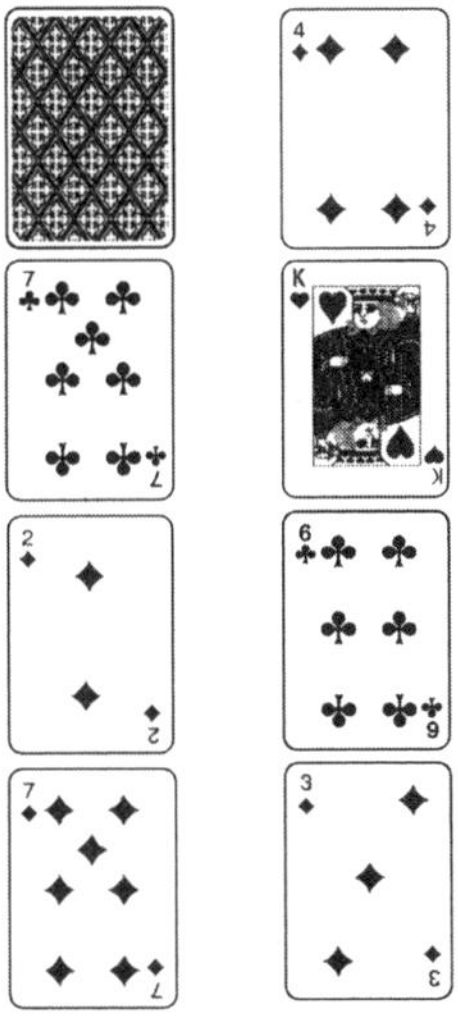

プレーヤー二

プレーヤー一がチップを一枚ベットし、プレーヤー二が降りた（通常スタッドでは、表札の最も高い人がベットを開始する。ただし、ホールデムとドローポーカーでは、どのラウンドでもテーブルでのディーラーとの相対的な位置関係でベットの順番が決まる。また一部のゲームでは、最後にレイズをしたプレーヤーが次のラウンドでベットを開始する）。

あなたは、このゲームで自分が勝つ確率を知りたい。勝つ見込みがあるのは、最後の一枚が「K」だったときだ。たとえそうであっても、勝つとは限らない。これまであなたの見たカードは一七枚、つまり上記のさらされた一〇枚のカード（自分のホールカードを含む）と、最初のラウンドで表向きに配られたもう七枚のカードである。

そうすると、まだ見ていないカードは三五枚となる。もしそのうちの三枚が「K」なら、あなたが「K」を手に入れる確率は三÷三五＝八・五七％だ。ポットに入っているチップは一七枚、そしてコールに必要なチップが一枚なので、そのコールを正当化するには、勝つ確率が一八分の一、つまり五・五六％以上でなければならない。

だが、ここでプレーヤー二の持っていたカードが何であったか考える必要がある。最初の推測では、ホールカードとして「A」「K」または「Q」のどれかを持っているはずだった。

もしプレーヤー二が「Q」のペアか「A」のペアを持っていたなら、チップを一枚ベットした「7」

のペアに対して降りるわけがない。つまり、プレーヤー二は「あなたの求めている『K』を一枚持っていた」と推測できるわけだ。これで自分が「K」のペアを完成させる可能性は、八・五七％から五・七一％に下がる。これはすでに降りるべき水準に近い。

しかし、事態はさらに悪くなる。プレーヤー一がホールカードとして持っている可能性の高い三つのカードだ。「7」であれば、もちろんあなたの負けとなる。「K」であれば、あなたがペアを完成させる可能性は二・八六％に落ちる。そしてあなたが何よりそうであってほしいと望んでいる「A」だったとしても、あなたが実際に「K」を手に入れれば、プレーヤー一に負ける確率は七÷三四＝二〇・五九％になってしまう。なぜなら、あなたが「K」を手に入れた後、三四枚のカードに残る二枚の「A」、残る二枚の「7」、残る三枚の「2」の合計七枚があるからだ。

したがって、あなたが勝つ確率はゼロ％、二・八六％、または五・七一％×（一－二〇・五九％）＝四・五四％のいずれかになる。プレーヤー一と二のホールカード予想のうち、どちらか一枚または両方とも外れているかもしれない。しかし、コールをするのは割に合わない。

もし、だれかがあなたの頭に銃を突きつけて降りるのを阻止されたならば、あなたの取り得る最善策は「K」のペアと見せかけてレイズをかけることだ。無謀な策としては、スリーカードの可能性に賭けてベットをする。

記憶力が良くて、このような感じの理屈についてこられる人なら、5カードスタッドでの推論など取るに足らないはずだ。だが、取るに足らなくないのは、それを持っている人が「自分は負けるはずがない」と知っている手（これを「イモータル」と言う）が、非常によく出ることだ（ナッツやナットという用語は、イモータルと同じように定義されることが多い。しかし、絶対確実ではないが非常に強い手を指して使われることも多い）。

5カードスタッドは通常、ノーリミットでしかプレーされない。ということは、誰かのイモータルに直面することは、なんとしても避けたい。もし、だれかがあなたを確実に負かすと分かるカードを持っている可能性があれば、たとえ、そのようなカードがたった一枚しかなくても、その人はどのような金額でもベットできるし、あなたはおそらく降りるだろう。

だが、もし最初のラウンドで、鍵となるカードが公開され、すぐにフォールドされたことを覚えていれば、形勢を逆転できる。また、自分がイモータルを持っているかもしれない状況を、けっして逃さないようにしなければならない。

こうしたことから、5カードスタッドは、ギャンブラーやカードプレーヤーにとっては退屈だ。反面、最も純粋な一対一の対決にもなる。それこそがポーカーの真髄だと考えるプレーヤーもいる。5カードスタッドをしてすごす夕べは、何時間もの飽き飽きする機械的な頭脳労働に、ときおり緊張状態が混じる。

「7カードスタッド」に人気が出たのは一九〇〇年ごろのことだ。このゲームでは、まず二枚のカードが裏向きに、一枚のカードが表向きに配られ、最初のベットラウンドとなる。それから表向きのカードが一枚配られるごとにベットラウンドとなり、これが三度繰り返された後、最後に七枚目のカードが伏せて配られ、もう一度ベットラウンドとなる。

ハイローでプレーされることが多く、ときにはワイルドカード（どのランクやマークとしても使えるカード）を入れてのプレーや、ホールカードの最も低位のスペードがポットを分けるといったルールを加えてプレーされることもある。

7カードスタッドは、最も多様なポーカー技術が要求され、おそらくポーカーのなかで最も学ぶのが難しいものだろう。また5カードスタッドをプレーするときよりも記憶力が試される。さらされるカードが多く、ホールカードの推測がより複雑になるからだ。

頻繁に出るわけではないが、イモータルにも気をつける必要がある。戦略的な可能性は多いものの、手によっては戦略をすべて列挙して計算できるものもある。そのため戦略的ゲームとしては、テキサスホールデムとオマハの中間に位置する。リミットでもノーリミットでもプレー可能で、この選択があるためにほかのゲームに比べてプレーに幅が出る。

ドロー

人気の高いもう一つのポーカーゲームに「5カードドロー」がある。今でも内輪のゲームでは人気が高い。競技ゲームとして盛んに行われているのは主にカリフォルニアだ。

各プレーヤーに五枚のカードが伏せて配られ、続いてベットラウンドとなる。ポットに残っているプレーヤーは、手札の一部または全部を新しいものと交換できる（引くカードの枚数が三枚あるいは四枚以下に制限されるゲームもある。しかし、真剣なプレーヤーであれば、どのみち四枚も五枚もカードをドローしないものだ）。

もう一つ一般的なルールに「最初にベットする人は『J』のペアかそれ以上のカードを持っていなけ

ればならない」というものがある。ドローポーカーはリミットつきが最もうまくプレーできる。またワイルドカードが使われることが多い。

ドローポーカーでは、ほかのプレーヤーの手について得られる唯一の情報は、そのベットから推察できるかもしれない大まかな強さを除けば、プレーヤーが引いたカードの枚数しかない。

一般にプレーヤーは、ペアを狙って三枚カードを引く。しかし、ときにはハイカードをキッカーとして保持し、二枚引くこともある。これによってスリーカードの可能性は低くなるものの、もしツーペアを獲得できれば、それは順位の高いツーペアである可能性が高い。さらに重要なことに、スリーカードを狙って引いているのではないかと思わせることができるかもしれない。

スリーカードを持っていれば、二枚引くか、あるいはキッカーを保持して一枚引くこともできる。ワイルドカードが二枚でないかぎり、ローカードではなくハイカードのキッカーをわざわざ選んで保持する意味はない。手役に何の違いももたらさないからだ。ワイルドカードが二枚だったとしても、二つの手に同じスリーカードがあって、残りのカードの順位が問題になる可能性は低い。一枚引く理由は、ストレートかフラッシュを狙って引いていると見せかけるためだ。

一般にフラッシュかストレートを狙ったドローは、四枚のカードがすでに揃っている場合に限られる。ストレートドローは、ストレートが「オープンエンド（四枚の連続するカードで、どちらの端のカードが来てもストレートになれるもの）」の場合だけだ。まれに、インサイドストレートを狙ったドローが理に適うときもある。

例えば、次のような場合、ストレートを完成できる数字は一つしかない。「4」を引くことを望みつつ「9」を捨てる。

この手を完成させるカードは四枚しかない。しかし、オープンエンドであれば八枚ある。インサイドストレートはガットショット、ガットストレートとも呼ばれる。

プレーヤーは同じマークのカード、または連続する数字のカードを三枚しか持っていないとき、特にカードの順位が高いときに、ストレートやフラッシュを「モンキー」するため、カードを二枚引くことがある。

これは主としてスリーカードを持っているというブラフ《はったり》（編注　著者の定義については第8章を参考のこと）だ。しかし、ときには役を完成させたり、二つの高順位のペアかスリーカードを獲得できたりすることもある。ワイルドカードがあれば、ストレートとフラッシュを狙ったドローが、より魅力的になる。

ドローポーカーに記憶力は必要なく、戦略的思考もほとんどいらない。主に単純な計算ゲームで、その計算もかなり単純だ。一枚のメモ紙に完全な戦略をすべて書き出せるポーカーゲームは、ドローポーカーだけだ。

ポーカーゲームのなかでは最も心理的なゲームと言える。ほかのプレーヤーの手の強さを推測できるかが決め手となる。プレーヤーがさまざまな手をどのように、どれほど頻繁にベットするか、また彼らがドローにどのような変化をつけるかといったことを把握していなければならない。

基本戦略

一般にポーカープレーヤーは、二つの側面に沿って分類できる。「タイト」なプレーヤーはポットに拠出する金額が少なく、「ルーズ」なプレーヤーは多額を拠出する。「アグレッシブ（積極的）」なプレーヤーはレイズやフォールドの回数が多い。一方「パッシブ（消極的）」なプレーヤーは主にコールをする。これらを混同しないようにすることが大切だ。

タイトなプレーヤーはパッシブで、ルーズなプレーヤーはアグレッシブだと考えられがちだ。しかし、どちらかと言えば、逆のほうが一般的である。

この四つの組み合わせのどれもがあり得る。タイトでもルーズでもその中間でも、上手なポーカーはできる。しかし、パッシブで上手なポーカーはできない。

負けないためにポーカーをするのではない。勝つためにプレーをしなければならないのだ。初心者は、ほぼ間違いなくルーズにプレーをする。そのため入門書は、大抵タイトなプレーを勧める。これはアグレッシブにプレーする方法を学ぶまでの間、損をするペースを遅らせるという意味で、有益なアドバイスだ。

だが、ルーズなプレーには、ゲームを活気づかせるという利点がある。そのため、ほかのプレーヤーに好かれる。良質な内輪のゲームに招待されることが大事だと思う人は、ルーズで良いスタイルを築くことだ。

一方、競技トーナメントに人気は関係ない。好むと好まざるに関わらず、対戦相手とプレーしなければならないのだ。競技施設やオンラインポーカーでは、タイトなプレーヤーが一人増えたところでテーブル全体がだめになることはない。そのためルーズなプレーの重要度は、さらに低い。

肝心なのは、タイトさの度合いを変えることだ。ポーカーで最大の致命的過ちは、手の内を読まれることにある。

タイトなプレーヤーは、ときにはルーズなプレーをするよう、心がけてほしい。そしてルーズなプレーヤーは、ときにはタイトに行こう。ゲームの状況に応じてタイトさの度合いを加減し、ほかのプレーヤーをまごつかせることができるようになれば、それがポーカープレーの真髄というものだ。

なにも極端になる必要はない。中間的な戦略が二つある。一つは、タイトなプレーヤーよりも多くのポットに参加する一方で、ルーズなプレーヤーよりも早くフォールドすることだ。もう一つは、ポットに参加する回数を控えながら、タイトなプレーヤーよりも長い時間、ベットを続けることだ。

二つの中間を取ること、つまり中間的な数のコールをし、中間的な時間をポットのなかですごすことは、ほとんどの場合、間違っていると私は思う。それよりもゲームの半分を純粋にタイトに、もう半分を純粋にルーズにプレーしたほうがよい。

ポーカーでは、常にアグレッシブでありたい。賭け金を多くするという意味ではなく、あらゆる選択肢を活用するということだ。あなたがどのようなベットを繰り出すか、またそれまでの行動を正当化するどのようなカードを持っているか、テーブルのほかのプレーヤーに確信を持たせてはならない。

アグレッシブになる方法は三つある。これらは相互に補強し合うものではなく、むしろ効果を相殺しがちなため、三つを組み合わせることには意味がない。

第一は、手の選択をアグレッシブにすることだ。これが一般に、最もアグレッシブなポーカーだと考えられる。ブラフは最も弱い手でレイズをするのだから、アグレッシブなプレーだ。だが、そこそこ強い手でフォールドをして、非常に強い手でコールをするのもアグレッシブだ。

こうしたことを手の内を読まれるような方法でやればパッシブなプレーになる。しかし、十分よく混ぜ合わせればアグレッシブになる。

手をアグレッシブに選択する場合、一つの手から別の手に替えるときは予測不能だ。しかし、いったん特定の方法でプレーすると、ゲームを通じてその見せかけを維持してしまうことが多い。つまり、もしブラフをかければ、最初から最後までまるで強い手であるかのようにプレーするし、早い時期に非常に強い手でコールをすれば、ゲームの最後まで、ほかのプレーヤーのレイズを促すため、弱くベットをすることになる。

その代わり、アグレッシブにベットすることもできる。この戦略では素直に手を選んでもよい。だが、可能なかぎりのあらゆるパターンを用いてベットする。ゲームを通じて一貫したパターンは取らない。ある時点では対戦相手に対して強く、ある時点では弱く行動する。

その古典的な例が「チェックレイズ」だ。強い手を持ちながら、だれかのレイズを誘発するためにチェックをし、レイズをされたら、さらにレイズで返す。これも手の内を読まれればパッシブになる。すべての強い手をスロープレーしていたのでは、勝てないだろう。アグレッシブにベットするプレーヤーは、ゲーム全体をとおして見かけ上の強さを絶えず変えている。

最後に、自分の手よりもほかのプレーヤーの手に、より強く反応するのもアグレッシブなプレーだ。普通にカードをプレーして素直にベットする。しかし、テーブルのほかのプレーヤーに関する推測に基づいて行動を起こす。

例えば、もしだれかが弱い手を持っており、本気で降りたいと思っていると推測したなら、並みの手でもベットする。もしだれかが非常に強い手を持っていると考えるなら、自分の手が強くてもフォールドする。

これの古典的な例が「ブラインドベット」だ。自分の戦略がほかのプレーヤーによって有無を言わさず決定されてしまうため、自分のカードを見る必要すらない。ただし、ランダムなブラインドプレーはパッシブだし、ほかのプレーヤーに対してありきたりの反応を見せるのもパッシブだ。

現実には、アグレッシブな反応を示すプレーヤーが、手を見ずにプレーをしたり、ほかのプレーヤーの手札や戦略を知っているという考えのもとにプレーをしたりすることは、めったにない。

通常、この戦略は、どちらかと言えばテーブルの状況をもとにしていることが多い。つまり、いかなるプレー可能な手でも参加すべき状況もあれば、自分の勝利に絶対的な確信がないかぎり参加すべきでない状況もあるということだ。レイズがフォールドを誘発するときもあれば、多くの反応を促すときもある。大きなポットを勝ち取るために大きくベットするのが理に適っているときもあれば、小さなポットをたくさん安くかすめ取るのが理に適っているときもある。

ほかのプレーヤーの気分や戦略が変わるにつれて、儲かるニッチは開いたり閉じたりする。アグレッシブな反応を示す抜け目のないプレーヤーには、いつでも居心地の良い居場所があるものなのだ。

この三つの戦略を組み合わせるのが割に合わない理由は、それぞれの戦略の狙いが、自分の行動を読まれないようにすることにあるからだ。これらを組み合わせるのは、すでにシャッフルされたカードをさらにシャッフルするようなもので、組み合わせたからといって、それ以上に予測しがたくなるわけではない。それに、ランダムなプレーに陥らないよう集中力を保つのは容易なことではない。

明確なアグレッシブ戦術を心に一つとどめておけば、タイトさの加減を調整しつつ、カードやほかのプレーヤーに注意を払うことに集中できる。

コール

このように、アグレッシブなプレーヤーのさまざまな予測不能性は、さまざまな要因に由来する。しかし、そこには予測不能なためにフォールドやレイズの回数が多いという共通点がある。

ポーカーに関する大げさな常套句に「コールはけっして割に合わない」というものがある。もし優勢ならレイズをかけ、そうでなければフォールドをせよということだ。

だが、これはウソである。コールをすべき状況は確かに存在するのだ。

ただ、そのような状況は三つしかない。実際にコールをする前に、どれにあてはまるか確認したほうがよい。確信が持てないときは、フォールドかレイズをしたほうがよい場合がほとんどだ。たとえ確信があっても、人を惑わすため、ときにはフォールドかレイズをするとよい。

確信が持てないとき、まずコールを考えるプレーヤーが多い。しかし、それが正しいことは、まずない。コールはフォールドとレイズの折衷案ではない。特定の状況だけに対応する限定的戦術なのだ。

この問題についての私の考え方が「けっしてコールをするな」などと誤って引用されることがある。しかし、そのようなことは言っていない。そもそも私のような人間ですら、ポーカーにはコールが理に適う状況があることを認めているのだ。

さらに重要なことに、私はコールの頻度にこだわらない。好きなだけコールをしても問題ない。頻繁にコールをする非常に優れた戦略も存在する。

肝心なのは「一つひとつのコールに正当な理由がある」ということだ。ポーカーでは、ときたま第六感でフォールドやレイズをしたところで死にはしない。しかし軽率なコールは身を滅ぼす。コールが理に適うことを示す理論上の計算を引用する人がいるかもしれない。しかしその確率を注意深く分析すれば、その計算が裏づけられないような状況であることが多い。

コールをする原因としてありがちなのは、①まだ勝てるチャンスがあるとき（特にまだ配られるカードがあったり、ほかのプレーヤーがブラフしていたりする可能性があるとき）あきらめるのを嫌うから、あるいは②必要以上のリスクを取りたがらないからである。このどちらも、ポーカーでは致命的な過ちになる。

コールをすべき状況のうち最も単純なものは、自分がこれからポットに入れるチップはすべて負の期待値を持つものの、すでにポットに入っている金から自分の全体的な期待値が正であると分かっているような状況だ。

例えば、最後のベットラウンドでポットに一万二〇〇〇ドルが入っており、あなたのほかに残っているただ一人のプレーヤーが四〇〇〇ドルをベットしたとしよう。もし、あなたがコールをして勝てば、一万六〇〇〇ドルが手に入る。しかし、コールをして負けた場合は四〇〇〇ドルを失う。

このコールを価値あるものにするには、五回に一回の確率で勝たなければならない。五つの手のうち、一つの手で一万六〇〇〇ドルの勝ち、四つの手で四〇〇〇ドルを失うならば採算が合う。

例えば、あなたは自分の勝つ確率が五分の一よりも高い、四分の一と考えているとしよう。この場合、四つの手のうち、一つの手で一万六〇〇〇ドルの勝ち、三つの手で四〇〇〇ドルの損失となるので、純利益の期待値は四〇〇〇ドルとなる。一手平均で一〇〇〇ドルだ。

だが、あなたは、残る一人のプレーヤーがあなたの勝つ確率を四分の一であると知っていると考えたとしよう。だとしたら、あなたがレイズをすれば、このプレーヤーはコールをするか、さらにレイズをするだろう。そしてポットにドルが追加されるたびに、あなたのコストがかさむことになる。

もし、あなたが八〇〇〇ドルまでレイズをして、相手がコールをすれば、あなたは二万ドルを手に入れるために八〇〇〇ドルを賭けていることになる。もしあなたが予想するように一回勝って三回負けるのであれば、四〇〇〇ドルの損失だ。一手当たりの平均では一〇〇〇ドルの損失になる。

ここで何が起こっているか。もう一人のプレーヤーがベットをする前、あなたはポットに正の期待値を抱いていた。ポットに一万二〇〇〇ドルが入っており、確率は四分の一だったから、期待値は三〇〇〇ドルだ。

だが、この賞金を回収するためには、自分にとって不利なベットに対してコールをしなければならない。相手が新しくベットした四〇〇〇ドルだけについて考えれば、あなたは四つの手のうち一つの手で四〇〇〇ドルを勝ち、三つの手で四〇〇〇ドルを失うので、あなたの期待値はマイナス八〇〇〇ドルとなる。一手平均でマイナス二〇〇〇ドルだ。

この負の期待値二〇〇〇ドルは、当初のポットの期待値三〇〇〇ドルから引かれ、差し引き一〇〇〇ドルになる。だからこそあなたは、賞金を手にするために望まないコールをするわけだ。この新たなベットは自分にとって不利で、もちろんレイズはしたくない。しかし、コールをする価値はあったのだ。

これが、コールをする第一の理由である。つまり、新たにベットをするたびに損をするにもかかわらず、ポットにすでに入っている金額からオッズが十分良い場合だ。

だが、こうした状況は、ほとんどのプレーヤーが考えるほど頻繁には起こらない。ゲームの序盤はあまりにも変数が多く、したがって自分が最強の手を持っているという確信があるか、ブラフをかましているかではないかぎり、降りずに残っていることが得策であることはめったにないからだ。

また自分の勝つ確率はどれほどあるのか、あるいはほかのプレーヤーがそれぞれの確率をどのように考えているのかも分からない。あなたがレイズをかければ相手が降りるかもしれないし、降りてくれれば金を節約できるだろう。もし相手が降りなければ、あなたは次の手で相手を負かし、ポットをさらに大きくできるかもしれない。

もし相手が上手なプレーヤーで、もっと大きくレイズできたはずなのにそうしなかったのなら、なぜ相手があなたのポットの期待値のすべて、少なくともより多くを取らなかったのかについて考える必要がある。

たとえ、あなたのコールがそのゲームでポットに入る最後の金になりそうなときであっても、もし自分では負けを確信しているが一〇分の一の確率に賭けるに値するだけの金額がポットに入っているのなら、あなたがレイズをすれば、相手があなたより良い手を持ちながら降りる可能性が一〇分の一あるか、この期に及んでも忘れずに検討すること。

　これを怠ると、今後一〇ゲームであなたが実際に必勝カードを持っているときでも、最後のレイズで儲けることができないかもしれない。それが終わったら、今度はフォールドを検討することを忘れないように。

　一〇分の一だと思っている確率は、本当は二〇分の一なのだろうか、それとも二万分の一なのではないだろうか。今フォールドすれば、テーブルの面々が一晩中自分に対してベットをつり上げるような事態を招かないだろうか。

　こうしたことをすべて考え合わせると、ポーカーテーブルでは、自分の期待値だと思っているものを守るために何となくチップをポットに注ぎ込むことが理に適うような状況は、それほどないはずだ。

　コールをする第二の理由は、この逆である。つまり過去の期待値を守るために現在のチップを犠牲にするのではなく、将来の期待値を得ることを期待してチップを投資する。例えば、ホールデムであなたのカードが次のようだったとする。

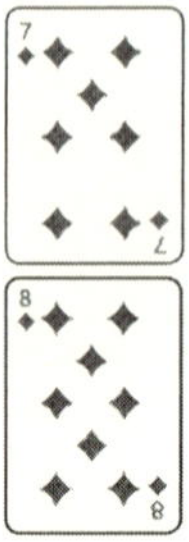

そしてボードに次のカードが並んだとする。

あなたは一人のプレーヤーが「6」のペアを持っており、残りの一人が「クラブ」を二枚持っていると考えている。この仮定の下、あなたがフルハウスを手に入れる可能性は、未知の四二枚のカードのうち四枚（あなたの読みが正しければ、だれも「7」や「8」を持っていないはず）である。つまり四÷四二＝九・五二％だ。

ポットには一〇〇ドル入っており、フラッシュを持っていそうなプレーヤーが一〇〇ドルのベットをして、「6」を三枚持っていそうなプレーヤーがコールをした。もしあなたがベットすれば、あなたは三〇〇ドル勝つために一〇〇ドルを賭けることになり、期待値はマイナス六二ドルとなる。

だが、あなたはもし実際に「7」か「8」を獲得すれば、両方のプレーヤーに勝てると考えている。そしてあなたがそのどちらかを手に入れ、どちらかのプレーヤーがあなたの一〇〇〇ドルのベットに対してコールをしたと想定しよう。

このとき、あなたは一三〇〇ドルを得るために一〇〇ドルを賭けており、期待値はプラス三三ドルとなる。あなたが賭けているのは、わずか一〇〇ドルだ。なぜならフルハウスが完成しなければ降りるだろうし、あなたがベットする一〇〇〇ドル（本当にベットするなら）は、あなたの仮定によれば「無リスク」だからだ。

それにあなたは自分がフルハウスを完成させることがはっきりするまでは、レイズをしたくないはずだ。なぜなら期待値がマイナスだからだ。

以上は、すべて数学的には正しい。しかし、手を完成させたところで、とてつもない付加的価値が期待できることはめったにない。なぜなら対戦相手は、あなたがその役か、または「7」か「8」のペアを持っている可能性について考えるはずだからだ。あなたがそれまで、ブラフをかまして注意深くお膳立てしてきたのでもないかぎり、彼らは一〇〇〇ドルのベットに対してコールをしないだろう（その場合、この状況での期待値は、ポットの資産価値が下落したぶん低下する）。

しかも、あなたは自分の読みにそれほど確信を持っているわけではない。あなたが「クラブ」のフラッシュだと思っているものを、なぜ「6」のスリーカードがコールをしているのだろうか、それになぜ「クラブ」のフラッシュが一〇〇ドルしかベットしないのだろうか。もしかしたら「6」のスリーカードはブラフで、フラッシュが完成しなかったのかもしれず、あなたは単なるレイズでポットを取れるかもしれない。もしかしたら、どちらかのプレーヤーの手が「8」のペアで、あなたは勝てないのかもしれない。あるいはあなたが「7」を手に入れて「7」と「8」のフルハウスで一〇〇〇ドルをベットすれば「8」と「7」のフルハウスで一万ドルのレイズをしてくるかもしれない。または、ブラフで一万ドルのレイズをされて、最強の手をフォールドすることになるかもしれない……。

コールをすべき最後の理由として、ほかのプレーヤーをポットに残すため、というものがある。もしあなたが非常に良い手を持っている場合、ほかのプレーヤーを残すことによって、より多くの金額を獲得できることがある。もし彼らの手が改善されれば、彼らが実際にあなたを負かすわずかな可能性を補って余りある金額を、ポットに追加してくれるかもしれない。

もちろんこれは実際に起こり得ることだ。だが、最初のベットでコールをしたプレーヤーが往々にしてレイズでもコールをすることや、レイズに対してコールをしなかったプレーヤーが次のラウンドでは往々にしてそれ以上ポットに金を入れないこと（もちろん、相手があなたを負かせるほど改善しないかぎりにおいてだが）には、大変驚かされる。それに、安全だと思っていた手で負けることもある。

最後に、もしあなたがこのときだけしかコールをしなければ、ほかのプレーヤーはそのコールがレイズよりも強い手を示唆していることに気づくだろう。コールをすべきほかの二つの状況と、この状況とを混同してはならない。そのため、これをやる場合、相手を欺くために弱い手でもコールをしなければならない。

「本来コールをすべき状況は強い手を持っているときだから、それを見透かされないために不十分な手でコールをしなければならない」というと奇妙に聞こえるかもしれない。しかし、本当のことなのだ。

現実には理由のないことが、ポーカーでコールが行われる最も一般的な理由だ。コールが理に適うことがめったにないため、理由がないからこそコールをする。

またポーカーでは、自分の行動を裏付けるしっかりした数学的根拠をつねに持っていることよりも、人に読まれないようにすることのほうが重要だ。

一度もコールをせずに良いポーカーをプレーすることはできる。しかし、しょっちゅうコールをしているようでは良いポーカーはできないことを肝に銘じよう。

ここでギャンブルに関する所得税について簡単に概説する。税金は米国でのポーカーのあり方にとてつもない影響をおよぼしているからだ。

ある人が別の人に金を与える場合、大まかに次の二つのうちのいずれかであると見なされる。それが経済取引、つまり対価のためになされる販売や賃金などであれば、所得と見なされ、金の受領者には税金を支払う義務が生じる。多くの複雑な法律によって、贈与者が贈与額を所得から控除できる場合も、そうでない場合もあるが、基本的な考え方として、より多くの金を儲けるために使われた資金は一般に控除可能である（政府はより多くの税金を支払わせるために、国民に稼がせたがるのだ）。他方、そのほかのほとんどのことのために使われた金は、一定の基礎的生活費など多くの例外はあるものの、一般に控除可能でない。

だが、金が贈与と見なされるなら、受領者が課税されることはない。一部の極端なケースでは贈与者に贈与税が発生することもある。しかし、それは基本的に生前に全財産が贈与されるのを防ぐために遺産税が早期査定される場合だ。

原則として、ギャンブルはどちらとも見なすことができる。ギャンブルを金を稼ぐための試みと考えれば、賞金から損失を差し引いた金額が課税対象となる。また贈与と見なせば、勝者は税金を支払う必要がないが、敗者は損失を控除することができない、とも主張できる（また遺産税を免れようとしているような印象を与えるほどの損失を出せば、損失についても税金を払わされる可能性がある）。

だが、そんな主張をする人はいない。ギャンブルは悪と見なされているからだ。そのため政府は、つじつまの合わない異常な方法で課税する。一年間のギャンブルでの賞金総額、つまり損失を差し引きした金額ではなく、勝ったすべてのセッションの賞金が所得と見なされ、全額課税対象となるのだ。

一方、ギャンブルの損失は賞金の金額を上限として、項目別控除の形でのみ控除できる。この後半部分は要するに、所得が相対的に低い場合、ギャンブルでの損失を申し立てるためには、基礎的生活費控除を放棄しなければならないということだ。この控除が最も有用なのは、所得税の高い州で莫大な住宅ローンを抱える納税者だ。

だが、例外が一つある。ギャンブルを職業として申告すれば、ほかのすべての職業や事業と同じように、賞金から損失分を控除できる。

ただし、ＩＲＳ（米内国歳入局）はこれまで、ほかの仕事を持ちながらギャンブルを職業として申告する人たちを敵視してきた。どうもＩＲＳはギャンブルを所得捕捉としてではなく、フルタイムの仕事としてしか考えていないようだ。私の経験からすれば、プロのギャンブラーの道に進んで成功しているほとんどの人が、ほかに仕事を持たず、優秀な税理士を雇っている。

一部の人がうまく活用しているもう一つのニッチは、ギャンブルが著述や教育などを含む、幅広い自営業の一環と主張することだ。ＩＲＳがこれを認めたことがあるか私は知らない。しかし、そのように申請して（今のところ）異議を申し立てられていない人たちがいることは知っている。

この方式が有効なのは次の三種類の人たちだが、どれにも該当者は、ほとんどいない。

一．**毎セッション勝つ人たち**

賞金には税金を支払わなくてはならない。しかし、けっして負けることがないので、税金として持って行かれるのは、所得のそれ相応の割合となる。

二．**毎セッション負ける人たち**

損失は控除できない。しかし、少なくとも政府に支払う必要がない。

三．**専業のギャンブラー**

生活費と税理士への報酬を支払えるだけの金を持っている人たち。

こうしたことから、ほとんどの人が法律を無視して、賞金も損失も報告しないか、報告する以前に損益を差し引きしている。

このことの問題点の一つは、捕まるかもしれないことだ。これはポーカーなどのオンラインギャンブルをプレーする人にとって、深刻な問題である。だが、これだけ大勢の人がやっているのだから自分だけが告発されるはずがないと考えて、リスクを無視する人が多い。また、オンラインポーカーの運営者はあれだけ儲けているのだから、ＩＲＳに顧客情報を提供するはずがないという反論もある。

一九九〇年代を通じて、厳格な銀行機密法のあるオフショア地域でデビットカードや信託を提供していた銀行について、これとまったく同じ議論がなされていたのを私は知っている。ＩＲＳはこうした仕組みを活用している納税者が一〇〇万人いると推定した。

いくつかの大手法律事務所や会計事務所が、彼らの適法性を弁護した（理論的には合法的な仕組みもあった。しかし、実際には多くのクライアントがそれを不法に使っており、また本質的に違法なものもあった）。オフショア銀行は大儲けしており、クライアントを何としてでも守ろうとしているように思われた。

この事業の草分けの一人だったジョン・マシューソンが逮捕されたのは、そのようなときだった。マシューソンはＩＲＳに顧客情報を密告することを条件に懲役を免除された。きわめて著名な作家やプロモーター、例えばテリー・ニールやジェローム・シュナイダー、エリック・ウィットマイヤーなどがこれに続いた。ＩＲＳは大量の請求書を発送し、税金プラス二〇％の罰金を早急に支払うことに同意することを条件に、刑事罰と民事詐欺罰を回避する選択肢を提案した。

将来、ＩＲＳはオンラインカジノに、社会保障番号と口座残高のリストの開示を求めるのではないかと、私はにらんでいる。そうなればプレーヤー全員が巨額の徴税令状を受け取るだろう。特に、全財産をすってしまった人にとっては、寝耳に水だ。

例えば、オンラインカジノに一〇〇ドルを預け、数カ月間のギャンブルで少しずつ失い、最後に残高がゼロになったとする。ただし、一直線にゼロに向かったわけではない。二〇ドル勝ったセッションや二五ドル負けたセッションが何度もあった。総計すると一〇〇〇ドル勝って一一〇〇ドル負けたような感じだ。

ところが、自分が預けて失った一〇〇ドルに対して、三〇〇ドルの税金プラス罰金および利息の請求書を受け取ってしまうのだ。かき集めたボーナスが、税金の痛みを倍増させるかもしれない。

プレーがオフショアで行われたことは関係がない（そのうえ、法的にうさんくさいことは間違いない）。なぜなら米国の納税者は、世界中で得た所得について納税義務があるからだ。

またオンラインで軽々しくプレーするだけでなく、自分のプレーの全統計をダウンロードして追跡記録をする契約を他社と結んでいる人たちすらいる。これによって、ＩＲＳの追跡調査がますます容易になるばかりか、自分の成績を知らなかったと申し立てることがますます難しくなる。

記録の残らないところを選んでプレーしていたとしても、無防備なことに変わりない。ＩＲＳは報酬目当ての友人や家族からのたれ込みで、脱税者を捕まえることが最も多いのだ。さらに、だれか一人でも捕まれば、仲間が告発されるケースが多い。

ただし、この点ではまだ守られているようだ。ＩＲＳは税法条文を強制することによって、閉鎖しようと思えばいつでもできるのにもかかわらず、まだカジノや州営宝くじを閉鎖したことはない。おそらく、閉鎖しないという何らかの決定が下されたのだろう。それに、プライベートなポーカーゲームが標的になったという話も聞いたことがない。

法律を無視することの二つ目の問題点は、カジノ、特に競技トーナメントでプレーするときに生じる問題だ。ＩＲＳは大きな賞金の二八％を源泉徴収し、プレーヤーは申告時に報告する必要がある（その結果、支払いが二八％を超えることも、下回ることもある）。多くのプレーヤーにとって、最も大きな賞金の二八％は、年間の純利益を上回る。

こうしたことから、ポーカープレーヤーは次の四分類のどれかに属することが多い。

一．生計のほとんどをポーカーから得ており、プロのギャンブラーという身分を主張する人たち

このタイプの人たちは、賞金の純利益に対して税金を支払う。会計報告でプレーの完全な記録をIRSに提出しなければならないため、脱税者の多くがこのタイプとはプレーしたがらない。

二．ポーカーでほぼ生計を立てており、税法を無視する人たち

このなかには、利益をまったく申告しない人たちもいる。その多くがほとんどの取引を現金で行い、銀行口座や社会保障番号を教えたがらない。資産は現金の形で隠匿され、把握が難しい。

三．ほかに仕事を持ち、勝った夜の賞金に対しては税金を払いながら、負けた夜の損失は控除できないという不利に甘んじる人たち

これで利益を出すには、一貫して勝ち続けるしかない。またそれ以外にこれを賄うための唯一の方法は、ポーカーの賭け金よりはるかに高収入の仕事を持つことだ。

四．ほかに仕事を持ち、法を無視する人たち

これをするのは非常に簡単だ。単にギャンブルを無視して普通の所得申告をすればよい。だれかが密告してIRSがその件を追及することを決定しないかぎり、捕まる可能性はまずない。だが、これは深刻な罪であり、非常に不愉快な不意打ちを受けることがある。

グループ一のプレーヤーは、分散の高いプレー、つまり標準偏差の大きなランダムウォークの成績をもたらすようなプレーで、税金上のメリットを活用することが多い。グループ二と四のプレーヤーは、賞金を多額の損失で相殺することができないため、セッションで大勝ちして賞金の二八%を源泉徴収されるリスクを取る余裕がない。プライベートゲームでは、グループ三のプレーヤーはたとえ年間を通じて勝ったとしても、負けた夜が多すぎればやっていけない。

税金はポーカーにおける重要な問題だ。ほかのギャンブルでは、税金は単にプレーヤーの負の期待値を大きくするだけで、不公平ではあるが、ゲームを歪めることはない。税法が改正され、ギャンブルが同様に扱われるようになるまで、ポーカーのオープン選手権はあり得ない。

第3章　金融の基礎

金融のすべてをたった一つの章で網羅するためには、単純化が必要だ。この世界を構成するものはたった二つのもの、つまり「人」と「資本的資産」であるとする。

資本にはあまりにも多くの意味があるので、ただの資本にすると、はっきりさせるよりもかえって混乱を招いてしまう。この文脈では、資本的資産とは金儲けのために使われる資産（良いもの）を意味するものとする。つまり、いつも乗り回している車は資産であっても、資本的資産ではない。だが、この同じ車が、タクシーの運転手や企業の所有物であれば、資本的資産になる。

これくらいの抽象度なら、政府のことは気にしなくていい。政府は資本的資産を持ち、資金を集め、財やサービスを提供するただの事業にすぎない。ただ、価格政策だけは一風変わっている。顧客に支払うべき金額を告げ、その見返りとしてどのような財やサービスを提供するかを勝手に決めるのだ。いい仕事である。自分が就けるとすれば……。

経済関係の専門用語

専門用語については注意が必要である。本章でこれから議論する物事を示す用語は、経済学者が創作したものだ。

経済学者とは、用語を通常の意味の言葉と正反対に定義することを無邪気に楽しむ利口な人たちである。「財」と「サービス」はすでに登場した。財（グッズ）は必ずしも良いもの（グッド）とは限らないし、良いものは必ずしも財ではない。夕日は、だれも対価を支払わないので、財ではない。シアン化物入りの痛み止めカプセル一瓶は、対価を払う人がいるので財になる。経済のなかでサービスとしてとおっている一部のものについては、ここでは言及すらしないことにする。

とにかく企業は人々に、おっと失礼、「家計」に財やサービスを提供する。もちろん家計（ハウスホールド）は、家（ハウス）を所有（ホールド）したり何かを保有したりする必要はない。これは単に多くの経済活動が貨幣経済の外で行われていることを忘れずにいるための、単なる間に合わせの表現である。母親がこどもに食べ物を与えても、家計内で行われるかぎり経済活動とは見なされない。週末かけて家中を掃除しても、経済的には何も起こらない。しかし、家計外のだれかにその対価を支払えば取引となり、統計に算入される。

家計は主に企業に労働力を提供し、その見返りとして賃金を受け取る。このことによって、財やサービスを購入するための貨幣を得る。

私が引用する労働の一例に、学生の共感を呼ぶものがある。卒業試験で学生が汗だくになって悪態をつきながら電卓のボタンを連打している間、私は教室の前に座ってｉＰｏｄで音楽を聞きながらクロスワードパズルを解いている様子を想像してほしい。

私は報酬をもらっているので労働をしている。しかし、学生は報酬をもらっていないので労働をしていない。

商業銀行

ようやく金融の部分にたどり着いた。

企業は利益を上げる。つまり財やサービスを販売する見返りとして企業が受け取る収益は、賃金所得として支払う金額を上回る。この超過額は、資本的資産の蓄積を増やすために資産を購入したり、家計から労働力を購入するために使われたり、金融商品に対する支払いを通じて家計に戻されたりする。これがフローの全体的な方向だ。

多くの家計が支出を上回る収入を得ている。この余剰金は消費財を購入するために使われることもあれば（余剰金の死蔵も含まれる）、企業部門に戻されることもある。

企業部門のなかだけで完全に消費される金融サービスの大部分については割愛しよう。銀行などの金融機関は、外国為替取引、信用状の発行、与信枠の承認など、企業間ビジネスを支援するさまざまなサービスを提供する。だが、読者の皆さんは高度二万フィートで飛行しているため、こうした企業向けサービスを法律業務や清掃業務と何ら変わりはないと考えて差し支えない。

また金融には、家計部門のなかだけで機能する、小規模だが重要な部分がある。例えば信用組合は、組合員から金を預かり、組合員に貸し付けを行う。

ここでの目的のために、金融の重要な役割が、家計と企業の間に介在する仲介機関であるとする。なかでも銀行は、なじみ深い金融機関の一つだ。一般の人から預金を受け入れる銀行を「商業銀行」と呼ぶ。ただし、規制撤廃によってこの区別は消えつつある。

預金は企業に融資されるか、証券を購入するために使われる（証券も抵当貸付として家計に貸し付けられるが、これは無視する）。企業は（うまくいけば）借入を利息付きで返済し、証券は（うまくいけば）値上がりする。そのため銀行は預金者に現金の形か、無料の小切手口座といった取引サービスの形で利息をつけて、預金を返済できる。

保険会社も同じだ。確かに、預金額に応じた金額を預金者に返すわけではないという点で異なる。代わりに預金者が死亡したか、自動車事故に遭ったか、といったことに基づいて支払いを行う。しかし、金融的な観点からすれば、ほとんど違いはない。

ミューチュアルファンドは方式が異なる。利益に応じて投資家に支払いを行う。しかし、それでも商業銀行の変種であることに変わりはない。

ヘッジファンドは、一般向けに宣伝を行わず、投資家に利益をもたらすことを断言しているがために規制が軽減されたミューチュアルファンドにすぎない。ヘッジファンドは一般のミューチュアルファンドよりもはるかに高い報酬を課す。しかし、それは利益が上がったときだけだ。またミューチュアルファンドよりもずっと高度な投資戦略を駆使する。その戦略のすべてが危険なわけではなく、ほとんどのヘッジファンドはリスクに関して控えめな方針をとっている。

投資銀行

商業銀行とは異なる種類の金融機関に「投資銀行」がある（ただし、前述のとおり、投資銀行と商業銀行の間の区別は消滅しつつあり、ますます多くの機関が両方の性質を備えるようになっている）。

投資銀行の主な業務は、企業向け金融サービスの提供だ。しかし、これについては特定のサービスを除き、無視する。投資銀行は引受人として行動する。つまり新しい証券の開発や販売をとおして、企業のために新たな資金を調達する役割である。

企業の発行する証券のうち最も重要な二つが「社債」と「株式」だ。実際には、さまざまな混合型や変種、組み合わせ、それにまったく違う種類のものもある。しかし、債券と株式を理解していれば、基本は分かっている。

社債は借入であり、定期的に利息を支払い、規定の償還日に元本を償還する。発行者（投資銀行ではなく企業）が支払いを怠った場合、社債保有者は企業を破産に追い込むことができる。

米国でこれが大体何を意味するかと言えば、社債保有者などの債権者が、企業経営のあり方や、債務の一部返済に充てるために身売り売却すべきかといった問題について、重要な発言権を持っているということだ。一部の国では破産が困難だったり、破産における債権者の立場が弱かったりする。こうした国の企業が発行する債券は投資家にとって魅力に乏しい。

企業の株式を購入する投資家は（企業が破産裁判所と関わりあいにならないかぎり）、企業経営を監視する取締役会の選任を行う。取締役会は原則として株主価値を最大化するために行動する。ただし、この取り決めの複雑さを論じるには、本書をすべて費やすこともできるほどだ。

株主は、企業がすべての支出と社債保有者への支払いをすませた後の、残余利益を得る資格がある。企業は、株主に小切手（「配当」と呼ばれる）を送付し、余剰金を使って市場で自社株を買い戻し（無税の自動的な配当のようなもので、残りの株式の価値を高める効果がある)、あるいはその資金を再投資して、より大きく成長する。高い配当を支払う株式もあれば、完全に無配の株式もある(その場合、株価が上昇しなければ株主は不満を抱く)。

取引所

三つ目の重要な金融機関は取引所だ。例えば、ニューヨーク証券取引所(NYSE)やシカゴ・ボード・オブ・トレード(CBOT)などがある。

取引所は、家計や企業が株式や債券といった証券をはじめ商品、外貨、そのほかデリバティブ(金融派生商品)と呼ばれる完全に人工的な証券などを売買する場所をいう。トレーダーが実際に顔を突き合わせる物理的な建物だけを指すとは限らない。今日ほとんどの取引は、コンピュータを介して行われる。金融機関の間で相対で行われることもあれば(銀行間取引、ディーラー間取引、あるいは店頭取引=OTCなどと呼ばれる)、営利目的の事業として取引所を運営する民間企業を通じて行われることもある。

ここでは、次の二種類のデリバティブ(デリバティブのなかでも単純な部類に属するもの)を取り上げたい。この二種類については、本書でたびたび議論する。

コールオプションとは、ある「特定のもの」を、将来の「特定の時点」に(あるいは特定の時点までに)、「特定の価格」で〝購入する権利〟である。その「特定のもの」は原資産、「特定の価格」は権利行使価格(ストライクプライス)、「特定の時点」は満期日とそれぞれ呼ばれる。プットオプションも同じで、原資産を権利行使価格で〝売る権利〟という点だけが違う。

ある当事者がオプションを売却する。オプションの売り手は常に代金を受け取り、買い手はつねに代金を支払う。代金となるオプションの価格は「プレミアム」と呼ばれ、プレミアムはオプションの約定（注文成立）時点で支払われる。たとえオプションが行使されなくても、けっして払い戻されることはない。

この三つ目の金融機関（取引所）に興味をそそられるのは、それが不要であるように思われることだ。ほかの金融機関は、どれも家計から金を集め、企業に回し、利益から費用を差し引いた金を家計に戻す。だが、純粋な取引は、単に金を一つの主体から別の主体に移すだけで、明らかな経済的効果を生じない。

例えば、ニューヨーク証券取引所で株式を購入しても、金を受け取るのは発行企業ではなく、ほかの投資家だ。牛の先物を買ってその三日後に売却すれば、利益が出るかもしれないし、損が出るかもしれない。だが、私が数日間所有していた、あるいは少なくとも経済的にリスクを負っていたことによって、牛に何らかの変化が生じたわけではない。実際、どの牛なのか指定すらされなかったのだから。

この見方は、西部開拓時代まではおおむね正しかった。取引所は経済のささいな補足物にすぎず、有用な機能よりも、災いや醜聞と結びつけて考えられることのほうが多かった。だが、一世紀半前に現れた動的な自己組織型ネットワーク経済では、取引所が中核的な機構となった。証券の取引特性が、その基盤となる経済的側面よりも重視されるようになったのである。つまり、実体経済が仮想経済を牽引するのではなく、仮想経済が実体経済を牽引するようになったわけだ。

これがなぜ起こったか、そしてそれが今日どのような意味を持つか。それが、本書のテーマである。

半世紀前「ファイナンス」は、たとえて言うなら進化論以前の生物学のように、純粋に説明的な学問分野にすぎなかった。学生が学ぶことといえば、信用状とは何かとか、債券を発行するうえで必要な書類は何かといったことで、意味のある理論はなかった。

だが、一群の大学教授たちが変革をもたらし始めた。最も著名なところでは、フランコ・モジリアーニ、マートン・ミラー、ジャック・トレイナー、ジョン・リトナー、ハリー・マーコビッツなどだ。なかでも最も適用範囲が広かった研究は、マーコビッツの現代ポートフォリオ理論、この業界では「MPT理論」と呼ばれるものである。

今日MPTを教えるうえで厄介なのは、なぜそれが自明ではないのかを説明することだ。それはこの理論が華々しく成功したことの証でもある。

この理論が主張するのは、単に「投資家は保有しているポートフォリオの統計学的性質に関心がある」ということだけだ。今日、期待収益や収益の標準偏差を検討せずにミューチュアルファンドを購入しようとする人などいない。より高度な投資家なら、それ以外のシャープレシオやベータといった統計についても検討するだろう。

だが、少し考えただけで、人々が購入するほとんどのものが、統計データによって評価されているわけではないことが分かる。もし何かの価値を十分正確に測定または推定することが可能なら、その統計的性質はそれほど重視されない。そうでない場合でも（例えば、職業や結婚相手の選択をするときなど）、役に立つ統計はそれほどない。

つまりマーコビッツは、投資家が統計的性質に関心があると主張することをとおして、一つは否定的な、もう一つは肯定的な、二つの言明をしていたと分かる。調査や分析で、意思決定に使えるほど信頼性のある適正値を算出できないという一方で、有用な統計分析を行うだけの質の高いデータが存在すると述べたのである。

一九五〇年代の半ばには、これらのことが現実になり始めていた。一九三〇年代以前なら、調査を通じて良い投資対象と悪い投資対象を明らかにできるだけの非公開情報を入手できた。投資家が求めていたのは、確実な投資対象に賭けるためのインサイダー情報であって、それまでの投資収益に関する統計値ではなかった。一九三〇年代の金融改革以降、約二〇年をかけて市場を理解できるだけの十分な統計が蓄積した。またこの作業に役立つコンピュータの出現も助けになった。

ＭＰＴのもう半分は、投資家がポートフォリオレベルで考えるということだ。投資家は優れた個別証券ではなく、自分が保有するほかの投資商品に釣り合う証券を探す。気に入ったからという理由でシャツを買う人もいる。だが、それに合いそうな服を持っており、その服にぴったりのシャツをほかに持っていないからという理由で買う人もいる。

マーコビッツが指摘したのは、投資家がシャツではなく、洋服ダンスを物色することである。だが、彼は投資家がより広範な生活資産、例えばキャリア、家、配偶者などとポートフォリオを釣り合わせるとは言わなかった。ＭＰＴが主張するのは、ある金融資産がほかのすべてのものではなく、ほかの金融資産との関連で、評価されるということであった。

ＭＰＴは、市場が効率的であることを求めない。一人ひとりの投資家は、証券価格について独自の見解を持ち、それに基づいて適切なポートフォリオを選択する。証券には誤った価格がつけられることもある。したがってＭＰＴの誤りを証明することは絶対にできない。ただし、この理論を投資家心理に関する言明と誤解して、その正否に関する筋違いの検証はなされている（この点で、ＭＰＴは明らかに誤っている。投資家は抽象的な統計的性質ではなく、自分がいくら勝ち、いくら負けたのかに関心があるからだ）。

ＭＰＴが重要なのは、ＭＰＴを正しいと仮定すれば、市場の重要な特質を最も単純な形で説明することができるからだ。つまり証券価格は、たとえ現実には投資家がポートフォリオの統計的性質に関心を持っていなくても、あたかも彼らがそれに関心を持っているかのような動きをするということだ。

数年後、ユージン・ファーマが重要な前進を果たし、ファイナンスの確固たる基盤を築いた。ファーマは証券価格にあらゆる情報が織り込まれていると仮定するとどうなるかを研究した。これは言い換えれば、いかなる情報を用いても将来の証券価格の動きを予測することはできないということだ。

このＥＭＨ（効率的市場仮説）がなければ、いかなることでも投資家間の意見の相違として片づけられてしまう。ある投資家は、株式Ａに五〇ドルの価値がないと考え、別の投資家に五〇ドルで売却した。株式Ａは投資家に人気を集め、五二ドルに値上がりした。

何でも説明できるということは、何も説明できないということだ。何が起ころうと、理論が網羅しているので、それを改める必要はまったくない。もちろん、この理論では予測も不可能だ。将来何が起ころうと不思議ではないからだ。

そこでファーマは代わりにこう問うた。

「すべての投資家が証券の統計的性質について同じ考えを持ち、良いポートフォリオを構築しようとしたら、どうなるだろうか？」

そして次に、証券価格が実際にその予測に沿った動きをしたかを調べた。

ここで重要なのは「市場は効率的だ」などと考えた人は実際にはいなかったということだ。これは物事を厳密に研究するための一つの方法にすぎない。もしファーマが効率性からの逸脱を記録できたなら、それは研究の対象となり、何かを学習することができただろう。だが、市場が完全に効率的な状態にきわめて近かったことが大きな驚きをもたらし、逸脱が少しでも存在するか疑わしかった。

いくらかのアノマリー（変則性）は存在する。しかし、それは非効率かもしれないし、データの誤りかもしれないし、より高度な理論が必要だということを示しているのかもしれない。

ＥＭＨを原点とせずにアノマリーを発見した人は、これまでだれもいない。

ＥＭＨは常に批判に晒されている。しかし、ファイナンスを研究する方法としてこれに代わるものを考え出した人はいない。問題を解決するデータを得る見込みもなく、ただ異議を唱えていたい人は、ＥＭＨが嫌いだと言っていればいい。

しかし、いくらかでも進歩を遂げ、実際に物事を理解し、学習することを望む人には、ＥＭＨが必要だ。市場の効率性を実際に信じるかどうかは、これと何の関係もない。

ウィリアム・シャープ、ジョン・リトナー、ジャック・トレイナー、そしてフィッシャー・ブラックは、それぞれ単独で、それぞれのバージョンの資本資産評価モデル、別名ＣＡＰＭ（「キャップエム」と発音する）を考案した。このほかに何十ものバージョンがあり、私もシカゴ大学ファイナンス博士課程の資格試験では全部暗記させられた。確かリトナーが最初だった。だが、シャープのバージョンがより明確に伝えられ、最も影響力が大きかった。また均衡理論を基にしたトレイナーとブラックのバージョンが、結果的に最も有用だった。

三つのバージョンはどれも、あらゆる資産の期待収益とそのシステマティックリスク（「ベータ」と呼ばれる）とを関連づける公式を提供する。

「システマティックリスク」とは、広範な市場の動きに関わるリスクのことだ。これに対立するものとして一部の企業や産業や部門だけに影響を与える「固有リスク」がある。

ＣＡＰＭは、期待収益の上昇という報酬を得るには、システマティックリスクを取るしかないとする。これは重要だ。なぜならリスクの高いプロジェクトが、安全なプロジェクトに優先して選ばれるのに、期待収益が高い必要はないと言っているからだ（リスクの高いプロジェクトが成功するのに株式市場の上昇を必要としないかぎり）。

企業がリスクの高い研究プロジェクトと低いプロジェクトのどちらかを選ばなくてはならない場合、リスクの高いほうを不利に扱う必要はなくなる。なぜなら研究プロジェクトの成否は、市場とは無関係だからだ。だが、リスクが高く、好況時にだけ成功するプロジェクトを含む、二つのマーケティングプロジェクトのうち一つを選ばなくてはならない場合、期待収益が同じならば、安全なほうを選ぶのが得策だ。もしリスクの高いマーケティングプロジェクトが、不況時にこそ成功するのであれば、安全なプロジェクトよりもそちらを選ぶべきだ。

金融における課題

本書を書こうと思った理由の一つは、幅広い層の読者に金融への関心を持ってもらいたかったからだ。金融は素晴らしい分野だが、新しい血を必要としている。この分野で働くことのメリットはよく知られている。高給、面白い仕事、それに間違いを犯したとしても、しょせん金だ。だれが死ぬわけでもない。圧倒的に多くの人が、安全な金を求めてこの職業についており、この分野の課題に取り組むには力不足なことが多い。現在、この分野には普通では考えられないほど多くの飛躍的進歩の機会が転がっている。金持ちや有名になる可能性を提供するものもあれば、社会に大変な利益をもたらすものもある。

●世界の人口の少なくとも半分が、最小限の金融サービスすら受けられずにいる。こうした人たちには、貧しい人もいれば、自立した人もおり、非常に裕福な人さえいる。中産階級の体制順応者は良いサービスを享受している。しかし、万人がそうなのではない。より良い金融サービスがあれば、貧困や社会的疎外の苦難が大いに軽減され、集中した富をより生産的な目的に使うことができる。

●企業金融の基本理論がない。企業がなぜ現在のように組織されているのか、企業がどのように資金調達を行い、どのように監督されるべきかといったことが、理解されていない。優れた理論の助けがあれば、企業は従業員や顧客、投資家、地域社会にとって、より有益な存在になるだろう。企業金融の現状がそれほどひどいとは思わない。しかし、それでも旧来の知識がすべての基礎をなしている。

●リスクに関する理解が進んでいない。リスクはときに災いをもたらす。だが、この世のすべての良いものに不可欠なのは明らかだ。良いリスクと悪いリスクを大まかに区別することはできるとはいえ、リスクに対する理解をさらに深める必要がある。

●現在の金融モデルは、証券の価格決定では非常に優れているものの、実際の証券価格の動きとは明らかに相容れない仮定を必要とする。このせいでいくつかのささいな技術的問題が生じている。ところが、こうした問題の根底にある矛盾は無視されている。これはいつかは対処しなくてはならない問題であり、解決されたあかつきには、それまで隠れていた無数の機会が明らかになるはずだ。

●新しい金融技術には、これまで貨幣取引を退けてきた人的交流のさまざまな分野に、生産的な形で適用できるものがあるだろう。これはなにも、あらゆるものに貨幣価値をつけて取引するということではない。贈与交換やギャンブルから得られる洞察と、現代ファイナンスの数学的手法を統合するということだ。幸福度を高める手段としてこれに勝るものは、私の知るかぎりない。

●人間は経済を制御することがほとんどできない。金融政策や財政政策がその役に立つとは思えない。世界が持続的に際限なく長期にわたって成長していくように思われるのは心強い。しかし、成長が止まったときのために、なぜ今成長が続いているのかを知っておいても損はない。

また成長は必ずしも最善の策ではない。人類はどれだけの、そしてどのような種類の成長を望むのかを、自ら決定することができて然るべきだ。成長がもたらす負の側面として、集団間や集団内に根強い不平等が存在し、ますます増大しているように思われる。人類はどの程度の不平等を許容するかについても、自ら決定できなくてはならない。

もちろん人によってリストに挙げる項目は違うだろう。私が言いたいのは、現在ファイナンスが、比較的わずかな洞察で大きな思考の組み替えをもたらし得る、きわめて刺激的な時期を迎えているということだ。このような発想の転換は、古くからの問題を解決したり、想像だにしなかった途方もない機会を創出したりするかもしれない。

こうした時期を迎えている分野に身を置くのは素晴らしいことだ。たとえ目指したとおりにいかなくても、大勢の才能にあふれた面白い人たちに出会うことができる。彼らは果敢に次の課題を見つけ出し、その冒険にあなたを招き入れるだろう。しかるべき分野を最初に見つけるのがあなたであっても、仲間には事欠かないはずだ。

フラッシュバック①

ウォール街でのポーカーナイト

この見出しにある「ウォール街」とは、マンハッタンの南端近くの「川から墓場まで」続く、本物の通りのことではない。

最後の大手金融機関がこの場所を離れたのは数年前、同時多発テロ事件が起こる一年前のことだった。ニューヨーク証券取引所とニューヨーク連邦準備銀行は今でもこの近くにある。だが、人間を介した株式の立会場は、もはや金融市場の重要な部分ではない。ＦＲＢ（米連邦準備制度理事会）の活動の中心もワシントンに移ってしまった。今もダウンタウンに金融街はあるものの、ゴールドマンサックスを除く大手金融機関の本部はマンハッタンのミッドタウンか、さらに遠くに移転してしまった。

一九八〇年代から一九九〇年代初めにかけて、ウォール街界隈では質の高いポーカーゲームが盛んに行われていた。会場は今はもう存在しない会員制クラブや大手銀行構内の豪勢な会食室だった。経費削減をくぐり抜けてきたこうした数少ない部屋は、今では顧客をもてなすためだけにしか使われないし、企業の所有地でギャンブル（もちろんカードを使ったギャンブルという意味だが）をすることなど、今や考えられない。夏にはヨット上でゲームが開催された。

もちろん今でも本物のウォール街でポーカーをする人はいるだろう。だが、私はここ一〇年、この地域で大きなゲームに参加したことがない。最近では、ポーカーに熱心なトレーダーなどの金融マンは、ミッドタウンのホテルの部屋や、個人のマンション、アッパーイーストサイドの集合住宅、ウェストチェスターやグリニッジの邸宅やカントリークラブなどでプレーすることが多い。

昨夜のゲームが行われたのはマークホテルのタワースイートだった。セントラルパークとミッドタウンの素晴らしい眺めを一望する、壮観な環境だ。延々続くゲームで、一部のトレーダーは早めに午後五時ごろからプレーを始め、銀行マンは八時から午前零時までの間にぽつぽつやって来た。五～六時間プレーする人がほとんどだった。ゲームがお開きになったのは、私が去った一時間後の、翌朝五時一五分前だった。このホテルは、この種のゲームをするのに都合が良い。特に遅くまでいる人たちは、家に帰らなくても仮眠を取りシャワーを浴びてから職場に再び向かうことができる。

この夏、私は本書の執筆に忙しく、あまりポーカーをプレーできずにいる。二〇〇五年の世界ポーカー選手権には参加したものの、単にインタビューを受けるためだった。トーナメント戦には集中できず、参加したいくつかのサイドゲームでも良い成績を上げられなかった。

二週間ほど前に、本書の原稿を何人かのプレーヤーに送ると、ポーカーチップに加え、コメントも続々と送られてきた。彼らのコメントをぜひ公表したいと尋ねると、全員に断られた。

これには戸惑いを感じた。というのも、ほとんどの人がポーカープレーヤーとして何らかの公式記録に載っているし、大きな大会の勝者もいるからだ。彼らがポーカーをやることは、同僚のほとんどに知れわたっている。だが、自分がプレーすることが同僚に漠然と知られていることと、特定のゲームでプレーをしたことが公に確認されることは別物だという。カオ・チョンの言葉が意見を要約している。

「休暇を取ってラスベガスでプレーするのと、ニューヨークで仕事帰りにプレーするのは別物だ。発覚すれば、後に問題が生じないとも限らない」

本書はなるべく仮名を使わない方針で、仮名の人物は本章以外では三人しかいない。だが、今夜ここにいる人は全員あだ名だ。もっとも、それで身元が割れるだろう。何人かは、別の章に実名で登場する。

プレーヤー

カオ・チョンとは今夜参加するプレーヤーのだれよりも長い、二〇年以上前からのつき合いだ。彼は第8章のフラッシュバックにも登場する、うそつき《ライアーズ》ポーカー攻略チームの当初からのメンバーである。それどころか、彼はルールを書き換え「全員が最後のビッドに挑戦して結果を分かち合わなければならない」という条項を加えることで、ゲームを洗練させてしまった。

カオ・チョンはトレーダーとして大いに成功し、現在ヘッジファンドを運営しているほか、私の知る最も優れた数学者の一人でもある。彼もポーカーに関する本を執筆中だ。ただし、その本は高度に数学的で、遺作として出版されたが理解できる人が世界に一〇人ほどしかいない、といった類のものだ。もっとも、理解できたその一〇人は、ポーカーに革命をもたらすだろう。

これまで会ったことがなかったプレーヤーに、ザ・キッドがいる。彼は昨年オンラインポーカーで三万五〇〇〇ドルを手にした大学生だ。彼が今夜ここにいるのはもちろんプレーするためだが、職探しの意味もある。ポーカーは昔から野心的な若いリスクテイカーにとって、技術を磨き、トレーダーの関心を引くための手段だった。

ポーカーに関係するあらゆることと同様、オンラインポーカーも過去数年間で爆発的な成長を遂げている。昔の学生は大学近辺で行われる真剣勝負でプレーし、だれかにウォール街で働くポーカープレーヤーに紹介してもらうもの、と相場が決まっていた。しかし、最近の若者はいきなりトーナメントで優勝したりオンラインで大勝利を収めたりするため、こういった内輪のゲームでプレーした経験が一度もないという人も多い。

ザ・キッドは、その経験があるか、その経験があるかのように完璧に見せかける技を持っているかのどちらかだった。後者ならなお良い。彼にはポーカー技術と人間的な魅力に加えて、選ばれるだけの優れた知性と教育がある。おそらく数年もすれば大手銀行を動かしているだろうし、そうでなくてもポーカーで食べていけるはずだ。

トレーダー志望者は、良い仕事を得るために必ずしもポーカーを学ぶ必要はない。だが、リスクに立ち向かうための何らかの素質を持っていることを証明する必要はある。リスク管理能力は、他人の金を託されたときになって奇跡的に見つかる、隠れた才能などではない。才能があれば、若くして現れるものだ。

トレーダー志望者のほとんどが犯す過ちに「過激なリスクを取らなければならない」と考えることがある。例えば、命や投獄の危険を冒すといったことだ。しかし、それに見合う利益も期待できないのにそのようなことをするのは、ただスリルを追い求めているにすぎない。

私が注目するのは、リスクの大小にかかわらず、そのリスクを取ることでしか得られない〝何か〟を本気で求めた人である。リスクに巧みに対処したかは、重要でも何でもない。リスクの存在を知り、それを尊重し、それでもあえて危険を冒したことが重要なのだ。

ほとんどの人が何となく人生をすごし、たまたま出くわしたリスクは手当たり次第に軽々しく、何の見返りも求めずに負う。そのくせ、金をはじめ身の回りに無数に存在する良いものを手に入れるために、追加のリスクを意識的に負おうとはしない。また、いかなるリスクも反射的に避ける人もいれば、うまい儲け話があれば計算もせずに素早く飛びつく人もいる。

こうした戦略をけなすつもりはないし、実際にそういう戦略を進める人たちにとっては理に適っているのだろう。ただ、私には分からないだけだ。私に分かるのは、こういう人がトレーダーとしては絶対に成功しないということである。

今夜の最年少メンバーはザ・キッドではない。その栄誉はマ・リャンのものだ。

カオ・チョンは、かつてウォール街によくやって来た中国人の典型である。彼は過酷な肉体労働と貧困に満ちた人生が確実に待ち受ける田舎に送られることになっていたその日、今から二〇時間以内に来られるなら大学への入学を許可するという通知を受け取った。彼は、灯り一つない泥道を一晩中、古い自転車で走り続け、なんとか到着した。その後、物理学の博士号を取得し、ニューヨークの立会場に職を得た。どうやってこれをやってのけたのか、私には想像すらできない。

マ・リャンの人生は、これとは正反対で、面白いほど対照的だ。彼は中国政府と香港、ニューヨークとの間で緊密な橋渡しをしている。特に計画もなく気ままに放浪しているように見えて、おそらく非常に巧妙な計画があるのだろう。いかなる人脈があるのか知らないが、非常に顔が広い。

彼はこのことについては驚くほど遠慮がちで、けっして名前を漏らしたりはしない。ただ、ときどき主賓席に座っていたり、貴賓と握手していたり、宣伝用の写真の端っこに写っていたりする彼を見かけるだけだ。

リャンは個人投資会社に勤めており、紛れもないテキサス訛りでポーカーをする。われわれが最後に開催した二〇〇五年九月一日のゲームへの招待は断ってきたが、当日になってひょっこり姿を見せた。後に知ったことだが、その夜ホワイトハウスですごす予定だったのが、ハリケーン・カタリーナ襲来のため、訪問が中止になったらしい。

（願わくば）偶然にも、今日はハリケーン・リタがヒューストンを直撃した。部屋にいた人たちの多くが、ヒューストンにいる仲間や顧客と終日連絡を取ろうとしていた。エンロンの元トレーダーたちが運営する有名なヘッジファンドは、この大会の期間中ラスベガスに移転した。このような人の流れを、現代の金融システムを端的に示すものと見なす批評家もいることだろう。

元天然ガスのトレーダーで、現在ガス会社の重役を務めるメタンは、ニューヨーク・マーカンタイル取引所（ＮＹＭＥＸ）がヘンリーハブ（天然ガス先物）で不可抗力を宣言したことに激怒している。これは、天然ガス先物の売り手がハリケーンを理由にヒューストンにガスを供給しないことを認められ、代わりの供給パイプラインの使用料を負担しない（取引の買い手が負担する）という意味だ。

コーサはソフト商品のトレーダーだ（ソフトとは金属やエネルギーの対語としての農産物を指す）。彼は自分の生い立ちについてはぐらかそうとするが、インド北部か、ジャンム、カシミール、パキスタン、あるいはチベットの辺りにルーツがあることは認めている。この地域の住民が、境界線の位置についてお互いにまったく相容れない考えを持っていることを考えれば、彼のつかみどころのなさは、生き残るために必要な習性なのだろう。

　コーサはフィッシャー・ブラックがギャンブルに強く反対していたという本書の文言に異議を唱える。彼は一九九二年に、フィッシャーがエド・ソープとサラトガで競馬をしているのを目撃したらしい。ソープは携帯コンピュータで回帰分析を実行中で、フィッシャーは馬券を買っており、二人とも成績は上々だったそうだ。

　今夜は、あと十人くらいやってくるかもしれない。今年の世界ポーカー選手権で、われわれのグループからマネーフィニッシュを決めたのは一人だけだった（つまり参加料をはるかに上回る賞金を得たものの、最終テーブルには残れなかった）。

　コーサはアルト（ミッドタウンにあるイタリアンレストラン）でプレーヤー仲間と午後七時から夕食を取り、九時ごろには来るはずだった。ところが、彼らが注文したのはコースメニューで、夜中まで食事が終わらず、ようやく来たころにはワインが回ってプレーできないほど陽気だった。

　最近のプレーヤーには、ほとんど清教徒的と言えるほどの人たちもいる。ポーカーを競技と見なし、ゲーム中に飲んだり騒いだりなどけっしてしないわけだ。われわれのグループは酔っぱらってプレーするようなことはない。しかし、面白くなければ、だれがプレーなどするものか。勝者の悦に入った話と敗者の「黙ってディールしろ」という言葉以外にも、ちょっとした会話は交わされる。プレーヤーはゲームに集中しているが、それが礼儀の妨げになるわけではない。

　とはいえ、このなかに私の「友人」はいない。ポーカーをやらない人に説明するのは難しいだろう。

しかし、私にとっては今さら言うまでもないことだ。友人から金を巻き上げたい人などいるだろうか。彼らとは互いに尊敬し合い、仲間意識のようなものも感じている。もちろん彼らの頼みごとは聞いてやり、こちらの頼みも聞いてもらう。だが、一番つき合いの長いカオ・チョンでさえ、仕事仲間と友人の中間だ。真剣なポーカー仲間との間には親密さもあるが、距離もある。

私はアルトでの晩餐に招待されていた。これを辞退したことはほとんどないし、だれかのおごりならなおさらそうだ。だが、私はポーカーとは無関係の友人たちと、カプスート・フレールで穏やかな夕食を取った。ここはタクシーの運転手が絶対にたどり着けない、マンハッタンで最高のレストランだ。だれかに勝つ前にその人と食事をするのはいやだし、だれかにおごられた後に負けるのもいやだ。

経済学

私は、いかなるポーカーゲームも必ずその経済基盤を分析すべきだという持論を持つ。今夜も分析をしなくてはならない。

なぜ、皆ここに来ているのだろうか。このゲームには非常に優れたプレーヤーでなくては参加できない。なぜ、もっと簡単なゲームを探さないのだろうか。

これは、私のようなポーカープレーヤーの視点から考えるのが一番分かりやすい。私はポーカーを真剣にやり始めた大学生のころ、優秀なプレーヤーが集まると評判のゲームを探した。金儲けのために楽なゲームでもプレーをした。しかし、自分の能力を測るため、努めて手強いゲームを探そうとした。競争本能もあったかもしれない。

うまいプレーヤーは、ほかのうまいプレーヤーに挑戦することで、自分の腕を証明したくなるものなのだ。だが、それは自己防衛でもあった。世の中に自分よりうまいプレーヤーがいるのか突き止めなくてはならない。もし実際にそのような人がいるのなら、自分が油断なく警戒して探しているときに遭遇したい。

もし手強いゲームで勝てなかったら、楽なゲームに専念して、自分よりも上手なプレーヤーを避けよう。だが、もし勝つことができれば、自信を持ってプレーできる。だれかと対戦する以外に、自分の腕を知る方法はないのだ。

今ほど多くのポーカー理論がなく、練習や記録が可能で一〇万もの手を分析するコンピュータシミュレータもなかった一九七〇年代には、なおさらそうだった。自分の能力を測りたいという衝動に突き動かされた私は、ハーバードでの真剣勝負に飽きたらず、一流のプロがプレーすることで知られる、カリフォルニア州ガーディナなど商業ポーカーの本場に出向いた。

ポーカーはランダム性が非常に高い。そのため、だれか一人を相手に自分の能力を測ることなどできない。一人の人間がプレーできる回数をはるかに上回る、数億回ものゲームを通じて優位を証明しているプレーヤーのネットワークやコミュニティで、自分の能力を測ることを望むほかない。

このプロセスはまだ続く。あるレベルで確実に勝てるようになれば、確実に勝っているほかのだれかが、もっと上のゲームに招待してくれる。だが、永遠に続くわけではない。

本や映画の「シンシナティ・キッド」には、だれもが認める最高峰のプレーヤー「ザ・マン」が登場する。しかし、現実はあんな風ではない。もちろん、ザ・マンは実在の人物なのかもしれないが、勉強不足の私は知らない。この物語の誤りを証明できないとはいえ、十分長い年月をかけて十分多くのトッププレーヤーとプレーをしてきた経験から、このプロセスは「地域レベルで終わる」と自信を持って言える。

例えば、私はいつだったかボストンで、最高の部類に入ると考えられていたゲームのうち、五つほどに参加した。参加しなかったゲームも同じ数ほどあったかもしれない。だが、ボストンには、このレベルのゲームは数百もなく、どれか一つのゲームが最高だと広く認められていたわけでもなかった。またこうしたゲームはニューイングランド地方でもトップレベルで、ときおりほかの都市のトッププレーヤーが顔を見せることもあった。

私はそれ以上には進まなかった。ボストンで最高のプレーヤーはボストンにとどまり、より良いゲームを求めてヒューストンやロサンゼルス、ラスベガスに向かうようなことはなかった。仕事やそのほかの理由から、市内にとどまっていた。同様にボストンの大企業の経営者が、中華街やイタリア人やアフリカ系米国人の居住区に出入りしたり、ハーバードの学生ゲームに押しかけたりするようなこともなく、大抵は自分の居心地の良い場所でプレーをしていた。

このようなゲームの間でも、交流はあった。私も学生時代にはいくつかのゲームでプレーをしたし、ほかの都市の良いという評判のゲームを訪れることもあった。ときには同じ街や別の場所で行われていたほかのゲームのプレーヤーが、われわれのゲームを訪れることもあった。こうした行き来がたくさんあったことを考えれば、たった一つのゲームや、たった一種類のゲームだけが、優れたポーカーを独占していたのではないことは明らかだった。

ラスベガスのプロが真剣な内輪のゲームに参戦して、地元のプレーヤーから金を巻き上げるようなことはなかった。同じことが、旅行でカジノやカードルームを訪れる、プライベートプレーヤーについても言えた。

シリアスプレーヤーは、さまざまな困難を抱えている。ゲームは違法であることが多い。貸しを回収し、騙されないようにしなくてはならない。ポーカープレーヤーは多額の現金を持ち歩くことで知られており（または持ち歩くという評判があり）、強盗や窃盗の標的になりやすい。そんなときポーカーネットワークの協力関係が大きな助けになる。

ネットワークを通じて安全にプレーできる場所や仲間を知り、自分も安全な人間であると安心してもらうためにだれかに紹介してもらうことができる。ネットワークは勝ち金を回収したり、法律上の問題を回避したりするのにも役立つ。商業施設のプレーヤーは、後の章で説明するような方法でハウスが面倒を見てくれる。だがプライベートゲームのプレーヤーは、助け合うことで自分の面倒を見なくてはならないのだ。

ゲーム

今夜のゲームはノーリミットのテキサスホールデムで、ブラインドは二五ドルと五〇ドル。ほとんどの人が最初に五〇〇〇～二万ドルのチップを購入する。

このやり方は、多くのプレーヤーが最低額のチップを購入し、負ければチップを買い増し、勝てばチップを現金に換えるためにテーブルを移ることすらあるカジノやカードルームでのゲームとは違う（ほとんどのカジノでは、ゲームを去るまではチップをハウスに売り戻すことが禁じられている）。

チップの量を少なくすることには、数学上の利点がある。あなたがオールインをすれば、ほかのプレーヤーがベットを続けても、あなたにリスクはない。最強の手がほかのプレーヤーのベットに対してコールをせずにフォールドをすれば、あなたがポットを獲得できるかもしれない。商業施設でのプレーでこうしたメリットを活用することを、ゲームの一部と考えるプレーヤーもいる。だが、私の知るほとんどのシリアスな内輪のゲームでは、自分が大切だと思うすべてのものをテーブルで行われているゲームに賭け、負ければプレーをやめることが望ましいと考えられている。

賭け金が簡単にプレーできる水準、例えば五〇〇ドルを割ったらやめてしまう人がほとんどだ。最初に購入するチップや買い増しの金額に関する公式ルールはなく、プレーヤーが自発的に慣習を尊重していることが多い。これと違うやり方がお望みなら、ほかにいくらでもある。

こうしたことから、賭け金は商業施設での同じ絶対額に比べて、若干少なくなる。だれか一人が少ないチップで始めるような場合を除けば、だれかがオールインした状態でショーダウンまでいくことはめったにない。

比較的多いのは、オールインした人が無敵の手を持っているために、だれもコールをしないという状況だ。プレーヤーがオールインでブラフをかけることはあるが、一度やってコールをされれば一巻の終わりである。

もちろん、これはトーナメントでも同じだ。トーナメントでは負けた後も、別のトーナメントに参加したり、サイドゲームに参加したりすることはできる。だが、今回のゲームでは、いったん負ければ、もうその夜はプレーできない。負ける頻度が〝まれ〟よりも高くなれば、二度と招待されることはない。

私がプレーしているプライベートなポーカーゲームの賭け金は、ここ何年もの間、インフレ調整後の金額ベースで、ほとんど変わっていないようだ。一九七〇年代半ばの大学での典型的なバイインの金額は一〇〇〇ドルか一五〇〇ドルだった。その後、消費者物価指数と歩を同じくして上昇し、現在は五〇〇〇ドルである。

私が裕福になるにつれて、賭け金の高いゲームを探そうとしなかったのは奇妙に思われるかもしれない。今夜プレーしている人のなかには、何百万ドルもの財産がある人もいれば、十万ドルに満たない人もいる。だが、それにもかかわらず、だれもがこの賭け金の水準を心地良いと感じている。

ポーカーを一番楽しめるのは、賭け金がかなり大きいが、プレーに恐れや欲が生じるほど大きくないときだ。金は頭を集中させるためのものであって、目をくらませるためのものではない。

一〇〇〇倍金持ちであっても、食事や洋服や家賃に費やす金額が一〇〇〇倍多いわけではない。そのため億万長者にとっての（少なくとも私の知っている億万長者にとっての）五〇〇〇ドルは、彼らが日常的に下している決定に照らしても、何らかの意味を持つ金額だと言える。

他方、このゲームに参加できるほどポーカーの腕と人脈がある人なら、五〇〇〇ドルを何とかして工面できる。つまり、この金額は本来招待されるはずだった人を排除するようなこともないし、だれかを退屈させることもない。ポーカーの真剣なプレーヤーには、ちょうどよい賭け金だ。

ポーカーを一時休止しているとはいえ、私の腕はなまってはいない。私は午後八時をちょっと回ったころに到着して、五〇〇〇ドル分のチップを購入し、午前三時三〇分には三万七五〇〇ドルでテーブルをリードした。大勝ちして去った人はだれもいないので、たんまり金が賭けられている。

私は着実に金を増やしていた。一時間に一つの割合で良い手が来て、その合間にレベルが少し低い収支トントンのプレーがあるといった感じだ。一晩中負け知らずだったし、リバー（最後にめくられる五枚目のカード）で神がかり的な幸運を祈ったこともなかった。全体として見れば、私にとって、ほぼ完璧なポーカーナイトだった。

そしてとうとう最大にして最後のゲームがやってきた。ビッグブラインドで、私に次の手が来たのだ。

これはホールデム最強の手ではないものの、最も融通が利く手だ。強いペア、ツーペア、トリップを作るための高位カードの強さがある。しかもストレートとフラッシュを作れる組み合わせの数が最も多い。ストレートが手に入れば、ボードに「10」か「J」がないかぎり、最高の手になるはずだ。

カオ・チョンはせっぱ詰まって五〇〇ドルのベットをし、私に順番が回ってくるまでに三人からコールがあった。

これは強い手になろうとしている。私にとっては最高だ。私はポットに四五〇ドルを入れ、総額二五二五ドルになった。フロップで少なくともフラッシュを狙えるフォーカードかオープンエンドのストレートになるだろうか、ならないだろうか。ならなければ、フォールドをしよう。

フロップはこうだった。

これで事態が変わった。私は適切なカードをドローすれば強くなれるドローイングハンドではなく、すでに完成した強力なツーペアを持っている。

このフロップでストレートやフラッシュを作る可能性はたくさんある。だが、まだだれもフラッシュを持っていないはずだ。

だれかが「Q」と「9」でストレートを持っている可能性はある。しかし、それは五〇〇ドルのベットに対してコールをしそうな手ではない（「9」「7」はさらに可能性が低い）。

「Q」以上の高位のペアを持つ人がいる場合、ボードに何かのペアが現れれば、私を負かすことができる。もう一つの心配は「Q」がもう一枚出てきた場合に「Q」と「J」のような手が私を負かすことだ。どのペアにもスリーカードになる可能性がある。

ポットには私以外に四人のプレーヤーがいるので、もしショーダウンまで全員が残るとすれば、負ける方法はあまりにもたくさんある。だが、ここで私が最強の手を持っていて、どのプレーヤーに対しても優位に立っている可能性は、かなり高い。

この状況と、素晴らしい手を作るためにもう一枚カードが必要な状況を比べることが大切だ。例えば、私が上記のフロップとともに「A」ともう一枚ハートを持っていたとしよう。この場合、できるだけ多くのベッターを相手にしたい。全員を負かすか、全員に負けるかのどちらかの可能性が高いからだ。

一方「J」と「10」を持っている私は、だれか一人のプレーヤーに負ける可能性が最も高い。私の目標は、ポットに残っているほかのプレーヤーをゼロまたは一人にすることだ。別にどちらでもいい。

スモールブラインドがフォールドをしたため、私がベットを開始すると、オールインとなった。残り全員がコールをしたのだ。これは最初に思ったほど意外なことではない、というのもポットには二五二五ドル入っており、スタックが小さいプレーヤーが何人かいるからだ。

メタンが持っていたのは次の手だ。

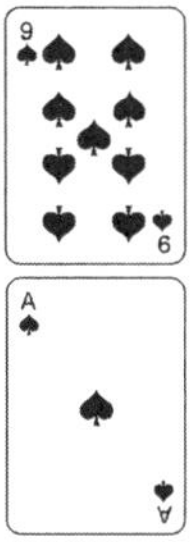

これはオープンエンドのストレート狙いでもあるしフラッシュを狙う三枚でもある。また「A」が一枚と、彼の手札かボードの札とペアになるもう一枚が出ても、ポットを取れる可能性がある。ストレートの可能性が最もあるとはいえ、それではフラッシュやもっと高いストレートに負けてしまう。

ただ、メタンの資金は一五〇〇ドルしかなく、ほかの全員がコールをしている状況で自分のオッズが気に入っている。

もう一人の手札は「K」のペアで、同じく一五〇〇ドル程度持っている。

またコーサは自分の手札のハートの「A」と「6」に三〇〇〇ドル賭ける価値があると考えている。

もちろんこれは、私がまさに望まなかった状況だ。だがこの三つの手だけに関して言えば、私はまだ正の期待値を持っている。私が三人に勝って八〇〇〇ドルの利益を得る確率は三分の一より少し多く、逆に三五〇〇ドルを失う確率は約三分の一、そしてコーサは負かすが残りの二人のうちどちらかに負けて差し引き五〇〇ドル失う確率が三分の一である。

この状況は、カオ・チョンが次のカードを見せると一変した。

これで私がこのゲームに勝つ唯一の方法は、ターンとリバーのカードが、まだデッキに残っている二枚の「10」だった場合だ。この確率は七四一分の一である。引き分ける確率は七四一分の六だ（クラブかダイヤの「9」と、クラブかダイヤかスペードの「7」が出た場合）。
実際にはどれも起こらなかった。さらにうまくなかったのは、カオ・チョンが一万ドルちょっとと、四人のなかで一番多くの金を持っていたことだ。彼の資金は二万八〇〇〇ドルに伸びていた。私の資金は二万七〇〇〇ドル。一晩の稼ぎが二万二〇〇〇ドルである。いい潮時だ。

第４章　リスク否定の小史

――金融におけるリスクと、それを見て見ぬふりをする人たちについて

むかしむかし、言語が発明されてからのこと、言葉が通じる二人が初めて出会った。どのような言葉を交わしただろうか。

「賭けるかい？」か「交換《スワップ》するかい？」が、いい線だろう。

ギャンブルとトレードは、人類の活動のなかで最も古い部類に入る。実際これらの活動の起源を動物、バクテリア、そして単一遺伝子にまでたどる研究者もいる。どちらの活動もリスクを伴う。ところが、リスクは人生に降りかかる難題のうち、最も重要だが最も理解が進んでいないものの一つだ。

近代以前の社会では、情報に基づく意思決定に必要なだけの事実が入手できないとき、ギャンブルが最もよく使われた。石器時代の社会では、どこで狩りをするか、先に進むべきかどうかを決めるために、枝や石、骨を投げたり、動物のはらわたで占ったりしたのだ。聖書をはじめとする古来の文献には、神の意志を知るためにくじを引く、という記述が頻繁に出てくる。

だが、娯楽としてのギャンブルは、それほど尊重されなかった。概して容認されてはいたものの、奨励はされなかった。神が重大な社会的決定のために与えた道具を弄ぶのは罰当たりだと考えられていたわけだ。

一神論は「神が与えたあらゆる運命を従順に受け入れるべきだ」という考えをもたらした。そしてギャンブルはそれに対する拒絶と見なされたのである。

金融取引も同様に見なされた。実物資産の売買は是認されたのに対し、純粋な金融取引、例えば利子の請求や両替、投機、保険の売買、証券取引などは、道徳的にきわめて疑わしい活動とされた。

ショックだ……ここでギャンブルが行われているなんて！

金融に対する考え方が変化を見せ始めたのはルネサンス時代のイタリアだ。この変化は宗教改革さなかの北欧で加速した。純粋な金融取引の規模とリスクが増大するにつれ、ギャンブルの要素は無視できないものになっていった。

金融業者は「ギャンブルは善である」と主張するか「金融はギャンブルではない」と主張できた。そして、ほとんどが後者を選んだ（これはあくまで理論上の話で、実際には相当数の金融業者の副業がプロのギャンブラーだった）。

このうちの一部は、単に遠回しな言い方をしているにすぎない。ちょうどハリウッドのプロデューサーが映画を活気づけるために、容姿端麗な若者たちが下着で走り回るシーンを、注意深く調整した量だけ加え、ポルノではないと主張するのと同じだ。あるいはカフェインやニコチン、アルコールなどで気分転換しながら、ドラッグはやっていないと言い張る人たちと同じである。ギャンブル、ポルノ、ドラッグは低俗な下層階級のものであって、株式を購入したり、D・H・ローレンスの本を読んだり、医師の処方したプロザック（抗鬱剤）を飲んだりすることとは別物というわけだ。

こういった区別をつけたい人がいても一向に構わない。ただ、それにまつわる諸問題の現実から目を背けないでほしい。本章は、金融に関連してギャンブルという言葉を使わないようにするために用いられてきた、ばかげた言葉を説明するための章ではない。これまで行われてきた「ばかげたこと」を説明するための章だ。

まずは簡単な例から始めよう。英国の「プレミアムボンド（宝くじ付国債）」である。これは英国で最も人気のある投資商品で、二三〇〇万人の国民が五〇〇億ドル（二七〇億ポンド）を超える残高を保有している。

英国政府の国民貯蓄投資局が販売するこの投資商品では、債券に一ポンド投資するごとに数字が一つ与えられ、毎月くじ引きが行われる。二つのラッキーナンバーで一等賞金一〇〇万ポンドを獲得し、以下末賞五〇ポンドまで、一〇〇万を超える賞がある。とはいえ、ある特定の月にどれかの賞に当選する確率はわずか二万四〇〇〇分の一だ。しかし、プレミアムボンドは一般の宝くじとは異なり、くじ引きの後で破り捨てる必要がない。翌月も当選の可能性があるのだ。

プレミアムボンドは、毎月行われる宝くじのような〝プリペイド式回数券〟などではない、と主張する人はまさかいないだろう。それでも政府の観点からすれば、プレミアムボンドは、ほかの国債と何ら違いはない。政府は今、金を受け取り、債券保有者に毎月利息を支払う。慣例どおりすべての債券に同じ金額を償還する代わりに、一〇〇万口の債券については額面の五〇～一〇〇万倍の金額を償還し、残る二六〇億口にはまったく何も支払わないだけだ。政府にとってはどちらであろうと、関係ない。関係があるのは、債券保有者である。

国民貯蓄投資局のウェブサイトは「収益保証型」と「潜在的高収益型」の二種類の金融商品を紹介している。収益保証型は、利付国債や貯蓄証券などの標準的な投資商品である。潜在的収益型には二種類あり、プレミアムボンドのほか「政府保証付きEB債（エクイティボンド）」がある。後者はプレミアムボンドに似ているが、くじ引きではなく、株式市場のパフォーマンスを基に償還金額が決定される。

伝統的な金融理論は（ギャンブル商品であり、悪い）プレミアムボンドと、（投資商品であり、良い）EB債との間に、大きな違いがあるとする。だが、投資家の観点からすれば、唯一の違いは配当の分配である。プレミアムボンドを一口だけ購入すればEB債よりリスクが高い。しかし、購入数が多ければEB債よりもリスクは低い。

プレミアムボンドの期待収益が既知であるのに対し、EB債の場合は予測が必要だ。ただし、プレミアムボンドとほぼ同水準であるように思われる。

EB債の大きなデメリットは、ほとんどの人にとって収益の必要性が最も低いときに、最も高い収益をもたらすことだ。好況時には雇用が拡大し、ほかの投資も順調なはずだ。政府の観点からすれば、両者にまったく違いはない。政府は今、金を受け取り、国債保有者に毎月宝くじをとおして利息を分配するか、または毎月の利息を複雑な公式に基づいて株式市場で運用し、利益（もしあれば）を国債保有者に返還するかにすぎない。

だが、EB債では「政府が株式市場に毎月投資をするという違いがある」とも言える。つまり、政府は株式をほかの投資家から購入する。その投資家は政府から来た金を例えば企業から新規発行株式を直接購入するなどして、実物投資に回すかもしれない。その場合、保証付ＥＢ債がもととなり、実質貨幣が実質的な経済効果をもたらすために用いられたことになる。

これが起こらなかったら、どうなるだろうか。もし政府が株式を購入しなかったらどうか。または政府に株式を売却した人たちが、実質的な経済活動に投じられたかもしれない金を消費に回したり、ため込んだりしたらどうなるだろうか。

その場合は保証付ＥＢ債がもとで、投資に使われていた資金がギャンブルにつぎ込まれるという、正反対の効果が生じる。

もしこういった話がどうしようもないほど抽象的に思えるなら、それはごもっともだ。実のところ、プレミアムボンドや保証付ＥＢ債、普通債、普通株式を発行することが、それぞれどのような効果を生じるかは、だれにも分からない。申し分のない理論的正解などないし、あったとしてもまだだれも導き出していない。

ありていに言えば、この二種類を含むあらゆる金融商品は、投資家を魅了するように作られているのであって、経済に与えるわずかな効果を意図して作られたわけではないということだ。投資家がギャンブルをしたいというなら（ほとんどの人がそうだが）、発行者はその希望をかなえるための方法を見つけるだろう。

ほとんどの金融商品や金融機関には、生活や経済活動のなかで自然に生じたとしても正当化できないリスクが、意図的に付加されている。なかにはプレミアムボンドの当選番号の抽選のように、投資家の興味を引くために付加されたリスクもある。それは加工食品に大量の砂糖や塩がこっそり入れられるのと同じことだ。伝統的な効用理論では、投資家は必要以上のリスクを好まないとされるため、経済学者はこの事実に困惑することが多い。第10章では、この議論の矛盾について説明する。

こうしたことから、プレミアムボンドを完全に無視して、そのほかの金融商品に付加されたリスクの存在を否定したがる経済学者が多い。しかし、金融界で生計を立てたり、金融商品を賢く利用したりするためには、付加されたものを理解していなければならない。

すべての食品添加物が、食品を消費者にとって、より魅力的なものにするために添加されるわけではない。保存料や安定剤は、食品加工者に都合が良いから添加される。もちろん「保存」や「安定」と言えば聞こえがよい。「これをこの食品に入れて、バクテリアにさえ食べられないようにします」とは、まさか言わないだろう。

金融機関も同じ理由から、つまり資産が消費されたり、死蔵されたりしないようにするために、資産にリスクを付加する。そのほか食品の凝集度を調整して、ボロボロ崩れたりコチコチに固まらないようにするための添加物もある。資産自体を変えなくても、取引市場のリスクを調整することを通じて、投資家間の富の配分を変えることができる。証券の所有が過度に集中または分散していれば、実物経済に非効率を生じる。このように手を加えることを一言で表す洗練された用語が「資産形成」だ。

資本的資産は、金儲けのために保有される資産を指す。資産自体に違いがあるのではなく、保有者の心づもりが違うというだけだ。私の友人の父親は、ゼネラルエレクトリックの技師で、いつもシャツの胸ポケットに同じペンを二本差していた。一本は私的な書き物のために自分で買ったもの、もう一本は会社の仕事用に職場から持ってきたものだ。

どちらのペンも資産である。しかし、資本的資産は後者だけである。経済を成長させるためには、資産が死蔵されたり個人的な楽しみのために使われたりするのではなく、金儲けのために使われるようにしなくてはならない。金融機関の重要な役割に、このような考え方を奨励することがある。

資産形成を図るために最も効果的な方法の一つが、資産の集中を図ることだ。例えば、一〇〇〇人の人が非常時に備えて、マットレスの下にそれぞれ一〇〇〇ドルを隠し持っているとしよう。彼らを説得して宝くじを買わせ、幸運な一人に一〇〇万ドル全額を勝たせれば、どうだ！　インスタント資本の出来上がりである。

A
リスク否定者の言い分①
私どもの金融商品はどれも
純粋で、人工的なリスクは
添加しておりません
A

この一〇〇万ドルをマットレスの下に隠し持つ人などいるわけがない。ほとんどの人が投資するだろう。消費に回す人もいるだろうが、それでも構わない。消費は企業利益の増加をもたらし、利益は資本の増加をもたらすからだ。さらに企業利益の増加は、ほかの人々にも投資を促す。

別の利点もある。九九九人の敗者は非常用資金を再構築するための経済活動にいそしみ、それがさらなる資本創出をもたらすのだ。

伝統的な経済学者は株式市場を、株式を売買したい人にとって便利な場所、いわば株式のための「イーベイ」のようなものと見なす。だが、それでは株式市場の取引量もボラティリティもまるで説明できない。株式市場で行われる取引のうち、末端投資家が負うリスクを市場に移すものは、ほんの一部にすぎず、ほとんどが投資家同士のゼロサムの賭けなのだ。

株式市場全体が年間一〇%上昇すれば、平均的な投資家は当然一〇%の利益を得る。だが個々の投資家のリターンは、成功者やデイトレーダーを含めれば、マイナス一〇〇%（つまり全額を失う）からプラス一〇〇〇%以上まで分散している。

株式市場を理解するうえで、一〇%という平均値よりも、平均値付近のボラティリティを知ることのほうがはるかに重要だ。なぜなら、これこそトレーダーがあれほど興奮し、株式市場のアナリストが執筆し、人々が告訴し、ミューチュアルファンド（株価指数に連動するインデックスファンドを除く）が宣伝する対象だからだ。そして、これこそが株式取引所が作られ、大きな影響をおよぼしている理由である。また、これこそが株式トレードで生計を立てたり、個人として賢明に利用したりするための秘訣なのだ。

資本形成を促すもう一つの秘訣は、ギャンブラーの心理を利用することだ。小切手口座に金を入れても、いつまでたっても金額は変わらず、必要に応じて金を出し入れするだけである。これは資本を増やす助けにはならない。ほとんどの投資は長期にわたって資金を必要とし、収益が不確定だからだ。

もし同じ金をミューチュアルファンドに入れたらどうなるだろう。ファンドの収益は上下する。人は損切りを嫌うため、ファンドが下がっても、何かを購入するためにファンドを売却するようなことはしないだろう。またファンドが上がれば、もっと金を入れようとするだろう。なにしろ金を儲けたばかりなのだから。

資本形成のためにギャンブルを利用するもう一つの方法は、不況時に最も役に立つ。不況時には、良質な基礎的投資はほとんど行われない。もちろんこの時期にこそ、資産形成が促されるべきだ。そうしなければ不況はけっして終わらない。

金融市場におけるほとんどの取引はゼロサムだ。債券には借り手と貸し手がおり、借り手が調達する金はすべて貸し手から来る。私が米ドルでユーロを購入するとき、取引の向こう側には相手がいる。フォードに投資するためにGMの株を売却すれば、その向こう側にも相手がいる。つまり、たとえ経済における平均投資収益率がマイナスであっても、利益を上げている賢い、または幸運な人たちがたくさんいるのだ。

A
リスク否定者の言い分②
これは資本形成であって
ギャンブルではない
A

例えば、一九七〇年代には、株式と債券価格の下落をよそ目に、商品価格は急騰していた。一九九〇年代にはレバレッジを効かせた金利取引が活況を続いた。この市場が暴落すると、今度は新興国市場への投資が急増した。これも暴落すると、次にネット関連株が急騰した。

何が起ころうとも、余剰資金を資本に転換するための魅力的な分野が新たに出現したわけだ。好況時に時勢に逆らう人がいなければ、不況時に人々を奮起させる勝者がいなくなる。

私は何も資本形成においてギャンブルが不可欠だなどと言うつもりはない。いつの日か聡明な経済学者が、リスク無添加の金融商品を扱う「健康食品店」的な金融機関を開くかもしれない。そして十分な情報を与えられた投資家が、所得の一部を資本に転換することで、効用を最大化するかもしれない。

低コストのインデックス型ミューチュアルファンドなどを例に、すでにこれが起こっていると主張する人もいるだろう。確かに、ファンドマネジャーが運用するアクティブ型のミューチュアルファンドや株式の直取引に比べればリスクは低い。しかし、こうした商品にも目に見える以上のリスクが付加されている。

ギャンブルが長年にわたって常に資本形成を促す主要な手法だったことには理由があるはずだ。そして、この状態は当面続くだろう。リスクという添加物を理解することなしに、金融市場を理解することはできない。

A
リスク否定者の言い分③
トレーダーは注文取り係だ
A

金融機関は資産形成だけでなく、資産配分の担い手でもある。希少な資本は、どのプロジェクトに配分されるべきだろうか。

こうした決定は、学位や幅広い実務経験を持つ専門家から成る委員会が下すべきだと考える人もいる。だが、政府に雇われた専門家であれ、民間部門に採用された専門家であれ、こうした人たちの仕事ぶりはひどいものだ。特に、ダイナミックな経済部門でその傾向が強い。資本配分は芸術や科学というよりも、むしろゲームに近いため、この仕事にはゲームプレーヤーが最も適任だと思われる。

金融市場が成功するためには、適切なスキルを持ったトレーダーを呼び込まなくてはならない。そのためには、適切な種類のゲームを考案する必要がある。

経済学者はトレーダーの果たす役割について、注文を遂行し、短期的な不均衡を補うために流動性を提供するといった、受動的なものと見なすことが多い。

しかし、トレーダーの実像は、これとかけ離れている。彼らは金融市場の中核にいる、最も重要な高給取りの参加者なのだ。実際、市場にとって必要不可欠と言えるのはトレーダーだけである。

優秀なトレーダーがいれば、建物も、規制も、情報の集中もなしで、資本を形成し、配分できる。優秀なトレーダーがいなければ、何もかも国営事業のように非効率的になってしまうのだ。

賭けをヘッジする

リスクの存在が否定されたことで、さまざまな不合理が生じた。例えば、生命保険の価格設定には、一八三〇年代まで確率理論が用いられなかった。それまでの二五〇年間、運の要素が強いゲームには基本数学が適用されていた。だが保険会社は、保険は顧客が死ぬという賭けではなく、決定論的な分かち合いなのだと主張した（「決定論」と「分かち合い」は、プロテスタントの宗教指導者の受けが良かった）。どのみち人はだれでも死ぬのだから、生命保険は賭けではなく投資なのだと。

これは単なる言葉上の表現にとどまらず、数学を使用することの拒絶や、大きな価格の歪みをもたらした。政府の年金はどの年齢の人にも同じ価格で販売された。保険会社は合理的な数理予測をもたらしたであろうデータの収集を怠った。

多額の損失が生じた末、ようやく数人の無名の天才が対応策を見つけた。改訂版の主張はこうだ。「保険はサイコロやルーレットと同じ数学的性質を持つが、ある重要な点で異なる。ギャンブラーは楽しみのために人工的にリスクを作り出すが、保険は自然に生じるリスクのヘッジを可能にするものだ。だから保険会社は、ギャンブラーが考え出した数学を使っても、罪深いギャンブラーと同罪ではない」

かくして「ヘッジ」の概念が生まれた。ヘッジとは「単体ではリスクがあるが、全体的なリスクは減じられるような賭けのこと」をいう。

素晴らしい話のように聞こえる。だが、うまく行くことよりも、失敗することのほうが多い。実際、金融破綻の多くが、ヘッジをしていると思い込んでいた人たちによって引き起こされている。

ヘッジという概念の問題点は、分析範囲をどこまで広げるかによって、その効果が大きく変わるということだ。より広い視野で見れば、ヘッジだと思っていたものがリスクをむしろ増大させていたということもある。

ヘッジの説明に関するもう一つの問題点は「それが本当ではない」ということだ。生命保険に死亡リスクをヘッジする効果はなく、それに対して何の影響もおよぼさない。

生命保険は原理上、自分が早死にした場合に扶養者に及ぶであろう経済的影響を軽減するために使うことはできる。だが、もし生命保険が本当にこの目的のために使われているのであれば、多くの扶養者を抱える若い賃金所得者には多額の生命保険が必要で、独身者や引退者にはほとんど必要ないことになる。今生きている人の約半分は、残りの人生で、入ってくる金よりも出て行く金のほうが多いだろう。こういう人は、マイナスの生命保険を保有すべきだ（早死にせずに長生きする人に給付される終身年金は、マイナスの生命保険の一形態だ）。

生命保険の保有量が、それがヘッジしていると推定されるリスクの量と無関係であることを、データは示している。あるとしても逆相関だ。多額の保険を必要とする人は、マイナスの保険を必要とする人よりも、保有する保険の量が少ない。米国では生命保険の契約総額は、個々の家庭の経済的リスクの総計にほぼ等しいが、保有しているのは本来保有すべきでない家庭だ。全体としてみれば、生命保険は早死による経済的影響を異常に大きく見せており、ヘッジしているわけではない。

A
リスク否定者の言い分④
これはギャンブルではなく
ヘッジなのだ
A

私は保険に異議を唱えるわけではない。ヘッジ目的で保険を購入する人も実際にいる。家屋の火災は毎日のように起きており、損失を賄うために保険会社から保険金をもらう人たちがいる。若い賃金所得者は家計を切り詰めて、死神が早く訪れたとしても住宅ローンを完済し、こどもたちを大学までやれるだけの保険を購入する。

だが、現実的に考えよう。大卒者や富裕者を含むほとんどの人が、宝くじを買う。週に五〇ドルや一〇〇ドルといった大金を費やす人も多い。これだけの金があれば、宝くじの上位賞金に匹敵する金額を給付する生命保険を購入できる。

一般に米国では、宝くじ購入者の支払う金の五五％をまず州が取り、次に連邦政府が賞金総額の二八％を取る（そのうえ州はここでも吸い上げる）。本気で宝くじをする人には、これ以外にも税金がかかる。少額の賞金を使って再び宝くじを購入するため、州の実質的な取り分は五五～八五％程度にまで跳ね上がるのだ。こうして、長期間本気で宝くじを買い続ける人が宝くじに費やす一ドルのうち、回収できる見込みがあるのは一〇％程度になる。

こうした人たちの少なくとも一部が、この同じ資金を使って、確実に回収可能で、一〇％ではなく平均すれば支払額の二～三倍以上もの金額が戻ってくるような生命保険を、適当な配偶者に掛けてもいいのではないだろうか。もし保険の掛け金が宝くじ券と違って所得控除可能で、保険金が税制面で優遇されていたら、どうなるだろうか。こんな保険を購入する人がだれもいないのは、おかしくないだろうか。

これ以外の理由では説明できないほど多額の生命保険を保有する人は、人口統計学的には裕福だという点を除けば、宝くじの購入者に似ている。自発的に購入された生命保険で支払われる保険金は、賃金所得者の逸失利益を埋め合わせるような使われ方というよりは、むしろ宝くじの賞金に似た使われ方をする。

生命保険の加入者は受けが良く、宝くじの購入者は受けが悪いことから、支払われた保険金は未亡人や孤児を支援するような賢明な投資に使われ、宝くじの賞金は放蕩三昧に浪費されるという偏見がある。しかし、実際には、どちらの金も、相対的に若い人々の場合は社会的地位を永久に高めるため（こどもたちを大学に進学させるなど）、高齢者の場合はライフスタイルを永久に変えるため（郊外の家を売却してフロリダにコンドミニアムを買うなど）に使われることが多い。

A
リスク否定者の言い分⑤
保険金は賢明な投資に
使われ、ギャンブルの
賞金は浪費される
A

生命保険と宝くじは購入者のほとんどにとって、こういった目的を達成する見込みのある、唯一の金融商品なのだ。生命保険のほうが確実だ。ただし、保険金を手に入れるためにはだれかが死ななくてはならない。生命保険が最も役に立つのは、一人になったときにライフスタイルを変えたいと思っている人だ。

保険会社はギャンブルの分析を容認するようになると、リスクに関する非常に有益な研究に資金を提供した。一方では、保険数理学の発展は、統計「学」の分野での重要な前進をもたらした。他方では、企業は人々が日々の生活で直面するさまざまなリスクについて、大量のデータや統計を収集するようになった。

こうして何億人もの人たちが、人生をより良くするための賭けができるようになった。オッズはかなり良く、賭けをするために法律を破る必要もなかった。税法はカジノギャンブルやポーカーにとってきわめて不利だった。しかし、保険には有利なように歪められた。

ウォール街のランダムウォーク

株式ブローカーが、株式市場はランダムウォークであることを認めるまでに、さらに一世紀半かかった。保険の場合と同じで、ギャンブル分析を適用することへの抵抗は、単なる言葉上の表現にとどまらず、実際に誤った値付け《ミスプライシング》をもたらした。今日の金融理論は、株式には値上がりする可能性があるため、株式の配当利回りが債券の利回りを下回るべきであると認めている（債券では、約束された金額かそれ以下の金額しか償還されない。この意味で、債券の価値は下がることはあっても上がることはない。そのため、投資家が債券を魅力的と感じるためには、より高い利回りを約束する必要がある）。

ところが、現代ポートフォリオ理論の生まれた一九五〇年代より前には、株式のほうがリスクは高いと考えられていたために、株式の配当利回りが債券利回りを上回っていた。そのうえ株式ポートフォリオは適切に分散されておらず、ポートフォリオマネジャーの成績を算出する人もいなかった。

分散や統計的な成績測定が意味をなすのは、株価の動きがランダムであればこそだ。株価がランダムな動きをすることが認められなかったがために、税の抜け穴や不合理な法的裁定が生じた。

株式市場側の主張は、金融機関の歴史に照らして考えると、特にばかげているように思われる。バージニア州ジェームズタウンの創立資金を調達するために一六〇七年に行われた宝くじから、革命戦争中の米国がオランダからの借款の利息の支払いに充てた宝くじに至るまで、米国の発展はギャンブルによって賄われてきた。戦争も教会も大学も公共建築物も、みな宝くじで賄われた。政府は民間企業が宝くじを通じて資金調達することを奨励した。

金融システムが発展するにつれ、企業は宝くじに代わって株式や債券を発行するようになった。宝くじブローカーは株式ブローカーに転身した。この二つの金融形態は一八〇〇年代を通じて共存しただけでなく、お互いに強化し合った。宝くじ会社が株式を販売し、ヤミ業者が続々と現れ、そこに行けば顧客は株式や商品を所有しなくとも、その価格について賭けをすることができた。まともな投資とギャンブルとがはっきり区別され、前者はあがめられ、後者は見下されるようになったのは、この世紀の後半になってからのことだ。

株式市場のプロたちは、ギャンブラー用に開発された手法を受け入れたことで、今度は弁明が必要になった。人生に自然に生じるほかのリスクをヘッジするために株式を購入するとは言えなかったため、リスクは経済活動につきものであり、株式市場は自発的なリスクテイカーにリスクを配分しているだけなのだと主張することにした。これが功を奏して、リスク資本がもたらされ、経済成長が促された。またこの主張は、不運や誤算から生じる避けられない損失が、それを負担する能力が最もある人たちに割り当てられることを意味していた。

A
リスク否定者の言い分⑥
これはギャンブルではなく
投資なのだ
A

保険会社の弁明と同じで、この弁明も考え始めると意味をなさなくなる。事業を興すことにはリスクが伴う。成功するかもしれないし、失敗するかもしれない。新しい事業に一〇〇ドル投資すれば、一〇〇〇ドルになるかもしれないし、ゼロになるかもしれない。だが、もし一〇〇の事業に一ドルずつ投資すれば、この両極のどこか中間の結果を得る可能性が高くなる。この方法ではリスクをなくすことはできないが、減らすことはできる。これが「分散」と呼ばれるものだ。

ヘッジと同様、原理上は正しい。だが、その効果は分析範囲をどこまで広げるかによって変わってくる。分散への依存は、利益よりも苦痛を生み出すことのほうが多い。

もし株式市場が、個々の事業につきものの経済リスクを、分散されたより安全なポートフォリオに転換するために存在するのだとしたら、市場における活動のほとんどが株式の新規発行に集中するはずだ。だが、新規発行は株式取引のほんの一部分にすぎず、しかも株式市場の外で行われる。

市場参加者が被るリスクのほとんどが、参加者間で行われる株式の短期売買から生じるものだ。これは事業資金の調達にも、いやそれどころか、いかなる経済活動ともまるで無関係なリスクだ。リスクを最も長期間にわたって分散できる若い人たちは、インデックスファンドをゆっくり買い増していき、引退してから少しずつ手を引いていくのがよいだろう。ごく最近まで、株式保有者の最も一般的な保有銘柄数は、一銘柄だった。

この件では、現実が理論に近づきつつある。インデックスファンド投資は増加しており、ますます多くの若い人が株式市場でポジションを構築するようになっている。だが、人々のポートフォリオは、理論モデルが教えるものからはいまだ、かけ離れており、株式市場に関する研究や報道の大部分が、分散された長期的利益ではなく、分散されていない短期的利益（有力情報）の追求に関わるものだ。

もし株式市場が不可避的な経済リスクを避けるために存在するのなら、これはまったく理解できない。だが、ギャンブルのために存在するのだとすれば、完全に筋がとおっている。

もし投資家が株式市場を通じて事業リスクを分散できるのなら、どの企業も複数の証券を発行すべきでない。ところが、実際には多くの企業が多種多様な株式を発行しており、実質的に対象企業に関するさまざまな賭けに相当するものもある（また支配権だけが異なる種類のものもある）。企業は株式以外にもさまざまな債券、優先株、ワラントなどの証券を発行できる。

数年前には「トラッキングストック（子会社連動株）」が流行した。これは個々の子会社の業績についての賭けができるようにする仕組みだ。だが、このような試みは、どれ一つとして既存リスクの分散を促すものはなく、単に意欲的な投資家向けの新しいギャンブルを生み出しただけだった。

株式取引所の真髄と言えばデイトレードだ。これは分散という目的には、まったく役に立たない。ある銘柄の株式を午前十一時に売却すれば、売却代金が手に入るのは売却時刻が午前一〇時であっても午後三時であっても翌日の同じ時刻だ。ならば取引所がミューチュアルファンドと同じように、一日の

A
リスク否定者の言い分⑦
株式市場の変動は
単に経済変動を表している
にすぎない
A

売買注文をすべて集計し、午後四時にすべてを同一価格で執行できない理由はない。そうなれば大声で叫ぶブローカーや、携帯端末に流れるインスタントメッセージや、場中に一分ごとに流れるニュース速報といったものが、すべて不要になる。

いかなるデイトレードも、デイトレーダー間のマイナスサムの賭けである。真剣な長期投資家は一日一度の売買で十分満足するだろうし、おそらく取引の頻度は、ほとんどの場合、それよりもさらに低いだろう。

もちろん、デイトレードがなければ株式取引所は株式取引所でなくなる。だがトレーダーにとっての株式取引の真髄は、

経済学者にとって何の意味もない。

もう一つの問題点は、株価の変動が経済学的に理解できるよりもはるかに大きいように思われることだ。この極端な例が、特に目立ったニュースもないとき、株価がたった一日で二五％近くも下落した、一九八七年一〇月一九日のことだった。

市場は三週間足らずで、一〇月の高値から安値まで四〇％も下落した。これを固有リスクとして説明するのは難しい。またニューヨーク証券取引所の一九七三銘柄が下落し、上昇したのがわずか五二銘柄（ほとんどが目立たない小型株）だった。にもかかわらず、分散のメリットを喧伝することも、同様に困難だ。

記録に残る株式市場の大暴落のうち、その前後に流れた何らかの明らかに重大な経済ニュースと関係があったものは、一つもなかった。今日までに起きた暴落の下落率上位一〇位のうち、五つまでが一〇月後半に起こり、一つが一一月六日に起こっている。もはや農業を基盤としない現代の経済では、その理由は経済ファンダメンタルズよりも、投資家心理をもとにしたほうが説明しやすい。

一〇月はどちらかと言えば経済関連のニュースが比較的少ない時期だ。極端な天候も少なく、クリスマスや納税期日といった大きな季節的活動もなく、建設産業や農業でもとりたてて何も行事はない。中間選挙は通常一一月初めに実施されるが、これまでの暴落は一度も大統領選挙などの重要な選挙の年には起こっていない。

「経済活動の固有リスク」という論法が気に入らない人のために、株式の専門家は別の論法を用意していた。それは「株式市場の期待値は正だから株式投資はギャンブルではない」というものである。

こちらのほうが現実的には納得がいく。しかし、理論的には筋がとおりにくい。長期投資家が常に勝つなら、どこがギャンブルなのだろうか。

二人が賭けをすれば、当然二人ともがギャンブル行為をしていると見なされる。だがこの新しい説明では、負けたほうだけがギャンブラーとなる。もう一人は、何らかの崇高な経済的責務を遂行していたのだ。昔の道徳観の裏返しで、今度はプロの詐欺師が道徳的に正しく、哀れな能なしが罪深い者になった。一九八〇年代へようこそ。この一〇年間は拝金主義が美徳とされた。

株式の長期的な期待収益が債券よりも高いと考えることには、筋のとおった理由と、いくつかの歴史的証拠がある。だが、その論拠はまったく不確かだ。たとえこの考え方を受け入れ、広く分散化された低コストのインデックスファンドを二〇年という期間にわたって保有することで、人工的に添加されたあらゆるリスクを排除したとしても、株式市場にはまだ途方もないリスクがある。期待収益が正になる可能性の有無が、株式市場とギャンブルの間の重要な違いだとする論法を受け入れることはできない。

海外金利

次にギャンブルが受け入れられた分野は、金利市場と外国為替市場だった。保険や株式の場合と同じように、この分野でも金利のランダム性が否定されたため、深刻なミスプライシングが生じていた。

政府は銀行に、住宅保有者向けの三〇年住宅ローンを固定金利で出し、それをいつ引き出されるか分からない預金で賄うことを奨励した。そのため当然のことながら、金利が上昇すると銀行システムは深刻な状況に陥った。収入（住宅ローンから上がる収入）は固定されているのに、費用（預金に支払うべき利息）が増加するからだ。

一九八〇年以前、この問題は短期金利の最高限度を規制する規則「レギュレーションQ」によって解決されていた。金利を政府の決定事項と考えれば、このやり方は完全に理に適っている。しかし、金利の動きがランダムなのであれば、銀行が政府の金を使って兆を超えるドルの賭けをするようなものだ。もちろんレギュレーションQは失敗に終わり、政府は数億ドルを投じて銀行を救済しなくてはならなかった。

米国では政府による健全化の取り組みが奇跡的に功を奏し、また何らかの幸運が働いたことで、一兆ドルの負担は免れた。だが日本は、はるかに大きな損失を被った。政府が進んで救済費用を負担しようとしなかったせいで、世界で最も活力に満ちた経済が、約二〇年にわたって不況から抜け出すことができなかったのだ。

各国政府は金利を規制するにとどまらず、中央銀行に外国為替相場を固定させようとした。これにとどめを刺したのが、著名なヘッジファンドマネジャーのジョージ・ソロスである。

英国は一ポンドに三・二ドイツマルクの価値があると主張していた。しかし、ジョージはこのレートでポンドを売り浴びせ、英国は一九九二年九月一六日のブラックマンデーにとうとう白旗を掲げたのである。ジョージは数兆ドルの利益を上げ、英国はその一〇倍の損失を出し、一ポンドの価値は二・九ドイツマルクまで下落した。

政府は紙幣の発行を支配し、法律を制定できるという強みを持っていた。しかし、本気になった投機家に太刀打ちできなかったのだ。

現在でも中央銀行は、金利や為替相場に影響をもたらす。しかし、確固たる市場の動き、あるいは一人の確固たるヘッジファンドマネジャーを阻止できるほど思い切った策を取る中央銀行はない。予測不可能な市場の力が政府の力を圧倒するのは、周知の事実だ。為替相場と金利はランダムな動きをするのだ。

経済学者なら、政府は貨幣の価値を操作することで、経済成長をちょうど良いペースに保ちながら経済運営をしているのだと主張するかもしれない。だが、このやり方がうまくいくとは思えない。中央銀行は古くて不正確な情報を基に、予測不能な制御手段を導こうとしている。この過程で経済に多くのリスクが注入されることだろう。

A
リスク否定者の言い分⑧
金利と為替の水準は
政府が決定する
A

通貨の相対的な価値や購買力が将来どうなるかは、だれにも分からない。トレーダーはＦＲＢの声明を、かたずをのんで待ち、声明をきっかけに狂乱売買や激烈な市場ボラティリティが起こることも多い。このようなリスクは人工的なものだ。金本位制に戻りでもすれば、こうしたリスクは完全に排除できる。

ＦＲＢの決定にまつわる狂信的な秘密主義と繊細さは、科学者が精密機械を調整する方法について開かれたコンセンサスを得ようとしている様子というよりは、ギャンブラーが公平なシャッフルを確保しようとしている様子を彷彿とさせる。

このリスクこそが経済を刺激するのだろう。ＦＲＢの仕事は、予測不可能な行動を取ることであって、経済について正しい見解を持つことではない。

こうしたことから、金融市場とギャンブルの区別は一層つけ難くなっている。保険や株式の場合は、何らかの実体的な外部リスクが存在するために、人々に賭けをさせるために、市場の動きを故意にランダムにしているわけではないという主張が可能だった。だが、金利や為替相場をこれほど大きく変動させる、実体的な外部リスクとは何だろうか。金利のトレード量は債券の総発行残高をはるかに上回る。外国為替市場でのトレードに比べれば輸出入を支える実取引など微々たるものだった。

先物とオプション

その次は商品先物であった。商品先物契約とは、ある数量と等級の商品、例えば小麦や豚バラ肉などを、指定された受渡期間内に特定の場所で約定された金額で売買する取り決めを言う。ファイナンスの教科書には、小麦を売るために契約を利用する農家が、典型的な例として載っている。例えば、この農家が六月に小麦の収穫を予定しているとしよう。今は四月初めで、六月限小麦の価格は一ブッシェル当たり三・〇〇ドルであった。商品先物契約を結べば、今この価格を確定できる。確かに値上がりを期待して六月まで待つこともできる。だが、その場合、価格が下落すれば損をする。

他方、製粉業者も六月に製粉する小麦を買う必要があることを知っているので、価格の上昇に賭けずに、一ブッシェル当たり三・〇〇ドルの価格を今確定できる。

このような見方をすれば、商品先物はギャンブルの逆となる。農家と製粉業者はお互いに賭けを避けるために、この契約を用いるからだ。

ここで、農家の話はおとぎ話だといっても、驚くにはあたらない。商品取引を利用する農家など、今はほとんどいないし、昔もいなかったのだ。ミラーズなどの農産物加工業者は商品先物を利用する。しかし、将来商品を購入する契約ではない。売却する契約がほとんどだ。まるで小麦の賭けを倍にして、価格が下落すれば二倍の利益を上げるが、価格が上昇すれば二倍の損失を受け入れる覚悟であるかのようである。

リスク否定者の言い分⑨
デリバティブは
ギャンブルではない

小麦先物のトレーダーの圧倒的多数が、実物の商品とは何の関わりも持たない。それを育てるわけでも、輸送するわけでも、加工するわけでもない。彼らが小麦と関わりを持つのは、ほかの人と同じで、スーパーでパンを買うときぐらいだ。

先物市場は経済の不可欠な一要素で、昔は今よりもさらに重要度が高かった。ただし、その理由は、農家が製粉業者との間で価格を成立させるのに役立つからではない。単純に言えば、穀物は農地に生えている状態から、収穫され、続いて都市に運ばれて加工、洗浄、粉砕され、最終製品として包装されるにつれ、着々と価値を高めていく。もしこれが本当なら、先物市場は必要ない。その間の各段階で、人々は時価だけをもとに、経済的な意思決定を行えるからだ。

こうした「近視眼的」な計画が有効に働くのは、出荷や加工における選択肢がなく、変化が緩慢で、社会基盤がすでに整っている状況に限られる。例えば、一八八〇年のカンザスシティには、こうした状況は一つも当てはまらなかった。近視眼的な計画をしていたなら、この都市の高価な加工設備が遊休化しているときには商品不足が、そして商品が羽目板の上で腐りつつあるときには供給過剰が、交互に生じていたはずだ。

この問題を経済的に解決するためには、取引操作を通じて商品価格に意図的にランダム性を加える必要があった。このようなランダム性がなければ、供給網の活気や力強さが損なわれ、それを運営する人材が集まることもなかっただろう。

オプションをギャンブル以外のものとして説明できるだろうか。ロバート・マートンという名のMIT教授が、一九七三年にもともとの議論を数学的に証明し、一九九七年にはこの功績が認められてノーベル経済学賞を共同受賞している。マートンによれば、オプションはギャンブルゲームではなくデリバティブである。

マートンの議論は高度に数学的だが、その骨子は単純だ。オプションのキャッシュフローは、原資産の売買によって再現でき、その戦略の収益は事前に計算できる。したがって、オプションは単にほかの金融取引を便利にまとめただけのものではなく、また「複製ポートフォリオ」と同じ価格がつけられるべきである。

この仕組みを理解するために、例えばワールドシリーズでヤンキースがブレーブスと対戦しており、

図表 4.1

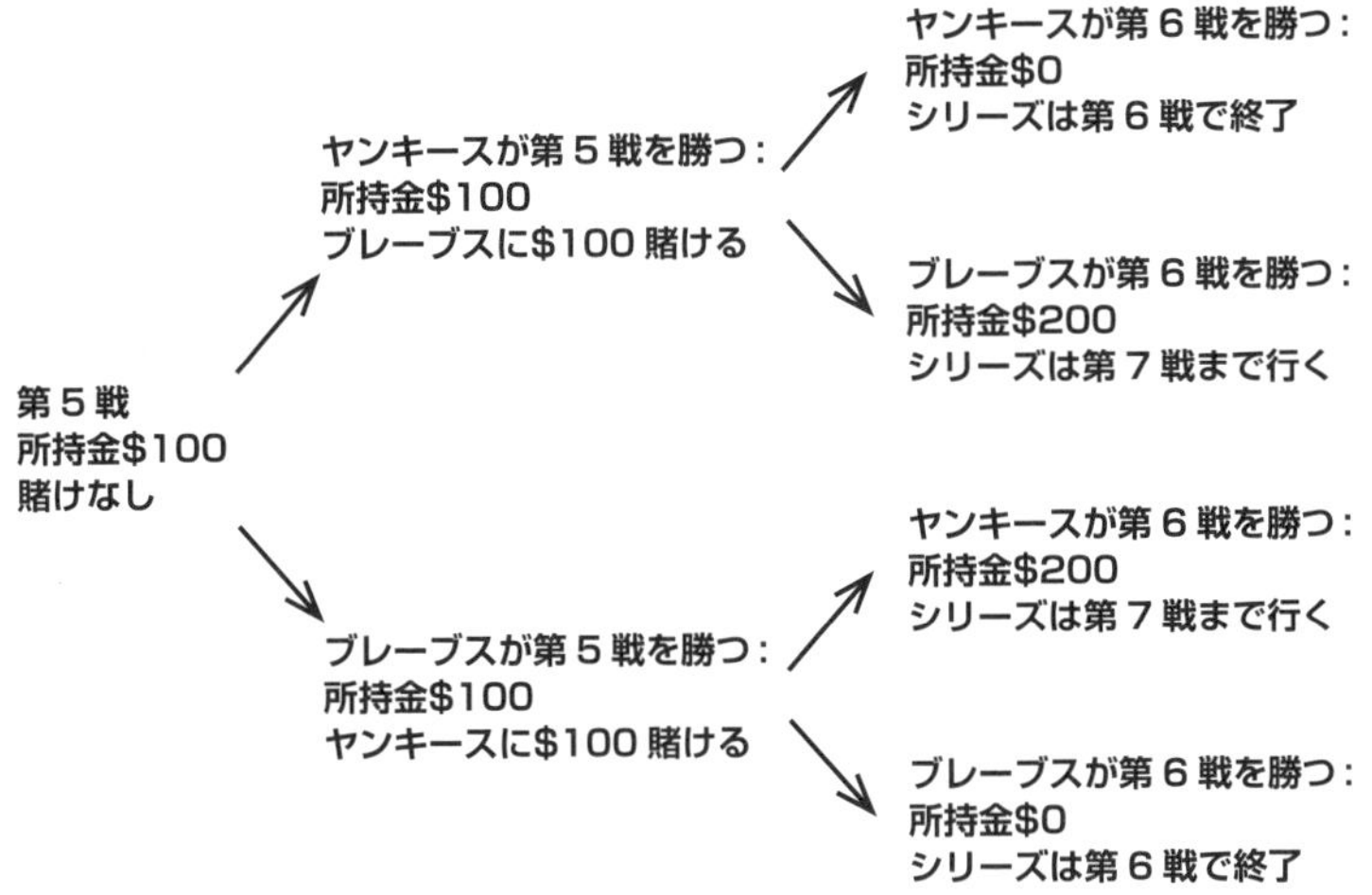

現在二勝二敗だとしよう。先に四勝したほうが優勝するため、これからの三試合のうち二試合勝ったほうが優勝となる。

あなたに「シリーズが第七戦までもつれ込むことに一〇〇ドルを賭けたい」と言ってきた人がいたとする。各試合のオッズ（編注　勝敗の見込み）が五分五分とすれば、この賭けの適正価格はいくらだろうか。

第六戦では、第五戦で勝ったチームが負けるほうに一〇〇ドルを賭けることにする。この賭けに負ければ、同じチームが第五戦と第六戦を勝つので、シリーズは第六戦で終了し、第七戦までもつれるという賭けで支払う必要はない。

他方、この賭けに勝てば、シリーズは三対三のタイとなり、第七戦までもつれる。この場合の所持金は二〇〇ドルで、この金額が第七戦まで行くという賭けに対する適正な配当となる。

図表4・1に第五戦の賭けの結果をまとめた。

もしシリーズが第六戦で終了すれば、所持金〇ドルで終わり、第七戦まで行けば二〇〇ドルで終わる。これは七戦まで行く賭けに勝ったのとちょうど同じだ。

この考え方は、各試合が五分五分のコイン投げであれば、シリーズが七戦までもつれる可能性は〇・五なので、一〇〇ドルの賭けに対する二〇〇ドルは適正な配当だ、とする議論に似ている。だが、その議論は一種の賭けで、各チームの勝つ確率に依存する。

他方、マートンの議論は、オッズに依存する。オッズは勝つ確率と必ずしも同じではない（ただし両者がかけ離れていることはあまりない。さもないと目が利く人が儲けることになる）。さらに、確率の議論は長期的な期待値にすぎない。他方、マートンの議論は、賭屋が毎回払い戻す二〇〇ドルを持っていることを保証する。

もしオッズが五分五分でなかったら、どうなるだろうか。例えば、ブレーブスが勝つという賭けのオッズが二対一（一ドル賭けて勝てば二ドル手に入る）、ヤンキースが勝つという賭けのオッズが一対二（二ドル賭けて勝てば一ドル手に入る）としよう。

この場合のヘッジは若干複雑になる。まず第五戦でブレーブスに二五ドルを賭ける。ブレーブスが勝てば、所持金が一五〇ドルになるので、この金をヤンキースに賭ける。ヤンキースが勝てば所持金は二二五ドルだ。ただし、第七戦までもつれるという賭けで支払いをする必要がある。

一方、もしヤンキースが第五戦に勝てば、二五ドルの賭け金を失うので所持金は七五ドルとなる。これをブレーブスに賭ける。ブレーブスが第六戦に勝てば所持金は二二五ドルだ。ただし、第七戦までもつれるので支払いが生じる。

図表 4.2

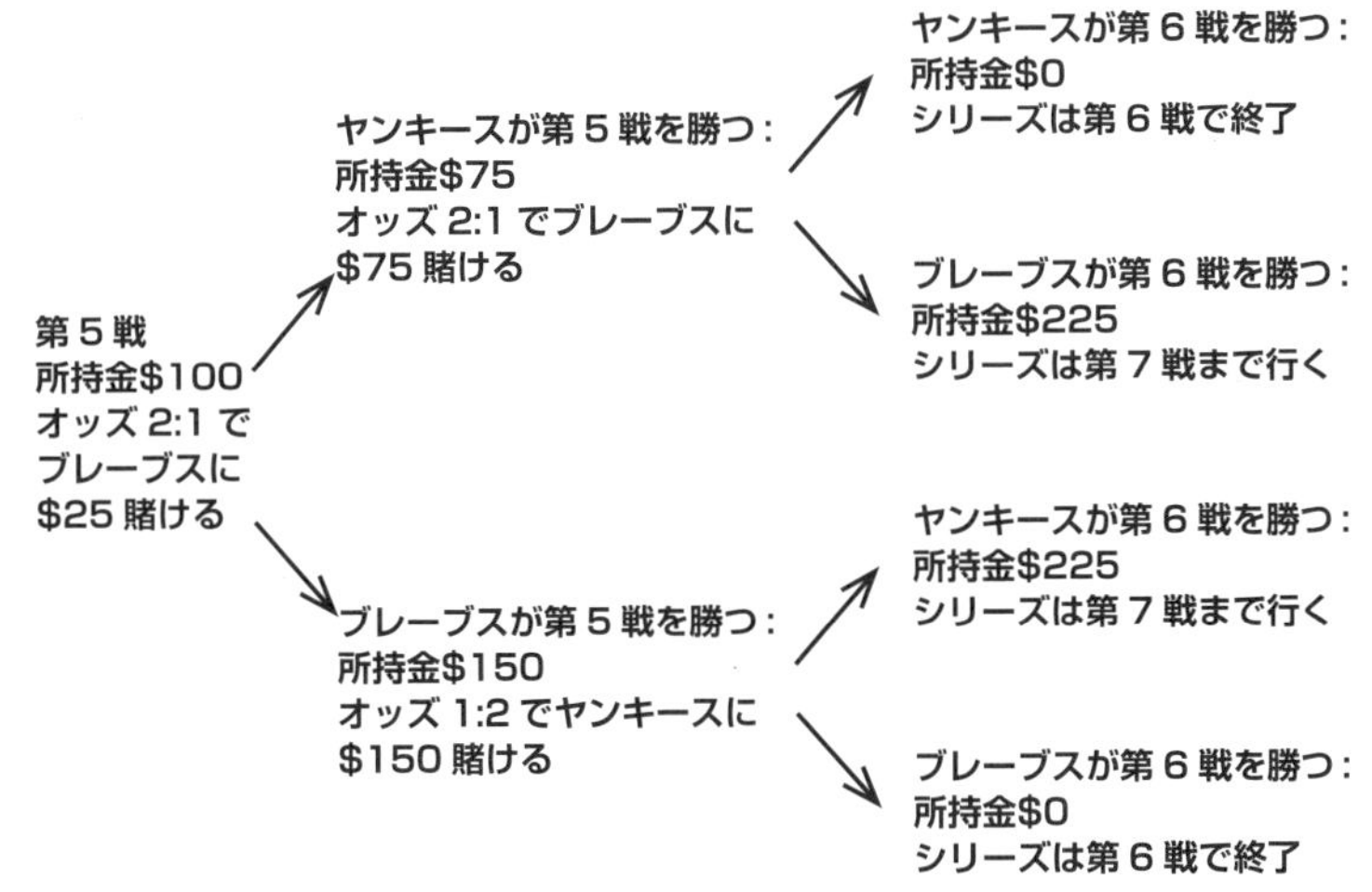

したがって、第七戦まで行く賭けの適正価格は二二五ドルとなり、これでも無リスクだ（**図表4・2**を参照のこと）。

この例は少々退屈かもしれない。だが、もう少し続けさせてほしい。現代のデリバティブ市場を理解するうえでとても大切なのだ。ワールドシリーズの例が理解できれば、金融工学を動かしている基本原理も理解できるはずだ。

当時気づいた人は誰もいなかったようだが、この無リスクのヘッジという議論は、ほかのあらゆる金融市場の考え方とはまるで違っていた。保険会社や証券取引所、それに外国為替や金利のディーラーは、自分たちの顧客がギャンブルをしているのではないとこぞって主張していた。こうした金融機関は、顧客からの多数の賭けに応じ、分散を通じてリスクのほとんどを相殺するという、カジノのような機能を果たしていることは認めた。だが、たとえギャンブルと同じ原理を用いていたとしても、顧客は賢明で、社会的に有益な活動に従事しているのだから、悪いギャンブルではないのだと主張した。

オプション市場で顧客が何をしているかという問題は無視された。オプションはギャンブルではない、なぜなら、この市場にギャンブルは存在しないからだ、というのが彼らの主張だった。

取引所は大勢の顧客の賭けを分散することでカジノの機能を果たしているわけではない。どのチームが勝とうと儲かるようなオッズを設定する、スポーツギャンブルのブックメーカーの機能を果たしているのだ。ちょうどスポーツギャンブルのブックメーカーが、ワールドシリーズの勝者がヤンキースだろうがブレーブスだろうが、気にしないのと同じで、オプションディーラーも株が上がろうが下がろうがお構いなしだ。両サイドの賭けが同額であるかぎり、取引所もブックメーカーも無リスクの売買幅を手にできる。

ある意味で、この議論のほうが率直だ。顧客の行動について、くだらないおとぎ話をでっち上げたりなどしない。だが、別の意味では、より危険だともいえる。デリバティブはリスクがないからギャンブルではないといっているのだから。リスクに香水を振りかけてヘッジと称するのはばかげているとはいえ、その存在自体を否定するのは正気の沙汰ではない。

オプションがギャンブルであることが認められなかったために、必然の惨事が起こった。オプションが派生商品だと信じるなら、オプション取引を借入や原資産の売買によって相殺しさえすれば、オプションをいくらでも無リスクで売買できることになる。

シリーズが第七戦までもつれるという一〇〇ドルの賭けに、あなたが二二五ドルという価格を提示したことを思い出してほしい。あなたは第五戦でブレーブスに二五ドルを賭けて負けた。今の所持金は七五ドルで、これを使ってブレーブスの勝ちに二対一の倍率で賭けて、シリーズが第七戦までもつれれば二二五ドル勝てるという想定だ。

だが、もしその賭けをしようとしたとき、ブレーブスのオッズが五分五分（一対一）に下がってしまっていたら、どうなるだろうか。そこで七五ドルをブレーブスに賭けると、勝ったとしても一五〇ドルしか手に入らず、七五ドルの損失となる。つまり、もし将来のオッズが分からないのであれば、デリバティブにはリスクがあることになるわけだ。

八七年の大暴落

この大きなリスクが報いを受けたのは、一九八七年一〇月一九日の月曜日のことだった。私たち夫妻は三連休を取って紅葉狩りのハイキングに行き、州北部の宿に泊まることにしていた。前週の株式市場は軟調で、神経質な展開が続いていた。一〇月一六日金曜日の朝、デボラが「株を売ろう」と言い出した。渋滞を避けるために早く出発したかった私は、後々まで記憶される言葉を放った。

「そのことは火曜になってから話そう」

ここでは暴落の複雑な原因についても、市場がほぼ完全に機能停止した火曜日に起こったさまざまな恐ろしい出来事についても、語るつもりはない。当時はポートフォリオインシュアランス、プログラム取引、株価暴落防止策の欠如といったことに注目が集まったが、後から振り返ってみればどれも重要な要素ではなかった。プットオプションの価格が不当に低く、そのせいで投資家がリスクを想定せずに株式投資を行ったことのほうが、はるかに重要だった。

私が何よりも驚いたのは、あらゆる金融市場で突如としてパラダイムシフトが起こったことだ。一九七三年に取引所でのオプション取引が始まってから、一九八七年一〇月一六日までの間、同じ原資産の同じ期日のオプションは、すべて同じ大きさの動きを想定した価格がつけられていた。もし、その価格から少しでも乖離すれば、ディーラーは価格差が消滅するまで、すかさず裁定取引を行った。株式市場に限らず、商品、金利、外国為替のオプションについても同じだった。

だが、オプションが通常取引に近い状態を回復するやいなや（一〇月二二日木曜日には確実に戻っていた）、この仮定は跡形もなく消滅してしまった。この現象は、何のコメントも説明もなしに、すべての市場で同時に起こった。

二〇ドルのプットが、あるボラティリティの仮定をもとに取引され、二五ドルのコールが、別の仮定のもとに取引されていたとしても、この「不一致」をすばやく利用して儲けようなどという人は、だれもいなかった。また話題にもされなかったが、一週間前には無リスクとして扱われていたポートフォリオに、多額のリスク資本が割り当てられていた。

これを説明するために、ワールドシリーズの賭けの例に戻ろう。一九八七年以前は、ブレーブスが勝つというオッズが二対一という仮定のもとで、七戦まで行くという賭けに二二五ドルの価値があった。また同じ仮定のもとで、ヤンキースのシリーズ優勝に一〇〇ドル賭ければ、一三五ドルの配当があった。

この配当に合わせるために、ヤンキースが第五戦を勝つほうに四〇ドル賭けることにする。もしヤン

図表 4.3

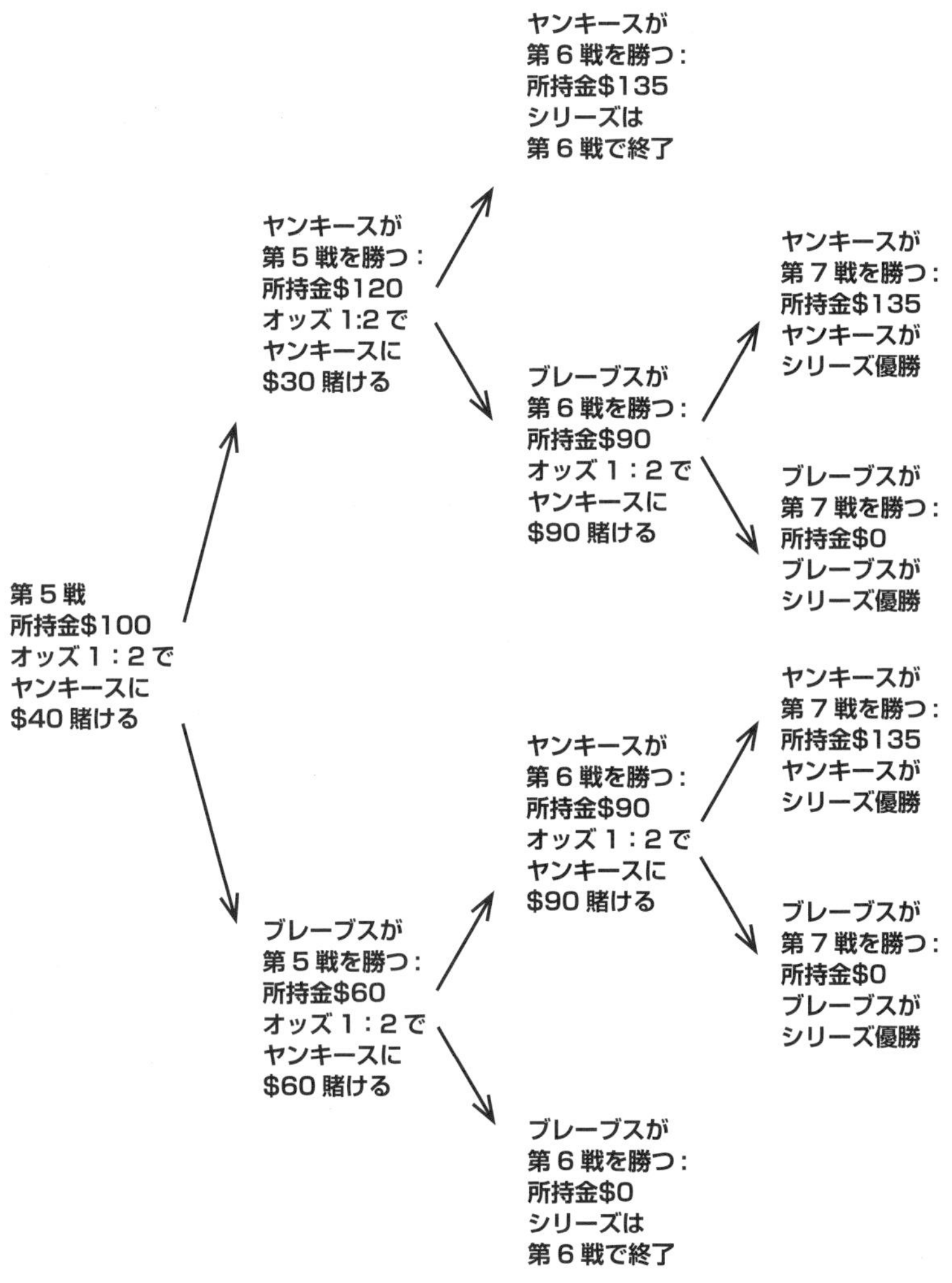
第５戦
所持金$100
オッズ１：２で
ヤンキースに
$40 賭ける
ヤンキースが
第５戦を勝つ：
所持金$120
オッズ 1:2 で
ヤンキースに
$30 賭ける
ブレーブスが
第５戦を勝つ：
所持金$60
オッズ１：２で
ヤンキースに
$60 賭ける
ヤンキースが
第６戦を勝つ：
所持金$135
シリーズは
第６戦で終了
ブレーブスが
第６戦を勝つ：
所持金$90
オッズ１：２で
ヤンキースに
$90 賭ける
ヤンキースが
第６戦を勝つ：
所持金$90
オッズ１：２で
ヤンキースに
$90 賭ける
ブレーブスが
第６戦を勝つ：
所持金$0
シリーズは
第６戦で終了
ヤンキースが
第７戦を勝つ：
所持金$135
ヤンキースが
シリーズ優勝
ブレーブスが
第７戦を勝つ：
所持金$0
ブレーブスが
シリーズ優勝
ヤンキースが
第７戦を勝つ：
所持金$135
ヤンキースが
シリーズ優勝
ブレーブスが
第７戦を勝つ：
所持金$0
ブレーブスが
シリーズ優勝

キースが第五戦に勝てば、第六戦でもヤンキースが勝つほうに三〇ドル賭ける。逆に第五戦で負ければ、第六戦にヤンキースが勝つほうに六〇ドル賭けるとする。もしヤンキースが第五、第六戦ともに負ければ、所持金は〇ドルになる。

一勝一敗なら所持金は九〇ドルになるので、全額をヤンキースが第七戦に勝つほうに賭け、実際に勝てば一三五ドル回収し、負ければ所持金はゼロになる（**図表4・3**参照）。

ここで、第七戦まで行くという賭けの配当は二二五ドルだが、ヤンキースがワールドシリーズに優勝するという賭けの配当が一三五ドルではなく、一八〇ドルだったとしよう。大暴落以前は、だれもがこれをチャンスと見なした。もし第七戦まで行く賭けが正しく値付けされているのであれば、ヤンキースが優勝するほうに賭ければ確実に儲かる。

他方、もしヤンキース優勝の賭けが正しく値付けされているのであれば、七戦の賭けでは二〇一ドルしかもらえないはずなので、二二五ドルを受け取れるのもこれまた素晴らしいことだった。

このチャンスを最大限に活用するために、ヤンキース優勝に一五〇〇ドルを賭けて、勝てば二七〇〇ドルを受け取り、また七戦持ち越しに一二〇〇ドルを賭けて、勝てば二七〇〇ドルを受け取ることにしよう。二つの賭けのどちらかに勝てば、収支トントンである。もしヤンキースが第七戦で優勝を決めれば、二七〇〇ドルの利益だ。唯一のリスクは、ブレーブスが第六戦に勝つことで、この場合二七〇〇ドル失うことになる。

だが、われわれはリスクを望まない。そこで、何が起こっても少なくとも五〇〇ドルの利益が確実に得られる、ヘッジ戦略を立てることにする（**図表4・4**）。

図表 4.4

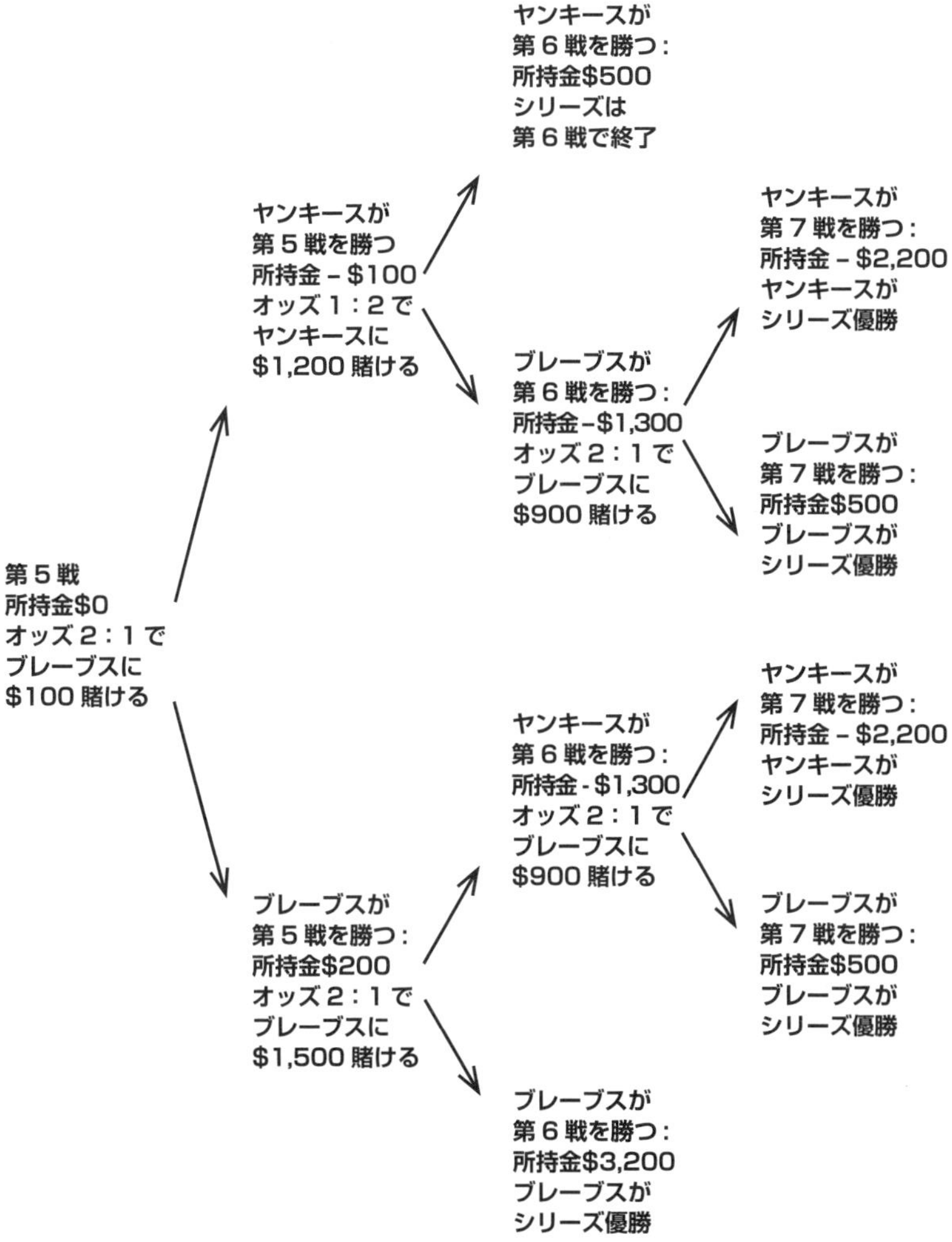
第５戦
所持金$0
オッズ２：１で
ブレーブスに
$100 賭ける
ヤンキースが
第５戦を勝つ
所持金－$100
オッズ１：２で
ヤンキースに
$1,200 賭ける
ブレーブスが
第５戦を勝つ：
所持金$200
オッズ２：１で
ブレーブスに
$1,500 賭ける
ヤンキースが
第６戦を勝つ：
所持金$500
シリーズは
第６戦で終了
ブレーブスが
第６戦を勝つ：
所持金－$1,300
オッズ２：１で
ブレーブスに
$900 賭ける
ヤンキースが
第６戦を勝つ：
所持金－$1,300
オッズ２：１で
ブレーブスに
$900 賭ける
ブレーブスが
第６戦を勝つ：
所持金$3,200
ブレーブスが
シリーズ優勝
ヤンキースが
第７戦を勝つ：
所持金－$2,200
ヤンキースが
シリーズ優勝
ブレーブスが
第７戦を勝つ：
所持金$500
ブレーブスが
シリーズ優勝
ヤンキースが
第７戦を勝つ：
所持金－$2,200
ヤンキースが
シリーズ優勝
ブレーブスが
第７戦を勝つ：
所持金$500
ブレーブスが
シリーズ優勝

このヘッジの賭けでは、ブレーブスが第六戦に勝てば三二〇〇ドルの利益が上がる。元の二つの賭けの両方に負けるので二七〇〇ドルを失うものの、差し引き五〇〇ドルの利益となる。もしヤンキースが第七戦に勝てば、ヘッジでは二二〇〇ドル失うものの、元々の賭けの両方に勝って二七〇〇ドルの利益を得る。ここでも純利益は五〇〇ドルだ。ほかのどの場合でも、ヘッジでは五〇〇ドルの利益を得、元々の賭けでは収支トントンである。これは無リスクの利益、つまり「裁定取引」というわけだ。

さらに重要なのは、われわれはヤンキースとブレーブスの試合のオッズには関心がないということである。オッズが変われば、元々の賭けやヘッジ戦略を変更するかもしれない。ただし、以下の場合には必ず裁定利潤が得られる。①ヤンキース優勝に〇・八対一で賭けることができ、②七戦持ち越しに一・二五対一で賭けることができ、③ヤンキース対ブレーブス戦のどの試合にも同じオッズで賭けることができる。そして市場を刺激したのが③だった。

もちろん、こういった機会を見つけたら最後、金を借りられるだけ借りて、賭けまくるしかない。そうなれば利ザヤが縮小する。五〇〇ドルを儲けるために二七〇〇ドルを賭けていたのが、二五〇ドルを儲けるために五四〇〇ドルを賭けるようになり、やがて一二五ドルを儲けるために一〇八〇〇ドルを賭けるはめになったわけだ。こうして七戦持ち越しの賭けとヤンキース優勝の賭けの価格は、理論的均衡に近づいていく。

あなたがこのようなことを一九八七年まで、五年近くやっていたと仮定しよう。年を追うごとに利益は半減し、賭け金は倍々になっていった。第六戦まできたところで三勝三敗、つまりヘッジで一三〇〇ドルを失っている。もとの賭けのコストを加えると、四〇〇〇ドルの損失になる。だが気にしない。なぜならすでに七戦持ち越しの賭けで二七〇〇ドル勝っており、もしヤンキースが第七戦に勝てば、さらに二七〇〇ドル入ってくるからだ。

ところが、このときブレーブスに九〇〇ドルを賭けようとすると、オッズはもはや二対一ではないと告げられる。ヤンキースの投手陣が流感で全滅したために、ブレーブスのオッズが一対二になってしまったのだ。ここであなたに取れる最善策は、ブレーブスに一八〇〇ドルを賭けて、どちらが勝っても四〇〇ドルを失うことだ。

ところがすでに、五〇〇ドル得るつもりが四〇〇ドル損したことではなかった。三二分の一の利益（一六ドル）を得るつもりが、三二倍の損（一二八〇〇ドル）を被った、という状況になっていたのだ。そして驚くべきことに、これが起こったとたん、配当がそれぞれ一八〇ドルと二二五ドルに戻ったのである。

だれもそれを裁定取引とは呼ばなくなった。結局のところデリバティブはギャンブルだということになり、そのリスクは監視、管理されるようになった。そしてデリバティブの価格付けがより正確になったおかげで、証券が財務管理を行うためのより正確な手段となり、金融工学の新時代が到来したのだった。これは私にとって、一番奇跡に近いことだ。市場は完全に、前触れもなく崩壊した。ところが、混乱が収拾すると、すべてが安定した構造に組み替えられていたのである。

地震がサンフランシスコを襲い、湾岸道路のエンバルカデロが湾に流れ出たものの、建物はすべて無傷だったため素敵な島ができあがった、そして町の残りの部分も地滑りを起こしたものの、すべてが都合の良い場所に落ち着いたとする。その後、だれもそのことに触れもせず、何事も起こらなかったかのように平然と仕事に戻ったとしたら、どうだろうか。

ところで金融数学の理解をもう一歩進めたい人のために書いておくと、デリバティブの価格付けに関するこの新しい問題には、主に二つの定量的な解法がある。

ヤンキースがシリーズ優勝すれば一〇〇ドルもらえるという賭けに一八〇ドルを支払うことと、シリーズが第七戦までもつれるという賭けに二二五ドル支払うことが正しいと認めるならば、試合ごとに異なるオッズを想定することで、説明が可能になる。例えば、第五戦と第六戦ではヤンキースが勝つオッズが二対一だが、第七戦では負けるオッズが一対三となっているといった具合だ（ブレーブスのスター投手が準備万端なのに、ヤンキースには休息を取った先発投手がもういないのかもしれない）。各試合のオッズは事前に分かっているが、全試合同じではないため、これは「局所的ボラティリティ」と呼ばれる。

もう一つの説明として、試合のオッズが部分的にランダムだと仮定しよう。例えば、第五戦のオッズは分かっているが、第六戦と第七戦はまだ分からないという具合だ。第六戦では三対一か一対一で賭けをすることになるかもしれない。しかし、事前には分からない。これを「確率的ボラティリティ」という。

局所的ボラティリティでは、無リスクのヘッジが維持される。さらに複雑にはなるが、無リスクのヘッジは確かに存在する。他方、確率的ボラティリティは、デリバティブがもはや〝派生〟商品ではなくなったことを意味する。その価格は原資産だけに依存するのではなく、独自に上がったり下がったりする可能性があるからだ。もはや無リスクのヘッジは存在しない。

これらのモデルはそれぞれ金融の異なる分野で用いられる。しかし、ヘッジと戦略に関して正反対のことを推奨する傾向にある。このことが、リスクの性質に関する有益な研究につながり、またクオンツにかぎりない雇用機会をもたらした。

ボラティリティは変化するが、確率的でも予測可能でもない。ボラティリティの性質が理解されるようになるには、基本理論における大きな前進を待たなければならない。理論ファイナンスにおける統合という大きな挑戦課題は、局所的ボラティリティモデルと確率的ボラティリティモデルによる予測と、現実の価格変動との整合性を図るような、一つのモデルを考案することだ（今のところこれに成功しているモデルはない）。

当然ながら一九八七年の大暴落では犠牲者が出た。オプション市場で活躍していたチェス、ポーカー、ブリッジ、バックギャモンなどのプレーヤーは、財産のほとんどを失ったし、もちろんほかにも損失を被った人は大勢いた。特にポーカーに関係が深いのが、ロジャー・ローにまつわる話だ。

ロジャーは一九七〇年代の三大バックギャモンプレーヤーの一人で、ロン・ルービンの誘いでオプション取引の世界に入った。ロン・ルービンに関する面白い話は第7章で詳しく紹介しよう。ロジャーは、別のバックギャモンチャンピオン、エリック・シーデルを雇った。ロジャーもエリックも、大暴落では有り金をすっかりすってしまった。エリックはポーカーに鞍替えして、トッププレーヤーになった。ロジャーは取引フロアを去り、パララックスという名のヘッジファンドを開設した。

ブリッジのチャンピオン、ジョシュ・パーカーもトレードの舞台を立会場の外に移動し（つまり取引所フロアで小口注文を執行するのをやめて、電話で大口取引を行うようになった）、後には別のブリッジチャンピオン二人と共に、ガーゴイルヘッジファンドに加わった。また、同じく第7章に登場するマイク・ベッカーは、部下のトレーダーが生き残れるように数年間奮闘した後で、テニスとゴルフをするためにフロリダに移住した。

つまりこれが、一九九〇年代におけるゲームプレーヤーの三つの選択肢だった。金融の主流に近い分野の仕事に移るか、ゲームで生計を立てる生活に戻るか、引退して稼いだ金でやりたいことをやるかだ。

金融機関での職に応募するとき、履歴書に真剣なゲームでの優勝歴をいくつか記すと役に立つことが多い。ただし、その場合は「趣味や関心」の欄に記入することだ。そしてこどもじみた考えを捨て去ったことを面接官にはっきり示す必要があることが多い。

金融クオンツにとって意外な新事実は、リスクが相場になるということだった。リスクのための、安定した流動性のある合理的な市場が存在した。オプションは無リスクではないにせよ、取引できないほど危険なわけでもなかった。

金融がギャンブルであることが立証されたために状況は激変した。ところが、激変が終わったときにはオッズが計算できるようになっていた。このおかげでオプションは、限定的なリスクと相応なオッズでプレーできる、合理的なゲームになった。このことが世界を永遠に変えたのだった。

フラッシュバック②
ガーディナと独身男性異性愛者

私が初めてポーカーの商業施設に足を踏み入れたのは、一九七六年六月のことだ。当時、競技ポーカーはあまり盛んではなく、ニュージャージー州でカジノギャンブルが認可されたのは、その年の一一月になってからだった。ネバダ州のカジノではポーカーをプレーできた。ただし、カジノにとってはどうでもよいおまけにすぎず、しかも二一歳以上という年齢制限があった。当時私は一九歳だった。

先住民保留地やカジノボートをはじめとする国内のさまざまな場所で、種々の抜け穴を通じて合法的なゲームが提供されていた。だが、どのゲームもごく近所以外の場所から真剣なプレーヤーを呼び寄せるほどではなかった。当時の商業ポーカーのメッカは、カリフォルニア州ロサンゼルス近郊のガーディナだった。

スタッドホース禁止

一九世紀末に米国の全州と連邦レベルで反ギャンブル法が可決された。カリフォルニア州の一八八五年制定法では「銀行業およびパーセンテージゲーム」が禁止され「ファロ、モンテ、ルーレット、ランスクネ、赤と黒、ロンド、タン、ファンタン、スタッドホースポーカー、七セント半、ブラックジャック、ホーキーポーキー」が特定された。残念なことに「スタッドホースポーカー」という言葉が記録上最後に使われたのは、このときだった（この制定法に関する言及を除く）。

一八八〇年ごろのコロラド州の採鉱キャンプに関する文献での記述によれば、スタッドホースはこの地域で一時的に流行ったカジノゲームで、ポーカーの手役を使い、おそらくは今日のスリーカードポーカーに似たものだったらしい。だがポーカーではなかった。

なぜか「カリフォルニア州は、スタッドポーカーを運任せのゲームとして禁止した一方、技能ゲームであるドローポーカーは許可した」という俗説が生まれた。これは事実でない。いずれにせよカリフォルニア州法のもとでは、技能と運の区別は問題とされない（ただし一般の地方自治体法では問題とされる）。一八八五年制定法は明らかに商業ギャンブルの禁止を意図したもので、市民の私的な集団がギャンブルをすることは許された。

それにもかかわらず、ガーディナ市は一九三一年に商業カードルームを認める決定を下すにあたって、ドローポーカーだけを指定した。おそらくは当時の市の弁護士が州法を誤って解釈したものと思われる。この弁護士が法律の精神をかいくぐるために講じた絶妙な法的措置は、ハウスがポットに対するパーセンテージではなく、プレー時間単位で手数料を徴収するようにしたことだった。つまり、カードルームは法的には席を提供しているのであって、プレーヤーがテーブルで何をするかは知ったことではない、というわけだ。米国在郷軍人会と退役軍人クラブが六つのカードルームのうち三つを運営していたことも、いくらか役立った。こうした組織の支部は、全米どこででも酒類法、遊興法、ギャンブル法を免れていた。

ロバートは、この場所を当時の米国におけるポーカーの最重要地という意味を込めて「エデンの園《ガーディナ》」と呼んだ。彼はスタンフォード在学中の学費をカードルームのマネジャーをして稼いだ、サンフランシスコ出身の弁護士だった。もとはプレーヤーとしてスタートし、その後ディーラーを経てマネジャーに昇格した。

だが、ガーディナのカードルームでは、トップレベルのプレーはずっと質が高かった。ロバートはサンフランシスコでは常勝していたものの、ガーディナの最高限度額のゲームには手こずった（当時の金額で一〇〇ドル／二〇〇ドル、最小バイイン二〇〇〇ドル。二〇〇五年のドル額に直すと三五〇ドル／七〇〇ドル）。彼とは前の年にボストンでの内輪のゲームで出会った。その晩好調だった私に、西に行って腕試しをするべきだと勧めてくれたのだ。

私には泊まる場所があった。当時兄のダニエルがカルテック（カリフォルニア工科大学）の学生だったのだ。この大学は、ガーディナから約二五マイル北東に位置するパサディナにあった。ただ、私がこのキャンパスからカードルームに行ったのは、一年後のことだった。

連れとして、カルテックに通うトムという学生を見つけた。彼は自分のことを常連プレーヤーだと言った。ただ、彼がこの場所のことを花（クチナシ）の「ガーデニア」と発音するのを聞いて、私は自信をなくし始めた。あるいは「ガーディーニャ」というスペイン風の名前だとも思ったのだろうか。

それでも彼はホースシューというカードルームの行き方を知っていた。ただ、私が年齢を証明するもの、つまり二一歳以上であることを証明するものを何も持っていなかったために、二人とも入場を拒否されてしまったが……。

次にエルドラドというカードルームに行ってみた。そこでは何のチェックも受けなかった。トムと私はボードマンの所まで行き、席はあるかと尋ねた。私の席はすぐに用意された。ところが、トムは空席待ちとして掲示板にイニシャルが記入された。

サブカルチャー

私はかなり高い賭け金で定期的にプレーするうちに、何人かのプレーヤーや従業員と顔見知りになった。ほかのカードルームもいくつかあたってはみたものの、ほとんどの時間をエルドラドですごした。ホースシューは二度と試さなかった。ほかのカードルームで年齢証明を求められたことはなかった。

そうこうするうちに、念願のベテランプレーヤーたちにめぐりあうことができた。当時最高のプレーヤーの一人が「クレイジー・マイク」だった。

これは私が創作したあだ名ではない。実際、皆にそう呼ばれていた。この名前から、いつもふざけ回っている陽気な変人を想像するかもしれないが、そうではなかった。彼の様子からは深刻な臨床的問題がうかがえ、プレーはまったく一貫性を欠いていた。

彼は私がこれまで出会った最高のプレーヤーの一人だ。ただ、正直なところ彼が演技をしているとは思わなかったし、今でも本当のところはよく分からない。とにかく今は落ち着いているようだ。というのも、最近では「マッド・ジーニアス」という呼び名に代わり、こっけいな態度をジョークのネタにされているからだ。

知り合ってから一五年ほどたって、著名プレーヤーにして作家のマイク・カーロとして彼を紹介する写真に気づいたときは本当に驚いた。

不思議な話、当時私はポーカーの本を書いた名プレーヤーに、もう一人出会っている。一九七六年のガーディナが、一九二〇年代のパリのようだったかどうかは分からないし、私は単に運が良かっただけなのかもしれない。この男は「片腕《アーム》の山賊」または略して「アーム」と呼ばれていた（訳注　アームはスロットマシンの俗称）。

三〇歳ぐらいの日本人で、極端にアグレッシブなスタイルと態度を取っていた。多くの手をベットし、アンティや小さなポットをたくさん取った。彼に初めて会ったとき、両腕が揃っているのを見て驚いた。後でだれかが説明してくれたところによれば、彼とのプレーが、スロットマシンのアームを引っ張るようなものだということからついた名前らしい。つまり、いつもは彼に金を巻き上げられるものの、ときどきはジャックポットを当てることができるというわけだ。もっとも、彼が大金を支払っているのをあまり見たことがない。

お互いポーカー理論に関心を持っていたことから、アームとは少し仲良くなった。ガーディナでのちょっとした知り合いは、外の世界で知り合い同士が通常話すよりも、ずっと詳しい身の上話をしてくれることが多かった。ただし、こちらから質問をするのは厳禁だった。人々は自分の話したいことを話し、それ以上のことは何も話さなかった。

大勢の人に会ったが、名字まで知ることはあまりなかった。ある男の離婚の経緯について詳しい説明を聞いたが、彼のファーストネームすら知らなかったこともある。彼は「ブラッキー」でとおしていたが、アフリカ系米国人ではなかった。

アームは自分のことを「自伝民族誌学者」と呼んでいた。これはほとんど意味をなさない言葉だ。民族誌は、アームが後に専門家として名声を得たパプアニューギニアなどの場所の、特定の人類文化について書かれたものだ。したがって自伝民族誌学者は、自分自身の文化について書くのだろうが、それでは単なる物書きだ。

私は真剣に取り合わなかった。ところが、彼は六年後に『ポーカー・フェイセズ（Poker Faces）』という本を出した。この本には、私も登場する。同書で彼はガーディナのポーカープレーヤーを独立した文化として分析し、マルコポーロの次の言葉の引用で、茶目っ気たっぷりに始めている。「私は自分の目にした半分のことしか書かなかった」。彼は自伝民族誌学者という言葉を辞書に載せた。

ガーディナ文化の起源は、社会学者が「独身男性異性愛者のサブカルチャー」と呼ぶものにある。複雑な社会には必ず、女性と結婚して家庭を持つことのない男性のためのサブカルチャーが生まれる。この集団は戦争やフロンティア定住に駆り出されることもあれば、玉突き場や競馬場、バー、社交クラブ、篤志消防隊、あるいは地元にあるこういった感じの場所にたむろすることもある。単身者用住居、兵舎、ＹＭＣＡ、安アパート、森のなかに自分で建てた小屋などが、彼らの住まいだ。

若い独身男性は、この文化に数年間身を置くことが多く、年配の既婚男性はこの文化のなかで一晩をすごすためにやってくることが多い。このサブカルチャーと関わり合いを持つ女性もいる。売春婦や性労働者だったり、彼らが集まる盛り場のオーナー経営者だったり、あるいは単にこのサブカルチャーの末端で生きている女性もいる。男性は彼女らとセックスをし、サブカルチャーは彼女らを経済的に支える。しかし、伝統的な一夫一婦制の相互援助の契約が結ばれることはない。

名称中の「異性愛者」の部分は、別に彼らが寝室やバスターミナルのトイレで行う行動や、ましてや彼らの心のなかにある渇望などとは関係がない。単にこの文化が同性愛を支持していないと言っているだけだ。ここはロマンチックな若い男性が相手を見つけるのにふさわしい場所ではない。性のタブーは、むしろ主流社会よりもずっと強い。同性愛者であっても問題ないが、だれにもその現場を目撃されないようにしなくてはならない。

いずれにせよ、同性愛者は自分たちのニーズに合った別のサブカルチャーを持っていることが多い。性に関するデータは信頼性が低いことで知られるものの、このサブカルチャーにおける同性愛の発生率が、人口全体における発生率よりも低いことを、あらゆる経験的証拠が示している。

ガーディナはいくつかの点で、このサブカルチャーよりも進んでいた。第一に、プレーヤーのおそらく一〇%、従業員の三分の一が女性だった。第二に（この点はアームをはじめとする研究者が見逃していたと思うのだが）、非常に濃密な文化だった。確かに食事に出かけたり、テレビでスポーツ競技を観戦したり、ちょっとお喋りをしたりする人もいれば、アクションを見守る取り巻きや競馬狂なども いた。だが、ほとんどの人は、ポーカーをするためにやって来た。

彼らはてきぱき集中してプレーをした。だが、結果がどうでもよいときは普通そんなことはしない。バーでは丸椅子の座り賃を取られるわけではなく、常連は好きな時間チビチビ飲んでいられる。競馬場で一日中うろついたり、四六時中社交クラブにたむろすることもできる。玉突き場にいるほとんどの人は、いつも玉を突いているわけではない。だがガーディナでは、だれもがポーカーを真剣にプレーしていた。

それでも、ほかのカードルームとガーディナの間には、相違点よりも類似点のほうが多かった。どのカードルームにも高利貸し、盗品買い受け人、ノミ屋、そのほかお決まりの配役がいた。社交ルールは同じで、相手に自分が見せると決めた一部しか見せない、お手軽な友情だった。

カードルームでは親しい知り合いですら、質問や助言をする権利は望めなかった。ここでも社会階級や習慣が無差別に混ざり合い、実社会とは異なる次元に存在しているような、時間を超越した感覚があった。

私はガーディナを数十回訪れ、学術論文をいくつか読み、常連と話をしただけであって、そのすべてを分かっているなどと言うつもりはない。ポーカーをカードゲームやギャンブルゲームではなく、金融機関と見なすことで、この場所のさもなければ不可解な事実を理解できると言いたいだけなのだ。

人間のどのような活動にも、いくつもの意味の層がある。だれかに結婚した理由を尋ねれば、進化生物学や文化人類学、経済学などの用語で表された答えが返ってくるかもしれないし、愛しているから、あるいはデートをするのに疲れたから、背中にショットガンを突きつけられたから、という答えもあるだろう。

こうした答えのすべてが、異なるレベルで同時に正しいことはあり得る。進化生物学は、例えば戦後などの若い男性が相対的に少ないときに若年層の婚姻率が上昇する理由を説明するかもしれないし、文化人類学は、都市部に比べ農村部の婚姻年齢が低い理由を説明するかもしれない。経済学は、女性の賃金労働への進出が夫と妻の平均年齢差に与える影響を説明するかもしれない。こうした要因のそれぞれが、ハリーがサリーと結婚した理由を説明するだろう。そしてハリーもサリーも、その説明について知る必要もないし、気にもかけない。

これと同じだ。なぜガーディナでポーカーがあれほど熱心に行われ、なぜ賭け金があれほど高かったのかと問われれば「プレーヤーがそういうやり方を好んだから」という答えから、社会学、心理学、経済学に基づいた答えに至るまで、さまざまな答えがあり得る。

ここで取り上げるのは経済学だけだ。ほかのアプローチも正しい可能性があり、それらを理解することはポーカーや人生の役に立つかもしれない。だが、それについては、ほかの本で読んでもらいたい。

使った金のことは聞くな、その金がどこに行ったと思うかを聞くな

カリフォルニアのカードルームは、どのギャンブル文化よりも熱心に研究されてきた。これは近くに多くの大学があることと、少数だが無視できない数のプレーヤーの教育水準が並みはずれて高いことと関係があるのだろう。だが、これだけの観察結果やデータがあっても、ガーディナの金融的側面は考察されていない。それでもデータはだれが金をもたらし、だれが金を持ち出したかを突き止める助けにはなる。

全体像を理解するために、まずはガーディナのポーカー経済を簡単に分析してみよう。プレーヤーの種類別の割合は、一日あるいは年間をとおして変化した。例えば、クリスマス当日の午

前一〇時と、六月のある火曜日の午後四時、一〇月のある金曜日の午後一〇時とでは、プレーヤーの構成が違った。構成は年を追って変化するし、それほどではないがカードルームによっても異なる。だが、平均すると、プレーヤーの約七〇％がボードマンと少なくとも顔見知りで、三〇％が新参者かごくまれにしかプレーしない人たちだった。

ただし、この三〇％には、七〇％に比べてはるかに多くの人数が含まれる。なぜなら三〇％の集団が常に変化していたのに対し、七〇％の集団が半減するのは約四年だったからだ（今の常連と四年後の常連を比べると、約半数が同じ人という意味である）。この数には、ある想像上の時点で時間の止まったカードルームにいた全員、つまりプレーヤーのほか、従業員や見物人も含まれる（**図表4・5**を参照のこと）。

この社会的階級の最上部の約二％は、高い賭け金でプレーをし、一貫して勝っていると見なされていた。これと同じ規模の集団が、さらに高い賭け金でプレーしたものの乱暴なプレーで一貫して負けていた。この集団は、間違いなくカードルーム最大の敗者だった。前者の集団を「勝者」、後者の集団を「アクションプレーヤー」と呼ぶことにする。

勝者一人に対して五人、つまり全体の一〇％が、賭け金の高いゲームでプレーをし、五分五分か、損をしていると見なされていた。彼らはアクションプレーヤーよりも保守的なプレーをし、負けても損失額は少なかった。彼らを「損益ゼロのプレーヤー」と呼ぶ。

というわけで、典型的な賭け金の高いテーブルには勝者が一人、アクションプレーヤーが一人、損益ゼロのプレーヤーが五人いた。

また別に、損益ゼロの集団とほぼ同じ規模で、賭け金の低いゲームでは一貫して勝っていた集団が

図表 4.5

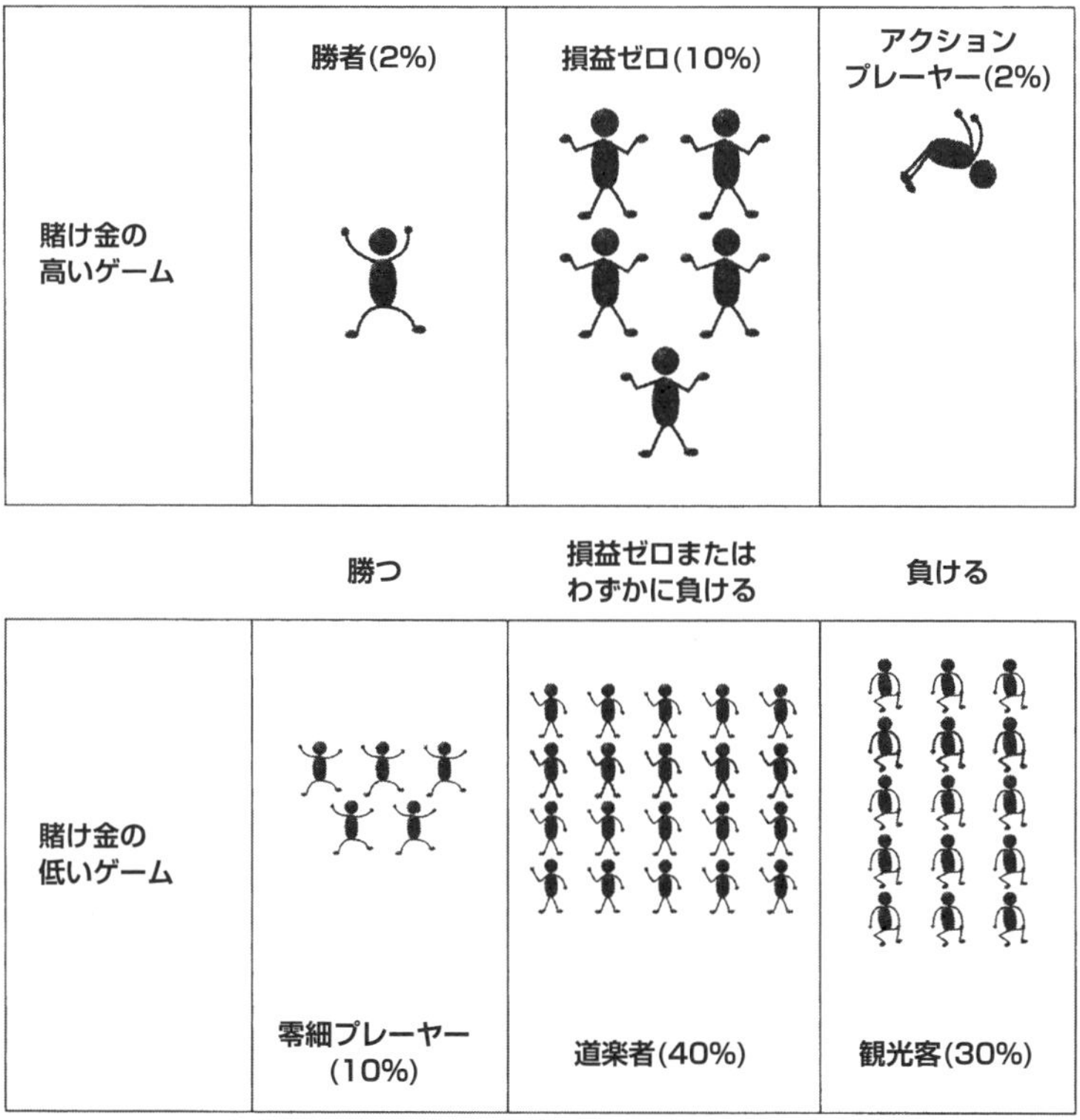

いた。こうした「零細プレーヤー」は、損益ゼロの集団と入れ替わることがあった。

階級の最下層には「よそ者や観光客」から成る三〇％がいた。彼らは集団として、アクションプレーヤーよりも一貫して負けた。

この中間に、低い賭け金で五分五分か損をしている、常連プレーヤーがいた。彼らを「道楽者」と呼ぶ。これらを差し引くと、残りは六％になる。

もちろん、これは典型的な時刻の典型的なカードルームにおける大まかな推定値にすぎない。またアクションプレーヤー以外の集団は明確に定義されておらず、集団間の境界は次第にあやふやになり、プレーヤーは集団間を行き来する。

金は右側から左側に向かって、つまり観光客から零細プレーヤーへ、そしてアクションプレーヤーから勝者へと流れる。中間の集団も左側の集団にわずかだが金を提供する。下段左の零細プレーヤーは、ときに上段中央の損益ゼロの集団との間を行き来する。この移動をとおして、金は賭け金の低いゲームから高いゲームへと流れる。

それ以外の集団では、ほとんどのプレーヤーが所属する集団内にとどまる。ただし少数の観光客が道楽者や零細プレーヤーになったり、さらには損益ゼロプレーヤーや勝者にまで登りつめたりすることもある。ときには人の流れが上から下に向かうこともある。ただし、ほとんどの人は、地位の低下に甘んじるよりも去るほうを選ぶ。

一九七〇年代の典型的なカードルームの総売上は年間五〇〇万ドルで、ほとんどが座席料《シートチャージ》だ。ただし、飲食物の売上も若干寄与した。一〇人程度の勝者と五〇人の零細プレーヤーを抱え、勝者は一人当たり年間約五万ドル、零細プレーヤーは約一万ドルを獲得し、合わせると約一〇〇万ドルだった。

一九七五年の最低生活基準の年収は四人家族で五〇五〇ドル、世帯当たりの平均所得は一万三七一九ドルだ。ただし、これから見ていく理由によって、成功したプレーヤーの収入は見かけよりも高かった。

したがって、敗者が賄わなくてはならなかった金額は、カードルームの売上と賞金の計六〇〇万ドルになる。

先に典型的なカードルームには約五〇人の零細プレーヤーがいて、損益ゼロプレーヤーと道楽者を合わせるとその五倍の人数だったと述べた。だが、人数はそれよりもずっと多かった。例えば、二五〇人ではなく一〇〇〇人といった具合だ。なぜなら道楽者の集団のプレーは週当たり約一五分だからだ。

また常に零細プレーヤーの三倍の人数の観光客がいた。この人数にはさらに大きな乗数がかけられる。例えば、一五〇人ではなく五〇〇〇人といった具合だ。現実には一度ずつ来る四人と、四度来る一人を区別する方法はない。彼らが違うカードルームを訪れる場合はなおさらそうだ。

これらの集団は、一人平均一〇〇〇ドルを貢献しなければならなかった。だが、実際の負担額には大きな幅があった。一度だけ姿を見せて勝った観光客もいれば、年間にかなりの利益を出した損益ゼロプレーヤーもいれば、一万ドル以上すったプレーヤーもいるからだ。

一年よりも短い期間で測定すれば、勝ち総額と負け総額はもっと大きくなる。例えば、カジノのキャッシャーの脇に立って、各プレーヤーの各セッションにおける勝ち負けの総額を一年にわたって測定したら、おそらく一億ドルの勝ちと一億五〇〇万ドルの負けといった数字を得るだろう。どのプレーヤーにも、勝ったセッションがあれば、負けたセッションもある。そのため、この金額の大部分が相殺され、年間では総額一〇〇万ドルの勝ちと六〇〇万ドルの負けになるというわけだ。ポーカープレーヤーにとって自分の勝ち負けを見極めることが非常に難しく、ほかのプレーヤーの勝ち負けを見分けることがさらに難しいのは、この理由による。

ゲームごとに勝ち負けを測定すれば、このさらに二〇倍になるだろう。つまりすべてのポットでの勝ち負けを総計すれば、二〇億ドルの勝ちと二〇億六〇〇万ドルの負けといった数字になるだろう。

ベーズ張りの楕円テーブル上で繰り広げられるグローバル経済の縮図

ガーディナを金融機関と見なすなら、その資本比率はどの程度だろう。つまり、プレーヤーが実際に失う余裕のある金額に対して、勝敗の流動資金のうちの生産的な経済活動に利用できる金額がどれだけあるかということだ。

例えば、銀行は一ドルの資本につき、一二ドルの貸付をするかもしれない。なぜこれが可能かと言えば、貸し出された資金は使われるか、再び銀行システムに預けられるかの、いずれかだからだ。使われた場合、その資金は再び使われるか、再び預けられる。貸し出された資金はすべて預金として戻ってくるため、再び貸し出すことができる。理論的には、一ドルの資本で世界中の貸付金を賄うことも可能だ（実際にこれを試みる人たちもいる）。

だが、実際問題として、預金が引き出された場合に備えて十分な資本を取り置いておかなければならない。十分な資本を保持して、いつでも金を引き出せるということを全預金者に完全に信用させなければ、取り付け騒ぎが起こって流動資本をすべて持って行かれるだろう。今日ほとんどの国で、資本比率は銀行の監督機関によって監視され、預金は政府によって保証されている。

銀行乗数によって創造された金が、紙幣や硬貨と同じ経済効果のある、実質貨幣だということを理解してほしい。この金は、銀行システムが崩壊しないかぎり消滅することはない。銀行は、一ドルのリスク資本を使って一二ドルの生産的な融資をすることで、経済活動を生み出し、利益を上げられる。

銀行業における一九七〇年代版の「九―六―三の法則」とは「九％で貸付を行い、六％を預金に支払い、午後三時にはゴルフコースを回っている」ことだった。もし一〇〇ドルの資本で銀行を開業し、一二〇〇ドルの貸付を行い、三％つまり三六ドルの貸出スプレッドを得れば、一〇〇ドルの投資に対して三六％の利益を得ることができる。コースが混む前にティーオフすることだってできるだろう。

銀行は大きな利益を上げられるとはいえ、現実には、これほど簡単な話ではない。金を創造するのは銀行だけではない。経済学者のジョン・ケネス・ガルブレイスは、任意の時点で横領された金額を指す彼の造語「ベズル」の経済的な重要性を指摘した。

横領者も被横領者も、自分は金を持っていると考えるため（前者の考えは正しく、後者は誤っている）、二人ともそれに応じた暮らし方や金の使い方をする。横領が発覚しないかぎり、世の中には実際以上の金があることになる。

だが、発覚後は、横領額に不釣り合いなほど大きな経済抑制効果が生じる。なぜなら横領者のほうが金使いが荒く、また事実に気づいた被横領者は逆に倹約に走るからだ。

カードルームの資本を推測するうえで、観光客、アクションプレーヤー、道楽者は無視できる。これらの集団は、失ってよいと考える金額とほぼ同額を失っていた。早く負ければ早く去るだけのことだった。だが、カードルームは損失を出すつもりはなかった。利益が減少すれば、経営陣を交代させるか店じまいをするだろう。カードルームはガーディナ市の予算の二五％を負担していたにもかかわらず、行政をはじめとする外部の支援は期待できなかった。

勝者は手持ち資金がなくなるまでプレーしたはずだ。この額を年間の勝ち金総額の半分である二五万ドル程度と推定する。零細プレーヤーと損益ゼロのプレーヤーは、そこまで損がかさむ前にやめてしまうため、勝者は勝者同士の対戦にもう あと二五万ドルつぎ込む可能性があった。もしゲームの勝敗金額の二〇億ドル全額が生産的な投資に利用可能だったとすれば、カードルームの資本比率は〇・〇二五％と推定される。つまり、リスク資本の一ドルが、四〇〇〇ドルの勝敗金額を生み出したことになるわけだ。

もちろん二〇億ドル全額が経済活動のために利用可能だったわけではないし、この推定にはかなりの当て推量が入り込んでいる。だがカードルームが、経営不振の銀行の一％にすら満たない資本で運営されていたことは、はっきりしている。もちろん、これこそカードルームの運営が元手の少ない人にとって経済的に魅力のある理由だ。

実のところ、このレベルの資本比率は、経済史上珍しいことではない。米南西部には、一世紀以上にわたって「軟貨銀行」が存在した（**編注　軟貨銀行については第5章で詳述**）。軟貨銀行は少額の資本を集め、その一〇〇倍あるいは一〇〇〇倍もの貸付を行った。倒産することも多かったが、硬貨銀行よりも北米の天然資源開発への貢献度は高かった。

軟貨銀行は人々が辺境に集まるうちに自然発生し、開発に必要な資金を貸し付けるようになった。町が成功すれば、銀行も成功して「硬貨銀行」になり、銀行にリスク資本を融資した投資家は大金持ちになった。町が失敗すれば、どのみち住民のほとんどが無一文で去っていった。

唯一の違いは、軟貨銀行には成功する見込みがあったということだ。もし規制によって資本比率八％が義務づけられていたなら、銀行を開設するための資金を提供する人などいなかっただろう。カリフォルニア州でカードルームが開設され、ネバダ州でギャンブルが合法化された時期と、議会が軟貨銀行を実質的に禁じた時期が同じだったことに注目してほしい。

来世との結びつきもない、新しい方策もない

〝ガーディナ銀行〟の仕組みを理解するための手がかりの一つが、アクションプレーヤーだ。なぜ彼らは、来る日も来る日も、戻ってきては損をしていたのだろうか。

彼らの全員が下手なプレーヤーとは限らなかった。一晩だけとってみれば、大勝ちすることも多かった。荒っぽいプレーは大きな勝ちをもたらすことがあるからだ。

また、彼らは当時のカードルームであまり一般的ではなかったほかのゲーム、例えばブリッジやチェスでも一流であることが多かった。彼らは技術を持っていたにもかかわらず、この共同体の存続のために必要な損失の大半をもたらし、大きなポットの大部分を提供した。ポーカープレーヤーではなく、ギャンブラーのようなプレースタイルだった。

私がガーディナで出会ったアクションプレーヤーの全員が、プロか地元の中小企業経営者だった。このことを指摘する学術研究はいくつかある。ただし、この事実が明らかに示唆することについては、だれも考察していないようだ。

私はアクションプレーヤー全員がカードルームで商売をしているのを目撃したわけではない。だが、常連の多くがアクションプレーヤーの経営する自動車修理工場や電気店、衣料品店などに通っていたことは知っている。アクションプレーヤーからアパートを借りたり、彼らの会社で臨時雇いとして働いたりする人もいた。映画「ラウンダーズ」を見た人は、ジョン・タトゥーロが演じたジョーイ・クニッシュを思い出してほしい。カードルームには医者、歯科医、弁護士、会計士がいた。

どの地域社会にも商店主や専門家、雇用者、地主、地元の中小企業などが必要だ。しかもガーディナのプレーヤーには特別なニーズがあった。零細プレーヤーをはじめ多くの人が、離婚、失業、破産、健康上の問題などのトラウマを残すような人生経験を経て、カードルームに来ている。こうしたトラウマによって借金を負い、財産を差し押さえられ、信用を失った人もいただろう。

日雇い労働をしていくらかでも借金を減らし、あれこれ詮索しない商店主のところで金を使うのは、とても都合が良かった。また雇用者や商店主にとっても、税金や、場合によってはロイヤリティの支払い、投資家への返済金などを節約することができた。専門職の人は、顧客を獲得するために本来必要な資格や事務所経費を持っていなくても、仕事を獲得できた。こうした取引の双方が、どこに行けば相手に会えるかを知っており、ガーディナ共同体における自分たちの立場を大切にしていたのだ。

ポーカーをやる家主は、零細プレーヤーなら信用した。店子が大もうけした夜や、場合によっては店子が良い手を持っているときであれば、家賃を確実に回収できたからだ。借金まみれで負け続けているプレーヤーであっても、ときには夜が終わった時点で、または少なくともいくつかのポットを勝った時点で、数カ月分の家賃を手にしていることがあるだろう。そんなときを狙って最初につかまえさえすれば回収できるのだ。部外者の取り立て人では、こううまくはいかない。

ポーカーに金を残すのは、一種の銀行預金のようなものだった。プライバシーが守られ、税金がかからず、債権者除けになるというメリットがあった。

デメリットは、不確実なことだった。もし普通の銀行から金を引き出そうとしたとき、窓口係がカードを一組取り出し、金を払い戻すかどうかを決めるために、札を配り始めたとしたらどうだろう。

このような不便はあっても、裁判所命令によって預金が債権者への返済に充てられる事態を免れることはできる。ＩＲＳですら、ガーディナのカードルームに踏み込んで、債務者が負けた相手に対して滞納税を要求することはできなかった。また同じ条件で金を預けるので、半分は勝って口座に入金し、金を確保すれば、平均して収支トントンになる。

オーケイ、分かった、認めよう、並み以上のプレーヤーでなければ、収支トントンにはならない。ハウスが手数料を取るからだ。だが、当時スイスの銀行は、番号口座を通じて富裕者に同様のサービスを提供していたのだ。こうした口座にはマイナス利息がついた。一般の銀行は利息を支払う。しかし、裁判所命令をちらつかせる人には、だれにでも口座情報と現金を渡してしまう。

ガーディナでは自分の金を引き出せないかもしれない不便を軽減するため、カードルームの貸付を利用するプレーヤーが多かった。貸付はつねに無利息だった（ちなみにカードルームにたむろしていた高利貸しはポーカープレーヤーではなかったので、これとは大違いの条件の取引を提供した）。

セッションを通じて負けたプレーヤーは、以前金の貸し借りをしたことのある人で勝っている人はいないか、カードルームのなかを探した。

貸付額は、プレーヤーが持っていると思われる支払い能力とポーカーの腕をもとにして決められた。過去三年の間、週に四回は顔を出し、一回につき二〇〇〇ドル相当のチップを購入し、負けよりも勝ちが多いように思われれば、金が借りられた。借入が増えすぎたり、返済が遅すぎたり、姿を見せなくなったり、多額のチップを買わなくなったり、負けが混みすぎたりすれば、信用は消滅した。

プレーヤーの信用は、通常の信用取引のように収入や資産ではなく、可変性に基づいていた。少なくとも、ときどきは金を持っていれば（つまり貸付が得られる人で、どうしようもないほどひどいプレーヤーでなければだれでも）信用され、金が借りられた。

ギャンブラーは、ちょうど住宅所有者が家を手放さないようにするために努力を払うのと同じように、ギャンブルを続けることに努力を傾ける。ギャンブラーとギャンブルとの間のこの結びつきは、古くから存在する強力な結びつきで、金融機関の融資担当者にも考慮されてしかるべきだろう。多くの常連は、数人のプレーヤーから数千ドルの借りがある一方、数人に数万ドルの貸しがあった。

ハウスも信用を供与した。即金で支払えなくても、常連であれば法律を無視してチップを売ることもあった。常連プレーヤーは、サクラやプロポジションプレーヤー（プロップ）の口を当てにすることもできたし、ロバートのような職に就くこともできた。システム全体が、手に入る少額の資本を維持して、全員が何とか生きていけるような仕組みになっていたのだ。

あなたは幼いこどもたちから輝きと若々しさを取り上げてしまった……
土曜の数夜に費やすほんのはした金のために

道楽者のなかにも、カードルームの経済制度を活用する人はいた。だが、ほとんどの人たちにとって、ポーカーは主として社交活動だったようだ。ハウスは彼らを大切にし、居心地良くさせて、競合するほかのカードルームに行かせないように懸命に努力していた。

道楽者は集団としての負けはそれほど多くなかった。しかし、観光客がふらっと入ってきたときのために、常にゲームが行われている状態を保っていた。また、レストランを常時利用することで、カードルームの間接費を低く抑えることに貢献した。当時のラスベガスがセックスを宣伝していたのとは対照的に、カードルームは美味しい食事と仲間づきあいを打ち出して、親しみやすいイメージを保とうと躍起になっていたように思う。

零細プレーヤーと道楽者の多くが年配者で、ほとんどが六五歳を超えていた。何らかの副収入があり、零細プレーヤーの場合はポーカーで収入を補い、道楽者は副収入から娯楽費としてポーカーの費用を捻出していた。

これらの集団は総合的に考えると、ガーディナで支出額よりもはるかに多い金額を稼いでいたのではないだろうか。それは、一つには、ほかのプレーヤーから無税の特別価格で提供される商品やサービスを利用できたからだ。もう一つには、ほかの社交場で要求される身だしなみ（清潔な衣服や適当な住居など）のための出費もいらず、手ごろな価格で食事が取れる居心地良い環境で、日がな一日、仲間付き合いを楽しめたからだ。

ラスベガスでは、敗者が王者だ。カジノは敗者に航空券や無料の部屋と食事、豪華なショーといった贈り物をひたすら提供する。だからこそ、ガーディナで観光客の扱いが悪かったことは奇妙に思われる。観光客を呼び込んだり常連に変えたりするための努力は何もせず、彼らが競合するカードルームに流れていってもお構いなしだった。カードルームは観光客がプレーしやすいように、初心者クラスといったものを設けたりはしない。ガーディナは娯楽のためにポーカーをする場所ではないのだ。

カードルームは観光客の争奪戦をするにはコストがかかりすぎると判断したのだろう。観光客は安定した収益源とはいえ、特に呼び込まなくてもやって来るように思われた。事実、カジノが損をする最大の原因は（そう、カジノは損をすることが多い）、敗者の争奪戦なのだ。独占的なカジノや、小さな集団のなかで協力して競争を制限しているカジノは、儲けがずっと多い。

ラスベガスとの対比に戻ろう。カードルームは勝者をスター選手並みの待遇でもてなす。一方、ラスベガスはプレーヤーを勝たせないようにするためのルールを設定している。例えば、ブラックジャックのカードカウンティングなどでカジノの裏をかこうとするプレーヤーがいれば、カジノはあらゆる手を使って締め出そうとする。

ところが、ガーディナでは、勝者は特別の配慮をもってもてなされ、憂き目にあえば金を借してもらい専属プレーヤーとして雇ってもらい、フロアマネジャーから最も有利な判定を受けた。一方で不運の続いた勝者が別のカードルームに行こうとすれば、例えばすべての債務を帳消しにするなど、全力を尽くしてそれを阻止しようとするだろう。ラスベガスがこんなことをするのは、敗者に対してだけだ。

勝者は、もちろんカードルームの評判を高めるのに役立つし、実際に彼らの評判が私のような一部のプレーヤーを遠くから呼び込むこともある。だが、彼らの主な役割は、共同体を観光客から守ることにあった。

ほとんどの観光客は道楽者で対処できる。それで観光客が勝ち始めると、今度は零細プレーヤーのプロが後を引き継ぐ。だが、もしこの方式がうまくいかなければ、どのカードルームも利益を上げるために世界のトッププレーヤーを数人抱えなくてはならなくなる。

カードルームがこのために席順を操作するようなことはないかもしれない。しかし、もし観光客が勝ち続ければ、いつかは勝てない相手に出会うはずだ。そうでなければ、世界中の一流プレーヤーがガーディナを訪れ続け、やがてゲームが共同体にあまりにも大きな負の期待値をもたらすようになり、共同体は崩壊するだろう。勝者はほかの無法者を寄せ付けないための用心棒であり、そのために選ばれた保安官なのだ。

今日ポーカーの世界で最も影響力の大きい理論家、例えばデイビッド・スクランスキー、メイソン・マルマス、マイク・カーロなどは、こうしたカードルームで名を成した。だからこそ、彼らは一人ひとりの対戦相手を負かすことに重点を置く。それが主な仕事だったからだ。

彼らは安全な信用制度（トリプルAの債券で構成されるポートフォリオや金が詰まった金庫のような安全性はないが、能力を維持するかぎりいつでも利益が得られるという意味で安全だった）に埋め込まれていたがために、分散の高いランダムウォークの成績を受け入れることができた。彼らは外部の経済制度をあてにする必要はなかった。カードルームがその代わりをしてくれたからだ。

こうした環境では、一対一の戦いに必要な技術がこのうえなく洗練されるものの、それ以外の状況で必要とされる、バランスの取れた視野は身につかない。といっても、理論家がバランスの取れた視野を持っていないということではない。単にガーディナはそうした視野が育まれるような環境ではなかったというだけのことだ。

勝者は主に若い男性で、ほとんどが離婚者か未婚者だ。この集団は共同体のなかで最も学歴が高い。ほかの常連のほとんどが、人生における目的をすでに達成しており、今後は上昇するよりも下降し続ける可能性が高いのに対し、勝者は大抵何かに向かって前進しつつある。専門家としてさらに成功することを目指す人もいれば、本を執筆したり、学校を卒業したり、何かを発明したいと考えたりする人もいるだろう。カードルームがこの集団を丁重に扱うもう一つの理由は、ほかの常連よりも早く帰るので、どんどん入れ替える必要があるからだ。

勝者と損益ゼロプレーヤーの人口統計学上の最大の違いは、後者のほとんどが既婚で、女性も少数含まれることだ。また勝者に比べれば年齢は高く、学歴は低く、それほど野心的でない。一部は勝者に昇格するが（ごく少数の零細プレーヤーも勝者に昇格することがある）、ほとんどはそうでない。また内輪のポーカーで大きな利益を上げつつ、ガーディナの賭け金の高いゲームを利用して技能を磨く人もいれば、人生のほかの面がうまくいかなくなった場合の逃げ道としてガーディナの共同体に片足を突っ込んでいるように思える人もいた。

この全体像は、かなり陰鬱かもしれない。観光客は金を巻き上げられ、道楽者は半時間ごとに納金時刻を示す赤いライトが灯る部屋、煙の充満した窓のない部屋でただ暇をつぶしている。零細プレーヤーは最低限の生活を送り、アクションプレーヤーは不正行為によって競争力のない会社の破綻をなんとか免れている。損益ゼロプレーヤーはかなりの技能と精力を注ぎ込みながら、いつの間にか負けている。うまくやっているのは勝者だけだ。しかし、そんな彼らも大抵ほかの場所に移ろうと画策している。だが、こうした人たちの多くにとって、ほかにいかなる選択肢があるというのだろうか。

次章では、ポーカー経済についてもう少し深く掘り下げる。ポーカーを、一人ひとりのプレーヤーや共同体全体にとって、少なくとも地元の銀行と同等に役立つ存在たらしめる、これほど陰鬱でない特性について考えてみよう。

第5章　ポーカー経済学

――ポーカーと現代のデリバティブが、いかにして米国先住民と西アフリカの河川交易人とのごった煮から生まれ、無限の可能性によって温められ、スコットランドというスプーンでかき混ぜられたか

私は経済学で役に立ったことは、みな二冊の本から教わった。どちらの本の著者も、理論的かつ実践的に高度な数学的技術を持ちながら、単純な定性的な議論を展開している。この二冊は一見難解に思えるものの、経済学の予備的知識を持たない人が初めて読んでも簡単に理解できる。そして、専門家も注意深く読むことによって、多くの新しい洞察を得ることができる。

ジョン・ローの一七〇五年の著作『マネー・アンド・トレード・コンシダード・ウィズ・ア・プロポーザル・フォア・サプライング・ザ・ネイション・ウィズ・マネー（Money and Trade considered, with a Proposal for Supplying the Nation with Money）』で、ある経済学的問題がきわめて明確に提示され、その二九〇年後、フィッシャー・ブラックによる『エクスプローリング・ジェネラル・エクリブリアム（Exploring General Equilibrium）』によって、それに対する答えが示された。

その間、いくつかの才気あふれる著作や巧妙な推論や、それらとは対照的な駄作が書かれた。しかし、私が実際に利用して役に立ったものはなかった。別に、このことについて議論するつもりはない。アダム・スミスやカール・マルクス、ジョン・メイナード・ケインズといった経済学者の著作から実際的な

指針を見いだせる人がいるなら、喜ばしいかぎりだ。

ジョン・ローは私が生まれる二世紀も前に没している。しかし、フィッシャー・ブラックとは面識があった（彼は傑作が完成した直後、不幸にも五〇代にして喉頭ガンで亡くなっている）。

ブラックはファイナンスのほとんどすべての分野に開拓者的な論文を寄稿し、ファイナンスにおける最も重要なモデルの二つである、CAPM（資本資産評価モデル）とブラック＝ショールズ＝マートン・オプション価格決定モデルに、最も深く関与した一人だ。どちらのモデルにも貢献があったのは、ブラック一人である（CAPMの残る三人の考案者は、ウィリアム・シャープ、ジャック・トレイナー、ジョン・リトナー）。

ブラックは学者として成功したほか、投資銀行ゴールドマンサックスで定量的研究グループを指揮した。彼を見たとたん、気がおかしいか、天才か、おそらくその両方なのだということがすぐに分かった。彼は自分の関心が続くかぎり、いくらでも話し続けた。ただ、私の友人の言葉を借りれば「面と向かって話しているのに、突然電話を切ることができる」のだった。

ブラックは、頭に浮かぶ考えを走り書きするのにほとんどの時間を費やし、そのメモを巨大なファイリングシステムに注意深く挟み込んでいった。彼の著作『エクスプローリング・ジェネラル・エクイリブリアム』は、とにかく型破りだ。自分の主張を数ページにわたって述べ、残りのページはすべて、ファイルキャビネットそのままに、名字のアルファベット順に並んだ経済学者に対する反論を二、三の段落にまとめたもので埋め尽くしている。

一方、ローの著作も、ほかの考え方に対する反論を明確に示したものとなっている。二人とも単純な真実を理解し、それを明瞭に、飾り立てることなく説明している。彼らが小冊子や宣言書ではなく本を著す必要があった理由は、自分たちの考えを、一見似て非なる、広く信じられていた誤概念と区別するためだった。

私は経済学者を敵視しているわけではない。経済学者の親友も何人かいる。経済学の専門家は興味深い問題を提示し、それに対する答えを見つけ出すことのできる、とても利口な人々であることが多い。経済学という学問を過去や現在の問題について調べるための規律あるアプローチとして考えるなら、経済学を研究することでそのような思考回路が出来上がるのかもしれない。

彼らは数世紀前の占星家よろしく、非常に賢明で規律正しくなければ、職業に必要な科学や数学を修得することはできないし、抜け目のない分析家でなければ、それで生計を立てることはできない。というのも、彼らの基本定理が誤っているからだ。

金儲けをしたり、国家の経済を運営したり、さまざまな行動の結果を予測する指針となるような理論的明晰さを経済学に求める人は、占星術で占ったときと同じように失望するはずだ。少なくとも私はそうだった。

ローと金

ジョン・ローは一六七一年に生まれ、一七二九年に没した。彼の人生は興味深い。スコットランドに生まれ、人生の大半をプロのギャンブラーとして生計を立ててすごした。賭け事の盛んな場所を求め、若くしてイングランドに移った。一六九四年、当時だて男として有名だったエドワード・ウィルソンを決闘で殺した罪で死刑判決を受けた。

彼らのいさかいの内容は記録から消えてしまった。ただ、二人は社交界の注目をめぐるライバル同士で、ウィルソンの妹はローと同じ下宿屋に住んでいた。ローは脱獄して大陸に逃れ、そこで経済学の新しい構想を展開するようになった。

ローは女たらしとして名を馳せたが、パリに渡ってからはエリザベス・ノウルズと生涯にわたる協力関係を結んだ。彼女は知的で率直な女性で、ローの着想の多くに貢献した可能性がある。

確かに彼の仕事は、彼女に出会ってから全盛期を迎えた。彼の実務上の成功は彼女がそばにいたときに起こり、彼女から強制的に引き離されたときに終わりを告げた。エリザベスはチューダー王家の末裔で、ローと出会ったときは別の男と婚姻関係にあった（その後も夫とはけっして離婚しなかった）。

現在では、庶民のプロのギャンブラーが英国王室の一員と同棲するとか、公然と姦通を犯しながら社会的に受け入れられるといったことは、それほど目立たないかもしれない。しかし、一七〇〇年には今よりもずっと大きな注目を集めた。

ローに関する話を読むと見すごせないのは、彼がだれからも好かれていたことである。物事が順調に進んでいたときは不思議ではない。ところが、死刑宣告を受けて投獄されたときや、ずっと後になって経済的に窮してからでさえ、階級、宗教、国籍、職業の壁をものともせず、あらゆる階層の友人をやすやすととらえて離さなかったのである。

ローとはまったく対照的に、二度の離婚歴のあるフィッシャー・ブラックは、冷淡で友人がいないように見えた。とはいえ、バーナードカレッジ経済学教授のペリー・メーリングによる素晴らしい伝記は、ブラックが多くの地味ながら、きわめて強い友情を結んでいたことを明らかにしている（伝記作家にとって最大の賛辞は「その人のことは知っていたが、本を読んで初めて本当の人となりが理解できた」である）。ブラックは性的習癖ではローに似ていた。しかし、あらゆる形態のギャンブルを毛嫌いしていたという点で違っていた。

ローの手口は、初めての町に行って有名人の集まる場所に出没することだった。彼は機知に富み、魅力的でたくましく、ハンサムで、世事に詳しく、着こなしが見事だった。おしゃれな女優や売春婦といい仲になり、彼女たちのアパートでギャンブルパーティを開いた。

ローは招待客のいかなる賭けも受け入れることで「銀行」の役割を果たした。プレーヤーを安心させるために、金貨がざくざく入った大きな鞄をつねに持っていた。疑り深いと思われるかもしれないが、私はローと女主人たちの関係は性的なものではなく、商売上の関係で、ジャラジャラ鳴る鞄に入っていた金貨は、その大きさと重さから考えられるよりもずっと少なかっただろうと常々考えている。

ローは当時流行していたゲームなら何でもプレーした。特に名手として最も知られていたのが「ファロ」である。このゲームの現代版は、プレーヤーがカードの一三枚の順位の絵が描かれたボードの上に賭け金を置く。

だが、ローの時代、プレーヤーは三枚までのカードを実際に取って、それぞれの上に賭け金を置いた。ディーラーが銀行を務め、五二枚のカードがすべてそろったデッキを取ってシャッフルし、一番上のカードをバーンした（見せてから、デッキの一番下に表向きにして戻した）。

残りの四八枚のカードから二枚が同時に配られた。一枚目のカードはディーラーのもので、ディーラーはその順位のカードに置かれた賭け金をすべて手に入れた（ファロではマークに強弱の関係はない）。二枚目のカードはプレーヤーのもので、ディーラーはそのランクのカードに置かれた賭け金を全額プレーヤーに支払った。

ディーラーが有利になるのは、カードが二枚とも同じ順位のときだ。これらのカードに賭けられた金は「フォールド」された。賭け金はまだ有効だが、後にプレーヤーがその賭けに勝っても、受け取れるのは自分の賭け金だけである。ディーラーは賭け金と同額をプレーヤーに支払う必要はなかった。一方、ディーラーが勝った場合は、通常どおり賭け金を回収した。このことがディーラーに〇・五％の優位性をもたらした。

ディーラーが賭け金を確保するには、次の三つの条件が同時に満たされる必要がある。一七分の一の確率でペアが配られ、三分の一（実際には一枚がバーンされ、最後の三枚は配られないため、三六％）の確率でそのペアと同じランクのカードがまだ配られておらず、二分の一の確率でプレーヤーがフォールドされた賭け金を獲得する。一七×三×二＝一〇二なので、勝ったプレーヤーにディーラーが賭け金を支払う必要がない確率は約一％となる。

プレーヤーは四九％の確率で勝ち、一％の確率で自分の賭け金を取り戻し、ディーラーは五〇％の確率で勝つ。またプレーヤーは最後に残った三枚のカードの順番についても賭けをした。考えられる順番は六通りある（一枚目は三枚のうちどれでも、二枚目は残る二枚のうちのどちらか、最後の一枚はもう決まっているので、三×二＝六通り）。

ローは最も公正に近いゲームで、一貫して勝った。こんなことができるのはごく限られた人だけだ。ディーラー側はわずかに有利である。しかし、結果のばらつきを呑み込むには、ほぼ同じ大きさの非常に多くの賭けが必要だ。

これはファロがカジノで成功しなかった理由でもある。カジノでは通常、ペアが配られた場合に賭け金を回収することで、カジノ側の優位を二倍にしていたにもかかわらず、成功しなかった。

ファロでは、ディーラーが二枚目を配るときに簡単にいかさまができる（一番上のカードを見て、上から二枚目のカードを配ったほうが有利だと判断すればそちらを配る）。確かにローがいかさまをした可能性はある。しかし、彼の人柄や才能から推察するに、実はプロポジションベット（そのときどきに出される特定の提案についての賭け）で生計を立てていたのだろう。彼が抜け目のなさと数学的才能を遺憾なく発揮できたのは、この分野だった。公正なプロのギャンブラーは、大抵このようにして勝つのだ。

いかさま師であろうとなかろうと、ローはやがて勝ちすぎてだれも賭けの相手をしてくれなくなると、別の町に移った。だが、そうする前に、地元の第一級の専門家や政治家と経済談義を交わすのだった。こうしたことを通じて、ローは欧州で引っ張りだこの経済顧問になり、ついにはフランスの経済運営を任されるまでになった。

そこで大きな成功を収め、彼のおかげで大金持ちになった人を指して「ミリオネア」という言葉ができたほどだ。ローが来る前は、この言葉が必要となるほど多くの大金持ちはいなかった。

急成長の後に、強烈な恐慌がやってきた。ローはこの恐慌と、時を同じくして起こったイングランドの南海泡沫事件の責めを負わされた。

だが、彼の構想はその後も引き続き研究され、その半世紀後にはさらに精緻な政治的、道徳的推論の枠組みのなかに組み込まれた。この枠組みが、後に現代経済学に発展したのである。

二〇年前には、ローは経済学の天才というよりもペテン師と見なされていた。しかし、今日では彼の名誉はきわだって回復しており、当時のフランスの政治的腐敗と暴政がなければ成功したはずの構想によって、初期の経済思想に重要な影響を与えた人物と見なされている。

私は彼のことをさらに高く評価している。彼の構想は実際に成功し、ポーカーの発明と、米国の経済成長をもたらしたのだと私は考えているのだ。

ローは金持ちになる秘訣を発見した。それは既存の政治組織を脅かすものだった。彼の革命的な構想は、政府からはるか離れた場所でのみ、開花することができ、またもう一つの秘訣であるネットワーク経済と組み合わさったときに、とてつもない力を得たのだった。

ネットワーク経済は、ミシシッピ川とその支流の流域に住む先住民が生み出したものだ。これは単一の部族や一群の部族の経済システムではなく、ミシシッピ川流域全体にわたる部族間の取引を網羅するもので、その影響力はロッキー山脈の西から五大湖周辺までの遠方にまでおよんだ。一六世紀世界における最も高度な経済圏だ。しかも、貨幣をまったく使わずに機能した。

一八世紀になると、病気（主に欧州からもたらされた天然痘）によって先住民の四分の三の人口が失われた。だがローの新機軸や、河川を基にした独自の取引システムを発展させた西アフリカ人奴隷の輸入に刺激されて、ネットワーク経済の原則の記憶は残ったのである。

割り勘《オランダ人のおごり》

ローの推論は「スコットランドがこれほど貧しく、オランダがこれほど豊かなのはなぜか？」という問いかけから始まった。

スコットランドは貧しいがゆえに、土地や労働力などの経済的投入物の価格が低く、オランダよりも安く生産物を生み出すことができるはずだった。それでもオランダの商人は、常にスコットランドの商品を原価割れで安売りし、スコットランド人はオランダからものを買いたがり、オランダ人はスコットランドでは欲しいものを何一つ見つけられなかった。

これは経済学の基本的問題の一つだ。なぜ局地的な貧困は、そしてついでに言えば、なぜ個々の人の貧困は自己修正しないのだろうか。

彼が最初に出した答えは「スコットランドには十分な貨幣がない」ということだった。ほとんどの貿易は物々交換で行われた。つまり商品は貨幣と引き換えに売買されるのではなく、直接ほかの商品と交換されていたわけだ。ローは次のように記している（これ以降の引用は、現代語に直したものである）。

「物々交換の状態は不便で不都合だった。物々交換を望む人は、自分の持っているものを欲しがる人を見つけられるとは限らなかったし、たとえ見つけたとしても相手が自分の欲しいものを持っているとは限らなかった。商品によって支払いをする契約は不確実だった。商品の種類が同じでも価値はまちまちだったからだ。商品の相対的な価値を知る方法は何もなかった」

これと同じ主張をした著者は多かった。しかし、ローは通常と逆の考え方をした。

一般に経済学者は、人々が取引を行う目的は全体的な消費水準を上げるためであって、貨幣の欠如は取引を非効率的にし、人々を欲求不満にすると仮定する。だが、ローの考え方は、学生が「ステーキではなく、ジュージュー焼ける音を売る」ことを学び、顧客の購入体験が製品よりも重要な場合もあることを学ぶ、現代のビジネススクールに近いだろう。

スターバックスが世界を征服するのではない。人々はそれまでももっとコーヒーを飲みたいと思いながら、手に入れることができずにいたのだ。人は楽しければ取引をし、楽しくなければ取引しない。取引は経済活動を促し、それを通じて取引するための品がまた手に入る。

経験的に言えば、利用可能な貨幣が多くなればなるほど、多くの経済活動が生じる。確かに人々は消費水準を上げるために取引を行おうとし、貨幣が多くなれば取引が容易になるのかもしれない。だがローにとっても私にとっても、逆に考えたほうが、納得がいく。つまり、貨幣があるからこそ、取引したくなるわけだ。

フランクリン・ルーズベルト大統領は次のように述べている。

「太った札入れは、空きっ腹より大きな音を立てることが多い」

ポケットの小銭をジャラジャラさせている人がなぜ金を使いたがるのか、また金がなくなるとなぜもっと金が欲しくなるのか、私にはそのわけが分かる。

そもそも最初から貨幣がなかったなら、市場で売るための品を生産する代わりに、釣りに行ったり木の実を摘んだりして、自給自足の生活で満足していただろう。たとえ貨幣価値の低い商品を消費することになったとしても、そのほうが幸せだったかもしれない。あるいは、それほど幸せでなかったかもしれない。

だが、人は幸せになるからという理由で、市場経済に参加するか決めるのではないと私は思う。自給自足の遊牧民の部族と、現代経済で仕事をするために会社へ急ぐ通勤客のどちらが幸せなのか、私には分からない。この問いに果たして意味があるのかすら分からない。ただ、ある社会を別の社会に変えるには、ぴかぴか光りジャラジャラ音のするものが必要だということは分かる。

財政的な観点から言えば、金のジャラジャラ鳴る音は重要だ。硬貨は見た目が美しく、さわり心地がよいようにできている。紙幣には、愛国的で神秘的な象徴が印刷されている。ポーカープレーヤーなら、賭けをするのに現金を使うかチップを使うかで、プレースタイルが変化することを知っている。クレジットカードと現金とでは、消費パターンが異なるし、小切手はそのどちらとも違う。

株式のオンライン取引が最初に人気を博したのは、金融工学や情報工学のおかげで効率的な執行が可能になったときではない。一九八〇年代後半になってビデオゲームをまねたユーザーインターフェイスが加えられたときだった（当時「ニンテンドー取引」と呼ばれた）。市場を理解するためには、それが経済におよぼす効果や、受け渡される実物財を知るだけでは不十分だ。取引のからくりを理解することも大切なのだ。

中世の定期市について考えてみよう。経済学者は定期市を、人々が商品を持って一堂に集まる、合意された場所として考える。そこでは多様な商品が手に入るために、物々交換が容易になる。また定期市のおかげで、少ない銀貨の流通速度が速くなる。貨幣の流通速度を上げることには、供給量を増やすこと同じ効果がある。後には商業手形によって貨幣供給量がさらに拡大した。

もちろん、遠くから大勢の人が集まれば、ちょっとした楽しみを求めるだろう。芸人たちが集まりに便乗して顔を見せ、ギャンブルや競技会が行われ、人々はいちゃつき、酒を飲み、贅沢品を購入する。経済学者は市場を重視し、縁日はつけ足しにすぎない。

金融の研究者や実業家は、逆に縁日を重視することが多い。楽しめる場所があれば、人はやってくる。遠くから人が大勢集まるときには、もちろん取引するための商品を持ってくるだろう。

これらの見方は互いに矛盾しない。それぞれに一理あるのだろう。だが、この二つの見方は、一つの疑問を投げかける。景気を刺激するには、もっと市場を作るべきなのだろうか、それとも、もっと縁日を開催すべきなのだろうか。

クリスマスシーズンに小売店の販売が爆発的に増加するのは、宗教上の祝典が生み出した需要に企業が対応するためだろうか。それとも販売促進の策略として生み出された、まったく異なる買い物体験に顧客が反応するためだろうか。

あるいは、株式の価値について考えてみよう。経済学者は、株式の価値が企業の純資産の所有権から生じると考える。だが、ファイナンスの授業では、株式の取引特性、つまり株価がいつどれだけ変動するかのみに注目して、その価値を算出するよう教える。

この場合もやはり、どちらの見方も正しいのかもしれない。だが問題は「投資で成功するための手引きとして信頼できるのはどちらか?」ということだ。

経済学とファイナンスは、ギャンブルについて異なる見方を取る。経済学は、ギャンブルにあまり意味を認めないようだ。金はある人から別の人に渡る。しかし、何の生産活動も行われないというわけだ。

　標準的な効用理論は、賭けによって双方の経済状態が悪くなると主張する。贈与やギャンブル、物々交換、貨幣取引に限らず、いかなる取引も生産活動を促す。強制的な交換、例えば窃盗や海賊行為ですら、経済活動を促し、金融史では重要な役割を担う。だが、伝統的な経済史では重視されないのだ（ただし最大の強制的交換である税金だけは、経済学者の興味を引く）。

　金銭が絡まない取引は、重要性を過小評価されたり、原始社会の遺物と見なされたりすることが多い。取引は、金銭が絡んで初めて評価が可能となる。米国の貨幣交換経済の規模が一二兆ドルである。対して、米国で一年間に行われる贈与とギャンブルのうち、金額のついたほんのわずかな一部分ですら、それぞれ三兆ドルを超える。それぞれの隠れた部分がどれだけあるかは推測するしかない。

　人生で最も大事なもののいくつかは、買ったり売ったりするのではなく、交換されるべきだと考えられている。尊敬を勝ち取り、忠誠に報い、愛情を持ち合うことはできる。しかし、こうしたことには金銭が絡まないし、金のためにするものでもない。そのほかの愛、友情、セックスなどは、贈り物として与えることはできても、取引することは社会的に推奨されない。重要な目的に人生を賭ける人は称賛されても、生命保険金のために自殺する人は称賛されない。

　この二つの領域の相対的な価値を理解するために、次の選択について考えてほしい。銀河系のどこかにある地球に似た星に、友人や家族全員と一緒に移り住むか、地球最後の人間として、世界中のすべてのものと一緒に地球上に一人残されるか、あなたならどちらを選ぶだろうか。

　どちらもつらい選択だ。移住者は技術や道具がなければ新しい環境で生き残ることはできないし、地球に残された資産のほとんどは、動かす人がいなければ使い物にならない。それでもほとんどの人が、残るよりも去るほうをすぐに選ぶのではないだろうか。

ほとんどの人が、人生の最も大切なものを金と交換しようとはしない。その結果、皮肉なことに、こうした大切なものがなかなか手に入らなくなってしまう。

貨幣による交換は贈与やギャンブル、物々交換、窃盗よりも効率的だ。しかし、われわれが人生に金銭的な価値をつけることを拒むがゆえに、社会は一部の人の死を阻止するために数百万ドルを費やしながらも、それ以外の人の死を阻止する手だてを何ら講じない。

合理的な市場では、人命の市場清算価格が素早く発見される。そのため死亡者が減り、より多くの資源をほかの課題のためにつぎ込めるようになるだろう。ただ、それがより良い世界なのか悪い世界なのかどうかは分からない。

スコットランドそしてニューオリンズの問題

スコットランドでは貨幣供給量が十分ではなかったため、取引は物々交換で行われることが多かった。ローはこう記している。

「この物々交換の状況では、取引はほとんど行われず、職人もほとんどいなかった。人々は地主に従属していた。地主は家族の日用必需品を賄い、自分の土地では生産できない必需品を物々交換で手に入れ、種苗や不作の年に備えて蓄えるために必要なだけの土地を耕した。残りの土地は放置されるか、隷属そのほかの奉仕を条件に授与された。物々交換には損失や困難が伴ったため、地主は自給できるものの消費を増やし、それ以外の財の消費を減らさざるを得なかった。土地は一種類の財の生産に最も適していたにもかかわらず、自給自足の生活をするためには、必要な複数の財を生産するために土地を利用するしかなかった。大部分の土地が耕されず、耕された土地は最も利益をもたらすほどには活用されず、最も適した人が労働に従事したわけでもなかった」

土地の裏付けのある紙幣が、ローの提案したスコットランドの問題への解決策だった。そして貨幣、公債、事業会社の株式の組み合わせによる裏付けのある紙幣が、彼のフランスへの解決策だった。ローと初期の紙幣提唱者たちとの違いは、演出に重点を置いたことだ。人々を今まで以上に働かせることはマーケティング上の課題だということが、ローには分かっていた。

経済の数学的法則を発見し、巧みな策略を通じてそれを適用する必要などなかった。必要なのは、人々にゲームをするよう仕向けることだった。ローはプロのギャンブラーとして、注意深い計算と洗練された遊び心を当たり前のように組み合わせたのだ。

しかし、ローは紙幣を景気刺激の万能薬として考えていたわけではない。彼の独創的な才能は、それほど知られていないある構想によく表れている。彼はその構想を「（紙幣よりも）ずっと重要で、世界の基盤を揺るがすもの」と称した。一七一五年にフランスの摂政、オルレアン公フィリップに向けてこう書いている。

「しかし銀行は、私の唯一の提案でも、最も重要な提案でもありません。私の取り組みは欧州を驚かせるような変化を……インド諸島の発見や信用貸しの導入よりも大きな変化をもたらすでしょう。陛下は、この取り組みによって、王国が現在陥っている嘆かわしい状況を和らげ、これまでになく強力にすることができましょう」

彼の述べたことは、フランスの状況を改善するという点を除けば、すべて正しかった。ローはフランス経済の運営に携わっていたとき、スコットランドで確認されたものと同じ問題が、ミシシッピ川流域のフランス領地にもあることに気づいた。先住民は金持ちになることに関心がなく、フランス人入植者たちもそれよりは辛うじてましな程度だった。フランス人は生活が困窮すると先住民のところに転がり込んだ。

スペインは新世界の領土で、はるかに良い成果を上げていた。彼らは基本的に、必要なものを奪い、先住民を奴隷制度や、それよりは幾分穏やかな宣教師によるプランテーション制度のもとで働かせた。一方、英国は先住民を取引に引き込むことに成功していた。フランス人入植者は、このどちらかの手法を試そうとして、本国にますます多くの奴隷と交易品を要求し続けたのである。

だが不幸なことに、ミシシッピの先住民は、個人間の小さなやり取りを除けば、取引を拒否した。彼らは大きな取引については、贈与交換に固執したのだ。先住民の代表団がニューオリンズを訪れる。フランス人は彼らを歓待し、贈り物を惜しみなく与える。代表団はこれに返礼をして、二週間後に去る。入植者たちが勘定を総計してみると、先住民から得た食物や鹿皮には、イングランドが享受していた交換レートをはるかに上回る量の金属製ナイフや弾薬分の価値があることが判明した。

端的に言えば、先住民はフランス人よりも贈与交換に長けており、英国人は先住民よりも取引に長けていたということだ。

フランス人は先住民の奴隷化を試したが、これもうまくいかなかった。彼らは何としてでも逃亡した。彼らを働かせるよりも自分で働いたほうが楽な場合も多かった。アフリカ人奴隷にとって逃亡することはずっと難しかった。近くの森に身内が住んでいるわけでも、米大陸の荒野で生き残る方法を体得していたわけでもなかったからだ。

先住民が奴隷制を拒否した理由は考えるまでもない。しかし、取引も彼らにとって不利だった。これは今なお重要な問題だ。民族誌学者クリス・グレゴリーはその才気あふれる著作『サベージ・マネー《どう猛な金》（Savage Money）』のなかで、今日の伝統文化に交換取引がおよぼす影響を説明している。先住民が取引を受け入れた地域ではどこでも、先住民がやがて惨めな依存状態に陥った。

それにひきかえミシシッピ川流域の先住民は、一九〇〇年ごろまでフランスとドイツを合わせたよりも広大な地域の政治的支配を維持し、その間ずっと強大な軍事勢力だった。西半球のそれ以外の地域では、先住民ははるか昔に殺戮されるか、土地を奪われるかし、同化されるか、経済価値のほとんどない地域に追いやられていた。一六〇〇年以降先住民の軍事力が効果を発揮したのは、地元での襲撃や、欧州の軍隊と組んだときだけだった。

インカとアステカの大帝国はたちまち崩壊した。しかし、ミシシッピ川流域の分散したネットワーク社会は持ちこたえた。

どう猛な金

昔ながらの生活を送っているある先住民が、一〇枚の鹿皮と引き換えに、二〇頭の鹿を殺せるだけの銃と弾薬の提供を受けたとしよう。

これは素晴らしい取引のように思われる。銃を使えば弓矢を使うよりも狩りがずっと簡単になる。これだけの鹿肉があれば村中を一冬養えるし、取引の後に残った一〇枚の鹿皮を使って、金属製のナイフや毛布や、そのほか手作業で作るのは骨が折れるか不可能な物品を買うこともできる。

問題なのは、鹿皮に換算した弾薬の価格がどんどん上がっていくことだ。彼はほどなくして、働きどおしても何とか生きていけるだけの物品しか得られないことに気づく。もはや村中を養うどころか、一家族を養うことすらできない。彼は弾薬の提供者のなすがままになり、飢え死にしたくなければ、いかなる屈辱にも甘んじなければならない。

とはいえ、元の生活に簡単に戻れるわけでもない。そもそも伝統的な生産循環は複雑で、長い時間をかけてものを収集し、植え付け、乾かしたり風味を付けたりなどして加工する必要がある。こうしたことをおろそかにすると、一からやり直すことは難しい。技術は忘れ去られ、専門家も散ってしまった。

獲物も捕らえにくくなった。集中的な銃猟が鹿の頭数を減らし、鹿を用心深くさせてしまったからだ。そしておそらく何よりも重要なのは、今や隣人たちが銃を持っているということだ。つまり銃を持たなければ、自分の身を守れない。

唯一の現実的な解決策は、もっと辺境の経済圏に移ることである。しかし、これはそのプロセスの進行を遅らせはしても止めはしない。さもなければ、同化するかだ。

交換レートを設定したのが、なぜ先住民ではなく、欧州人なのかという疑問をお持ちの読者もいるだろう。答えは、それが一挙両得だったからだ。

英国の初期の植民地のいくつかは、交換レートが制御されなかったがために立ち行かなくなった。初めは一本の金属ナイフがあれば一冬分の食料となるだけのトウモロコシを買えた。しかし、後にはその一〇分の一の量しか買えなくなった。欧州人がその価格を気に入らなくても、先住民は彼らが空腹になるまで待ちさえすればよかった。ほかの地域、例えばフランス領カナダなどでは、数世紀にわたって比較的平等な交換条件が維持された。これは主にフランス人が節度ある利益で満足し、帝国の建設に必要な資源を投資しようとしなかったためだ。

問題なのは、先住民が優位に立っていた地域では植民地が廃れ、平等主義的な植民地がより攻撃的なものに取って代わられたことだ。そのうえ欧州からの入植者も、大西洋の向こう側の人々に同じように搾取された。このパターンがようやく消滅し始めたのは、北米が政治的に独立しただけでなく、国内生産と自立貿易の能力を持つようになった、一八世紀末のことだった。

贈与交換では、欧州人が鹿皮の価格を切り下げることはずっと難しくなる。先住民に与える弾薬や交易品が少なくなれば、先住民が持ってくる皮の枚数も減ってしまう。欧州人は皮の枚数の少ない部族を排除できた。ところが、そうした部族を従属させることは難しくなる。贈与交換は非効率で不正確なために、欧州人は交換レートをちょうど必要最低限の水準に設定することができなかったわけだ。

ギャンブル交換はさらに良い。取引レートが敗者にも最低限度の賃金を与えるような水準に落ち着かなければ、狩りをしてくれる人はいなくなる。したがって平均的な狩人は、最低限の必需品以上のものを手に入れられる。これはだれにでも直観的に理解できるので、経済的な例を挙げる必要はないだろう。

貨幣取引では、貨幣を受け取る側が何らかの社会的劣等感を経験する。お客様は神様で、上司は常に正しく、あなたは常に間違っている側にいる。自分の物品や労働力を売って生計を立てることには、隷属がついてまわる。

だが、ギャンブルでは勝者が優越感を持つ。贈与交換はこれよりも複雑で、与える側か受け取る側のどちらかが劣等感を感じることもあれば、対等な人たちの間で贈与が行われることもある。ギャンブルも贈与も、顧客と店員、あるいは雇用者と従業員の間の結びつきよりもずっと深い結びつきを生み出す。人は勝ち取ったものには誇りを感じ、受け取った贈り物には心情的な価値を認める。これはほとんどの純粋な市場取引にはないものだ。実は純粋な市場取引はそれほど多くない。対人間のやり取りのほとんどに、何らかのギャンブルや贈与（そしてついでに言えば窃盗）の要素が含まれている。

この時代の思想家でこのような違いを理解していたのは、ジョン・ローただ一人だったのではないだろうか。ルイジアナの問題が、奴隷制度によっても、貨幣量の増加によっても解決しないことを彼は知っていた。少しでも効果があった唯一の方法は、先住民にブランデーを売ることだった。

いったんブランデーの味を知ってしまった先住民は、より多くのブランデーを手に入れるために、喜んで貨幣交換に応じるようになった（英国人はこの策略を米国植民地で大々的に行ったほか、後に中国に貿易を拒絶されると、同じことをアヘンでやった）。だが、この路線がやがて破滅をもたらすことを知っていたローは、勤勉なリスクテイカーを担い手とする、活力に満ちた経済を生み出したいと考えた。

ローがまずやったことは、船一杯の売春婦を集めて、ニューオリンズに送り込むことだった。世界最古の職業を端的に表すと、本来贈与交換でしか得られないものと引き換えに、男たちに貨幣交換を促すことだ。フランス女性はこの技に特に長けているという評判だった（ただし当時「欧州の売春宿」と呼ばれていたのはウィーンだった）。

入植者たちがそれまでつき合っていたのは、言うなればあまり多くを求めない先住民の女性だった。なまめかしいフランス人女性は、それまで多くの男たちに金を稼ぐ動機を与えていた。先住民の女友達なら、寒さやひもじさをしのぐために家族の家に迎えてくれるだろう。だがフランス人女性なら、町なかの家や贅沢品を要求するに違いないとローは考えたわけだ。

だれもが驚いたことに、船がニューオリンズに上陸するやいなや、男たちは船上に押し寄せ、目についた最初の女をつかまえ、殴り合いのけんかの果てに目当ての女を守るか取られるかし、そしてなんと結婚してしまった。ローは一人の売春婦が一〇人以上の男にやる気を起こさせることを期待していたため、一対一では効率が悪かった。

だが、ある程度の効果はあった。結婚した夫婦は、少なくともかすかな野心のきらめきを見せたからだ。長いものには巻かれろだ。ローは次に夫婦を派遣することにした。志願者など当然だれもいなかったので、彼は次の提案を出した。入獄中の独身男性は、結婚を承諾すれば放免されて無料の海洋航海ができる。独身女性はニューオリンズ行きを承諾すれば、ローからの少額の持参金と夫を得ることができる。

ローはいかさまを防ぐために、船が出帆するまで新婚夫婦を鎖で縛り上げるべきだと言って譲らなかった。世間から非難を浴びると、鎖に花をとおし、農村部の婚礼のしきたりと言ったくらいだ。

ローは、ほかにもいくつかの構想を持っていた。例えば、フランス人よりも勤勉だと評判のドイツ人植民団を送るなどである。

だが、彼の最も重要な構想は、船一隻分のファロディーラーを集めて送り込むことだった。もちろんカードも一緒に。

ディーラーたちは、ミシシッピ川流域全体に「交易所カジノ」を開設した。ディーラーはデッキからあるマークのカードを全部取り、表向きにして地面に並べ、それぞれのカードの横に物品を山積みにして置く。賭け人は好きな山を選び、自分の持ってきた物品の山をそのカードの脇に置く。二つの山の価値が等しいことを双方が認めるように、ディーラーが折り合いをつける（この方式はアフリカで広く行われていた沈黙交換に似ており、ローはおそらくそこから着想を得たのだろう）。

そこでディーラーは新しい（つまり五二枚揃った）カードで、ファロをやった。そしてご想像どおり、ディーラーは数日のうちに持ってきた交易品をすべて一掃し、欲しかった多くの物品を先住民から手に入れたのである。

ディーラーにとって、リスクはほとんどなかった。先住民には、自分の物品の二～三倍もの価値がある品を得る幸運な人もいれば、何も持たずに去る不運な人もいた。

ここには、ポーカーに不可欠な二つの要素がある。つまり「カード」と「ギャンブル」だ。また先物取引の二大要素「ギャンブル」と「交換」もある。

残りの断片を集めるために、さらに昔にさかのぼって、経済史における大きな謎の一つについて考えてみよう。

ネットワーク

ミシシッピ川下流域の原住民と初めて本格的に接触した欧州人は、エルナンド・デ・ソト率いる探検隊だった。そしてデ・ソトは、世界で最も洗練され成功した前工業経済を発見したのである。

原材料がほかの物品と組み合わされ、加工され、欧州より広大な地域にわたって数千マイルも輸送され、完成品も同じくらい広く流通していた。こうしたことのすべてが、貨幣、文書、長距離通信を使わずに、共通の言語や文化もなく行われていたのだ。

不幸なことにデ・ソトは現地に病をもたらし、先住民の人口の四分の三が死亡してしまった。これが経済を混乱させてしまう（欧州の人口の四分の一を死に追いやった黒死病がどれだけの荒廃をもたらしたかを考えてほしい）。そして文書記録がなかったために、この経済の秘密を解く鍵も失われてしまった。

当時、欧州では、長距離交易は定期市で行われた。人々は中心地に物品を持ち寄り、買い手と売り手はそこで最高の掘り出し物を求めてあらゆる物品を物色できた。また、どのようなものがどこで高く売れるかという情報を交換して、さまざまな場所の原材料や技能を必要とする複雑な加工を計画し、完成品をまた別の場所で売ることができた。

山がちな地域には羊が多い。農業地帯では冬の間の余剰労働力を使って刈り毛を加工できる。別の地域では染料の薬品が収穫され、特別の精製処理技術がある町に運ばれる。大都市圏には高度なファッションの知識を持つ労働者がおり、欧州中から材料を選んで完成品をデザインする。ただ、これをやり遂げるには、関係者全員が一堂に会することができ、物事を取り決める役に立つ文書や統一された商法やどこでも通用する貨幣があるならば簡単だ。

長距離交易によく見られるもう一つの方式は「隊商」である。数々の物品をまとめ、交易が行われる場所まで行く。そこで儲けになる取引をして、また別の場所に移動する。戦争と山賊行為（海上で起こる場合は海賊行為）はこの変型だ。どちらも複雑な長距離交易の発展における非常に重要な原動力だった。

今度は河川網における長距離交易の問題点について考えてみよう。こうした地域では山や砂漠や沼地の存在が、長距離陸上輸送をきわめて犠牲の大きい危険なものにしている。一方、河川輸送は、金はかからないものの、季節を選ぶ。春には川を下り、秋にはさか上るのが普通だ。

ただ、この原則には多くの例外がある。春になるとひどく荒れて下流に向かう航行さえ不可能になる場所や、秋になると水位が低すぎて輸送がまったく不可能になる場所もあるのだ。そのうえ、輸送を安全に行うには、川のさまざまな区域に関する詳細な知識が必要になる。ほとんどの人が自宅周辺の比較的近距離の航行をするにとどまる。こうした障害が定期市や隊商を妨げ、戦争や山賊行為の効果を薄めたのだった。

同じ一本の川沿いの近隣の村とは、交易がしやすい。春には川上の住民が冬の間に蓄えた物品を下流にもたらし、秋になると川下の人々が返礼として余った収穫物を持って訪れる。銀などの便利な価値保存手段がない場合、こうしたことは贈与交換を通じて行なわれる必要がある。部族によって余剰物品が手に入る時期が異なり、また川のせいで嵩高い物品の輸送が制限される。

川の流域全体にわたって、ある一つの物品への需要が着実に伸びていれば、その物品が村から村へと長い距離を贈与交換によって渡っていったと考えられる。だが、一つひとつの取引が一年周期で行われる場合、この動きは非常に緩慢になる。デ・ソトがもたらした欧州の物品は、ミシシッピ川流域全体にわたって流通し、五年以内に経済に組み入れられた。この現象は、局所交易では説明できない。

これよりも大きな問題点は、需要が必ずしも着実に増加するとはかぎらないことだ。例えば、部族Aの遊牧狩猟民が、北部山岳地帯を流れるA川の水源地に住んでいるとしよう。彼らは主に食用に動物を殺すため、生皮がたくさん余る。遊牧生活を送っているため、重い荷物をたくさん運ぶことは難しく、造船や食料貯蔵を効果的に行うために必要な安定した技術をなかなか生み出すこともできない。

下流の南方の低地には別の部族が住んでおり、自分たちの生皮の必要を満たすだけの狩猟をしている。南に行けば行くほど標高が下がり気候が温暖になるため、毛皮への需要も減少する。

だが、ある地点で、A川とB川が合流する。B川を源流までさか上ったところに、部族Bがいる。彼らは寒冷地に住み、釣りと採取によって生き延びていた。環境は非常に寒冷で、域内の経済は保温に必要なものを自然生産しないため、毛皮を高く買うはずだ。だが遊牧民ではないので、カヌー製作や食料保存の技術を持っている。これらは部族Aが好む物品だ。

長距離通信があれば、部族Aと部族Bは利益になる取引を成立させることができる。だが、お互いが存在していることすら知らずに、どうやって双方の利益になる取引を検討できるだろうか。また両者の間に住んでいる部族は、どうすれば仲介人として行動する機会を発見できるのだろうか。

これが特に重要なのは、実際に輸送されるものが原材料や完成品だけではないからだ。物品は道中のさまざまな段階で、ほかの物品と組み合わされ、加工される。こうしたことのすべてを組織化するのは、完全な情報とコンピュータがあっても難しいことだ。米国先住民は局所的な情報だけで、どうやってこれを行ったのだろうか。

私は答えを知らないし、知っている人はおそらくいないだろう。だがこれにギャンブル取引が関わっていたことは賭けてもいい。

ギャンブルが行われると、物品はそれを欲しがる住民がだれもいない区間を飛び越えて、多少ランダムに動くようになる。このことは「人が自分の欲しくないものを求めて賭けをする」という、それ以外の理由では理解できない、不可解な事実を説明する。

ギャンブルで得た富が蓄積すると、人々は贈答の範囲を広げるようになる。なぜなら同じ品を近隣住民に集中的に贈ると、贈与交換の収穫が逓減するからだ。河川網全体に及ぶ活気のあるギャンブル文化は、交易品の流動的なプールを生み出し、それが実験や技術革新を可能にする。

ここで少し脱線して、地理の勉強をしよう。世界最長の川はナイル川とアマゾン川だ。どちらの川の航行可能な部分も、それぞれ砂漠とジャングルという、まばらな人口しか養わない地域を流れる。

次に長いのが長江だ。この川はいろいろな意味でミシシッピ川に似ている。ただし、流域面積はその半分でしかない。さらに言えば、人口は長江の河川網全体にわたって均等に分布しているわけでなく、昔から人口が密集する都市部と事実上無人の地域に分かれている（今日のミシシッピ河川網によく似ている）。

近代以前のミシシッピ川（長さでは世界第四位）に似た唯一の水系は、アフリカのコンゴ水系だ。どちらの川も、それぞれの大陸の天然資源の約三分の二を擁する一〇〇万平方マイルの土地に、航行可能なアクセスを提供する。どちらの場所も陸上輸送が困難で、近代以前は人口がかなり均等に分布していた。

近代以前の経済については、北米より西アフリカのほうがよく知られている。この地域には、言語も習慣も異なるが、いくつかの共通点を持つ、数百の文化的集団があった。女性は近隣の村に食料品を売り込みに行き、多世代にわたる複雑な親戚のつながりを保っていた。このため、情報が親族の人脈を伝って遠方まで流れ、うわさ話や経済情報が村から村へと伝えられた。

ミシシッピ川流域でこれが行われた形跡がいくつか見られる。例えば、フランス人探検家のジャック・マルケットとルイ・ジョリエがイリノイの先住民に遭遇したとき、首長は旅の供にといって、彼らに一〇歳になる息子を与えた。また米国の探検家メリウェザー・ルイスとウィリアム・クラークは、アイダホ州サカジャウィアのショショーニ族の一人が、そこから一〇〇〇マイルも離れたサウスダコタのロッキー山脈の向こう側に住んでいるのを発見した。どちらの事例も、ネットワークを抜け出し、ミシシッピ水系の部族と外部の部族を結びつける長距離旅行だった。

こうなると話は俄然面白くなってくる。というのも、フランス人が連れてきたのは、主にコンゴ水系とセネガル水系の西アフリカ人奴隷だったからだ。

セネガル人は、テキサス（先住民のカドー族によってスペイン人から解放された場所）からルイジアナへと流れる川の流域で、馬や家畜を世話する生活に素早く順応した。コンゴ川から来たアフリカ人女性は、地元の先住民たちとの河川網を通じた交易に当たり前のように加わった。このようにして、ジョン・ローに派遣されたファロディーラーは、世界の二大経済河川網の交易人と付き合うようになったわけだ。

この創造的な組み合わせが、経済における見事な新機軸を生み出さなかったとしたら、驚きだ。

残念ながら、次の世紀のことはよく分かっていない。一八五〇年になるとポーカーと先物市場は現代的な特徴をほとんど備え、ミシシッピ流域全体にわたって広範に普及していた。ジョン・ローの構想と、西アフリカとミシシッピ川先住民の文化的要素の両方に共通する特徴を指摘するのは簡単だ。だが、この二つがいつどこで交わったかについては、推測するしかない。

歴史学者はあまり助けにならない。二〇世紀初頭の米国南部地方の歴史研究における第一人者は、ウーリッヒ・ボンネル・フィリップスだ。しかし、彼はよく知られているように、一八〇三年に米国に併合される以前のミシシッピ地域の歴史を「先住民とラテン民族」に関わるものでしかないとして一蹴した。ハーバード大学教授のバーナード・ベイリンは、二〇世紀後半の最も著名な植民地時代の歴史家だ。しかし、メキシコ湾岸地域の住民を「風変わり」で「奇妙」で「異様」だと称した。

一八世紀のルイジアナ州に関して唯一有益な経済史を著したダニエル・アズナーは、主流の歴史家の態度を「植民地時代の史書におけるガルフサウスの地理的な矮小化」と呼んだ。彼は短い言葉で次のように付け加えている。

「この地域の人々は主として無視されるか、米国発展のドラマにおける単なる端役として無頓着に片づけられてきた。確かに興味深くはあるが、周辺的で取るに足らない存在と考えられたのだ。ミシシッピ川流域は合衆国の統治下に入る以前、アングロサクソン系米国人の入植者とそのアフリカ系米国人の奴隷によって占領されるまでの間、フランス人の木こりや先住民の戦士がとう留する、まとまりのない地域だったように思われる」

こうしたアングロサクソン系米国人は、いわゆる「冒険家と移住者」の古い経済体制の下に行動した。ただし、これは紛らわしい言葉である。冒険をしたのは移住者で、冒険家は自国に根を下ろしていたからだ。冒険家《アドベンチャラーズ》（同じ語源を持つ言葉に、現代の「ベンチャーキャピタリスト」がある）は新しい居留地や町への資金を提供した。移住者は新しい場所に実際に定住した人々で、彼らを指揮したのは管理や原住民の扱いに長けていた、町の設立を手掛けるプロだった。

これが入植地における階層構造だ。初期の植民地は、欧州の投資家から資金の提供を受けていた。植民地が成熟し、高利回りの投資機会よりも多くの資本を持つようになると、新しい町を生み出した。新しい町は親植民地の恩恵を受け、植民地を通じて経済製品を送った。辺境の町はどれほど遠方にあっても、すべてこうした階層を通じて港湾と結ばれ、そこから欧州向けに商品を出荷した。

これは北米中央部の目覚ましい経済機会にとっては、極度に緩慢で硬直的な方式だった。蒸気船の運航によって、嵩高い物品を上流に向かって輸送することが実際に可能になり、年間を通じて信頼性の高い輸送がもたらされてからは、なおさらそうだった。ごく限られた共同資金を、文字どおりのそして比喩的なゴールドラッシュのために使用するには、未知の危険な地域をすばやく移動させなくてはならなかった。

投資機会は、従来型の投資を（あるいは、従来型の投資家やその代理人が直接調査のために西部地方を旅した場合は、彼らの生命を）保護するための法体制ではとても対応できないほどの速さで拡大していた。そのうえ移住者たちは平和を好む町民ではなく、投資家にコネがあったか血縁関係にあった、定住町の余剰人口だった。背教者や無法者もいたし、強情で独立心が強い者ばかりで、地域外とはほとんど結びつきを持たなかった。現代の言葉で言えば、西部地方は経済関係の動的な自己組織型ネットワークを必要としていた。

この必要を満たしたさまざまな方法のうち、今日金融機関として最も見分けがつきやすいのは軟貨銀行だ。例えば、西部地方のどこかに、ある集団が到着したとしよう。その場所は採鉱キャンプかもしれないし、農業や放牧、製材といった活動に適した場所かもしれない。彼らは道具や食料、家畜などの多様な資産を持ってやってくる。これらの人々や資産は、何らかの形で効率的な生産チームに組織化されなくてはならない。

発達した金融市場があれば話は簡単だ。企業を組織する人もいれば、遠く離れた都市で組織される企業もある。こうした企業は、借入や株式の発行によって資金を調達し、それを使って必要な資産を購入したり人材を雇用したりする。企業活動から上がる利益は、借入に利息を付けての返済や、株式投資家に配当を支払うために使われる。

だが、この採鉱キャンプは都市から遠く離れており、利用可能な資金もわずかしかない。資金を提供する第三者はいない。この場合の一般的な解決策は、少量の金か銀を保有する個人が銀行を設立することだった。このような銀行は、硬貨（金銀）の資本をはるかに上回る金額の銀行券を発行するため「軟貨銀行」と呼ばれる。多額の銀行券を換金しようとする人がいれば、銀行は倒産するだろう。

銀行は人々に貸付を行い、人々はその資金を使って資産を購入し、労働力を雇用する。銀行券を受け入れるのは、そうしなければ自分の持ってきた資産を使って細々と生きていくしか道がないからだ。こうした銀行券は町のなかでは使える。だが、外では使えない。もちろん、だれも多額の銀行券をため込むことはせず、手に入ればすぐに使ってしまう。この流動性があるからこそ、さまざまな経済プロジェクトに適した資産プールを組織化することが可能となる。物々交換では、これは現実的でない。

プロジェクトが成功すれば、実質価値のある物品が生産され、外部の市場に出荷され、そこで硬貨、つまり金や銀に裏付けられた健全な銀行の紙幣を見返りに販売される。こうして軟貨銀行は次第に硬貨銀行へと進化するわけだ。

もしプロジェクトが成功しなければ、軟貨銀行は倒産する。関係者全員がこのことを了解しているが、銀行券を引き受けることは、個々の起業家に信用を供与することに比べればずっとリスクは少ない。

例えば、伐木キャンプの経営者は、材木が売れたら賃金を支払うことを労働者に約束するかもしれない。もし事業が失敗すれば、労働者は金をもらえない。だが、もし経営者が軟貨銀行から借りた銀行券で賃金を支払えば、労働者はたとえこの一つの事業が失敗に終わっても、町全体が成功しているかぎり、資金を回収できるのだ。

また個人の信用を基にした事業は、倒産すれば清算される。軟貨銀行からの借入によって資金を調達した企業は、利子支払いを満たさなければ銀行に接収される。こうした企業は新しい経営体制の下で再編されて成功することも多いし、資産が銀行のほかの借り手に分散されて有効利用されることもある。町民全員が町の成功に利害関係があるとき、成功の可能性はずっと高くなる。

ポーカー銀行

町のポーカーゲームが、同じような多くの機能を果たすことはすぐ分かる。資産をチップに両替してプレーをすれば、勝者は事業を始めるのに十分な資産を得ることができる。チップは紙幣の代わりをする。しかし、軟貨銀行の紙幣と同じで、大金をチップの形で長い間持とうとする人はいない。ポーカーをするためだけに買い、ゲームが終われば実物資産に両替する。敗者は企業を手に入れられるだけのチップを得るために、勝者の下で働くこともある。

ポーカーゲームが軟貨銀行に比べて明らかに不利な点は、分配がランダムということだ。事業を経営するのは最も上手な、または最も幸運なポーカープレーヤーである。対して銀行家は、誠実さ、能力、経験などをもとに、融資する相手を決定する。だが、実は米国の西部地方という状況で、このことは利点だったのかもしれない。こうした決定を下す経験豊かな銀行家も、判断の基盤となる文書や照会状も存在しなかったからだ。

ポーカーの技能が最も優れた資質であるのは、ほぼ間違いなかった。さらに重要なのは、それが一般に認められていたことだ。一般にポーカーの敗者が資産を明け渡したのに対し、銀行借入を拒否された人々は、銀行券を受け取ることを拒否してシステム全体を崩壊させる可能性があった。

ポーカーの明らかな利点は、銀行役がいなくてもかまわないことだ。現代のポーカーでは、一人のプレーヤーまたはハウスが銀行役を務めることが一般的である。銀行はプレーヤーにチップを売り、ゲームの終わりに換金する。

だが初期の辺境地帯では、ポーカーはチェック方式でプレーされた。各プレーヤーが自前の識別可能なチップを持ち、ゲーム終了時に買い戻した。勝者の手元には敗者のチップが残る。敗者から集金するのは勝者の責任だった。現在でも内輪のゲームで、ときどき同じようなことが行われる。

各プレーヤーは一定の枚数のチップを与えられ、プレー後に返却する。当初より少ない枚数のチップで終わったプレーヤーは、超過分を持っているプレーヤーに小切手を切る。つまり、だれも銀行の役割を務める必要はないし、多額の現金を持ってくる必要もないわけだ。敗者に支払う能力や意思がなかったとしても、それは勝者にとっての問題であって、テーブル全員の問題ではない。

この最後の点は非常に重要だ。ギャンブルをする人や金融関係の仕事をしている人でなければ、金銭上の権利や義務が理論上の数字ではなく、人との関係を意味することを忘れがちである。だれが自分にいくらの借りがあるかを知っているだけでは十分でない。債務の性質が非常に重要なのだ。

ポーカー作家のデイビッド・スパニアーは、ドイル・ブランソンとパグ・ピアソンがロンドンを旅行したときの話について書いている。

このとき二人のこわもての紳士が、世界ポーカー選手権の優勝経験者である二人をホテルの部屋に訪ね、ポーカーで勝った場合は、賞金の二五％を地元のやくざのボスに寄付するようにというメッセージを伝えた。パグはこのような条件でプレーしたがらず、米国に帰ってしまった。だがブランソンは「カットされる二五％には自分の勝ち金を回収するサービスの料金も含まれるのか？」と聞いた。「含まれている」という答えを聞いた彼は、それを有利な取引だと考えたという。

金融界では、当事者が契約に従わない場合、だれにいかなる負担が生じるのかについて、賢明な人は必ず事前に交渉する。

軟貨銀行とポーカーのもう一つの違いは、町が成功したときの利益配分の違いだ。軟貨銀行では利益の大部分が、選ばれて融資を受け、事業を成功させた人たちの手にわたる。取り分が最も多いのは、銀行家と銀行の出資者だ。融資が受けられなかった人たちも、賃金のほかに利子を得て豊かにはなるが、それほどではない。

ポーカーが金融機関の役割を果たす場合、町が外部から資本を呼び込めるほど成功するまでゲームは続けられる。事業主は運営経費や資金需要を賄うために、プレーを続けなければならない。プレーをする全員に、最終的に首位に立つ可能性がある。この意味では、金持ちになるべき人を最初に何人か選ぶよりは公平といえる。

ただ、その一方で、ポーカーでは大勢の人が無一文で終わる。軟貨銀行ですべてを失うのは、借入の返済を怠る人だけだ。その意味で、ポーカーは公平さという点では劣る。

どちらのシステムが良いかは、経済的機会がどれだけあるかによって決まる。ゴールドラッシュや土地開きや新しい鉄道線路の建設がひっきりなしに起こっているような状況であれば、敗者が場所を変えてもう一度運試しをすることは理に適っているかもしれない。これはリスクテイカーにとって絶好の環境だ。彼らは金持ちになるか、さもなければまた賭けをする。

経済的な機会が細り始めると、町は一攫千金の可能性よりも安心を重視する中産階級を育成しなくてはならない。こうした状況では、ポーカーよりも銀行のほうが目的に適うように思われる。

このシステムの変種が、同世紀後半のユーコン川のゴールドラッシュキャンプで報告されている。ほかの場所にも発生した可能性はある。ただ、記録は残っていない。

鉱山労働者はシーズン中働きどおし、冬中ポーカーをやった。勝者は持ち運べるだけの金貨、一生金持ちでいられるだけの金貨を貯めると去っていった。敗者は次のシーズンも鉱山で働き、また運試しをした。全員が必要な資金を得るまで働き続けることに比べれば、このほうがはるかに効率的だ。資産が集中するため早く抜け出す人がおり、その分、新参者の入る余地ができた。

ポーカーは銀行よりも動的な仕組みだ。機会が拡大すれば、ゲームは簡単に新参者を受け入れられる。機会が予想よりも小さいことが判明すれば、敗者が締め出されることもある。だが銀行は、全員が成功するか共倒れになるかという、協調的な取り組みに近い。

勤勉な人の圧倒的多数は、ポーカー取引よりも銀行のほうに魅力を感じる。そのため、銀行は多くの有能な開拓者を集めることになる。だが、町が成功しても、やってきた全員を養えるほどに成功しなければ、厄介なことになる。

予想されたよりも機会が大きかった場合、成功した軟貨銀行は外部の投資家から貨幣という形態で資本を呼び込むことが可能だ。一方、ポーカーは技能があり現地に物的資産を持つ近隣の起業家を誘い込める。状況によって、どちらかが必要とされ、残る一方は役に立たない。

銀行の最大の利点は、定住に至るまでの着実な発展を導くことだ。銀行が成功すればするほど、銀行が発行した紙幣はますます遠く離れた場所でも通用し、積換や加工の中心地での取引が円滑に行われるようになる。投資に興味のある外部者は、貨幣会計で運営され、借入金の返済歴のある企業を物色するだろう。ポーカーの賞金を元手に設立されたものの、最近になって別のポーカーの結果、経験不足の経営者の手に渡り、何枚かの借用証書と額入りのフルハウス以外には何の文書記録もない企業に比べれば、貸し手の受けはずっと良いはずだ。

農業や放牧といった、大規模な不動産投資が絡む事業にとって、安定性が重要となる。だが、地域の資源が枯渇するまでの間しか人々がとどまらない、鉱業や狩猟、製材業などでは、安定性はそれほど重視されない。

しかし、ポーカーが定住につながった事例も、あることはあった。すると次の段階として、多額の資本を持つギャンブラーが外部からやってくる。プロのギャンブルラーは、大抵ポーカーから締め出されている。地元の経済活動に参加していなければプレーができない。ところが、ある発展段階に達すると、ファロやチャッカラック、ルーレットなどを提供するプロが歓迎されるようになった。

彼らは貴重品管理サービスを提供し、贅沢品や必需品をもたらした。また自分たちの財産を守る必要があったため、いくぶん手荒い警察機能を提供した。町は拡大するにつれ、ファロの営業権を見返りに、プロの殺し屋を呼び込めるようになった。「A」と「8」のツーペアのデッドマンズハンドで有名なワイルド・ビル・ヒコックは、これで生計を立てていた。

最終的に町は税金を徴収し、保安官を雇うまでに至る。そして保安官にギャンブル室や公衆ポーカーゲームの閉鎖を命じることすらあった。

フラッシュバック③
カードルームでの初ゲーム

ガーディナに六つあったカードルームは、どれも空港ゲートの待合エリアを彷彿とさせる一階建ての建物にあった。清潔で天井が高く、機能的な設備が備わっていた。

フロアの約三分の二が柵で隔離されており、柵の外側にはレストラン、バー、テレビ室（大抵違法なスポーツギャンブルを行うための試合にチャンネルが合わせてあった）、守衛のデスク、レジ、そしてカードルームには欠かせないボードがあり、そこに行われているすべてのゲームと空席待ちのプレーヤーの名前が記入されていた。大勢がたむろしていた。空席待ちの人もいれば、さまざまな商売をしている人や、ただ暇をつぶしているだけの人もいた。柵の内側ではポーカーが行われていた。

私の目当てのプレーヤーたちは、夜の九時ごろにやってくるのが常だった。ただ、トムと私は四時に着くつもりが、ホースシューで締め出しを食らったせいで、一時間以上遅れをとってしまった。

昼の客と夜の客の入れ替えが行われる四～六時までの間なら、確実に席が取れた。そして私は四、五時間をかけてテーブルに慣れておきたかったのだ。

ロバートは「ローリミットゲームから始めるな」とか「最初はタイトにプレーしないように」などと釘を刺した。しかし、私には強みがあった。私がガーディナのゲームを少なくとも人をとおして知っているのに対して、ほかのプレーヤーは私のことをまったく知らなかったのだ。強みがあるなら、それを活用することである。自分の立場を把握したり、自信をつけたりしようとして、むざむざ無駄にすることはない。

自分が何をやっているのかよく分かっていないときは、臆病になりがちだ。だが、だれかと競り合っている状況のなかでは、ほかのプレーヤーの知っていることに比べて自分の知識がどれほどなのかを考えなくてはならない。

私の計画では、大きく勝ち越した状態で自信を持ってゆったりとプレーしながら、うまいプレーヤーたちを迎えるはずだった。「彼らが私に恐怖感を示すか、少なくとも敬意を払うはずだ……」と考えるほど、当時の私はうぬぼれていたのだろう。ただ、事態は計画どおりに進まなかった。

われわれがやっていたのは、バグ（ストレートまたはフラッシュを完成させるための一枚として、または「A」としてしか使えないワイルドカード）ありの5カードドローで、ジャックポットは高額だった。アンティはありで、ブラインドはなかった。ローボールが最も人気があると聞いていたわりには、私が見たなかではハイのほうが多かった。「六月は不景気な月」と言われるとおり、いつもと違っていたのかもしれない。

テーブルにはプレーヤーが五人おり、私が席についてもだれも気にも留めなかった。年齢は二五歳から五〇歳くらいまでで、彼らを一つの集団として見ると、二日間のバス旅行を終えた中堅どころの会社員たちといったところだ。デイモン・ラニアンの小説の色彩に富んだ登場人物や、出所したばかりの危険な詐欺師のようには見えなかった。

私のゲームは大きな掛時計の赤いライトが半時間ごとに点滅するたびに、各プレーヤーから一〇ドルずつ徴収した。ライトが灯ると、チップ係の女の子がハウス手数料の回収にやってきた。ゲームは速かった。しかし、ロバートが指導してくれたほどではなかった。手数料が時間決めの場合、時は金なりだ。私は一手一分となるのを覚悟していた。これは速いとはいえ、プロの専任ディーラーつきで現代版のホールデムをプレーする場合、不可能な速さではない。ただし、六人でホールデムをやるときに配られるカードは一七枚だけなのに対し、5カードドローを六人のプレーヤーでやるには、典型的なゲームで三五～四〇枚のカードが配られる。さらに素人がディーラーを務める場合、ペースが落ちる。

確かにドローポーカーは、ベットラウンドの数がホールデムの半分だ。しかし、六〇秒という時間は、チップとカードを物理的に処理するには非常に短い時間である。ましてや賭けについて考えることなど、とてもできない。私たちはその半分の速度でしかプレーできなかった。そしてそれは、私が内輪の真剣勝負で慣れていた速度であった。時間を無駄にする人はなく、それでも私はだれの苛立ちも誘うこともなく、急かされもせず、難なくプレーできた。

最初の一時間で二度フラッシュ狙いとなり、そのうち一度は完成させ、ショーダウンをせずに小さいポットを取った。もう一度は完成できず、ブラフをかけて別の小さいポットを取った。プレーに値するペアもいくつかあった。だが、ドローで強い手にならなかった。少し負けていたがそれほどではなく、気楽にプレーしていた。

私はアクションを受けた（一回目のベットで、私にレイズをさせる人がいた）が、敬意も得た（私のレイズに対してフォールドをする人もいた）。ここまでは順調だった。

ガーディナのカードルームとカジノとの大きな違いは、いかさまの量だった。カジノはプレーヤーが店側に不正行為を働くのを阻止するため、最新技術を駆使したセキュリティに投資している。このための機器や手段が、プレーヤー間の不正行為も阻止する。

ガーディナではプロのディーラーも防衛手段の役割を担っていたため、プレーヤーがカードを配った。フロアマネジャーもいたが、呼ばなければ来てくれず、すべてのテーブルですべてのゲームを監視していたわけではなかった。

最も重要な違いは、店とプレーヤーとの関係だ。カードルームは、毎日やってきて場所代を払ってくれる常連相手に商売をする。観光客や遊び半分の客が怒り狂って出て行っても、大した損害ではない。だが、カジノはドアから入ってくるあらゆる金を自分たちの手に帰するべきものと見なす傾向にある。ただし、カジノは限度額を設定する。だれもが必ず負けるのでは、戻って来る人がいなくなるからだ。この限度額は、カジノでプロのポーカープレーヤーが観光客や素人から勝ち取る一ドル一ドルで不利に働いた。

それでもカジノがプロを大目に見るのは、彼らの評判が売上増につながるし、彼らがテーブルを埋めてくれるからである。他方、いかさま師が大目に見られないのは、本来店の獲得するはずだった金を奪うだけでなく、客離れを招き、評判を傷つけるからだ。

カードルームは常連を好み、カジノは敗者を好むのである。

不正行為

ロバートは「チップ窃盗や（ラスベガスは悪趣味だと言われようが、少なくともトイレに行くときにチップが盗まれる心配をしなくてすむ）、シグナリング、カードのパッシングに気をつけるように」と教えてくれた。新入りプレーヤーは、特にテーブルのほかのプレーヤーが何も見なかったと言い張れば、フロアマネジャーの口添えを期待できない。

こういったことはローリミットゲームで行われることが多かった。ただ、どのテーブルでも常連は新入りに対して結束を固める傾向にあった。よそ者がいきなりやってきて好きなだけ金を奪うことができるなら、カードルームは経済組織としてやっていけないからだ。

それより私を悩ませたのは「それとない結託」だった。常連連中が新入りに対して陰謀を企てる方法は二つある。どちらも表立ったいかさまや事前の合意を必要としない。プレーヤーは自然に、ときには無意識にやることとさえある。

第一の戦術は、常連たちの間で最強の手以外をすべて降りてしまうことだ。つまり、私はどのみち勝つことになっていたポットは取る。ただし、複数ではなく一人だけのプレーヤーの賭け金を回収することになる。これは長期的な期待値を大きく損なう。

プレーヤーが手を比べ合って最強の手を選ぶのは表立ったいかさまだ。しかし、もし常連が騙しのプレーをせず、私と一緒にポットにいるときには仲間に対して勝とうとしなければ、だれが勝者に選ばれるかをかなり早く推測できる。

もちろん私も察知しようとはする。しかし、彼らはお互いのプレーや癖を数百、数千時間も観察しているのだから、ゲームのこの側面に関しては圧倒的に有利だ。私がフォールドさえしてしまえば、彼らはいつものゲームに戻れる。

もう一つの結託の形態は、私がポットにいるときに、二人の常連が互いにレイズをかけ合うことだ。ガーディナではレイズの金額は制限されている。だが、レイズの回数に制限は設けられていない。つまり、二人のプレーヤーはやろうと思えば、いつでも私に対して事実上のテーブルステークスでプレーできるのに対し、私はリミットポーカーしかプレーできないわけだ。

ただ、この戦術は、それほど厄介なものではない。常連たちが正式な利益分配の取り決めを結んでいないかぎり、弱いほうの手を持つプレーヤーが金を失うからだ。常連たちは互いに利益になるように一、二度余計にレイズをかけ合うかもしれない。しかし、私をオールインさせようとするのは、表立ったいかさまをする人だけだ。

それに結託したプレーヤーは、私が一ドル賭けるごとに二ドルずつ賭けなくてはならない。これは、リミットを回避するという選択肢のために支払う代償としては法外だ。この数年後、私はシカゴ・マーカンタイル取引所で似たようないかさまが行われるのを見た。

あるとき、私はガーディナで、前者の形態の結託を見抜いたような気がした。私がポットにいるとき、いつも一人だけを相手にカードを引いているような気がしたのだ。ほかのプレーヤーはドロー前にポットを取るか、三つか四つの手役が狙える手でプレーをした。

だが、私を相手にそんなことはさせない。私は注意深く観察すれば、優位を取り戻せると考えた。もし常連たちが、私がフォールドをするまで騙しのプレーをしていないのなら、彼らがブラフをかけたり、ストレートやフラッシュを作って逆転勝ち（アウトドロー）をしたりする心配をしなくてよかった。私が対戦するのはハイペア、ツーペア、スリーカードで、それより弱い手はめったにないだろう。さらに彼らのプレーぶりから、ドロー前の彼らの手の強さのヒントが得られると考えた。

この状況では、ストレートやフラッシュの可能性に賭けてドローをすることは、割に合わない。的中してもー人のベッターにしか勝てないのでは、的中しなかった場合の十分な埋め合わせにはならないからだ。

ブラフをかけても儲けにはならない。仲間内で選ばれたプレーヤーは、純粋に利益を最大化しようとするプレーヤーよりも、ずっと頻繁にコールをするからだ。

一方、本来フォールドすべきローペアは良い手だ。ドローによってツーペアかスリーカードを作れば、もっと高いペアで始めた相手のベッターに勝つことが多い。ドローで手が強くならなければ、ドロー後にフォールドをする。だが、手持ちのストレート狙いやフラッシュ狙いをすべて放棄して、その代わりにローペアをプレーしているという事実をごまかすために、例えばスリーカードを配られたときなどに、ときたま一枚だけカードをドローする必要がある。

とにかく、私はこのような感じでプレーをしており、とてもうまくいっているように思われた。私はこの種のポーカーだけに存在する、面白い手を配られたとき、かなり勝っていた。その手はクラブの「K」「J」「10」と「バグ」だ。

ほとんどのポーカーゲームでは、未完成のフラッシュ（有名な「4フラッシュ」）やストレートを持っていても、それを完成できる確率はかなり低い。例えば、ワイルドカードなしのドローポーカーで、同じマークのカードを4枚持っている場合、デッキにあるまだ見ていない四七枚のカードのなかに、同じマークのカードはあと九枚ある。そのうちの一枚を引く可能性は四七分の九、つまり一九％だ。

ホールデムでは、フロップの後でオープンエンド（両面待ち）のストレート狙いとなれば、それを完成させるカードは残る四七枚のうち八枚ある。ターンとリバーで獲得する可能性のある一〇八一通りの二枚のカードの組み合わせのうち、ストレートを完成させるのは三四〇通り、つまり三一％だ。

だが、バグありのドローポーカーで、同じマークの連続する三枚のカードに加えてバグを獲得すれば、デッキの四八枚のうち二二枚で、ストレート、フラッシュ、またはストレートフラッシュを作ることができる。これは四六％の確率だ。

ストレート狙いとフラッシュ狙いのプレーをするためのポーカールールの多くが、それらを完成させる確率が低いという前提に基づいている。私の手はここまで良くはなかったものの、ストレートを完成できるカードは一二枚（「A」「Q」「9」なら何でも）、フラッシュを完成できるカードは一〇枚（クラブなら何でも）あった。

ここではストレートフラッシュを完成するクラブの「A」「Q」「9」が二重に計算されているので、

ストレートを完成させる確率は四八分の九（つまり一九％）、フラッシュの確率は四八分の七（つまり一五％）、そしてストレートフラッシュの確率は四八分の三（つまり六％）だった。足し合わせると、これらの手役を完成させる確率は四〇％あったことになる。

ベッティング

ハリソンがベットを開始し、ジェイソンがレイズをかけた。私はテーブル全員のファーストネームを知っていたし、彼らも私のファーストネームを知っていた。しかし、だれもそれ以上の情報を聞き出そうとも、提供しようともしなかった。

ハリソンは汚れたフランネルのシャツとひもネクタイにブーツという、カリフォルニアのカウボーイルックだった。ジェイソンは彼よりも若い赤ら顔の男で、ジーンズとオックスフォード地のシャツを身につけ、ヒッピー風の髪を皮のヘアバンドでまとめていた。

後にハリソンは競走馬のオーナーで、牛農場も所有していたことを知った。仮装していたわけではなかったのだ。その後、彼の競馬場を訪れたとき、とてもよくしてもらった。

ジェイソンは学生だった。とはいえ、研究分野をまだ決めていない、あるいは学位取得プログラムに籍を置いていないにしては、年を取っていた。もっともこれは、彼が自分のことをそう思っていたというだけで、私の感想ではない。コンピュータを専攻すべきだろうかと尋ねられたので、私はイエスと答えた。忠告を受け入れていればよいのだが。

5カードドローでは、ドローをする前にレイズをかけるならツーペアが必要だ。ワンペアでは、たとえ「A」のペアであっても弱すぎる。最初にベットをする人（オープナー）は少なくとも「J」以上のペアを持っていなくてはならないため、特にそうだ。

また三枚のカードを取り替えるので、ドローで多くの情報を得られる。一般に、将来得るであろう情報が多くなればなるほど、情報を安く手に入れたいと思うようになる。これは直感に反しているようだが、本当のことだ。

スリーカード以上の手役を持っているときには、ポットに参加する人数が多ければいいと思うし、自分の強さを隠したいと思うのが普通だ。だが、ツーペアは勝つだけの力があるとはいえ、ドローの後にレイズをかけるほど強くないことが多い。もし、この手で儲けるつもりなら、早くやることだ。引くカードは一枚だけなので、この手について得ることになる情報の大部分を持っている。あなたが自分の最後の手について知っていることは、ほかのプレーヤーが自分たちの最後の手について知っていることよりも多いはずだ。したがって、彼らに今決断を迫るのが得策である。

もちろん、これは一般的な指針にすぎない。ポーカーではプレーを混ぜ合わせて、自分の賭け方から手を推測されないようにしなければならない。

この時点でポットに入っていたのは少額ベットが三つとアンティで、私はコールをするために二つ入れる必要があった。このためコールは、ほぼ収支トントンとなった。だが、もし手が完成すれば、ドローの後でさらに儲けることができた。完成しなければ、フォールドをするだけだ。したがってゲームに残るのは、当然の決断だった。

私は当時持っていた理論と経験から、自分がゲームに残り続ければハリソンはフォールドをすると予想した。だが、ほとんどのストレート狙いやフラッシュ狙いの状況とは違って、私はさらにレイズをかけられても構わなかった。私がベットを一つ入れるたびにハリソンとジェイソンから二つのベットを得るが、私が勝つ確率は二対一より大きかったからだ。

しかし、この理屈は、私自身の行ったレイズにはあてはまらなかった。というのも、それにコールをするのはおそらくジェイソンだけで、私が手を完成させる確率は五分五分よりも低かったからだ。

いずれにせよ、レイズをすることは常に念頭にある。ポーカーでコールをするときには、それ相応の理由がなくてはならない。確信が持てないときには、フォールドかレイズをする。これがこのゲームの大切な教訓の一つだ。一方、安全を好む中産階級的な戦略は、両極端の状態が判断できない場合には中間の路線を取り、正しいという確信が持てるときだけ強く出る。

だが、ポーカーで成功するには、何が起こっているのかはっきり把握できないそのときにこそ、大胆にならなくてはならない。なぜかと言えば、自分が確信を持てないときは、ほかのプレーヤーのバランスも崩してやるべきだからだ。それに利益と損失が最も大きいのが不確実なポットだ。賭けられている金が最も多いときに大胆になれないなら、別のゲームを探したほうがいい。

レイズをすれば期待値は下がる。しかし、スリーカードを持っているように見せかけることはできる（ツーペアのルールがあてはまるのは、最初にレイズをするプレーヤーが自分の場合だ。一人のプレーヤーが「J」のペア以上を持ち、別のプレーヤーがツーペアを明らかにした後でレイズをかけるには、より強い手が必要だ）。その後で私が一枚引けば、レイズはむしろ私が「エースアップ（Aのペアを含むツーペア）」を持っていることを示唆した。

もちろん、私がスリーカードとキッカー、ストレート待ち、またはフラッシュ待ちの可能性はある。しかし、この状況、特にベットをしているのが二人の場合は、ありそうにないプレーだ（前述のとおり、私はハリソンを考慮外としていた。だが、ジェイソンがそれを知っているとは思っていなかった。自分の行動がほかのプレーヤーにどう映るか、常に考えていなければならない）。

ブラフは、相手を混乱させる目的でかけることはめったにない。ブラフをかける人は、大抵一貫性のある筋書きを持っている。フォーカードがジェイソンの脳裏をかすめるかもしれない。しかし、この手が配られる確率はあまりにも低いので考慮外だ。出来合いフォーカードに負けないようなプレーをしたとしても、それ以外の九九・九七％の手で大金を失うはめになる。早い話、もし私がこのときレイズをかけて一枚カードを引いたなら、ジェイソンはおそらく私がエースィズアップを持っていると思っただろう。

この騙しの利点は、ドローでフルハウスを完成していなければ負かされていただろうと、ジェイソンに思わせることだ。私はベットをして、おそらくポットを取ることができるだろう。

もしジェイソンが最初スリーカードから始めていたか、フルハウスを完成させたら、彼はチェックをして、私から追加のベットを回収する。その場合、この戦略のせいで、私は二つのベットを失うことになる。だが、それ以外のすべての場合では、私が完成させるか、ジェイソンがフォールドをするかのどちらかなので、私はレイズをかけることで、少なくともあと一つのベットを取るか、場合によってはポット全体を取ることができる。

もう一つの利点は、もしジェイソンが非常に強い手を持っており、私が手を完成させた場合、二人がドローの後で何度かレイズをかけ合うことだ。もし私がドローの前にレイズをかければ、彼は私の手をフルハウスだと考えるだろうし、もしコールをすれば、ストレートかフラッシュだと考えるだろう。そのため、もし彼がフルハウスを持っており、私がストレートかフラッシュを完成させる場合、いくらか金を節約できる。彼は、私が「A」のフルハウスを持っていることを恐れるからだ。しかし、もし私がストレートフラッシュを完成させて、彼がフルハウスを獲得した場合、私の損失はずっと大きくなる。

もちろん細かい点で違いはある。しかし、これらと同じ一般原則が、ほとんどのドローイングハンドに適用される。レイズをすべきものもいくつかあるが、ほとんどはコールをすべきだ。自分のチャンスのなかで、このプレーに最適なのはどれかを考えなければならない。

このチャンスでは、私が手を完成させる確率は一九分の一だったため、ほかのほとんどのチャンスよりも割安だった。しかし、その一方で潜在的利益も小さかった。決め手となったのは、もし私がストレートフラッシュ（ロイヤルフラッシュの可能性あり）を得た場合、レイズが自分の状況にとって痛手になることだった。もしロイヤルフラッシュだったら、それを最大限活用してみるべきだ。そこで私はコールをした。

ここで最初のサプライズが来た。ハリソンがレイズをかけ、ジェイソンがさらにレイズをかけたのだ。私がベットしてから二人ともコールすらしていなかったのに、二人ともがレイズをかけた。その瞬間、私は後者の共謀説に立ちかえった。これはあからさまな結託のように思われた。ハリソンかジェイソンのどちらかが、非常に強い手を持っていることを相手に知らせ、二人は賭け金を押し上げるために協調していると……。

もちろん、私にとってこれほど嬉しいことはなかった。私はポットに追加されたチップの三分の一を提供しており、ポットを取れる確率は四〇％あるような気がしたからだ。ポットに一ドル入るごとに、私の懐には七セントの期待値が入った。

ハリソンかジェイソンのどちらかが、ストレート以上の手を持っている可能性はわずかにある。それは事実だ。しかし、そのことさえ私の有利に働いた。もし本当にそうなら、私はストレートフラッシュを完成させれば大儲けでき、その儲けは私がストレートかフラッシュを完成させてフルハウスに負けた場合の損失を埋め合わせてあまりあったからだ。また私は出来合いストレートにフラッシュで勝つか、出来合いフラッシュに「A」ハイフラッシュで勝てば、大儲けできた。

自分を騙しているつもりでいるプレーヤーから金を勝ち取ることには、二倍のうまみがあった。

ドロー

私はねばり強くポットコミットをしているように見えるよう全力を尽くしながら、コールをした。するともう一つのショックがやってきた。ハリソンが、オープナーとして最初にベットするのに必要だった手を捨てて一枚ドローすると宣言したのだ。テーブルでこのようなことが起こったのは初めてだった。私はルールを読んでいたので、この宣言が必要なことを知っていた。だが、テーブルでは多くのルールが常に無視されていることに気づいていた（例えば、ショーダウンの敗者は、きまってカードを見せずに捨てていた。しかし、これは常連よりも、プレーのスタイルを知らない新参者にとって不利だった）。

ドロー前のベットはあまりにも強気で、普通のフラッシュ狙いかストレート狙いでは、ハリソンがゲームに残ることはもちろん、レイズをかけることなど、とても正当化できなかった。彼が成功しなかった場合の代償はあまりにも高く、成功したとしても勝つか分からなかったからだ。私が「バグ」を持っていたので、彼は「バグ」を持っているはずがなかった。それに、どのみち私は単にコールをしていただけだった。とはいえ、ストレート狙いかフラッシュ狙い以外のために、ペアを分割して一枚カードを引くことは、道理に合わなかった。

ジェイソンがハリソンに向けて、ハリソンからレイズをかけ、それからドローの後にフォールドせよという合図を送った可能性のほうが高かった。おそらくハリソンはオープナーに必要なカードを持っておらず、疑惑を逸らすために分割を宣言したのではないかと私は推測した。ドローの後に怒って自分のカードを捨て札の山に捨てても（マックをしても）よかったはずだ。

だが、彼はジェイソンが追加の金を、しかも私の金を、ポットに吸い上げる手伝いをした。または、そうしたと思いこんでいた。だが、彼らは私のロイヤルフラッシュを知らなかった！

ジェイソンは一枚カードを引いた。この行動も不可解だった。この種のトリックの合図を送るにしては、ツーペアでは弱すぎた。私の読みでは、高位のスリーカードだった。もし一枚カードを引いてスリーカードとキッカーになれば、手を強くするカードはデッキに四枚しかない（スリーカードにマッチする一枚と、キッカーにマッチする三枚）。もし二枚カードを引くのなら、最初の新しいカードで四枚目のマッチを得るかもしれないし、そうでなければキッカーを保持したのと同じ情勢にある。つまり、手を強くするチャンスが一回余分にあるということだ。

私が三回のレイズに対してコールをしたので、ジェイソンはできるかぎりの保険を手に入れようとするだろう。このプレーには騙しとしての価値はなかった。また、ハイカードだからといって、キッカーを保持することにも意味がなかった。ドローポーカーのフルハウスでは、ペアのランクは関係ない（ただしオマハやホールデムなどのコミュニティカードポーカーでは、大いに関係する）。

この理屈の唯一の例外は「A」のキッカーを保持することだ。なぜならそれとペアになるカードが、三枚の「A」と「バグ」の計四枚あるからだ。この場合、一枚か二枚を引いて改善する可能性は、きっかり四八分の五（一〇％）ある。二枚引くほうがやや可能性は高い。それはフルハウスではなく、フォーカードを得る可能性が高いからだ。だが、これが違いをもたらすことはめったにない。

そこで私は、ジェイソンが高位のスリーカードと「A」を一枚持っていると踏んだ。これは、私が手を完成するために必要としていた一九枚のカードのうち少なくとも一枚、もしかしたら四枚を彼が持っていたという意味ではまずいことだった。しかし、彼が必要としていた五枚のうち、少なくとも一枚、もしかしたら二枚を私が持っているという意味では良いことだった。相対的に見れば、私が彼に与えた痛手のほうが、彼が私に与えた痛手よりも大きかった。

またジェイソンのドローは、彼がストレートかフラッシュを負かすことができる手を配られていた可能性もほぼ排除した。

フォーカードが、残る唯一の可能性だった。これはまったく論外というわけではなかった。しかし、可能性は非常に低く、計算において重要な要素ではなかった。

私は一枚引いた。「K」だった。これで、ロイヤルフラッシュでフォーカードを持つ詐欺師たちの裏をかき、彼らを破産させる夢はついえてしまった。

ところが、ハリソンとジェイソンは二人とも「チェック」をしたのである。これはさらにわけが分からなかった。だが、気にしなかった。少なくとも私がレイズをかける意味はほとんどなく、フォールドに至ってはまるで無意味だったので、同じくチェックをした。

ハリソンは「7」のスリーカードだった。ジェイソンはフラッシュ狙いに失敗していた。ジェイソンは私の手を見ると、大声で、しかし冷静にフロアマネジャーを呼んだ。

ハリソンのオープナーとなった役を分割するという宣言は、まったくのミスディレクションだった。彼は三枚の「7」と「Q」を配られていた。ジェイソンがレイズをかけて私がコールをしたとき、ハリソンはジェイソンがツーペアで、私がツーペアかスリーカードを持っていると推測した。ハリソンは自分の確率が良いと考え、レイズをかけた。ところが、ジェイソンがさらにレイズをかけて私がコールをすると、自分が負けたのだろうと推測した。

ハリソンはいずれにしても一枚カードを取るつもりだった。そこでオープナーの分割を宣言した。そのことによって、ジェイソンか私のどちらかが、ドローの後でベットをする可能性を低くしようとした。ジェイソンがこう宣言することで、彼がストレートかフラッシュを完成させて、チェックレイズをしようとしているのではないかと推測されるからだ。

これは実際に起こった。ただし、私たちのドローを考えれば、ハリソンはいかなるベットでもわれわれを追い出しただろう。

ジェイソンの二度のレイズは、よくあるポーカーでのミスディレクションだった。ジェイソンはフラッシュ狙いをツーペアに見せかけてベットしていたのだ。

ジェイソンは、ハリソンの分割宣言が違反だと言った。「ハリソンの手は死んでおり、ポットは私のものだ」と彼は主張した。

ハリソンはポーカーでよく言われる「口先の言葉は重要ではない」を主張した。

お互いが冷静に言い分を述べた後で、フロアマネジャーは私に、何か言いたいことはあるかと尋ねた。何もなかった。ジェイソンは整然と話をしたし、私はこの問題に関するカードルームのしきたりを知らなかったからだ。ハリソンは自分の捨て札を表に向けた（5だった）。フロアマネジャーは、私にポットをくれた。

これをくだんの共謀説と符合させるのはちょっと難しかった。ジェイソンが私にブルックリン橋を売りつけるために、私を信用させようとしていたというのでもないかぎり。その後ゲームが変わったのかもしれないし、もしかしたら単に私のゲームの見方が変わっただけなのかもしれない。しかし、それ以降は普通のポーカーをプレーしていたように感じられた。

ジェイソンは橋も売りつけず、私の名字も聞かずに、一時間ほどして去り、新しいプレーヤーが何人か席に着いた。それからの数時間というもの、私は浮いたり沈んだりで、例の真偽を問われた勝利の後で、再び頂点に達することはなかった。それでも一晩の通算では勝ち、朝二時ごろになってその場を去った。

トムは渋々と去った。彼は本当に常連だったのかもしれない。

第6章　軟貨銀行の子孫

――一八三〇年から九〇年までの米国のギャンブラーとポーカープレーヤーの全盛期について、そしてなぜこの時代が一九七三年に再現されなくてはならなかったか

米西部での開拓時代の終焉は、軟貨銀行の終焉を意味した。一九世紀後半に州銀行法によって、西部地方や南部地方においてさえ、最低準備率や監査が義務づけられた。連邦政府が自ら紙幣を発行するようになり、民間の銀行券を置き換えた。

一九三〇年代の連邦銀行改革もさらなる打撃だった。今日の米国では、軟貨銀行と同系統のものは、例えば韓国系移民の「ゲ」をはじめとする移民集団の貯蓄組合や、詐欺的であることが多いネズミ講、場合によっては詐欺的なマルチ商法などとして生き残っている。

反ギャンブル法はあまり成功しなかったとはいえ、ギャンブルを地下に潜伏させる効果はあった。ポーカーは二〇世紀に入ってしばらくの間、ビジネスの人脈を広げるための重要な手段であり、ベンチャーキャピタルの資金源でもあった。しかし、一九世紀の絶頂期の面影は失われていた。そのほかのギャンブルゲーム、例えば都市部の少数民族の間で行われていた数当てギャンブルなどは、重要な経済機能を維持し続けた。

西部辺境地帯の金融機関が衰退したのは、法律や国民の考え方が変化したからというよりも、主流の

金融業者の競争力が高まったためだった。通信技術や記録管理技術が向上したことで、資本は国内、後には全世界を、より自由かつ効率的に移動するようになった。

近代企業はリスクの非常に高い事業を専門的経営者に任せることができ、中小企業よりはるかに低い資本コストを享受し、従業員に一人ひとりに経済的保障を与えた。ポーカーを選んだのは、頭の古い反逆者だけだった（ただし人数は多かった）。

だが、軟貨銀行とポーカーを経済博物館に引き渡してしまう前に、知っておくべきことがある。この両者の間には子孫があったこと、そしてこうした企業がもがきあがき、顧客を見捨てたり破綻したりする金融機関が多かった一九七〇年代に、その子孫が権力の座に就いたということだ。

子孫は両親の遺伝子を受け継いでいた。つまり「ギャンブル」と「交換」がその中核を成していたのだ。

若者のガミガミ怒鳴るガラガラ声の騒々しい笑い声

比較的穏やかだった米北東部の冒険家や移住者のモデルでは、それぞれの町が親都市と対になっていたことを思い出してほしい。町は当然のように親都市から商品を出荷し、商品は途中で消費されないかぎり、そこから町へ、そして港へと運ばれていった。このような単純なシステムと潤沢な資本、当事者間の信頼があったために、金融の複雑な取り決めは必要とされなかった。

米西部の動的な自己組織型経済ネットワークにも、商品を一元管理する中心地があった。しかし、そこには商品を供給する自然発生的な子孫はなかった。ミネアポリス、シカゴ、カンザスシティ、サンフランシスコ、セントルイスといった都市、そしてそれよりも規模の小さな数百の市場にも、加工、貯蔵、積換のための設備が作られた。

これほど大規模な市場がこれほど一気に成長したのは、史上初めてのことだった。西部の経済資源が急速に開発され、技術変化が加速するなかで、必要な原材料を供給する信頼性の高いネットワークが発達するまでの間、こうした設備を作る必要があったのだ。

都市や都市予備軍は、設備を稼働させておくために、必死に競争しなければならなかった。原材料の供給が不安定だと、生産コストが跳ね上がり、ニューオリンズやニューヨークなど規模の大きな市場と安定的な経済関係を築く妨げとなる。もしシカゴが、詩人のカール・サンドバーグが誇ったように、世界の豚屠殺者になろうとするなら、この競争が熾烈できわめて不安定な地域から、安定的で予測可能な豚の供給を何としてでも引き込まなければならなかった。

より多くの資本があり、農村部の治安がもっと良かったならば、都市は仕入れ係を奥地に派遣して、作物や家畜、材木、鉱物などの産物を探し回ることもできただろう。だが、これをうまくやるだけの現金はなかった。市外で現金を持ち歩くのは自殺行為だったし、どのみち現金を使える唯一の場所は、市内だった。そのうえ都市から遠く離れた場所にある物品を所有するだけでは、問題の半分も解決しなかった。加工、貯蔵、輸送も、所有権と同じくらい重要だった。物品の生産者が都市に納品にやってくるとき、その見返りに銀ではなく、製品や都市のサービスを購入して去るように仕向ける必要があった。

この状況は、採鉱キャンプや牛の放牧地にやってきた、雑多な人々や資産の寄り集まりを思い起こさせる。ある人は八月に船一杯分の小麦粉を買いたがっている。ニューオリンズに船と買い手がおり、今日価格を確定したがっているからだ。また製粉機や脱穀機、鉄道、貯蔵サイロを持っている人や、六月の収穫時に小麦を売る契約を今日まとめたがっている農場主の知り合いもいる。こうした人たちが結集すれば利益ある取引ができるが、信用のおける取引相手を見つけることは、現実的には難しい。

一つの解決策は、軟貨銀行を模倣した、販売のための集合体を組織することだ。各人が資産を共同体に売却し、共同体は最終販売の収益を各人に配分する。

だが、支払いを保証する多額の資本がなければ、全員が経済的な運命共同体になってしまう。何人かのメンバーが手を引いたり、破綻したり、共同体の経営状態が悪かったりすれば、全員が破産する恐れがある。

にもかかわらず、この解決策は多くの場所で試行された。比較的小規模なものは成功することが多く、協同組合や共同販売組合のなかに今なお存続するものもある。しかも軟貨銀行は、商品先物で補助的経済モデルとして残ったのだ。

小麦粉の受渡を遂行するために必要なすべての資産が、一人の勝者に与えられるような、フリーズアウト方式のポーカーのセッションが提案されたという話は聞いたことがない。しかし、もしかしたらそのようなことがあったかもしれない。もしそうだとすれば、共同体の構想ほど受けが良くなかったのだろう。だが、ポーカー小切手の着想は、実際に現れ、支配的となった解決策に一役買った。

最初の秘訣は、それぞれの資産を「スプレッド（サヤ）」として表すことだ。

例えば、製粉機の所有者が「小麦を製粉した対価を得る」と言う代わりに「小麦を買って小麦粉を売る」と言う。鉄道の所有者が「沿線のある場所で小麦を買い、市内の終着点で小麦粉を売る」と言う。売買価格の差が、サービスの対価となるわけだ。

これは先物取引に関する重要な洞察の一つである。ほとんどの人がスプレッド取引をしている。トレーダーは小麦価格の変動に賭けるわけではない。限月（受渡日）間や地域間、等級間などのスプレッドに賭ける。このことが、先物取引所と株式取引所とを区別する。株式取引所では最近まで、あるものを買うと同時に別のものを売る取引ではなく、売るか買うかの単一取引が主体だった。

スプレッドの利点は、扱う資産の数が少なくなることだ。例えば、五つの地域、三つの等級、四つの限月（受渡日）がある場合、市場参加者は五×三×四＝六〇通りのものを、残る五九通りのものに変換できるので、三五四〇通りの価格が必要になる。実際には、小麦粉を小麦に戻したり、穀物の成長を戻したい人などいないので、これほど多くない。だが、重要な組み合わせをすべて網羅するには、数百通りの価格が必要だ。

ところが、すべてスプレッドとして価格付けされれば、六〇通りの価格ですむ。各人はある価格から別の価格を引くだけで、自分のサービスに提示される価格を計算できるわけだ。しかも、この点を強調しておきたいのだが、たとえだれもそんなサービスを提供しているという自覚を持たず、適正価格を算出しようとする人がだれもいなくても、計算ができるのだ。

ただし、地域、等級、受渡日などの規格を標準化する必要がある。バリエーションが多すぎれば、このシステムは崩壊してしまう。

そこで二番目の秘訣だ。この六〇種類のどれかを取引しようとする人が全員集まる中心地と時刻を指定する。

例えば、穀物サイロを持つ男が、六月限の（六月に受渡のある）小麦一万ブッシェル（ブッシェルは穀物の重量単位）を一ブッシェル当たり〇・九〇ドルで買い、八月限の（八月に受渡のある）小麦一万ブッシェルを一ブッシェル当たり一・一〇ドルで売る契約をしたとする。これらは「先渡取引」で、合意された受渡日以前は、小麦も代金も受渡はない。つまり、サイロ所有者は、設備を六月から八月まで二〇〇〇ドルで貸したわけだ。

だが、サイロ所有者は二つばかり問題を抱えている。

第一に、六月までに今持っていない九〇〇〇ドルを工面しなければならない。確かに八月には一万一〇〇〇ドル入ってくる約束だ。しかし、それでは遅すぎるし、そもそもその約束をした相手もまだ一万一〇〇〇ドルを持っていない。

第二に、町に入ってくる小麦の大部分が、八月に渡す必要のある契約の規格を厳格には満たしていない。しかし、自分に渡せるのは六月に貯蔵したものだ。

だが、実際には、こうしたことが問題にならない。なぜならサイロ所有者には、どちらの契約も履行するつもりがないからだ。六月の受渡日の数日前になれば、彼は一万ブッシェルの小麦六月限を成行で売り、一万ブッシェルの小麦八月限を成行で買って、どちらの契約も相殺するつもりなのだ。

もし、豊作のために穀物貯蔵庫が不足すれば、小麦八月限の価格は小麦六月限よりも〇・二〇ドル以上高くなるだろう。サイロ所有者は、先渡契約では損失を被ることになる。しかし、その損失は設備により高い賃貸料を課すことで相殺される。

不作であれば、先渡取引の利益が賃貸料収入の損失を相殺する。小麦価格がどうなろうと、彼の知ったことではない。六月と八月の小麦価格のスプレッドに何が起こるかだけが、彼の関心事なのだ。

だが、契約を相殺した後に、新たな問題が生じる。彼はある人から六月限を買って別の人に売り、八月限についても同じことをやった。もしこの四人のうちだれか一人でも姿を消せば、サイロ所有者は厄介な立場に立たされてしまう。

彼としては契約をポーカー小切手のように扱い、売り手から物品を受け取る責任を買い手に持たせたい。これが可能な理由は、商品を実際に受け取る人がほとんどいないからだ。ほとんどの人が受渡日までに契約を相殺してしまう。つまり、彼の六月小麦の購入を売却と結びつける「リング＝環」が存在するのだ。

そのリングが経由する契約相手は一人かもしれないし、数十人かもしれない。だが、もし全員が一堂に会することができれば、契約をすべて解消して、価格差だけで決済できる。ポーカーゲームで銀行役がいない場合、ゲーム終了後に行われるのがまさにこれだ。

先渡市場では「環状方式の清算」と呼ばれる。実際には、ほとんどの参加者がブローカーを相手に取引を行い、委託証拠金を納めることで履行の保証がされているため、環状清算を行うのはブローカーだけだ。このシステムはやがて清算機関を備えた現代の先物取引所へと発展した。

清算機関が初めて登場したのは一八八六年のミネアポリス穀物取引所である。しかし、基本的な要素はずっと以前から存在していた。先渡契約が、ここで説明したような証拠金や清算などの、公的な取引にふさわしい特性を備えるようになると、「先物契約」と呼ばれる。先物契約は先渡契約と基本的な経済的特徴は同じだ。しかし、構造は、より複雑となる。

ちなみに、私は少しうそをついた。いや本当は、かなりうそをついた。

先物取引が発達した理由とスプレッド取引の重要な性質について説明するために、サイロ所有者や、先物スプレッドを取引するほかのすべての人たちに関する部分をでっち上げた。実際には、商品の加工業者や荷主は、先物市場を違うやり方で利用する。だが、これについてはもう少し後で説明する。

重要なのは「商品ディーラーが事業ヘッジのためにスプレッドで賭ける場所」として先物取引所を考えると、その重要な経済機能を完全に理解し損ねるということだ。数百人のトレーダーが、数ドルしか稼げないわずかな誤差もけっして見逃すことのないように、数千ものスプレッドを監視している。

先物取引所に関する最も重要な事実は、それがギャンブルを可能にするために存在しているということだ。また、だからこそ先物取引所はポーカーと密接な関係にあるのだ。

一九世紀の株式市場は、これとはかなり違っていた。両者の経済機能は表面的には似ている。しかし、混同してはならない。

まず、はっきりと目に見える違いがあった。ニューヨーク証券取引所は、下品で殺気だったシカゴ・ボード・オブ・トレードに比べれば、ずっと上品で穏やかだった。株式市場の場立ちのほとんどが、手数料を見返りに顧客からの注文を執行しており、リスクは取らなかった。自己勘定取引を行うスペシャリストは、顧客注文に関する内部情報を得ていたため、取引にほとんどリスクはなかった。株式市場の存在意義は、株式注文を効率的に執行することであって、ギャンブルを主目的とした施設ではなかった。

もちろん、株式をギャンブルに利用していた人もいたし、ダニエル・ドリュー、ジェイ・グールド、ジム・フィスク、コーネリアス・ヴァンダービルト、ジェシー・リバモアなど、大金を張る有名なばくち打ちもいた。

リバモア以外の全員が、株式にのめり込む前に事業で財を成しており、全員が通算では株式取引で損失を被り、全員が詐欺師だった。彼らは内部情報に基づく株取引や価格操作、誤情報の流布、企業の略奪、議員への贈賄などによって儲けた。最後のものを除くすべてが、当時も明らかに違法だった。ただ、あまりにも横行していたために注目を集めなかっただけだ。

虚言や略奪のなかには、法律上の一線を越えていたものもあった。しかし、インサイダー取引法や市場操作法もなければ、それを施行する証券取引委員会もなかった。合法的なものも公正ではなかった。このような市場をカジノと呼ぶのは、カジノに対して失礼だ。

これとは対照的に、先物取引所では大勢の人が財を成した。とりわけ買い占めをはじめとする、狡猾な取引が横行していた。だが、買い占めは経済的な賭けであり、利益を生む反面、損失を生むことも少なくとも同程度はあった。贈収賄や受託者義務違反を伴うことはなく、単にある品を入手できるだけ入手することによって、独占的な利益を引き出そうとする企てにすぎなかった。

本当に商品を買い占めて成功した例は、ほとんどない。特に、商品の供給量が、最も富裕で大胆なトレーダーでさえ手に負えないほど増加した一九世紀後半は皆無である。報告されている商品買い占めのほとんどが、商品価格の上昇を見込んだ大きな賭けにすぎなかった。

現実の買い占めでは、一般にトレーダーの集団が、利用可能な輸送、貯蔵、加工の総供給を超える量の、特定の地域、限月、または加工のスプレッドを購入する（エンロンがカリフォルニア電力市場で行った「ファットボーイ」取引を思い出してほしい。ことわざに言うように「変われば変わるだけ同じまま」

なのだ)。買い占められた量はその商品の全在庫量よりは少なく、購入はさまざまな商品取引所で分散して行われたため、それほど目立たなかった。

こうした契約の売り手は、高い価格で買い戻すことを余儀なくされた。さもなければ、煩雑で高くつく方法で契約を履行するしかなかったからだ。これは現在では違法だ。しかし、当時はゲームの一部だった。カンザスシティ市場の小麦先物六月限を買ってシカゴ市場の小麦先物六月限を売る人は、二都市間の鉄道輸送を手配しているか、賭けをしていることを自覚しているかのどちらかだった。いずれにせよ市場による買い占めは、詐欺や窃盗、贈収賄とは、まったく別物である。

標準的な経済史では、先物契約は「トゥーアライブ(to arrive)契約」から発展したとされる。トゥーアライブ契約は、近東や中国で昔から知られているもので、私営農業と貨幣が存在するあらゆる場所に、少なくとも原始的形態のものが存在する。

だが、この歴史観を受け入れる人は、商品先物を取引したことがないに違いない。トゥーアライブ契約の取引は、旧式な株式取引所での取引に似ている。いかさまをしないかぎり、売り買いで偶然よりも高い確率で勝てるという証拠はほとんどない。これはルーレットで赤か黒かに賭けるのに似ている。

総取引量が実際の商取引の量に見合っているため、市場は比較的平穏だ。ほとんどの人が一方的な取引を行い、スプレッドに賭けることもなく、長期にわたってポジションを保有する。プロのトレーダーは顧客に手数料を課したり、リスクが低いポジションを取ることで利益を得る。

トゥーアライブ契約では、売り手は農産物が町に到着したとき、買い手に固定価格で受け渡すことを約束する。商品が町に到着するという、暗黙の仮定に注目してほしい。収穫時期は前後するかもしれないし、重要な河川路が氷で遮断されるかもしれない。売り手は商品が到着する時期については何の確約もしていない。一般的な契約では、売り手は最初の積み荷が到着してから二週間以内に受渡をする必要がある。

これは重要な区別だ。売り手が提供するのは価格保証であって、期日保証ではない。買い手は自分の加工設備への安定供給を確保する目的で契約を利用できない。単に価格変動の影響を緩和するためにしか使えないのだ。

このような契約が理に適う状況は、冒険家／移住者モデルだ。穀物はよく知った地域から入ってくるため、不確定なのは時期と数量だけだ。価格を予め固定させたい人もいれば、待とうとする人もいる。売り手払い契約は、大規模に行われていたことはないし、経済的に大きな影響をおよぼしたこともない。

米国最大の売り手払い市場は、バッファロー（ニューヨーク州）だった。エリー運河が開通してから西部鉄道が発達するまでの間、バッファローは五大湖の農産物にとって、一年の大半をとおして実用に耐える唯一の積換地だった。鉄道や河川輸送に依存していたシカゴなどの都市とは違って、バッファローは穀物獲得のために競争する必要がなかった。

バッファローの先物取引所が呼び込んだのは、西部の取引所の攻撃的なリスクテイカーではなく、物静かな歩合制の仲買人だった。バッファローでの先物取引で財を成した人はいなかったものの、無一文になった人もそれほどいたわけではない。シカゴ、オマハ、テキサスホールデムはあるが、バッファローという名のポーカーゲームはなかった。

シカゴ・ボード・オブ・トレードの大きな経済上の意義は、トレーダーがギャンブルを行うことを可能にし、その賞金がシカゴの地域的重要性を高めるインフラに投資されるよう図ることにあった。軟貨銀行やポーカーゲームのように、資本の集中が必要だった。

一九世紀の初めに試された政府の試みとして、債券を保証したり、税金を使って直接資金を提供するなどして、プロジェクトの保証人になる方法がある。これは大失敗に終わった。経済の変化があまりにも急激で、政府が効果的な決定を下せなかったからだ。

唯一の大きな成功は「クリントンの愚行」ことエリー運河である。この異名は、州の財政支出を指示したニューヨーク州知事の名前に由来する。だがニューヨーク州の状況はまた違っていた。エリー運河はそれまで輸送ルートを持たなかった生産者たちに便利な航路を提供したため、競争という問題がなかった。

イリノイは代替手段を持つ生産者に、より安価な輸送手段を提供しようとしていた。このような状況は必ず価格戦争につながり、通常どちらか一方または両方の輸送システムの破綻を引き起こす。西部は東部よりも荒っぽかった。巨大な政府出資プロジェクトを実施するには、あまりにも荒っぽすぎた。

インフラの構造も非常に複雑で、銀行の融資担当者やポーカープレーヤーでは、正しい判断を下せそうになかった。北東部からの外部資本は高く（特に投機家のジェイ・グールドたちがやりたい放題やった後は）、しかも市場が確立した後になってようやく流入した。

先物取引所は、非効率を利用して金儲けできることに気づいた人たちに、インフラや資本の局所集中について学ぶ、絶好の教育の場を提供した。成功した買い占めは、障害を排除するためのインフラ開発に資金を供給し、成功しなかった買い占めは、ネットワークのすでに堅固な部分への過剰投資を防いだ。

取引価格の変動によって、ネットワークのすべての環が常に検証され、希少な資本はそれを最も必要とする地点に迅速に送られた。先物取引所では莫大な富が築かれ、あるいは失われたために、取引所ギャンブルがミシシッピ流域都市の発展のパターンや構造そのものを方向づけたほどだった。実際、ほんの少し想像力を働かせるだけで、米西部のすべての大都市の地平線に、商品価格が残した痕跡を見て取れるはずだ。

トリアージ

ここで文字どおりトリアージ（優先順位の決定）を行いたい。

私にとって経験上、先物をトレードすることはポーカーをプレーすることと同じだ。株式やトゥーアライブ契約を取引することとはまったく異なる。

この事実をほとんどの人が受け入れないだろう。もっとも、そうした読者の多くは、本書を読むのをずっと前にやめてしまったはずだ。だが、もしまだ読み続けているのであれば、この項は飛ばしてもらって構わない。

またポーカーと先物が切っても切れないことを生まれながらに知っている人たちもいる。そういう人にも、この項は必要ない。その中間の読者のために、これから感情的な議論をしようと思う。前者はこれを受け入れないだろうし、後者は生まれながらにそれを理解しているだろう。

先物取引は途方もなく刺激的で、感情的にはポーカーをプレーすることとまったく同じ体験である。

ポーカーとルーレットを同等と見なせないのと同じように、先物取引と、価格の変動を見越した日常的な証券取引を同等とは見なせない。実際に取引を行うと陽気になる。生きていることを実感する。ネットワークにつながっているという感覚が得られる。

そのネットワークは、私を空高く持ち上げてくれることもあれば、どん底まで突き落とすこともある。市場が閉まらないでほしい、終了のベルが鳴った後は何をすればよいか想像もできない。そして朝になると「決意」に満ちてベッドから飛び起きる。

他人には、特に愛する人たちには説明しにくいのだが、その決意とは、ギャンブルをすることである。ボブ・フェドゥニアック（トップクラスのトーナメントプレーヤーで、トレーダーとしても大きな成功を収めており、妻のモーリーン・フェドゥニアックも最高の女性プレーヤーの一人）は、ポーカーのスリルについて、私にこう語ってくれた。

「（ポーカーのスリルは）ポーカープレーヤーならだれでも知っており、二人に一人が理解している方法で、共有されている（たとえバッドビート＝惜敗の詳細について聞きたがらない人が多くても）。モーリーンと私は、ポーカー友達との間に、これとは違うつながりを確かに持っている。私たちは（そしてほかの多くの人も）世界ポーカー選手権などの大きなイベントのおりには、家族やポーカー以外の親しい友人でさえ、そばにいるのを辛く感じることがある。こういうときには、彼らと銀河系の同じ場所にいるわけではないからだ」

またトッププレーヤーにして金融界でも成功しているジョン・アグリアロロも、ほとんど同じことを言っていた。大きなトーナメントで最終テーブルに同席した人との間には特別な絆があり、それに匹敵するものはなにもないのだと。

私はよく、なぜトレードをやめてしまったのか、また頻度はずっと低いもののときどき、なぜプロのポーカープレーヤーにならないのかという質問を受ける。どちらも答えは一緒だ。これらの活動で得られる感覚は好きだが、常に感じていたくはないからだ。

私は酒が好きだし、人生最良のときのいくつかは、酔っぱらっていたときに、そして酔っぱらっていたからこそやってきた。だが、毎日は飲まないし、いつも酔っぱらっていたくはない。

一〇年以上トレードをやる人は少ないし、私の知っている幸福なポーカーのシリアスプレーヤーはそれほど頻繁にプレーせず、ほかの収入源を持っている。長期的に成功しているトレーダーやフルタイムのプロのポーカープレーヤーで、幸せな結婚生活を送っている人を、いや結婚生活を続けている人すら、見つけるのは難しい。

この興奮が物理的にどのような形をとって現れるかは、人によって違う。私の場合は、夢だ。ポーカーをプレーした後は、どんなに気楽で賭け金が低いゲームであっても、私の睡眠は、やむことのない創造的な夢で中断される。それ以外でこうした夢を見るのは、トレードをしているときだけだ。

私の最高の（そして実は最悪の）考えのすべてが、また私の人格を織りなすほとんどのものが、こうした夢の賜物なのだ。ギャンブルと占いの間には、太古から深いつながりがある。この世界とつながっている人もいれば、そうでない人もいる。人生の意味を探す方法はほかにもあると思うが、私の方法はこれだ。だからこそ私は、先物取引とポーカーが同じ神秘的な源からわき出たことを、心の奥底で知っているのだ。

逆説的だが、どちらも創造性を解き放つとともに、抑制する。これは車でエンジンを始動させるためにクラッチを踏み、車輪をかみ合わせるためにクラッチを離すのに似ているし、自分の技術で動力をうまくコントロールしたのと同じ感触がある（私はオートマチック車を毛嫌いしている）。

序文で、多くの億万長者がポーカーの賞金で立身出世のきっかけをつかみ、作家や芸術家がギャンブルでの損失という圧力の下で優れた作品を生み出したことを説明した。もし、あなたが毎週やっているポーカーゲームの勝者が、その賞金を使って次のマイクロソフトを創設しようとし、敗者がその経験をドストエフスキーよろしく、第二の『賭博者』（新潮社）のインスピレーションに使おうとするなら、一体だれが金のことなど気にするだろうか。何としてでもそのゲームに参加したいと思うだけだ。

これは誇大妄想ではない。部外者はそう感じることが多いだろう。だが、誇大妄想患者などの神経症患者は、トレードやポーカーですぐに無一文になる。刺激中毒者も同じだ。

私の人生最良のときがいつだったかは、考えるまでもない。

息子が四歳のときに娘が生まれた。妻と私は八月の三週間、オレゴン州の海岸沿いの家を借りた。その間、家族以外のほとんどだれとも話をしなかった。午前三時に目を覚まし、娘にミルクを飲ませながら、テレビでシーハントとマイアミバイスを見た。それからまた娘を寝かしつけ、星と日の出を見るために長い間海岸を散歩し、ベッドに戻った。何の刺激もなかった。カードや市場の様子を知ることに興味は湧かなかった。

良い蔵書を揃え、冬に備えて暖炉を設置し、良い食べ物とワインを蓄えれば、一生幸せにすごすことはできる。だが、本を書いたり、新しいアイデアを思いついたりすることはけっしてできない。他人とのつながりを徐々に失っていき、喋る方法すら忘れるだろう。

ポーカーとトレードは、私を社会に、そして宇宙の詩神につなぎ続けてくれる。私にとってこの二つは、幸せになるためにではなく、生産的で社会的になるために必要なものなのだ。

それに私は刺激を得るために、ポーカーもトレードも必要としない。カードテーブルや立会場フロアよりも、実生活ですごしてきた時間のほうが刺激的だ。

アンデス山脈をハイキング中、滝で顔を洗っていたら、地面が完全に苔で覆われており、ひどく滑りやすいことに気がついた。静止摩擦は完全にゼロだった。歩いているように足を動かすことはできたが、少しも進まなかった。

私は幅の広い平らな岩層の上に乗り、滝から流れてきた深さ二インチほどの水にゆっくりと押しやられ、あと数十ヤードで二〇〇〇フィートの高さから真っ逆さまに落っこちるところだった（分かったよ、測ったわけではないし、後から下を見る根性もなかった。だが、確かにとても高かったのだ）。

あれは刺激的だった。あのとき、先は長くないと思った。生きていることを心から実感した。

関心を持ってくれた読者のために（そうだとよいが）書いておくと、最後には腹這いになって岸に泳ぎ着いた。これには勇気がいった。横になると水の力はずっと強くなったし、水深二インチで泳いでも前進力はほとんど得られない。「仰向けになるべきだろうか？　そうすれば人生最後の数秒間は素晴らしい眺めが楽しめる」と考えたのを覚えている。いかなるポーカーの手もトレードも、この賭けとは比べものにならない。

ドットコムブームの絶頂期、私は一般向けミューチュアルファンドを運用するインターネット企業を創設した。上場企業数社の株式の五％を購入し、ニューヨーク証券取引所のフロアからＣＮＮの生放送でそのことを発表し、ほかの株主を組織して経営業績の改善を求めた。

これも刺激的だった。以前私は、別の上場企業の取締役会が創設者兼ＣＥＯと社長の二人を解任したことに午後四時に気づき、午後四時三〇分にこの会社に乗り込んでいって、私を見たこともなく、取締役会の何たるかも漠然と理論的にしか分かっていない従業員に向かって、この会社がいくつかの惨事の瀬戸際にある間、ＣＥＯと社長ではなく、この私の指示に従ってほしい、と伝えなければならなかった。これもスリリングだった。

もし、私がフルタイムの刺激を求めているのなら、まだ会社を経営しているか、上場企業を乗っ取ろうと奮闘しているか、アンデス山脈で一か八かの賭けに出ているはずだ。

ポーカーとトレードは刺激的である。しかし、実生活ほど刺激的ではない。ポーカーとトレードの刺激は、より深遠な目的の副産物なのだ。

私がポーカーとトレードから得たものは三つある。そのうち、儲けた金は私にとって最も重要度が低い。これらを通じて知り合った人たちのほうが大切だ。感傷的になっているわけではない。こうした試みのなかで培った人脈や友人を通じて得た金や楽しい機会のほうが、直接的な利益として受け取ったものよりもずっと大きいということだ。

だが、私が得たもののなかで飛び抜けて貴重なのは、ゲームがかき立てた創造性だ。だからこそ私は、ポーカーとトレードが同じものだと知っているのだ。

ちっぽけな弱虫の街々を威圧して、のっぽで不敵の強打者が立っている

先物取引所が商品ビジネスよりもギャンブルに近いことを示すもう一つの証拠は、ヤミ業者《バケットショップ》（合百）が広く普及していることだ。これは、商品価格を賭けの対象とするものの、取引所の立会場に注文をとおすことなく、顧客間の取引を付け合わせる業者をいう。賭けの対象がスポーツ競技ではなく商品価格だという違いはあるものの、まさにノミ屋だ。

先物契約と経済的には同じ賭けを提供する。しかし、手数料は少額で、遅い時間まで開いており、取引所のブローカーよりも高いレバレッジ（てこ）効果を提供する。また消費者に、より幅広い選択肢を提供する。

一時期人気のあった契約に、今日「ダウンアンドアウト・コール」と呼ばれるオプションがあった。商品価格がある一定の水準を下回れば、たとえその後再び上昇したとしても、買い手が負ける（これがダウンアンドアウトの特徴だ）というコールだ。一方、価格が上昇し、そのまま上昇を続ければ、損失が限定された少額の投資で巨額の利益を得る可能性がある。

「アップアンドアウト・プット」も同様の賭けだ。商品価格が下がり、その後も下げ続けることで利益を得る。

先物契約でも少額の元手で大きな賭けができる。しかし、投資家は巨額の損失を被る危険にさらされ

た。そこで取引所はオプション取引を提供したこともあった（当時「プリビレッジ＝特権」と呼ばれた）。だが、後にはヤミ業者との違いを明確にするために取引を禁じるようになった。

ちなみに「バケットショップ」という名前の由来について、多くの奇抜な説がある。一般には、せっぱ詰まったアルコール依存者に売られた加工飲料の残りかすや、街角のバケツで作られた性質の悪いドラッグや、バケツとロープを使って価格表を盗み見ようとするみみっちい企てなどに関連した説が多い。だが、どれも取引所による思想的宣伝にすぎない。そのようなバケットショップは実在しなかったし、金融のバケットショップに名を与えてもいない。

顧客注文を組み合わせる、あるいは相殺するという意味の「注文をバケットする」という用語は、一般用語であって軽蔑語でなかった。取引所のブローカーは頻繁にこれを行っていたし、取引所がこの慣行を禁止するまで、ほとんどのヤミ業者を経営してもいた。ヤミ業者を嫌ったのは取引所と、取引所が広告を掲載した新聞社だけだった。

ヤミ業者は、ニューヨーク証券取引所の出来高や国債落札額の下一ケタをもとに支払いを行う数当てギャンブルほども現実の経済活動と関係がないのは明らかだった。このギャンブルは単なる数字の賭けであり、その数字が野球場や競馬場ではなく、金融機関で決まろうと、関係はなかった。

ヤミ業者と先物取引所の間に「違い」と言ってよいほどの違いがないこともはっきりしていた。顧客は両者を同じ目的で使った。

確かに小口客は、小口客にとって使い勝手が良く、割安で便利なヤミ業者を好み、大口客は、大口注文の執行を取引所のブローカーに依頼する必要があった。ただ、多くの顧客がその中間にあったのである。またヤミ業者には取引所会員が経営するところや、賭けの余りを調節するために取引所を使うところも多かった。

取引所は、ヤミ業者との違いを何ら示せなかったにもかかわらず、最終的には長い法廷闘争に勝って、ヤミ業者に対する違法判決を引き出した。ヤミ業者は、大手取引所の近所で取引所の非会員が経営する「場外《カーブ》」市場に似ている。場外市場は、街角に開かれた市場で、そこでは立会場の価格で割安な手数料の取引をすることができた。

アメリカン証券取引所はニューヨーク証券取引所の場外市場が始まりである。一九五三年まで場外を示す「カーブ」という名称を変更しなかった。

ヤミ業者が最終的に敗北した理由は、意義あるインフラ投資を行うだけの資本を集められなかったことにある。

初めのころは、トレーダーがヤミ業者のもとで学び、そこで取引所会員になるための元手を手に入れたものだった。「グレートベア《偉大なる売り方》」と呼ばれた有名な株式トレーダー、ジェシー・リバモアも、このようにしてキャリアをスタートさせた。だが、ますます多くの資本が利用可能になるにつれて、ヤミ業者の集めた「はした金」は相対的に重要でなくなっていったのだ。

実物商品を取引する人たち、つまり農場主や輸送業者、加工業者などの観点からすれば、先物取引所は銀行として機能していた。しかし、それは金の代わりに商品の預け入れと貸し出しを行う銀行だった。また、それは疑いなく軟貨銀行だった。というのも受渡可能な現物の量は、つねに取引金額のわずかを占めるにすぎなかったからだ。当時も今も、農場主はめったに先物を使わない。軟貨銀行に預金したがる人はいないのだ。

だが、加工業者は借り入れを好んだ。借り入れは「現物に対してショートする（going short against physical）」と呼ばれる取引を通じて行われる。加工業者は輸送、貯蔵、洗浄、製粉などの方法で加工しようとする商品の先物を買う。ただし、彼らが手に入れたい等級と種類の商品は、必ずしも先物市場で受け渡される仕様を満たす商品ではない。そして同じ量（または先物で探せる最も近い量）の先物を、加工が終了すると予想される時期に近い受渡日のある限月で売る。

この組み合わせは、在庫の価格リスクをヘッジする方法として説明されることがある。加工中に商品価格が下落すれば、在庫の失われた価値を相殺する利益を先物ポジションで得ることができる。あるいは価格が上昇すれば、在庫の価値の上昇分で先物の損失を賄うことができるというわけだ。

だが、この筋書きは、現実と調和しない。より大きな視野で見た場合、加工業者は逆の立場にあるかもしれないのだ。すでに固定価格で生産品を売却ずみであれば、在庫の価格リスクはない。逆に、その在庫は価格上昇リスクを負っている可能性すらある。一般にこれは商品の不足を意味する。加工設備の価値を下げ、在庫での収益を相殺する以上の損失を出してしまう。

実際には、ほとんどの加工業者が本業に忠実で、平均的な投入物価格を支払い、産出物価格を受け取ることで満足していた。商品価格の変動は彼らの事業リスク全体のごくわずかな部分でしかなかった。労働力、燃料、利息などの投入物に比べれば、商品ですら、事業コストの大きな部分ではなかったわけだ。

彼らの関心は、原材料の安定的で予測可能な供給を通じて、設備を低コストで運転し、買い手と長期契約を取り結ぶことにあった。在庫価格のリスクヘッジではなく、これこそが、事業を成功させる秘訣だったのだ。

安定性を求める加工業者は、大量の、おそらく三カ月分の加工に十分な量の商品を購入した。例えば、製粉業者は穀物用サイロから三カ月分の精小麦を購入し、取引所で小麦先物を売るだろう。これによって現時点で小麦を入手し、将来小麦を返済する契約が手に入る。早い話が、彼は小麦を借りたわけだ。また、例の穀物用サイロは、買い手が小麦を求める前に受渡があると確信して、手元にある量をはるかに上回る量の小麦先物を売るかもしれない。

先物トレーダーは、仮想需要（製粉業者が安定性のために保持する三カ月分の量）と実物需要（製粉業者が穀物用サイロから実際に取得する量）を監視した。円滑な機能を妨げる恐れのある物事や、穀物の不作、輸送不足、前処理に関する問題、製粉料金の上昇などに油断なく目を光らせた。いかなる不測の事態に対しても、念入りな代替策が立てられていた。

もちろん、一人ひとりのトレーダーは全体像の一部しか見ていなかったし、その目的はだれかを助けるためというよりは、儲けるためだった。しかし、この方式はいかなる中央計画システムよりもはるかにうまく機能した。

もしインフラ計画が小規模な、または持続的なものであったなら、取引所はギャンブル場としての性質を有する必要はなく、価格発見と事業計画を目的とする落ち着いた場所だったかもしれない。だが、二つの地点をつなぐ鉄道線路を建設するか、しないかという選択肢しかなかった。

建設するかしないかの決定は、ネットワーク全体に、つまりほかのすべての鉄道と、すべての都市のすべての種類のすべての加工業者に影響をおよぼす。大量の資本が安定的に供給されるのであれば、システム全体を計画し、論理的な段階を踏んで構築することも可能だ。だが、それがない場合、利用可能な資本を一人の人間の手に集め、彼にとって最も意味のある行動に使わせるしかない。だれもがその行動に反応し、天候などの形の運も作用して、次の行動を取れるほど金持ちになる人が出てくる。このシステムは残酷にして不公平、冷酷にして理不尽である。しかし、効率性で右に出るものはない。

金融の教育を受けたポーカープレーヤーにとって、これは史上最も美しい組織だ。米国の経済的奇跡の源泉は、ニューヨークやワシントンで起こる出来事ではない。このシステムなのだ。

フラッシュバック④
ポーカープレーヤーとしての教育

私は七歳のとき、食べ物を賭けてポーカーを覚えた。

賭けポーカーを教えてくれたのは、訪問販売員をしていた友人の父親だ。彼は手堅い伝統的なポーカーの教育を受けた人で、私にノーリミットの5カードスタッドの規律正しい基本を仕込んでくれた。彼自身、それを唯一の真剣勝負と見なす人たちからポーカーを学んでいた（これが当時の通説だった。今日、一部の純粋主義者がノーリミットのテキサスホールデムを好むのに似ている）。

私の友人たちは、ワイルドカードや成り行きでできたルールがたくさんあるゲームを好んだ。例えば、最初の三枚は裏向きに、次の三枚は表向き、そしてまた三枚裏向きと、合わせて九枚のカードが配られるゲームや「ジョーカー」と「2」と「目が一つのJ」がワイルドカードで、最低位のホールカードと同じマークのカードを一番多く持っている人がポットを分けるゲームなどである。

ディーラーは「チェンジーズ」を指示することもできた。これは彼女が（これを選択するのは圧倒的に女の子が多かったのだ）ゲーム中いつでもルールを変更できるというものだった。ご想像どおり、ポットに異なるルールや解釈が適応されると揉めることが多く、チェンジーズのあるところに喧嘩ありだった。これはこども版の「今契約して、あとで訴えよ」だった。

もちろん、私の師匠は、こうしたゲームにあきれていた。ところが、こどもは柔軟なもので、私は何の抵抗も感じずに、彼の厳格な原則を無秩序な状況に適用することができた。「ルールなし」もルールの一つだった。それでも、うまいポーカープレーヤーなら優位に立つことができた。

私は恩返しとして、師匠が新種のゲームやルールがプレーに与える影響を理解できるように手助けをした。彼の顧客や販売員仲間は、ドローポーカーやワイルドカード、コミュニティカード、それにアナコンダやナイトベースボールなどの変種を好んでいたようだ。彼らはリミットゲームが好きだった。師匠は単純なポーカーの教義をよく学んでいた。しかし、機械的な暗記だったために、新しいゲームにうまく適用できなかった。私は数学とカードが得意だったので、二人でいくつもの手を配ったり戻したりしながら、手の価値がどのように変化し、さまざまなゲームでどのような状況が起こり得るかを考えようとした。

後に私が気づいたのは、旧式のプロのポーカープレーヤーがほぼ必ず、一〇代前半か一〇代になる前に、確率の影響を排除するために同じように配られた手を持って、計算方法を独学で覚えたということだった。

彼らは厳密に言えば違法なプライベートゲームで生計を立てている人たちで、トーナメント選手やポーカー作家ではなかった。玉突きやポーカーのプロは、心身が若く吸収力のあるうちに十分な時間をかけてゲームを学ぶために、一〇代前半までには始め、一般には学校を中退しなければならないと、昔は言われたものだ。

クラシック音楽やチェス、数学などの天才のように、天賦の才能がある人はあるし、ない人はまるでない。才能があるなら、早く伸ばす必要がある。チェスターフィールド卿が息子に向かって、フルートの演奏がうまいのは豊かな教育を受けた証拠だが、あまりにもうますぎるのは無為の青春をすごした証拠だと諭した話は有名だ。

現代のポーカーチャンピオンの多くが、大きくなってからゲームを始めているのは、トーナメントと内輪のゲームでのプレーの違いだけでなく、優れたポーカー理論やコンピュータシミュレータが出現したせいもあるだろう。

トーナメントでは長い目で見て成功することよりも、今の状況で生き残ることが重視される。習得しやすいのは、目先の技術のほうだ。またトーナメントでは、例えば良いゲームに招待されたり、敗者から金を回収したりといった、プレーの社会的側面の多くが排除されている。昔のプレーヤーにとっては、こうしたことは実際のカードプレーよりずっと大事だった。

カードプレーとベッティングの技術に焦点を絞るのであれば、大人になってからのほうが習得しやすい。

フランクのおばあちゃん

次に私は実験室での作業から、賭け金が文字どおり一セントのゲームに移った。

友人にフランクという、祖父母に育てられた子がいた。おじいちゃんは引退した鉄道技師で、結婚前はシリアスプレーヤーだった。ところが結婚した相手は、ギャンブルはもちろんのこと、カードプレーすら許さない宗教的信念の持ち主であった。

ただ、おばあちゃんは、小銭を賭けるプレーは本物のギャンブルとは言えず、人の絵が描かれていないカードなら（そういうカードはドイツのメーカーから買える）持っていても問題がないことを認めた。教義に対する愛の勝利、という感動的な話だ。こうして、おじいちゃんは友人たちと楽しい時間をすごせるようになり、おばあちゃんはおばあちゃんで、罪を犯さずにいられたわけだ。

おじいちゃんは堅実なシリアスプレーヤーで、腕を磨く時間がたっぷりある鉄道員たちに給料を取られずにすむ方法を習得した。彼の友人は皆、似た者同士だった。

おばあちゃんは結婚してからポーカーを覚えた。彼女はすばらしいプレーヤーだった。ただ、欠点が一つだけあった。過度に攻撃的なスタイルが空回りして、手に負えなくなることだ。ある日、7カードスタッド（ハイのみ）で五枚のカードが配られた後、私がおばあちゃんの「A」のオープンペアに対し、ハートのフォーフラッシュを獲得したときのことは、終生忘れないだろう。

これはあまり有望な手ではない。だが、もう一枚「A」が表向きに配られており、ほかに表向きに配られたハートはなく、第一ラウンドのアクションでポットには三〇セントほど入っていた。これはわれわれのゲームにしては、そこそこ大きな額だった。

その金を引き出そうとする私のもくろみは、おばあちゃんがポットに二〇〇〇枚の一セント銅貨を押し入れたときの目つきによって粉砕された。これは私の手持ちのスタックよりも多く、この家で唯一の公認通貨である一セント銅貨で私が調達できる額を当然超えていた。ここでは現代のプレーヤーが好む、文明的なテーブルステークスのゲームではなく、古いルールが適用されていた。プレーヤーは、ベットと同額を調達するのに二四時間の猶予を与えられ（その間、第三者が手札とデッキを封印して保管する）、調達できなければ賭け金が没収されたのだ。

後にフランクが、おばあちゃんが四〇年の結婚生活で獲得したポーカー賞金を飾った、地下の棚を見せてくれた。一〇〇〇ドル分を越える一セント玉が瓶に詰められていた。

彼女はいかなる手を持ついかなる人に対しても、それを全額賭ける覚悟があった。彼女は優れたプレーヤーで、私に多くのことを教えてくれた。もし一セント玉で十分な賭け金を調達できたら、彼女に対して同じ攻撃性をもって挑もうと、私はいつも心に決めていた。

ゲームに参加していた男性プレーヤーは、挑戦するために一セント玉を出し合ったり、果ては銀行で両替したりすることまで相談した（これはルールの精神によって禁じられていた）。しかし、おじいちゃんから過去の失敗の痛ましい話を聞いて断念したものだった。

ジョン・アグリアロロは、ポーカーの全米チャンピオンで、ウォール街でも成功し、さらに企業経営でも成功を収め、現在は運動用品の会社、サイベックスのＣＥＯ兼共同所有者を務める。彼がポーカーを学んだ相手も、自分の祖母だった。彼は初めて祖母を相手にプレーして負けたとき、当然金を返してくれるものと思った。だが、返してくれなかったそうだ。この出来事のおかげで、現実世界について終生の教訓を学んだという。

アグリアロロは、若い人にとってポーカーをプレーすることは非常に大切だと考えている。客観性を学べるからだ。

ほとんどの人は、やたらと楽観的なときがあるかと思えば、やたらと悲観的なときもある。だが、優れたポーカープレーヤーは、つらいフォールドをどのように行うか、もっと多くのカードを見るために金を支払うべきときはどのようなときかを学ぶ。

私は彼に、ギャンブルが損失を埋めるために窃盗といった問題を引き起こすだろうかと尋ねた。彼の答えはこうだった。

「どのみち表面化したはずの性格上の欠陥が、ストレスによって呼び起こされたにすぎない。それは若いうちに分かったほうがいい。圧倒的多数の人が、教科書に載っていない大事な教訓を学んでいる。それは『愚かなことをすれば、その報いを受ける』というものだ」

ゲームとそれをプレーする人たちに関する話をもう少し

高校では、私は討論部とチェス部と微積分部の仲間との定期的な試合でプレーした。全米ブリッジチャンピオンにしてヘッジファンドマネジャーのジョシュ・パーカーは、高校ゲームでの真剣なプレーヤー間の微妙な違いについて、このように説明してくれた。

チェスプレーヤーは、学業優秀で友達はおらず、SAT（大学進学適性試験）で八〇〇点台を取り、一流大学で優秀な成績を修め、そのまま学業を続けて一流校で博士号を取得した。

ポーカーとバックギャモンのプレーヤーは（一九七〇年代はひとまとめだった）、学業成績不良だが友達は山ほどおり、SATで高得点を取り、一流大学のスターだった。
ブリッジプレーヤーは、高校を退学になり、友達はおらず、SATで高得点を取るが、一流大学を中退した。
だが、一九八〇年代になると、結局、皆そろってオプショントレーダーになっていた。

ほかのゲームのチャンピオンたちとポーカーをやるのは、非常に有意義なことだ。ブリッジチャンピオンはすべてのカードを苦もなく覚え、確率を完璧に理解している。相手の持ち札を鋭く推測し、計算されたリスクを取る度胸を持っている。こうしたプレーヤーに勝つには、とぎすまされた戦略センスを持っていなくてはならない。ブリッジではゲーム理論について学ばないからだ。

世界的なチェスやバックギャモンのプレーヤーは、短期の記憶力が素晴らしく、手役を熟知している。だが、どちらのゲームも、相手のプレーヤーから何も隠さない、完全情報のゲームだ。チェスにはランダム性もない。

さらに重要なことに、どちらのゲームも人間を相手にではなく、ボードを相手にプレーする。大勢が集うテーブルに注意を向けるのではなく、駒に集中する。彼らに勝つには、細心の注意を払い、ポーカーが一対一のゲームではないことを肝に銘じるしかない。ポーカーでは注意が報われるのに対して、チェスやバックギャモンでは集中力が報われる。

討論部の旅行ではポーカーをよくやり、帰ってきてからも同じ集団で定期的にプレーした。プレーの水準はかなり高かった。記憶力が良く、数学的な頭脳を持つ利口なこどもたちの集団だったのだ。ゲーム仲間は全員、その後一流の教授、弁護士、科学者など、何らかの形で名を上げている。ただ、一人だけ、不名誉な形で名を上げた。年配の隣人二人を国際的毒殺者だと決めつけ、斧で殺害したのだ。逃亡したが、後に警察署に自首した。

ただし、討論部のゲームには、優れたポーカーに必要な戦略的思考が欠けていた。だれもが真っ向から勝負したのだ。ブラフをする代わりに、つまらない手に金を賭けすぎた。

ブラフとは、フォールドをすべき手でレイズをかけることである。ぎりぎりの手でコールをすることではない。私はほかのプレーヤーよりも師に恵まれていたため、このゲームではそれほど苦労せずに十分儲けることができた。

ポーカーに関するオンライン討論でよく持ち上がる問題に「初心者はどのようにしてポーカーを学べばよいか?」というものがある。私は優れた入門書を読むのが一番良いと思う。

私が気に入っているのはリチャード・D・ハロックとルー・クリーガーによる『ポーカー・フォー・ダミーズ(Porker For Dummies)』だ。これをマスターしたら、優れた理論書とコンピュータシミュレータを手に取ろう。理論書はデイビッド・スクランスキーの『ザ・セオリー・オブ・ポーカー(The Theory of Poker)』が最高だ。

特定のゲームのやり方を説明する本はいらない。コンピュータのほうがずっと効率良く学べる。数カ月もあれば、一〇万手分もの経験から学べるだろう。もちろん感情や心理や発言を理解することはできない。しかし、最初はむしろそれが強みになる。

ゲームの人間的要素を活用できるようになるのは、カードプレーの状況や戦略をしっかりと身につけ、確率に関する勘を養ってからだ。こうした宿題をやっておけば、何かと手を貸してくれるシリアスプレーヤーがすぐに見つかるだろう。

ポーカーの達人は、基本を学ぶ努力をしない人たちから助言を求められるのを嫌う。しかし、勤勉な生徒を教えることには、喜びを覚えるものだ。

ハーバード

大抵のポーカープレーヤーとは異なり、私はみっちりポーカーを仕込まれた。優れたプレーヤーとの親善試合からも学んだ。主に社交目的のゲームだったものの（フランクのおばあちゃんにとっては、そうでなかったかもしれないが）、だれもがポーカーを真剣に受け止めていた。

金目的のゲームがあることに気づいたのは、ハーバードに入学してからだ。最初のうちは何の抵抗も感じずに順応した。好みのメンバーが揃う、肌に合ったゲームを見つけ、プレーを楽しみ、頭角を現すほどには儲けることができた。

ポーカーの賞金が絶対に必要というわけではなかった。しかし、カードで賭けるか研究所の助手やコンピュータプログラマのアルバイトをして、金を稼ぐ必要はあった。ポーカーのほうが楽しかったし、ハーバードでの四年間で、平均すればそうした仕事の三倍もの時給を稼いでいたことになる。

もっと速いペースで勝つこともできた。ただ、そうするにはゲームを早く打ち切る必要があった。また、私がいた一年生の寮、ストートンホールの建設資金が宝くじで賄われたことも、神の思し召しのように思えた。次世代を担う学生が、この例にならわない手はない。

ハーバードで真剣勝負のポーカーをするには、いくつかの選択肢があった。ビル・ゲイツが中退前にカリアーハウスで運営していたゲームも、その一つだった。一年生のときに一度プレーしたが、気に入らなかった。タイトで、堅苦しく、よそよそしかったからだ。一晩中ほとんど退屈で、大きな手役が来たときには必ず、だれかが支払える以上の額を失っているような気がした。

ロースクールにも素晴らしいゲームがあった。ただ、学部生は歓迎されなかった。そのうちの一つで、後に法律ものの推理小説作家として成功したスコット・トゥローとプレーしたことがある。彼は私がポーカーと文筆活動との関連について考えるきっかけとなった人物の一人だ。

ビジネススクールでも、いくつかのゲームでプレーした。後になってだれかから、ジョージ・W・ブッシュがこういったゲームの常連の一人で、優秀なプレーヤーだったと聞いた。しかし、一緒にプレーしたときのことをどうしても思い出せない。当時、彼はただの大使の息子にすぎなかったのだから。

私が将来、大統領自由賞を受け取ることになった暁には、彼が一九七五年にフラッシュをフォールドしたとき、私が本当にフルハウスを本当に持っていたかどうか、聞かれるかもしれない。

私が好んでプレーしたのは、ファイナルズクラブだった。これは裕福な名門出身の学生のためのプライベートクラブだった。私にタイプ打ちした入会の案内状を送ってくれる人もいなかったし、もしいたとしても会費を払えるはずもなかった。だが、もしこの世にポーカープレーヤーの天国があるとすれば、ハーバードの金持ち学生とプレーできる、安全で物理的に居心地の良いこの場所が含まれることは間違いない。問題は、どうすればゲームに招待してもらえるかだった。

良心の呵責

二年生になると、私は自分のポーカープレーに良心の呵責を感じるようになった。私はプレーで儲けることを常に心がけていた。しかし、心のほとんどを占めていたのは、ゲームが楽しいからだった。少なくとも最初のうちはそうだ。

しかし、賞金が多額になり、交わされる会話の質ではなく、賭け金の大きさでゲームを選ぶようになると、疑問を感じるようになった。自分がカモを騙し取り、楽しみのためにプレーするふりをしながら、金儲けのためにやっているのではないか。

ゲームには、いわゆるセミプロなものもあった。つまり優れたプレーヤーと認められた人でなければ参加できないゲームだ。その点で困ったことは一度もなかった。しかし、それほど儲かるゲームでもなかった。

当時の私には学生以外とプレーする度胸はなかったものの、セミプロのゲームはボストン界隈で行われており、大人のための賭け金の高いシリアスゲームと合流することが多かった。本当のうまみがあったのは、リラックスした社交ゲームだ。そこそこ注意深いプレーヤーであれば、勝つ見込みがあった。

私は無意識のうちに、収入を最大化するための流儀を身につけていたことに気づいた。楽しい会話が弾むようなジョークやゴシップを仕込む、好き嫌いを問わず、だれにでも愛想良くした。ちょうどみんなが腹を空かせ始め、店が閉まりかける午後一一時に（あぶく銭のほとんどは、真夜中をすぎてからやって来た）、ピザを抱えて現れるのを常としていた。

目立たない小さなポットの金を取り、自慢できるほど大きなポットの勝利は、なるべくほかの人に残すようにした。だれがいくら勝っているかを把握し、なるべく金を（競争相手である）うまいプレーヤーから、（負けが込めばゲームをやめる恐れのある）敗者に向けようとした。

惜しげなく金を貸し（一見惜しげなくだが、注意深く追跡して、贈与でなく、勝ち金の払い戻しになるようにした）、返してくれとはけっして言わなかった。たまに下手ないかさまをされたときも、クレームはつけなかった。いかさま師は最も負かしやすいプレーヤーだし、不正行為の申し立てはゲームを中断させるからだ。

こういった行為は、それほどひどいものではない。だが、正当化しがたい。なぜ必要のない金のために、自分を偽るのだろうか。

それに自分がこのパターンにいとも簡単に陥ってしまったことが怖かった。だれに教わったわけでもないはずだし、だれかの例にならったわけでもない。不誠実な寄生虫が自分の本当の姿なのではないかと、不安になった。

不安が頂点に達したのは、ファイナルズクラブの一つで、あるプレーヤーにいかさま呼ばわりされたときだった。このプレーヤーを仮に「ディクシー」と呼ぼう。

私はこれまで一度もポーカーでいかさまをしたことがなかった（これはちょっとした自慢だ。いかさまをする必要が一度もなかったのだから）。よりによってその嫌疑を私にかけるとは、ばかげた話だった。このときのゲームは7カードスタッドだった（ハイのみ）。私がディーラーを務め、表向きのカードが二枚だけでフラッシュができていた。これはランクが高く、騙しのプレーができる、強力な手だ。

同時に、自分にいかさまのカードを配るのは難しい手でもある。五枚のカードが必要となるのに、ゲーム開始時には、ゲームに残ってカードを取る人数が何人になるか、まったく分からないからだ。いかさまをしてフラッシュを手に入れる唯一の方法は、カードを集めながら同じマークのカードを五枚そっと集めてデッキの底に置き、シャッフルをすると見せかけて逆にカットし、自分に配る五回だけ一番下から配ることだ。自分の最初の二枚のポケットカードに「A」を配るといったことに比べて、かなりの作業を必要とする。

だが、本当にばかげていたのは、ディクシーが（表向きで）Jのペアしか持っていなかったことだ。彼を負かす手ならいくらでもあった。彼の二枚の「J」は見えていたので、彼に負ける手は純粋なブラフだけだっただろう。

ポーカーでいかさまをするには、自分に良いカードを配ってもあまり助けにならない。単に頻繁にフォールドをすることで同じ効果が得られるからだ。どのプレーヤーにも何枚かの良い手が配られる。悪い手をすべて捨てれば、最終的には良い手だけでプレーすることになる。いかさまをすれば、それほどカードを捨てる必要がなくなるので、アンティをいくらか節約できる。だが、それだけでいかさまのリスクを冒す価値はない。

いかさまをして優位に立つには、一人以上の犠牲者にそれほど良くないカードを配る必要がある。そのうえ、このときのポットは大きくなかった。ディクシーでさえ、表向きになった「J」で勝てるという絶対的な確信を持っていたわけではなかったはずだ。

根も葉もある糾弾は、心に深く刺さらない。自分が罪を犯したことを知っているからだ。根も葉もない糾弾も、心に刺さらないことが多い。なぜなら自分が無実だと知っているからだ。だが、実際はぬれぎぬなのに、道徳的には正しい糾弾だと良心が知らせるときは、痛烈な打撃になる。私はデッキを不正に操作しなかった。しかし、まるでそうしたかのように、一貫して勝っていた。一体何が違うというのだろうか。

自分がどう返答したか覚えていない。ただ、こんな感じのことを言ったと信じたい。

「そういうからには、何か根拠があるのか? それとも、二枚の『J』が負けるかもしれないという考えを受け入れられないのかい?」

だが、実際に私が発した言葉は、むしろ次に近かったのだろう。

「そんなことはしていない!」

いずれにせよ、最後に、彼に「このゲームが気に入らないなら他を当たってくれ、証明できるまでは糾弾などするな」と言ったのを覚えている。

私にとって、これは非常に緊迫した瞬間だった。ディクシーはクラブの会員だったからだ。私は違った。彼の友人に囲まれ、よそ者のように感じた。彼らがディクシーを信じているに違いないと思った。よそ者の私が一貫して勝っているのだから、彼を信じないはずがない。

私も出て行くよう求められるか、少なくともゲームが中断するか、確率は五分五分だと思った。ところが、だれも動かず、何も言わず、ディクシーはすぐに出て行った。

ゲームは再開し、だれも事件について触れなかった。私はその場に居続けなければならないと思った。出て行けば、糾弾を認めるようなものだからだ。しかし、まるで楽しめなかった。私がディールする番は、なおさらそうだった。

その後、数週間はプレーを控え、ディクシーのクラブには戻らなかった。だれに何を言われたわけでもない。とはいえ、いかさまをしたと皆に思われているのではと考えた。気まずさと道徳的呵責の板挟みになった私は、ポーカーをやめることさえ考えた。

事態が悪化したと感じたのは、あり得ないほど甘ったるい南部訛りの女性から電話がかかってきたときだった。彼女は秘書で、ディクシーと同じ名字の男性が私と面会の約束を取りつけたがっているという。彼女は用向きを知らされていなかった。ただ、この男性が翌週ボストンに滞在するおりに、宿泊先のホテルで私に会いたがっているということだった。

ディクシー氏との面会

思慮深い人間なら面会を断るか、少なくともその意図が知りたいと詰め寄ったことだろう。だが、このときの私は、まるでやましい人間のような考え方をしていた。自分が姿を見せなければ、あるいは会合の条件を交渉すれば、やましく思われるだろうと考えたのだ。道徳的にやましいという自覚があったがために、完璧に潔白なふりをしなければならなかった。

完璧に潔白な人間は、糾弾に腹を立てて謝罪を求めるはずだし、告発者の親戚に会うことを恐れはしないだろう。これはひねくれているように聞こえるし、実際ひねくれてもいる。だが、私はそのように考えていた。私のポーカー技術は完全に消え失せ、まるでフィッシュ（まずいポーカープレーヤー）のようなふるまいだった。

これから一体何が起こるのだろう、と私は考えた。決闘を申し込まれるのだろうか、チンピラにぼこぼこにされるのだろうか、それとも法的措置を取ると脅されるのだろうか。ありとあらゆる事態を想定した。こんなことは今から思えば確かにばかげているし、当時でさえ、ばかげていることは分かっていた。だが、それ以外にどう考えれば納得がいっただろう。

私がそのように考えたのは、友人のブライアンが少し前に経験したことの影響もあった。彼は学外のパーティで、若い気さくな女性に出会った。ブライアンは一分前に麻薬でハイになり、着衣の乱れた彼女を膝に乗せたかと思うと、その一分後に踏み込んできた警官によって警察署に連行されていたのだ。彼は強姦の罪状認否手続のために、夜間法廷に出頭を命じられる恐れがあった。膝に乗せていた少女は一五歳で（当時ブライアンは一六歳だった）、親権争いの渦中にいた。親の不適格性を示す証拠を探していた私立探偵が彼女を尾行し、パーティを警察にたれ込んだのだ。

ハーバードから弁護士が派遣され、ブライアンの身柄を大学に引き渡すよう要請した。そして判事はそのように命じた。ブライアンは弁護士に一体どういうことだったのかを尋ねると、弁護士は肩をすくめてこういった。

「なんでもないさ」

われわれは、この不可解な事件について延々と語り合い、いくつもの仮説を立てた。しかし、どれも説得力に欠けていた。ただ、この事件は、謎めいた工作が行われていること、そして大人が奇妙な力を持っていることをはっきり示していた。唯一賢明と思われた行動は、大人に近づかないことだった（どんちゃん騒ぎやドラッグや一五歳の少女には近づかない、といった選択肢には目もくれなかった）。

この事件を思い起こしながら、私は自分の事件について仮説を立てた。ディクシーはポーカーでだまされたと「ディクシー氏」に泣きついた。ディクシーには証拠がなかったし、ゲームはだれにとっても違法で、金額も小さかったので、氏は騒ぎ立てることができなかった。

だが、憤慨したこの南部の要人は、報復を求めた。私にキャンパスから離れた場所で何らかの不法行為に関わらせることができれば、法の力を借りて侮辱の仕返しができるだろう。だから、きっと彼は私にポーカーをやるかと尋ねたり、ドラッグを勧めたりするに違いない。

私は常時ビデオに撮られていることを想定して行動すると心に決めたし、実際そうに違いないと踏んでいた。こういうと被害妄想のように聞こえるかもしれないし、当時自分が本当にそんなことを信じていたのかどうかも分からないが、私の疑念は最高潮に達していた。

私は虚勢を張って、一張羅のジャケットとネクタイを身につけた（スーツは持っていなかった）。これは賢明な判断だった。ディクシー氏に会ったのは、ネクタイの着用が求められる、リッツホテルのバーだったからだ。

ディクシー氏は当時のボストンで最高のフレンチレストランに連れて行ってくれた。そこでもネクタイが必要だった。

彼はどこまでも魅力的で、それがかえって私の疑念を高めた。私立探偵やカメラ、チンピラ、おとり警察官に目を光らせていた私は、もちろん、その多くを見つけたと思い込んでいた。

われわれは世間話を少しした。氏はポーカーやいかさまや会合の理由には触れず、私は相手の出方を見ようと心に決めていた。怯えていて何が起こっているのか見当もつかなかった。力不足で、取りうる選択肢は限られていた。それでもリラックスして、魅力には魅力を返そうと思った。もしかしたらそれが自分を窮地から救ってくれるかもしれない。少なくとも牢屋での来たるべき暗く長い年月の間、自尊心を守ってくれるかもしれなかった。

エスカルゴとソーヴィニヨン・ブランをやりながら、ディクシー氏はようやく息子のディクシーが私のことをポーカーの名手だとほめていた、と言った。

「ははあ」と、私は思った。

「いかさま師の婉曲表現だな……」

それからディクシー氏は、自分は常々ポーカーをビジネス上の人脈作りに欠かせない手段として考えているのだと語った。よく知らない人と取引するとしたら、ポーカーを一緒にやったことがある人か、少なくとも以前自分がポーカーをやったことのある相手とプレーしたことのある人を選びたい。ポーカーは性格や事業センス、戦略的能力、リスクに対する態度などについて洞察を与えてくれる。優れたポーカープレーヤーは客観的で、自分をコントロールできる。思い違いや、自分をコントロールできない人と事業に関わるのは危険だ……。

「なるほど」と、私は思った。

「私を何か不法な取引に関わらせようとしているのだな。そこで金を騙し取られるか、逮捕されるかだ」

続けて氏はこう語った。ディクシーを自分と同じような考え方をするように育ててきたつもりだった。ところが、彼はやや期待はずれだ。カードプレーは悪くないが、人の心が読めない……。

ディクシーに糾弾されて以来、私が頭を働かせたのは、このときが初めてだった。おそらく私は、フォークを手に持ち、ポカンと口を開けたまま、氏の発言が意味することについて、一〇分以上思いをめぐらせていたはずだ。いや、実際はポーカーフェイスを保ち、即座に推論を立てたのだと思いたい。私がそう言っているのだから、そうだったとしておこう。

私は常々ディクシーを荒っぽいプレーヤーで、無謀すぎて失敗するタイプだと考えていた。失敗するポーカープレーヤーのほとんどが、パッシブである。頻繁にコールをする一方で、レイズとフォールドの回数が極端に少ない。ほかのプレーヤーの動きに反応するだけで、ほかのプレーヤーが自分に反応を示すように仕向けることは絶対にない。自分の手が良くなるか知るために多くの金を賭けすぎ、相手のカードを見るために賭ける金額は少なすぎる。

だが、ディクシーは正真正銘のアグレッシブプレーヤーで、成績は上位二〇％に入っていた。ただ、必要な計算をして自分のスタイルを補強することがないように思えた。

そこで私は、自分がディクシーの金儲けを邪魔していたのだということに、はたと気がついた。彼のアグレッシブで荒っぽいスタイルは、ほかのプレーヤーにコールを促した。こうすることで彼は並みのポットはたくさん失ったものの、本当に大きなポットを取ることができたわけだ。

一方、私は大きなポットを勝ったことがなかった。それは、一つに目立たないように勝ちたかったことがある。しかし、もう一つは、最高の手で大金をかける場面に、ほとんどぶちあたったことがなかったからだ。

私の戦術は、ディクシーの扇動行為にあまりにも無理を強いたため、ほかのプレーヤーに慎重を促すことになった。そのうえ（後に知ったことだが）ディクシーにとって、金だけの問題ではなかったのである。

彼と父親は、ポーカーが正しいイメージ作りをするための場であり、ハーバードで正しいイメージを培えば、生涯を通じて良い人脈を築くことができると考えていた。彼らは本当に大事な場面では確実に勝つ、アグレッシブなリスクテイカーという印象を与えたがっていたのだ。

私はといえば、収支トントンないしは少しだけ勝つ常連と思われながら、できるだけたくさん勝ちたかった。だが、私にとっても、金だけの問題ではない。敗者と見なされるのは我慢ならなかった。

金儲けとイメージの間のこのバランスは、真剣勝負のポーカーでは非常に大切だ。プレーヤーは「たかが金」といいながら、陰でディーラーに心づけを渡す。たかが金なら、なぜ心づけを渡すのだろう。また、こいつを負かしたいと人に思わせることで生計を立てているプロもいる。報復したいと思わせるために人を罵倒したり、うらやましがらせるような態度を取って、勝利がとてつもなく魅力的だと思わせたりする。幸運なやつだと思わせ、相手が欲につられて後追いするよう仕向ける人もいる。

並みのプレーヤーと見せかけて、悟られないように金を引き出す私の戦略は、ハーバードの学生のように、ゲームをあれこれ選べる立場にある相手にしか通用しなかった。いつも同じ場所でプレーしていては、いかなる見せかけも勝率という統計的証拠には勝てない。

この戦術は、町にふらっとやってきて、ゲームを台無しにして去っていく人にとっては、効き目が遅すぎる。またこの戦術は、いつかはゲームを破壊するし、次のゲームを生み出すこともない。だれもあなたが勝ったことに気づかなければ、あなたを捜し出して勝ってやろうと思う人もいない。

私がクラブに招待されるまで、ディクシーは素晴らしいゲームをしていたのだと氏は述べた。彼は規則正しく儲けており、この先彼を助けてくれそうな将来のリーダーたちの間で大切なイメージを確立しつつあった。彼は真剣にゲームを選び、自分の好みに合うように手を加えてきたので、これから新しいゲームを探すのを嫌った。そこで長老たるパパに相談したわけだ。そしてパパは、こう助言したのである。「彼がディーラーになって良い手を持ったときに、いかさまをしたと糾弾しなさい。ああいった、もの静かな簿記係タイプの人間は、糾弾に耐えられないものだ。下手なプレーヤーなら、スタックをばらまいて出て行くだろうし、上手なプレーヤーなら、注目を避けるために静かに立ち去るだろう。彼は衆人監視のなかでは勝てない。勝っていることがばれると、強みを失うからだ」

これは仕組まれたワナかもしれないと考えた私は、まだ警戒心を解いていなかった。だが心の奥底では、とにかくほっとした。それまでうしろめたい思いをしていたので、ディクシーとパパが自分の一〇〇倍もうしろめたいことをやっていたことを知って、ぞくぞくしたのである。

ディクシーは私よりはるかに欺瞞的だった。そして彼のパパは若者を破滅に追い込むうそをたくらんだうえ、エスカルゴを食べながらそれについて何気なく語ることができるのだ。彼らにこういう能力があると知って、彼らのことが、特に氏のことが、どうしようもなく好きになってしまった。

これまで私は、うそをつかれてこれほど気持ちの良い時間をすごしたことはなかった。もし彼を好きになることができるなら、自分のことも好きになれるだろう。このたくらみに対して腹を立てるなど、考えも及ばなかった。氏の立場からすれば、それは合理的な布石だったのだ。

するとネ氏は、また私を驚かせた。彼と息子が降参すると言い出したのだ。

ディクシーはゲームだけでなく、クラブからも締め出されてしまった。全員が私の側につき、ディクシーは最も友好的で最も誠実な男にぬれぎぬを着せたと憤慨したのである。ディクシーは謝罪し、私が戻ってくるまでプレーしないと言っているらしい。

私は完全に状況を読み違えていた。そのため、図らずもブラフをうまくやってのけたというわけだった。

本

いや、本当に読み違えていたのだろうか。もし、その夜がそこでお開きになっていたなら、きっとそう思っていたことだろう。

だが、私はディクシー氏から贈り物をもらった。それはフランク・R・ウォレスの著書『ギャランティード・インカム・フォー・ライフ・バイ・ユージング・アドバンスト・コンセプツ・オブ・ポーカー（Guaranteed Income for Life by Using Advanced Concepts of Poker）』だった。

私は自由に出入りできるいくつもの素晴らしい図書館を利用して、ポーカーに関する本や学究論文をたくさん読んでいた。しかし、この本のことは聞いたことがなかった。

同書は、それまで読んだルールブックや戦略の手引きや、よそよそしい数学的概念の本とはまるで違っていた。ウォレスは、この本のなかで、彼が実際にポーカーで生計を立てていた方法を、ほとんど包み隠さずに説明したのだ。

ウォレスはカジノやトーナメントではプレーせず、多くの親善試合に関わっていた。本では、カードプレーについてはまったく触れられていない。それは習得ずみという前提だ。ちらっと見えたカードや、知らない間に印がついてしまったカードを観察したり、ほかのプレーヤーに大金を賭けさせて下手を打つように仕向けたり、ルーズで下手なプレーヤーをゲームに残しつつタイトでうまいプレーヤーの邪魔をしたりすることで、優位に立つ方法を指南していた。

私はこういったことを無意識のうちにたくさんやっていた。また役に立つ箇所もあった。しかし、自分なら絶対やらないものもたくさんあった。例えば、細長いパンに具を挟んだヒーローサンドイッチにからしを添えてテーブルに持って行き、カードにしみをつけるというのは、私にとってはいかさまの一線を越えている。

ディーラーがカードを一瞬見せてしまうとか「J」の角が折れ曲がるといった自然に起こることを活用するのは、ポーカー戦略の一環だ。それを活用しなければ、活用する人たちに負けてしまう。だが、故意にカードに印を付けるのは、間違いなくいかさまだ。私にとってからしを持って行くのは前者ではなく、後者の部類に入る。

いかさまがそれほどひどいと思っているわけではない。だが、からしのトリックや、そのほかのウォレスのテクニックがなくてもプレーヤーを負かすことはできたし、どのみちうまいプレーヤーに効果があるはずはなかった。

ただ、ウォレスの本には、私の青臭い倫理のゆらぎを振り払う効果があった。本には自分のやっていたことが、分かりやすい言葉で書かれていたのだ。

道徳的無力感を生む近道は、あいまいな表現で物事を考慮することだ。しかし、少しでも善良な人なら、自分の判断が明快かつ単純であるかぎり、それほど大きく道を踏み外すことはない。

人生は少し複雑になるときがある。だが、人生について語るほどに複雑になることはない。はっきり一線を引いていれば「これ以上の立ち入り禁止」と杭を立てるのに苦労はしなかった。しっくり感じた場所であれば、その場所について考える必要はなかったのだ。

私は疑わしい選択をすることに、常に不安を感じてきた。自分が徐々に悪くなっていくようで怖いのだ。しかし、疑わしい選択のいくつかは、人間であることの不可欠な要素だと思う。それに聖人でありたいと願ったこともない。

だが、本当にまずい決断を一つも下さなくても、非常にまずい状況に陥ることがある。そのことを私は知っている。

あの後、腑に落ちたことはたくさんあった。私の性格の一部はこのとき形成され、それ以来三〇年間にわたって私を助けてくれている。あの出来事があったからこそ、ポーカーが人にとって、特に金融の道を選んだ人にとって道徳的な指針になると考え、ポーカーに大いに敬意を払うようになったのだ。

第7章　かつては大胆だったモルガンの仲間

――現代のデリバティブ取引がいかにして一九七〇年代の世界を救ったのか

ポーカーと先物市場を生み出した米国の刺激的な時代は一八九〇年代に終わりを迎え、続いて企業と金融機関の合併の時代がやってきた。二〇世紀の実業界を支配することになる巨大企業、ゼネラルモーターズ（GM）、ゼネラルミルズ、ゼネラルエレクトリック（GE）は、主にJ・P・モルガンの指揮の下、委託買収を通じて組織された。

金融技術が改良されたために、金融からギャンブルの大部分が締め出される可能性があった。もちろん投資にはリスクが伴う。だが、資本障壁を克服するために余分なリスクを加える必要はなかった。工学技術になぞらえていえば、経済は高温合成から低温合成へと移行したのだ。企業経営は合理化され、プロ化された。人生はより退屈で安全に、そして中産階級的になった。

私は気質的に、この転換を残念に思っている。大人になったときにはこうした平和が崩壊していて、本当によかった。だが、モルガンによる七五年間の精神的支配のなかで、中世の遺物である君主政治と宗教的専制政治が、世界中のほとんどの国でついに破綻し、おびただしい移民が集中的に流入し、人類は史上最も残忍で破滅的な戦争を生き延び、科学技術においては驚くべき進歩が見られた。

こうした時代を生きたいとは思わない。ただ、空前の恐怖にもかかわらず、人類が前代未聞の偉業を成し遂げたことを誇れる時代ではあった。

七九年の大破局

一九七〇年代は、さまざまな理由から、気の滅入る十年間だった。もちろん趣味の悪い服装や音楽のせいもある。だが、さらにひどいものがあった。

この十年間のシンボル的な芸術分野が〝パニック映画〟だ。大勢の登場人物が始終すすり泣き、口論し、低俗に振る舞いながら、結局は溺れるか、墜落するか、吹き飛ばされるか、焼かれるか、別の方法で破壊されるというものである。

また、それ以外に人気のあったジャンルに、この世の非常に痛ましい終わりを記録した映画がある。世の終わりは、決まって人間の愚かさによってもたらされた。これがどういうものか知らない人は「サイレント・ランニング」か「地球最後の男／オメガマン」をレンタルするといい。「愛の狩人」はセックスコメディーとしてとおった(アート・ガーファンクルは俳優としてとおった)。「狼よさらば」や「ダーティーハリー」といった二流アクション映画でさえ、陰気だった。

経済書のベストセラーは『成長の限界』(ドネラ・H・メドウズ著、ダイヤモンド社)から『一九七九年の大破局』(ポール・E・アードマン著、ごま書房)に至るまで、こぞって大惨事を予言した。

現実経済は、できるかぎりの支援を提供しようと、債券と株式の利回りの間で下方への競争が起こった。そのようなことは、まったく意味がないように思われた。どの通貨の価値も維持されなさそうだったし、銀行システムは崩壊寸前だったからだ。もちろん、世界のほうが先に終末を迎えなければの話だが……。

現代企業の経済効率と永久的な安泰は、一夜のうちに消滅したかに思われた。一九六〇年代には人類が月に降り立った。ところが、一九七〇年代にはさらなる進歩が見られなかったどころか、予算削減や技術の手違いから、宇宙に足場を維持できないことが判明した。

残虐で全体主義的な貧窮化した共産主義国家が、地球上の人口の約半分を支配し、共産主義から自由または繁栄を取り戻した国の例は一つもなかった。ベトナムやアフガニスタン、カンボジアでのクメールルージュによる大虐殺、石油貿易禁止、ポリウォーター事件、スタグフレーション、「フォード大統領からニューヨーク市へのメッセージ。くたばれ」などについて、ここで詳述するつもりもない。実際にその場にいて経験しなければ分からないことだからだ。だが、読者の皆さんがその場にいなかったことを願う。

精力的なリスクテイカーたちに、世界を救ってほしいという要請が出された。だが、それに応える人がいるか分からなかった。この世紀の四分の三にわたってリスクが抑圧されてきたために、動的な自己組織型の金融ネットワークが経済成長をもたらしたときの様子を覚えている人はほとんどいなかった。

もちろん、リスクを理解していた人は多かった。しかし、金融知識を併せ持っていた人がどれだけいただろうか。一九七〇年以前の金融業界では、優秀な人材に対する需要はそれほどなかった。

金利はほとんど動かず、借入企業はめったに債務不履行に陥らなかったため、債券運用で頭角を現す余地はほとんどなかった。外国為替相場は固定されており、株価は動いたが、ランダムに銘柄を選ぶ以上のことはだれにもできず、天才は必要とされなかった。

すると突如として金利が大きく変動するようになったため、債券のほうが株式よりもリスクが高くなった。一九七〇年代の株式に今ほどのリスクはなかった。むしろ予測どおり滞りなく下落していた。

企業は成長と株主利益のどちらを最大化すべきか、という議論が一〇年にわたって行われた末、企業の取締役会は敗北を認め、利益共同体型資本主義を受け入れた。株主資本という縮小するパイを従業員と政府が分かち合うかぎり、株式が下落する可能性があった。

ニクソン大統領（ポーカープレーヤーだった）は、一九七一年に米国の金本位制を停止し、世界中の通貨を政府の決めただけの価値を持つ不換紙幣に変えてしまった。政府の信頼性が低いために、通貨がインフレや超インフレを起こすこともあった。一ドルの価値は金約一グラムから四〇ミリグラムにまで下落した。今やマイクログラム（一〇〇分の一グラム）単位になる日も、そう遠い先のことではないようだ。

ブリッジ狂、シカゴ学派、そしてピット

金融業界が優秀な人材を必要としなかったにもかかわらず、幸いにも一九五〇年代の半ばから金融について熟考していた異端的研究者たちがいた。

同様に重要なのは、CBOTが、米国経済に繁栄をもたらしたものが何であったかを忘れていなかったことだ。CBOTは、シカゴ大学の研究者の協力のもと、一九七三年に新設のシカゴ・オプション取

引所（CBOE）で株式オプション取引を開始した。株式取引は再び楽しいものになった。当時、マンハッタンのタクシー免許の価格を下回っていたニューヨーク証券取引所の会員権価格は、その後再び過去最高水準に戻った。

オプションによって、株式市場にスプレッド取引が加わる。株式を売るか買うかだけでなく、権利行使価格や満期日の異なるさまざまなプットやコールを買い持ちまたは売り持ちにすることができるようになる。このため、自力で素早く計算をし、冷静な判断力を持って制御された量のリスクを取ることができる人に、途方もない機会が開かれる。

一九七三年、オプション市場が開設された当時、どのように取引すればよいかを知っている人はだれもいなかった。先物トレーダーはスプレッド取引を理解していたものの、オプションの計算方法を知らなかった。研究者は、計算はできたものの、取引の方法を知らなかった。

市場はリスク愛好者に招集をかけた。この招集に応じたのが、米国ブリッジの名門一家の御曹司であった。

一九五〇年代以降、ブリッジの全米および世界チャンピオンのほとんどが「ベッカー一族」の一員と対戦している。その一族のなかでも優れたプレーヤーの一人であるマイク・ベッカーは、パートナーのロン・ルービンと共に世界チャンピオンに一度、全米チャンピオンには一〇度も輝いた。

マイクはプロのブリッジプレーヤーだった。ニューヨークの名高いカベンディッシュクラブで賭け金の高いブリッジをプレーするか、本気でブリッジトーナメントに勝ちたいと思っている人のパートナーとして報酬をもらうことで、生計を立てていた。彼はポーカーとバックギャモンでもいくらか稼ぎ、ブラックジャックのカードカウンティングも行っていた。

ロンはもう少し野心的で、オプション取引はブリッジよりも簡単そうだと考えた。しかし、初めての取引は大失敗となった。

ロンはその後、世界バックギャモン選手権で二位になり、九万ドルの賞金を獲得した。そして二度目のオプション挑戦では、もう少しうまく立ち回った。バックギャモンの名手フレッド・コルバーから助言を得たのだ。一年目の終わりには一〇〇万ドル近くを儲けた。

同じころ、マイクは、自分の投資顧問が彼の老後の蓄えを金利取引ですってしまったため、ロンから資金提供を受けて、アメリカン証券取引所でオプション取引を開始した。そしてマイクも同じくらい簡単に成功できることに気づいた。

マイクもロンも、ほかのトレーダーがコンピュータを使わなければ計算できなかった確率を頭のなかではじき出すことができた。また二人がリスクを比較検討し、ほかのプレーヤーを品定めする経験を何年も積んでいたことも功を奏した。適切な数学的スキルを持っていても、リスクのことも人間のことも理解していない人が多かった。

マイクは教える才能にも恵まれていた。彼はブリッジ仲間に「取引」を申し出た。「彼が三カ月の訓練と必要に応じた指示、それに五万ドルの元手資金を提供する。その見返りに、利益の五〇％を徴収。ただし五〇万ドルの利益が出るごとに取り分は一〇％ずつ減っていく」というものである。

つまり、マイクと契約したトレーダーが二五〇万ドル儲ければ、そのうち七万五〇〇〇ドルがマイクの懐に入るというわけだ。一五年間で一〇〇人ほどのトレーダーを訓練し、うち二〇人ほどが最後までやり遂げるとすれば、彼のトレード収入にも見劣りしないほどの金額になる。マイクはブリッジ優勝者を五〇人集め、残りはポーカー、バックギャモン、チェス、碁の名人から集めた。ピーク時にはアメリカン証券取引所の四〇〇人のオプション取引会員のうち一五〇人が、マイクかロンに訓練されたゲームプレーヤーや、その訓練生によって立会場に派遣された人たちで占められていた。

残る二五〇人に、ビジネススクールや数学科出身者はごくわずかしかいなかった。質の高い携帯用コンピュータが出現し、市場がいくつかの点で変化した一九九〇年代の初めまで、米国の株式オプション取引所を動かしていたのは、ゲームで鍛えられた頭脳集団だったのだ。

これは電撃的な効果をおよぼした。一九三〇年代の米連邦法の影響で株式市場がそこそこ公正になって以来、投資家は良い株と悪い株の区別をつけられずにいた。インサイダー取引と市場操作が禁止されたことで、市場は以前に比べれば公正になった。同時に以前よりランダム性がずっと大きくなったのだ。全銘柄を購入することが最良の戦略であることを示す研究が、次から次へと発表された。

企業経営者は、自分たちが自主管理を任されていることにいち早く気づいた。これは案の定、最良の人たちの最も良いところを引き出し、最悪の人たちの最も悪いところを引き出した。

当時最も多く見られた副作用は、行きすぎた拝金主義ではない。株価下落を尻目に、数百万ドルもの報酬を得る経営者を罰する、古風な社会的制裁がまだ存在したからだ。むしろ悪い経営者は安楽な生活と、数々の特権や手厚い年金を含む十分な報酬を選び、株主利益を使って企業の行動に抗議する従業員や政府やあらゆる人を買収した。企業は怠惰に、安楽に、そして臆病になった。

しかし、オプション取引は、ゴキブリが出る台所の電気をつけるどころではなく、全身をレントゲン検査するようなものだった。それまで自社株に関する有益な情報を持たない一介の投資家にすぎなかった企業は、四半期にわたる株価の変動率を五ドル刻みで公に算定されるようになったのだ。米国のリスクテイカーの金融技術は、まだ錆びついていたため一〇年ほどの期間を要したものの、そうこうするうちに何とか目鼻がつくようになった。

一九七〇年、企業は市場に株式を大量に投入した。ただ、そのさまはまるで数千人の農場主が大量の穀物をいちどきに港に送り込んだために、その半分が腐り、残りは過剰供給で低迷した価格で売られ、翌月には品不足が生じるかのようだった。

しかし、一九八〇年代半ばになると、市場はオプショントレーダーの手によって、あらゆる種類の混乱に難なく適応し、円滑に作動するジャストインタイムの機械に作り替えられていた。まるで全盛期のシカゴのようだった。

この変化は、企業乗っ取りやLBO（レバレッジドバイアウト）、相互会社の株式会社化などの創造的破壊の力と相まって、史上最大の株式市場のブームを引き起こした。

この過程で米国の大企業のほとんどが破壊されるか、大混乱に陥った。また多くの労働者が、ゆりかごから墓場までを保障するはずの制度が激変したことに気づいた。新しい種類の企業集団が出現した。消費者、株主、企業家が勝ち組となった。

オプションは、デリバティブの単純な一形態である（オプション価格が主として権利の対象となる銘柄＝原資産に依存するのに対し、デリバティブは証券であり、その価格は別の証券の価格から導かれる）。

一九八〇年代からこの方、ありとあらゆる金融変数のためのデリバティブ市場が出現している。また天候デリバティブなどの、非金融デリバティブも生まれた。こうした市場は、株式オプションが株式におよぼしたのと同じ影響を、それぞれの原資産におよぼした。

最近では活動がないために葉っぱほどの大きさにまでしぼんでしまった……

オプションがこれほど重要だった理由を理解するために、次の単純化した例について考えてみよう。スーパーデューパーストアーズ（デューパー）は、第二次世界大戦後に生まれた都市郊外の半農村地域で、実質本位のスーパーマーケットを経営していた。巨大な中央加工施設で食品の受入、包装、加工を行い、隣接する五つの州にある二〇〇の店舗に向けて輸送した。

やがて都市や近郊が成長するにつれ、スーパーが占有する土地の価格が急騰した。デューパーは、野暮ったいが安心できるというブランドイメージを築いていたものの、スーパーの店長は向上心に欠ける年配の白人男性で、日用品は地元の高校生に万引きされ、会計はパートの主婦が手動レジで行っていた。トラック運転手から食肉処理者、野菜売場の係に至るまでの関係者全員が、同社の組合に属する正社員で、手厚い健康保険と確定給付型退職金制度に加入していた。だれ一人として解雇された人はいなかった。

同社は一九五〇年代後半に拡張をやめた。中央加工施設が物流上の限界に達していたし、新しい土地を時価で取得したのでは、利益を出せなかったからだ。同社は事業が生み出した現金を使って、債務を全額返済した。燃料価格が急騰したときにも、決まった手順に混乱を来すからという理由で、分散配送に移行しなかった。

東南アジア系移民がデューパーのサービス区域に流入したときも、イメージに合わないという理由で雇用しなかった。価格読み取り装置や最新の在庫管理手法、高級食材、ノーブランド商品などは、調査する価値もないとして片づけられた。長い年月の間に、向上心や新しいアイデアを持つ人材が去り、平穏と安泰を好む社員だけが残った。

株価も一つところにとどまっていた。金利が低く、まだ利益が高かった時代には、デューパー株は配当が高く、保守的な投資家の間で人気があった。ところが、金利が上昇すると、定期的な配当の価値が下がった。年間一ドルの配当は、二％の金利では五〇ドルの価値があったのに、一〇％の金利では一〇ドルの価値しかなかった。非効率と競争激化によって利益が減少すると、真っ先に配当が削られ、やがて停止された。

なぜ株主は反発しなかったのだろうか。これについては本が一冊書けるほどだ。ここでは「彼らは反発しなかった」とだけ言っておこう。株価の下落に手をこまねいていた経営陣に失望した株主は、それほどせっかちではない投資家に株を売り払った。

なぜ第三者が買収して再建しなかったのだろうか。これには取締役会の承認が必要だ。しかし、取締役会は資金をいくらもらっても会社は売却できないと突っぱねた。

もちろん役員はだれも株を所有していなかった。だが、デューパーから手厚い報酬と年金を約束されており、買収によってそれが失われる恐れがあったのだ。

デューパーの一株当たり資産が一五〇ドルだったとしよう。これが、同社が精力的な経営者に売却されるか、解散して不動産などの資産が個別に売却された場合の価値になる。

ただし、ある合理的な株主は、ある年にこの価値が解放される確率が一〇％であると推断したとする。取締役会や経営陣が、より高度な価値基準を見いだすかもしれないし、第三者が同社かその資産の買収をたくらむかもしれないし、変化を強いるという意味では災害すら望ましいかもしれない。だが、株主はどのシナリオが実際に起きても、会社の価値が全額実現するとは考えていない。取締役会や経営陣の交代はおそらく何らかの妥協案だろうし、乗っ取り屋は利益を懐に入れるだろうし、災害は資産価値の低下を招くだろう。

つまりこの銘柄は、任意の年に一〇〇ドル支払われる確率が一〇％の、永久的宝くじ券のようなものと考えられる。支払いが行われるまでキャッシュフローはゼロなので、適正な割引率を年率一〇％とすれば、デューパー一株の正味現在価値の期待値は五〇ドルになる。

デューパーの株主には、この種の賭けを好むタイプの人と、あまり物事を気にしないタイプの人しかいない。どちらのタイプもそれほど取引を行わないため、株の取引高は小さく、株価や価値解放の確率がわずかに変化したところでほとんど注目を集めない。

ここでデューパー株のオプション取引が始まったとしよう。この銘柄に起こり得ることは、株価が五〇ドルのままで推移するか、一〇〇ドルに上昇するかの二つしかないとする。

オプション価格の算出においては、これらの確率は問題とされない。権利行使価格五〇ドルのコールは、株価が五〇ドルのままであれば〇ドルを支払い、株価が一〇〇ドルになれば五〇ドルを支払う。つまり、いずれの場合も、株価マイナス五〇ドルを支払うわけだ。したがって、オプションの価値は現在の株価から、オプション満期日における五〇ドルの現在価値を引いたものになる。金利が年利一〇％なので、期間一年のコールオプションの価値は四・五五ドルになる。

これでデューパーの現物株を使って、もっと面白い取引ができるようになる。同社の現物株を購入して、そのオプションを売れば、低いリスクで着実な利益を上げられるのだ。あるいはオプションを純粋な宝くじとして購入してもよい。これを行う十分な数の人がいれば、実際に株価は上昇するだろう。

今や株主は、着実で安全な利益を得る債券保有者のようになり、オプション保有者は、企業価値の上昇に加担する株主のようになっている。このことが株価を上昇させる。

株式購入資金の全額借り入れが可能だった一九二〇年代にも、同じ理由から株価が上昇した（一九二九年の大暴落後、ＦＲＢと米証券取引委員会は、株式購入のための無謀な借入の抑制に努めた。しかし、オプション市場が規制回避の抜け道を提供したわけだ）。

売買高は増加し、株価にずっと大きな注目が集まるようになる。またこうしたゲームをプレーする新種のトレーダーが市場に集まってくる。トレーダーのなかには、自分の儲けと市場に関する知識を利用して、実際に企業に対してテコ入れや価値解放を狙うほかの戦略を迫る人たちも出てくるだろう。株式の評価額が上昇し、独創的な資金調達手法が利用できるようになったことで、新しく会社を興す人も出てくる。

経済学者のジョン・ケネス・ガルブレイスが「いかなる金融革命もレバレッジ（てこ）を隠蔽《いんぺい》する新しい手法で成り立っている」と述べたことは、よく知られている。これはいろいろな意味で正しい。上場オプション市場が、そしてより幅広いとらえ方をすれば、あらゆる形態のデリバティブ取引の増加が、経済におけるレバレッジを高めたことは確かだ。

そして、ガルブレイスの見解は「隠蔽」という言葉の使い方において、あまりにも冷笑的である。つまり、真の金融革命は「レバレッジをより効果的に統制する方法」を提供するわけだ。

そしてデリバティブは、災いをもたらす（ウォーレン・バフェットはデリバティブを「大量破壊兵器」と呼んだ）。しかし「創造的破壊」は、今もなお経済発展の主要な原動力なのだ。

デューパー株に話を戻そう。一年物（一年で満期となる）五〇コール（五〇ドルが権利行使価格のコール）の価値が四・五五ドルなのに、一年物の五〇プットは無価値であることに注目してほしい。

一九八七年の大暴落が起こるまで、株式オプションは、ほぼ一定のボラティリティで取引されていた。このような状況では、コール価格もプット価格も押し上げられる傾向にある。そうであっても両者の価格差は四・五五ドルであるべきだ。

ところが、取引にまつわるこの先入観のために、コールの価格が六・五〇ドル、プットの価格が一・九五ドルになるかもしれない。コール価格がこのようにかさ上げされたせいで、株式の価値が高まる。なぜなら株を保有してコールを売れば、より大きな収入が得られるからだ。このことが株価の上昇を招き、さらにコールの価値を高める。

だが、市場が暴落すると、この先入観は株式オプション市場だけでなく、あらゆるオプション市場から、一夜にして消え去った。これによって、市場における実体のない価値の一部が消え去ったのである。

しかし、それと同時にデリバティブ取引が以前よりもはるかに強力かつ確実に、実体経済の変化を引き起こすようになったことが明らかになった。

もちろん、デューパーの店舗に関する話や数字は、非常に複雑な一連の出来事を大幅に単純化した説明にすぎない。重要なのは、オプション取引が将来起こり得るあらゆることを描き出していたということ、そしてゲームプレーヤー出身のトレーダーが資金を一気に投入して障壁を打破したということだ。

つまり、ギャンブルが引き起こした新たなボラティリティは、二つの理由から非常に重要だった。一つはこのボラティリティがネットワークの結びつきを試したことである。そしてもう一つは、成功したトレーダーに実物経済の変化を促すだけの儲けを与え、資本を集中させたことだ。

歴史が危険に打ち勝った

早い時期に金融分野に転向したゲームプレーヤーに、ブラックジャックのカードカウンティングを発明した数学教授のエド・ソープもいる。エドは一九六一年の著作『ディーラーをやっつけろ』(パンローリング)で、いかにしてカジノで勝ったかを説明した。

また知名度は少し落ちるが、一九六七年にはシーン・カスフとの共著『ビート・ザ・マーケット(Beat the Market)』も出している。

エドは上場オプション取引が始まる一九七三年まで待たずに、一九六〇年代にはすでにワラント(取引所が作ったオプションではなく、企業が直接発行するオプション)の売買を始めていた。彼はブラックジャックに適用したのと同じ、綿密な数学と控えめなリスクテイキングを市場にも適用し、四〇年間にわたって並外れた低リスク高リターンの実績を積み上げた。

エドはワラントの戦略を考案するうちに、役に立つある公式を発見した。そしてその数年後、三人のファイナンス教授が、それぞれ単独で、同じ公式の数学版を考案した。

エド・ソープ、マイロン・ショールズ、ロバート・マートン、そしてフィッシャー・ブラックの四人が、ほとんど同じ公式を持っていた。ただ、それぞれが異なる論拠から公式の正当性を信じていた。エドは「それが金儲けの方法である」ことを示し、ショールズは「市場が効率的であるためにはそれが必要なのだ」と主張し、マートンは「それが真でなければ裁定が起こっているはずだ」とし、ブラックは「市場が均衡するためにはそれが必要なのだ」とした。

このなかでその後、最も重視されるようになったのはブラックの洞察だ。ただし、それが意味することを彼が完全に解明するまでに、さらに二〇年を要した。

マートンとショールズは、この業績によってノーベル賞を共同受賞した。ブラックは、当時すでに亡くなっており、そうでなければ確実に受賞者に名を連ねていたはずだ。

ソープはノーベル賞の機会を逃した。しかし、その公式を使って金持ちになった。一方、マートンとショールズは、個人投資では悲惨な結果に終わった。ブラックはリスクを嫌悪していたため、どちらの極端からも距離を置いた。

オプション価格決定モデルに対するこの四つのアプローチは、一九七三年から一九八七年までの間に起こったさまざまな出来事について、異なる解釈を与えた。

大半の実務家は、エド・ソープ版のモデルを採用した。こうした人々に共通していたのは「金融取引における革新が莫大な新しい収益機会をもたらすぞ。だからできるだけ早く金持ちになろう」という姿勢だった。

学界の主な反応は、マイロン・ショールズ学派に則したもので、オプションは市場の効率性を高め、経済にとって有益であるとして受け止められた。

一方、失業中の物理学者や数学者たちは、むしろロバート・マートンを賛美した。彼らはオプションの価格決定の基礎をなす数学的成果を活用するために「金融工学」とよばれるものを発明し、さらに複雑な商品や取引を構築したのである。世界有数の金融工学者に関する話が読みたい人には、エマニュエル・ダーマン著『物理学者、ウォール街を往く』(東洋経済新報社)をお勧めする。

これらの三つのアプローチは、どれもさまざまな意味で正しい。しかし、理屈を本当に解明したのは〝学派〟を形成することがなかったフィッシャー・ブラックだった。

この四人が四人とも、とてつもない天才だ。ブラックが最も優秀だったと考える人もいる。しかし、それは彼が社交嫌いで半分いかれたという一般的な天才のイメージに近かったからだろう。エドは一緒に食事をするのに最も楽しい相手で、ショールズは講師として最高だし、腰を落ち着けて一緒に数学に取り組む相手としてはマートンが最高だ。

ブラックが成功したのは、成功に一番関心がなかったからではないだろうか。彼は手厚い報酬を求め、ゴールドマンサックスからそれ以上の報酬を得ていた。だが、ほかの三人のようにヘッジファンドを始めたりはしなかった。学術誌にもそれほど寄稿せず、その代わりに友人のジャック・トレイナーが編集する実務家向けの雑誌『フィナンシャル・アナリスツ・ジャーナル』を好んだ。

ブラックはある分野で非常に魅力的な論文を書いたかと思うと、また別の分野へと移った。あらゆるアイデアを一つの専門的な副題に結びつけて一〇本もの重複する論文に仕立て上げる、一部の研究者とは違う。

最終的にブラックの全論文が一冊の本にまとめられた。しかし、読む人はほとんどいなかった。

そして彼はそれを紙くずとして燃やした

今度は政府統計担当者が定期的に発表する経済統計、例えば米国の四半期ＧＤＰ（国内総生産）について考えてみよう。これは重要な経済変数であり、この種の統計は多くの経済理論や経済モデルに使われている。

だがブラックは、こうしたデータがあまりにも不適切な方法で集計されているため、ほとんど無意味であることに気がついた。

経済的な意思決定は、大抵長期的な展望の下に行われる。ほとんどの人が経済取引の一部分にしか関わらないため、このことは見すごされがちだ。

三〇分かけて一本の木を切り倒し、二〇ドルの報酬を得た人は、これを三〇分間の取引だと考えるだろう。だが、この木はこれから多くの加工段階を経て、製品に組み込まれるまでに数カ月かかるかもしれない。また、こうした製品の多くが、さらなる生産を生み出す舞台となる。例えば、企業にとっての紙、鉄道にとっての枕木、小売店にとっての棚などだ。こうした企業のすべてに損益計算書があり、それを読むと各四半期に包括的な経済活動が行われたように見える。だが、これは現実とかけ離れている。

ここでひとつ考えてほしい。あなたがやった仕事のうち、無駄働きになったものがどれだけあるだろうか。

何かをやり損じて、元に戻さなければならなかったかもしれない。仕事はうまく行っていたのに、プロジェクト自体が中止になったかもしれない。プロジェクトはうまく行っていたのに、何も成果を生まなかったかもしれない。

だが、自分のやった仕事が利用されなかったかどうかは、知りようがない。それに、これは短期的なプロジェクトに限った話ではない。あなたがこれまでに受けた訓練のうち、今となっては役に立たないものや、一度も役に立ったことがないものもあるだろう。何かを待つのに費やした時間や、無意味な会合に参加して無駄になった時間がどれだけあるかを考えてほしい。

経済活動として認められ、価値を定められ、四半期ごとの計算書に集計されるもののほとんどに、実は価値がない。このことが、最終的に判明する。本当に価値があるものは、過小評価されていたり、計算書から完全に除外されていたりする、まったく思いがけないものであることが多い。

プレミアム価格でも瞬時に売れるｉＰｏｄと機能的には同質なのに売れ残って未使用のまま廃棄されるＭＰ３プレーヤー、または封切り後の第一週で一億ドルの興行収入を記録する映画とＫマートの処分品棚に直行するビデオ、あるいはベストセラーの上位を占める本と著者の家族でさえ読まない本……。これらを区別するのは、ほんのわずかな差異である。

つまり、四半期ＧＤＰの数値には、多くの無用な活動と過小評価された活動とが混在しているわけだ。そしてその差異を解明するには何カ月ではなく、何年もかかるだろう。もちろん経済学者は、ＧＤＰをときには数百、あるいは数千もの構成要素に分解し、長い時系列で研究する。だが、いかなる研究も、真の経済価値や、重要な経済事象が起こる時間尺度を説明するほどの精度にまでは至らないというのが、ブラックの主張だった。

例えば、ある国が自給自足の自動車産業をゼロから構築することにしたとしよう。まず鉄と石炭を採掘し、鋼鉄、ガラス、ゴムを加工する工場を建設するほか、研究や設計にも投資を行わなければならない。それから、こうした設備を結びつける鉄道を建設する。そのために木材などの素材のほか、さらに多くの鋼鉄と石炭や石油が必要になる。自動車が実用に供されるためには、道路やガソリンスタンドが欠かせない。

このプロセスを最初から最後まで行うには、二〇年の歳月と、一〇〇万人の労働者を要することになるかもしれない。進展は毎年評価され、ＧＤＰの計算に算入される。人々は労働に対する報酬を支払われ、企業が設立されて成功し、労働者を教育するための学校が建設される。

だが、第一号の自動車が組立ラインを離れたとき、一人の消費者が「この車は好きじゃない」といったとする。そのたった一言で、二〇年間のプロジェクト全体が完全に停止し、この期間中に生み出されたすべての価値が、無価値として片づけられるのだ。

確かに資産の一部は再利用されるだろう。例えば、自動車を設計し直して自転車を製造したり、鋼鉄を建築に利用したりするといったことがあるかもしれない。しかし、こうした再構築に確実なものはなく、またどれも多大な価値の喪失を伴う。一〇〇万人の労働者のほとんどが一時解雇され、再構築された枠組のなかで多くの雇用が失われるだろう。

経済を多数の投機的な二〇年プロジェクトの集成と見なし、そのプロジェクトの多くが完全に失敗し、計画どおりに進むものは一つもないと考えれば、ギャンブルが単なる中産階級のライフスタイルの一つではなく、経済的に必要かつ魅力的なものであることが理解できるはずだ。

安全な進路を選んで、長い歴史と安定した展望を持つ堅実な会社に就職したつもりでも、その会社が一瞬にして消滅することもある。それは交通量の多い道路沿いにあるモーテルが、五〇マイル先に建設された橋のせいで交通パターンが一変してしまったために、突如として価値を失うのと似ている。たとえ勝ち組企業で働いていたとしても、ほかの企業が多くの過ちを犯せば、経済全体が崩壊することもある。

投資家として、二〇年にわたり着実に増益を重ね、会計報告はあらゆる点で公正で透明性の高い企業の株を購入できる。しかし、その利益のうち一ペニーでも消費者が実際に購入した商品に関与しているか検証されているだろうか。

人々が実際に購入する商品の経済的価値のほぼすべてが、数十年前に下された意思決定によってもたらされている。先週製造されたコンピュータであっても、研究開発、従業員やユーザの教育、企業に動力や通信を供給するインフラの建設、準拠法、製造業者と小売業者の企業形態といった数百もの不可欠な要素は、はるか昔から動き出している。こういったことのすべてがなければ、コンピュータは作られなかったか、作られたとしても無価値だったはずだ。こうしたことのすべてを考えれば、もう一台コンピュータを製造するために必要な追加の経済活動はごくわずかであると分かる。

混乱は機会を生み出す。前述のさびれたモーテルは、安く買収され、騒音がなくなった今、スパリゾートとして生まれ変わったらどうだろうか。橋からの新しい交通パターンによって通勤時間が変わり、それに応じて郊外都市の相対的な不動産価値が変化するかもしれない。

周りを見渡せば、無料で手に入るものがごろごろ転がっているし、プロジェクトが失敗したがために満たされないままになっているニーズも多々ある。イーベイが、不要なガラクタが詰まった屋根裏部屋を片づけようとする人たちのために仲介役を果たすだけで、どれほどの利益を上げたかを考えてほしい。またエクスペディアをはじめとするインターネットの検索サイトが、モーテル事業をどのように変えてしまったかを考えてほしい。宿泊客がインターネットでモーテルを検索すれば、行き方を調べられることが分かっているため、目につきやすい一等地に建てなくても、町一番の低価格を提供すれば、競争に勝てる可能性がある。

過去の「塩漬け」資産の所有者が全員、大々的なポーカートーナメントでその資産を賭けたらどうなるだろうか。勝者が、ほかの状況では役に立たない資産をランダムに選んで持ち帰れば、だれかがそれに創造性を触発されるかもしれない。成功した企業には、所有物の利用法を考えるために設立されたものも多い。

フィッシャー・ブラックの論点はこれだけではない。ただ、ここで重要なのは、彼の説明する世界が、標準的な経済学の教科書に載っている洗練された方程式というよりは、むしろ「商品先物取引所によって切り拓かれた開拓前線に似ている」ということだ。

スプレッドに賭ける人たちが資本を獲得し、それをダイナミックに活用すれば、将来の経済的問題は解決され、将来の富が築かれるだろう。

フラッシュバック⑤

トレーダーとしての教育

ポーカー同様、私のトレード教育も幼少期に始まった。最初はカードゲームから始めた。それは「ピット」と呼ばれるゲームで、一九〇四年にパーカーブラザーズ社が、前年に発表されて人気を呼んだギャビットの株式取引ゲーム（ずっと後になってだが、これもプレーしたことがある）に対抗する商品として開発したものだった。

パーカーブラザーズは現在、ピットを製造しておらず、私のような人たちのためにこうしたゲームを維持してくれる会社、ウィニングムーブズ社にライセンスを供与している。ウィニングムーブズはピットを「時代を超えた古典」と呼ぶ。

ピット

このゲームは非常に単純だ。プレーヤーの数は三～八人で、多ければ多いほど楽しい。八種類の商品の絵柄が描かれたカードが九枚ずつあり、商品数はプレーヤーの数に応じる。

カードに描かれている商品は小麦、トウモロコシ、コーヒー、オート麦、砂糖、大麦、オレンジ、大豆だ。

オレンジ以外の商品は、実際に先物取引所に上場されている（オレンジは実際のところ冷凍オレンジジュースだ）。ちなみに、私がこどものころはコーヒー、砂糖、オレンジ、大豆の代わりに亜麻、ライ麦、干し草だった。

ゲームの性格上、各商品はポイント数以外に違いはない。各商品にカードが九枚あるので、各プレーヤーの持ち札も九枚になる。すべてのカードを一緒に切って配る。

ゲームの目的は、同じ商品の九枚のカードから成る手を一番早く完成させることで、完成させたら、すぐにベルを鳴らして（これがピットを、ギャビットを超えるゲームにした天才的なアイデアだ。ギャビットでは同じことを鉄道株でやる）「（自分が持っている商品名に続けて）買い占め！」と叫ぶ（ギャビットでは「トピーカ！」と叫ぶが、これはあまり叫び甲斐がない）。

プレーヤーは、商品に割り当てられたポイントを獲得する。ポイント数は、オレンジの五〇ポイントから、小麦の一〇〇ポイントまで、商品によって異なる。そしてまた次のラウンドのカードが配られ、だれかが五〇〇ポイント獲得するまでゲームは続けられる。

商品を買い占めるため、手持ちのカードの何枚かを、ほかのプレーヤーの持っている同じ枚数のカードと交換する。プレーヤーは「一枚、一枚！」とか「三枚、三枚！」といった数字を叫び、二人のプレーヤーが枚数で合意すれば、それぞれが相手にその枚数のカードを渡す。ただし渡すカードはすべて同銘柄でなければならない。

例えば、三枚の砂糖、二枚の大麦などである。もちろん自分が受け取るカードも、すべて同じ商品のものだ（自分が渡したものと同じ商品でないことが望ましいが、同じことが多い）。

ピットで勝つ秘訣は、できるだけ多くのカードを交換することだ。こうすることで買い占めるべき適切な商品を選び、必要に応じてその決定を変更する機会が得られる。それに、ほかのプレーヤーの持ち札に関する情報も得られる。相手があなたにくれるカードは当然、相手が必要としないカードだ。また相手があなたから受け取ったカードをすぐに交換に回さず持っていれば、それを欲しがっていたことが分かる。

交換アクションの回数を増やすためには、全員が叫んでいるときに注目を集めるための技術が必要だ。いかさまが奨励されればゲームの興奮度は増す。自分が交換しようと思っているものをばらすことで、交換に応じてもらえるからだ。この場合、計算がより重要になる。

一方で、ほかのプレーヤーの進捗状況を示す手がかりをつかんで、勝利を決めるカードを渡さないようにしなければならない。トレーダーの遺伝子を持つ人なら、ゲームが終わるたびに笑いをこらえきれずに倒れ込むことになる。そしてとっくにうんざりしている友人たちを尻目に、どうしてもやめられなくなってしまうだろう。

ピットは、本物のトレードの三つの側面をうまくとらえている。一つ目は、複雑で分かりにくい戦略を実行していても、一つひとつの取引は比較的単純な推論に裏打ちされていることだ。

二つ目は、注目を集めようとして常に叫び声を上げるために、酸素不足と社会的エネルギーに利用される何らかの脳内化学物質とがあいまって、肉体的にハイな状態になることだ。取引所の立会場では、叫び声を上げるだけでなく、押し合いへし合う（これは控えめな言い方だ）。電子取引でも似たような感覚が生まれるとはいえ、肉体的なはけ口がないために、健康によくない水準にまでうっ積する。だれかれ構わず怒鳴りつけ、ものを壊すことで、この状態を回避するトレーダーが多い。負けたときにそうするわけではなく、（彼らにとって）これが一般的なストレス発散法なのだ。

そして最後に、ピットは人々が共通の対象にじっと集中するときに必ず起こる「融合」をうまく取り込んでいる。昆虫のアリやハチは、おそらく人間よりも強くこれを感じるのだろう。人間は、どちらかといえば何かを考え込むことでリラックスすることを好む。この感覚は、クラップスや競馬の魅力の一環でもある。観衆はただ観戦するだけなので、それほど強く感じるわけではない。祈りのなかでプレーに参加することはあっても、実際に参加するわけではないからだ。団体競技などの共同作業で、このような感覚を覚える人もいるだろう（私自身は経験がないが）。

正しく機能している機械の歯車になったように感じることが楽しいとは思えない。ところが、自分が群衆のなかに組み込まれ、群衆の行動に影響をおよぼしつつ、群衆の力と効率性に誇りを持ちながら、個人的な目標を遂行していく、という感覚は好きだ。ジェームズ・スロウィッキーは『「みんなの意見」は案外正しい』（角川書店）という素晴らしい本のなかで、より科学的な観点からこの現象を賛美している。

オプションの立会場

ピットとポーカーで十分な経験を積んだ私は、先物に挑戦する準備ができていると感じた。だが、二つの理由から私はためらっていた。一つは費用だ。八〇年代初め、先物の場立ちになるには五〇万ドルほどかかった。一方、株式オプションはこれよりもずっと安く、トレーダーが休暇を取りたがる活気のない夏の数カ月なら、会員権を数百ドルで借りることも、手ごろな価格で購入することもできた。ただ、清算証拠金の五万ドルを調達する必要があった（毎日ポジションを閉じる場合は二万五〇〇〇ドル）。証拠金は取引のある清算会社に預け入れ（したがって自分を受け入れてくれる会社を探す必要がある）、この会社がすべての取引に支払い責任を持ってくれる。セッションが終了するごとに、反対売買の注文をすべて相殺し、清算機関（クリアリングハウス）との間でその差額を受け払いする。五万ドルは、損失を確実に賄えるようにするための資金だ。

例えば、権利行使価格五〇ドルのGM株六月限コール一〇枚を五・〇〇ドルで買い、後に同じ契約の一五枚を六・〇〇ドルで売り、それからまた一〇枚を五・五〇で買ったとしよう。最終的には、コールを五枚持っていることになる。

最初の取引では五〇〇〇ドルを支払い（コール一枚の売買単位が一〇〇株なので）、第二の取引では九〇〇〇ドルを受け取り、第三の取引では五五〇〇ドルを支払わなければならない。差し引きすると清算機関に一五〇〇ドルの借りになる。

これは損失ではない。勝敗は、残った五枚のコールの終値によって決まる。三ドルを超えていれば、一日の通算では勝ったことになる。こうした細かなことは清算会社がすべて処理してくれる。

私がオプションを選んだ二つ目の理由は、農産品はおろか、いかなる商品についてもまったく知識がなかったからだ。ただし、これは必ずしも不利な点ではない。商品自体についてそれほど知識がなくても、利益になる取引戦略を見つけることはできる。それに、それほど株式に詳しいわけでもなかった。ただ、株式オプションはずっと新しく（一九七三年にようやく導入された）、高度な数学を必要としたため、成功するチャンスが多いと思った。マイナス面は「小麦買い占め！」と叫ぶ機会が一度もなさそうなことだった。

当時の取引記録が残っていないので、取引の仕組みを説明するために、最近の値段を使うことにする。これから示すのは実際の値段であって、架空の例ではない。現在のオプション市場は、米証券取引委員会によるさまざまな措置や、トレード技術の向上もあり、昔よりもはるかに効率的になっている。しかし一九八〇年代は、今よりも大きなチャンスがごろごろ転がっていた。

図表7・1は二〇〇五年八月二四日のモルガンスタンレー株（ＭＷＤ）オプションの帳入値である。このとき原資産である現物株は、一株五二・二九ドルで取引されていた。

例えば、表の左上を見ると分かるように、権利行使価格四五ドルで満期日九月一六日のＭＷＤコールを一株当たり七・四〇ドルで購入できた。このオプションを購入すれば、九月一六日までのどの時点でも一株を四五ドルで買う権利（義務ではない）が得られる。通常は九月一六日まで待って、その時点で株価が四五ドルを下回っていればオプションを無価値で消滅させ、四五ドルを上回っていればオプションを行使して現物株を購入する。

このとき利益が七・四〇ドル未満でも、現物株を購入することに注意してほしい。何が起こってもオプションに支払った金は戻ってこない。現物株が四六ドルで取引されているなら、それを四五ドルで買い、それによって生じた一ドルの利益で、オプションに支払った七・四〇ドルの一部を埋め合わせる。七・四〇ドルも支払ったことは残念だった。しかし、得られる利益はいくらでも手にしたい。

ＭＷＤを購入する予定だが、短期的な悪材料を懸念する小口投資家が、このオプションを購入するか

図表 7.1

権利行使価格	コール価格	プット価格
9月限（満期日 2005 年 9 月 16 日）		
45	7.40	0.15
50	2.65	0.35
55	0.25	3.10
60	0.05	
10 月限（満期日 2005 年 10 月 21 日）		
40	13.70	0.05
45	8.30	0.20
50	3.30	1.00
55	0.85	3.50
60	0.15	7.90
65	0.05	12.00
70	0.05	16.30
75	0.05	21.30
80	0.10	26.30
1月限（満期日 2006 年 1 月 20 日）		
20		0.05
30	23.10	0.05
35	19.30	0.15
40	13.60	0.20
45	9.40	0.70
50	4.50	2.00
55	1.95	4.40
60	0.65	8.20
65	0.15	10.90
70	0.05	16.30

※現資産価格は 52.29 ドル

もしれない。オプションを購入して行使すれば、一株当たり計五二・四〇ドル支払うことになる（権利行使に四五ドル、オプション購入に七・四〇ドル）。これは、現物株を直接購入した場合の五二・二九ドルよりも、〇・一一ドル高い。

この〇・一一ドルで、この投資家は二つのものを手に入れた。一つ目は、四五ドルを一カ月運用することで得られる金利だ。オプションでは九月一六日まで現物株の購入代金を支払う必要はない。これが〇・一一ドルのうち約〇・〇八ドルを占める。

二つ目は、これからの一カ月でMWDに何かまずいことが起きた場合に、損失が限定されることだ。株価が三〇ドルどころかゼロまで下落しても、顧客の損失は、オプションに支払った七・四〇ドルに限定される。

この場合、単に現物株を購入していたのでは二二・二九ドルや五二・四〇ドルの損失であった。もちろん、これが起こる確率はかなり低い。だからこそ、この保険を〇・〇三ドルほどで購入できるわけだ。

プットは、買う権利ではなく、売る権利である。MWD一株を九月一六日までのどの時点でも四五ドルで売る権利を〇・一五ドルで購入できる。コールを購入する代わりに現物株を購入し、〇・一五ドルを支払って、プットを購入すれば、コールを購入したのと同じ保険が得られる。この場合、明らかにコールのほうが有利な取引だ。

戦略を遂行するための、最も安い手段を見つければよい。確実に儲かる機会を探すのは、われわれトレーダーの仕事だ。

ゲームをプレーする

オプションを取引したり学んだりしたことが一度もない人に、先ほどの**図表4・1**は、ただの数字の羅列にしか見えないだろう。初めてテキサスホールデムのゲームを観戦するのと似たようなものだ。三枚のカードが中央に配られると、さまざまなカードの可能性やそれに関連する戦略について、だれもが話し始める。しばらくプレーするうちに、フロップでストレートやフラッシュを作る確率や、あり得るペアの組み合わせを、無意識のうちに分析できるようになる。

ポーカーの本が一〇〇ページもかけて分析方法について説明するため、ゲームにはとてつもない記憶力が必要だという印象を与える。しかし、そんなことはない。少し練習すれば、だれでもコツをつかめるだろう。

これからの数ページで、何をすればよいかを説明する。短期間で無意識にこれができるようになることを忘れないでほしい。7カードスタッドとテキサスホールデムとでは目のつけ所が違うように、トレードの種類によって計算方法も違う。必要な技術はどのゲームも同じだ。ただ目のつけ所と計算方法を変えるだけだ。

まずやるべきことは、一つのオプションを利用した裁定取引、つまりそれを買うか売るかすれば、その場で利益が出るようなオプションを探すことである。先の表には六つある。

この表は私がトレードしていたころの市場よりも効率的な市場から取った実際のデータを載せたものだ（ただし当時も今も、画面上で見た数字を実際に執行できる保証はない）。こういうものが好きな人は、探せるかどうかやってみるとよい。見つけられない人や、すでにやってみた人のために、一つ教えてあげよう。

一月限六五ドルのプットを見てほしい。これを一〇・九〇ドルで購入し、ＭＷＤ一株を五二・二九ドルで購入すれば、合計六三・一九ドルになる。プットをすぐに行使して、六五ドルで株を売却すれば、一・八一ドルの利益が出る。

もっと大きな利益を上げることも可能だ。すぐに行使せず、二〇〇六年一月二〇日までの間、ＭＷＤが六五ドルを超えるのを待つ。実際にそうなったとき、高いほうの価格で株を売却すれば、六五ドルを上回る金額が手に入る。六三・一九ドルの元手を調達するために、約〇・五四ドルの利息を支払う必要はある。しかし、二〇〇六年一月二〇日までに株式の配当〇・二七ドルを二度受け取ることで、取り返すことができる。

これよりも複雑な機会について考える前に、実際に立会場で、どのように注文が執行されるかについて説明しておこう。

私の時代ですら、こうした取引を実際にやる人はいなかった。あまりにも見え透いているからだ。立会場のどんなに鈍いトレーダーでさえ、オプションを本質的価値（即座に権利行使をした場合の価値）以下で売ってはいけないことなど知っている。上記の価格は、古い（ＭＷＤがもっと高かったときの価格から更新されていない）か、誤っているかのどちらかだ。

権利行使価格が現在の株価から離れているか、満期日がずっと先であるために取引量の少ないオプションでは、画面に表示された価格の信頼性は低い。だが、楽観的な人は、ＭＷＤオプションのポストに出向いてみるといい。そこにはすべてのMWDオプションの買値と売値をつけるスペシャリストがいる。スペシャリストは買値（低いほうの価格）で買い、売値（高いほうの価格）で売る。その差額《スプレッド》を支払っていたのでは儲けられないので、スペシャリストと取引するのはポジションを清算するときだけにする。

スペシャリストの好意が必要な理由はいくつかある。たとえスプレッドを支払ってもなお利益が出る場合でも、スペシャリストを相手に儲けるのは長期的に賢明とはいえない。

それよりもむしろポストのそばで、一月限六五プットを一〇〇枚売るという顧客注文を持って急いでやってくる人を待とう。立会場のトレーダーの多くは、自己勘定によるトレードではなく（あるいはそれに加えて）、顧客のために注文を執行するブローカーだ。

顧客注文は証券会社を介して立会場に回送される。注文を獲得するためには、スペシャリストよりもわずかに高く（スプレッドの内部で）ビッドする。もちろん、ポストの周りにたむろしているほかのだれよりも高い買値をつけなければならない。またオプションを売りたいがスペシャリストの買値は受け入れたくない人がいることを期待して、ポスト付近のトレーダーに買値を提示してもいい。

オプションを購入したらすぐに、同じ数量のMWD株を買う。オプション一枚につき一〇〇株だ。すぐに行動しなければ、利益が失われる恐れがある。プットを一〇・九〇ドルで購入しても、現物株を買うころになってMWDの株価が五四・一〇ドルを超えていれば、確定していたはずの利益がなくなってしまう。

「コンピュータは人間よりも簡単に利益機会を見つけ、正確な指示をマイクロ秒単位で誤りなく伝えられる」と考える人もいるだろう。確かにそのとおりだし、コンピュータは実際に大量の取引を処理している。だが、ときには大きな間違いを犯していることがある。

現実のトレードにおける秘訣は、この事例を使って伝えることはできない。数字を見ながら、どこに機会が見え始めているか、いかなる取引が功を奏するか、といったことについて、頭のなかで考えを醸成することだ。数字は常に変化している。はっきり分かる機会が数カ月間にわたって存在し続けることもあれば、ほんの一瞬で消滅することもある。繰り返し現れるタイプのものもあれば、一度だけしか存在しないものもある。活気のある市場に向く機会もあれば、動きがない市場にうってつけのものもある。

現場に身を置いて、こうしたすべてを吸収する以外に、優れたトレーダーになる術はない。計算は必要だ。しかし、それと同じくらい大切なのが相場感覚だ。コンピュータは、テキサスホールデムで「A」「K」が「J」「J」に勝つ確率は教えてくれても、あるプレーヤーがオールインレイズにどのような反応を見せるかを予測することはできない。

これは立会場取引だけでなく、電子取引にも当てはまる。目立たないが、機会は確かに存在する。数字は静止しているのではなく、常に変化しているのだ。機会が形を成し始める様子をとらえたなら、機が熟したと感じるまで見守る。タイミングが早すぎれば十分な利益が上がらないし、執行できないかもしれない。遅すぎれば、だれかに出し抜かれてしまう。

何十もの可能な取引を絶えず検討し、妙味のある関係を見つけたら新しい可能性をリストに加え、発展しなかった古いものは切り捨てる。あまりにも多くの機会を見守って手を広げすぎるのは、間違いのもとだ。だが、自分の得意な種類の取引だけに焦点を絞り込んでも、多くの機会を逃してしまう。

大銀行のディーリングルームに足を踏み入れれば、何が取引されているかさえ知らなくても、すぐに市場のムードが感じ取れるはずだ。相場を感じるためには、トレーダーである必要はない。だれにでも直感的に分かる。

今日ほとんどのトレードは、コンピュータベースで行われている。コンピュータは、価格を検索して特定のパターンを探し出し、注意を促してくれる。コンピュータに自動的に、または承認後に、注文を執行させることもできる。だが、それが取引の本質を変えることはない。自動操縦であっても、パイロットに求められる基礎技術が変わらないのと同じだ。

一九八〇年代初め、取引所の立会場にはコンピュータが二台しかなく、使いたい人がいつも長蛇の列をなしていた。頭のなかで確率を計算できる能力が、トレードで成功する秘訣だった。年配のトレーダーは、トレードの方法を知っていたがオプションの計算方法を知らなかった。若手トレーダーの多くは、計算方法を知っていたが、頭のなかではうまく計算できず、それを活用できるだけのトレード感覚も持ち合わせていなかった。

パリティ、バーティカルスプレッド、カレンダースプレッド

本書では、すべての取引戦略を説明するつもりはない。それが読みたい人は、それ専門の本を手に入れることだ。一流のプロのポーカープレーヤー、ロバート・フェドゥニアックの本『フューチャーズ・トレーディング（Futures Trading）』（ロバート・フィンクとの共著）を強くお勧めする。内容の多くが時代遅れである。それでも手に入る本のなかでは、理論と実際が最もよくかみ合っている一冊だ。

もう一冊の必読書は、トレーダーとして成功しているがポーカーはほとんどやらないナシーム・ニコラス・タレブによる『ダイナミック・ヘッジング（Dynamic Hedging）』だ。両方の著者と本書について話し合った。両者ともいくつかの考え方について意見が大きく食い違った。だが、少なくとも私は彼らの本を気に入っている。

最後に、真の天才だけが持つ鮮やかな明晰さで金融数学を説明している本をお望みの読者にはポール・ウィルモット著『ポール・ウィルモット・オン・クォンティタティブ・ファイナンス（Paul Wilmott on Quantitative Finance）』をお勧めする。

だが、トレードというゲームの感触をつかむには、明らかなミスプライシングを探し当てるだけでは不十分だ。これが戦略や動きが絡むゲームだということを理解しなくてはならない。単に並んでいる数字を調べ、すばやくミスプライシングを活用するだけのことではない。新しいアイデアを考え出すことが大切だ。

この感触をつかんでもらうために、これから古典的な手法（それでも良い手法であることには変わりない）を三つ説明する。

原資産、権利行使価格、満期日が同じコールを購入してプットを売れば、実質的には現物株を購入したのと同じになる。例えば、九月一六日の五〇コールを購入して、これに対応するプットを売ったとする。コールに二一・六五ドルを支払う一方で、プットの代金〇・三五ドルを受け取ったので、差し引き二一・三〇ドルの支払いとなった。

もし九月一六日時点でMWDが五〇ドルを上回っていれば、プットの価値はゼロとなる。だが、コールを権利行使して一株を五〇ドルで購入すればよい。

逆にＭＷＤが五〇ドルを下回っていれば、コールに価値はない。だが、プットを売った相手に権利行使され、一株を五〇ドルで購入させられる。

つまり、どちらであっても、一株を五〇ドルで購入することになる。自分の支払う金額は合計五二・三〇ドルで、現在の市場で現物株を五二・二九ドルで購入するよりも、〇・〇一ドル高い（それでも五〇ドルにかかる一月分の金利、約〇・〇五ドルを節約できるので、有利な取引と言える）。

こういった計算が好きな人は、先のリストで「パリティ（等価）」が成立しない、うまみのある取引を見つけられるか調べてみよう。権利行使価格とコール価格の和からプット価格を引いた金額が、五二・二九ドルから大きく乖離しているものを探すのだ（どちらの方向に外れていても利益が得られる）。

差が一ドル以上開いている例は五つある。一つは二〇〇六年一月限の四五オプションだ。この例では、四五コールを売って四五プットと現物株を購入する。プットに〇・七〇ドルを支払うものの、コールを売って九・四〇ドルを受け取るので、八・七〇ドルが手に入る。現物株は五二・二九ドルなので、差し引き四三・五九ドルの支払いとなる。

株の配当で〇・五四ドルを獲得するので、投資額は四三・四ドルに下がり、一月までの金利を含めれば、約四三・四〇ドルになる。だが二〇〇六年一月二〇日には、ＭＷＤの株価がいくらであろうと四五ドル受け取るので、利益は一・六〇ドルとなる。

このような取引では、満期日までポジションを保有することはあまりない。価格は本来あるべきところから離れているので、元に戻ることが多い。そうなったときには必ず利食いするべきだ。

運が良ければ過剰修正するので、反対取引でも儲かることがある。だが、半値戻しの時点で手仕舞いするのも手だ。含み益を半分放棄することになるものの、資金と注意力を解放して、より利益の大きな取引に向けることができる。

この取引にはいくつか小さなリスクがある。予想した金額の配当が支払われないかもしれない。その場合、利益は減少する。ただし、この例では損失にはならない。またコール保有者が早期行使する可能性もある。ただ、配当の一部をもらい損ねる以上の影響はない。期待していた利益が早く手に入るのは望ましいことだ。プットは無価値のまま保有を続ける（ただしコール保有者が早期行使するような状況では、プットの価値が高まる可能性は低い）。

「バーティカルスプレッド」とは、コールまたはプットを購入し、原資産、満期日が同じだが権利行使価格だけが異なる同種のオプションを購入する取引をいう。例えば、一〇月限五〇コールを購入して一〇月限五五コールを売るといった具合だ。三・三〇ドルを支払い、〇・八五ドルを受け取るので、差し引き二・四五ドルの支払になる。

もし一〇月一六日の時点でＭＷＤの株価が五五ドルを上回っていれば、五ドルの利益が得られる（どちらのコールも行使されるので、五〇コールでＭＷＤ株を一株五〇ドルで購入する一方、五五コールの保有者に対して一株五五ドルで売ることができる）。

ＭＷＤが五〇ドルを下回っていれば、何も得ない（どちらのコールも価値を失う）。もしＭＷＤが五〇ドルと五五ドルの間であれば、五〇ドルを超える金額だけが手に入る（五五ドルのコールは消滅し、五〇ドルのコールを権利行使して、その現物株を時価で売る）。

株価がバーティカルの中間点（この事例では五二・五〇ドル）にあるとき、バーティカルの価値はスプレッドの半分(この例では二・五〇ドル)に非常に近くなくてはならない。なぜならこれは五ドルのバーティカルだからだ。証明はしないが、私の言うことをただ信用してほしい。

株価がスプレッドの上端に近づくにつれ、バーティカル「コール」の価値はスプレッドの半分よりも大きくなり、バーティカル「プット」の価値は減少する。その額は、原資産のボラティリティと満期日までの時間におおむね依存する。

一〇月限五〇／五五バーティカルコールの二・四五ドルは適正な価格だ。MWDが五二・五〇ドルを若干下回る金額で売られているため、二・五〇ドルを少し下回るべきなのだ。

ほかにも魅力的なバーティカルの組み合わせが見つかっただろうか？

たくさん見つかるはずだ。その一つが、二〇〇六年一月限の四五／六〇バーティカルコールだ。四五コールを九・四〇ドルで売り、六〇コールを〇・六五ドルで購入すれば、八・七五ドルが手に入る。MWDの株価は五二・五〇ドルの中間点よりもわずかに低いため、七・五〇ドルをわずかに下回る価格が適正だ。これでミスプライスを手に入れた。

ただし、まだ利益は確定していない。八・七五ドルの支払いを受ける予定とはいえ、もし二〇〇六年一月にMWDの株価が六〇ドルを超えていれば、一五ドルを支払う必要が生じる。これは有利な賭けではあるが、単独で保有するにはリスクが高すぎる。

運良く同じ権利行使価格のバーティカルプットが、七・五〇ドルちょうどで売られている（本来はその水準を若干上回るべきだ）。

そこで一月限四五プットを売却して、一月限六〇プットを購入する。〇・七〇ドルを受け取って八・二〇ドルを支払うので、純支出額は七・五〇ドルだ。これをバーティカルコールで受け取った八・七五ドルから支払うので、差し引き一・二五ドルになる。

さて、次は何が起こるだろうか。今あるのは、確定した一・二五ドルの利益と、MWDが四五ドルを下回った場合は一五ドルの支払いを受けるが、六〇ドルを上回った場合は一五ドルを支払うという賭けだ。

そこで、MWDを二単位購入する。株価が六〇ドルを上回れば、この二単位から一株当たり一五ドルを超える利益が得られる。一方、賭けでの支払いは一五ドルに限定されている。株が下落しても、四五ドルまではバーティカルプットですべての損失を賄うことができる。株価が四五ドルを下回る前にポジション全体を手仕舞えば、ほぼ確実に利益を手にできる。

このポジションは、使用する四つのオプションの比率をいじり、株価の動きや時間の経過に合わせてさらに調整することで、より安全にすることができる。それでもいくらかのリスクは残るが、一・二五ドルの利益はそれを補って余りある。

最後に「カレンダースプレッド」について説明しよう。これはあるオプションを購入し、原資産と権利行使価格は同じだが、満期日だけが異なる同種のオプションを売る取引である。期間が長いオプションの価値は、期間が短いものよりも大きい。スプレッドの価値は、権利行使価格が現在の株価に近づくほど大きくなり、そこから上下に離れれば離れるほど小さくなる。

一月限／一〇月限のカレンダースプレッドを見てみよう。各権利行使価格について、一月限オプショ

図表 7.2

権利行使価格	コールスプレッド	プットスプレッド
45	1.10	0.50
50	1.20	1.00
55	1.10	0.90
60	0.50	0.30

ンから一〇月限オプションの価格を引いたものを**図表4・2**に示した。

予想どおり、どの値も正を取る（ただしこれは、前出の表中のすべてのオプションについて言えるわけではない）。現在の株価五二・二九ドルに最も近い権利行使価格五〇ドルと五五ドルのカレンダースプレッドの価格は、〇・九〇～一・二〇ドルの間だ。もう五ドル離れた四五ドルと六〇ドルは、予想どおりこれよりも低い、〇・三〇～〇・五〇ドルの間である。

だが、四五コールのカレンダースプレッドだけが例外だ。これは大きすぎる。そこで一月限四五コールを売って、一〇月限四五コールを購入し、一・一〇ドルを手に入れる。

このときバーティカルスプレッドと同じように、別の取引によってリスクを相殺する必要がある。六〇プットのカレンダースプレッドが安く思われるので、〇・三〇ドルで購入したいと考える人がいるかもしれない。これは良い考えだ。しかし、このポジションは、バーティカルスプレッドよりもさらに手間がかかる。単に満期日まで保有して利益を回収するだけではすまないのだ。

とはいえ、実際には大した違いはない。一日以上保有するポジションは多くないし、満期日まで持ち続けるものは、あったとしてもごくわずかだ。ほとんどの利益は、ミスプライスを発見し、だれよりも早くそれを活用することによって得られる。ほかの人がやってきたら、そこで手仕舞いする。実はわれわれ自身、先回りしていた人からポジションを購入したかもしれないのだ。

やり手のトレーダーは、自分の好みと元手と技能に合った得意分野を必ず見つけている。トレーダー間で売買が行われるのだが、理論上は利益を得る可能性はだれにでもある。

もちろんポーカーの場合と同じで、全員が勝つことはあり得ない。負けるトレーダーが必ずいる。だが、あなたはだれか一人を相手に取引をしているのではないし、何らかの抽象的な「市場」を相手に取引しているのですらない。特定のルールに則って、ゲームをしているのだ。

ゲームをうまく進めることができ、運が良ければ勝つだろうし、プレーがまずいか、運が悪ければ負けるだろう。これを「ゲーム」と呼ぶからといって、真剣に受け止めていないことにはならない。私は自分の金を失う危険があるとき、そして他人の金、特に自分を信頼してくれた人の金を失う危険があるときにはなおさら、細心の注意を払う。ルールと得点があり、先を読みつつも、瞬間瞬間に即座に反応する必要があるという意味で、これはゲームなのだ。

社会の役に立つからという理由でトレードをする人はいない。自分の取引が全体に与える影響は、だれにも分からないからだ。市場は常に正しく、自分たちの取引をとおして市場の効率性が高まるという信念を持つ人もいれば、別の信念を持つ人や、そういったことにはまったく無頓着な人もいる。また口では何と言おうと（それに金はきわめて良いものではあるが）、金目的でやる人はいない。みな好きだからこそトレードをするのだ。

私は一九八二年にプルデンシャル保険に職を得た。だが、トレーダーとして採用されたわけではなかった。私の仕事は、同社が販売する年金商品に資金を供給する、債券ポートフォリオを運用することだった。例えば、プルデンシャルが、ある企業から今日一定金額の支払いを受ける見返りとして、一〇〇〇人の社員の退職手当を支払うことに合意したとしよう。プルデンシャルの保険数理士は、遠い将来にわたって月々の支払額がいくらになるかという見積もりを作成する。社員がいつ退職し、どのような給付を受ける資格があり、社員とその配偶者の余命がどれほどあるかを予測する。

プルデンシャルには、一〇〇年ほど前からこのような計算を行ってきた実績がある。その計算の部分について気を揉むのは私の仕事ではなかったので、彼らが作成したキャッシュフローを前提として始めた。

このポートフォリオを運用する最も安全な方法は、見積もりとまったく同じキャッシュフローを生み出す米国債の集合を購入することだった。これらの債券の価格を計算しコストを集計して、設定した価格で入札する。だがこんなことをやっていたのでは入札に勝てるわけがない。そこで価格を抑えるために、利回りの高い社債や抵当証券を扱う必要があった。

それにすべてのキャッシュフローをきっちり釣り合わせるのは、あまりにも面倒だった。今から一〇年後のことなら、現金が入ってくるのが数カ月早かろうが遅かろうが、あまり関係ない。日々ビジネスを勝ち取り、債券取引を行っていたので、遠い将来のキャッシュフローを厳密に釣り合わせることに意味はなかった。

だが、私は自分のリスクが許容範囲内にあることを示す報告書を毎日提出することを求められていた。主なリスクは信用リスク、つまり購入した債券の支払いが約束どおり行われないリスク、そしてミスマッチのリスク、例えば一月に支払い義務が来るのに金は六月にならないと入らないといったリスクだった。ほかにもリスクはあった。例えば、金利が急騰したり、銀行全体の信用力が急に低下したりなどだ。さまざまなストレスシナリオを想定して、その場合に何が起こるかを示さなければならなかった。

ビジネスを勝ち取れば、債券を購入してポートフォリオに加える必要があった。また蓄積した資金を再投資したり、ときには組み入れ比率を調整するために債券の一部を売却したりすることもあった。

こういった取引には、二つのやり方があった。一つは、メリルリンチやソロモンブラザーズのような大手の債券ディーラーに電話をかけて、営業担当と話をすることだ。こういった銀行には債券トレーダーがいたが、私のような顧客は、トレーダーと取引をする営業担当者を相手に取引をした。規模が小さな銀行ではトレーダーと直接取引をしたが、それでも私はトレーダーではなく、顧客だった。

優良債券の投資家のほとんどがそうであるように、私は例えばフォードモータークレジットの利率八%、償還二〇〇〇年八月といった、特定の銘柄は要求しなかった。「Aランクで残存五～七年程度の社債が一億ドルほどいるんだが、金融と自動車はもう枠がない」といったことを伝える。営業担当は自社の保有債券か、他社から購入できそうな社債を探って、いくつかの銘柄を挙げてくれる。

プルデンシャルには債券発行者の健全性を評価する審査部があった。私はこれに加えて、スタンダード＆プアーズ、ムーディーズ、フィッチといった外部の格付機関からもレポートをもらっていた。

優秀な営業担当者は、そのほかの有益な情報、特に市況見通し（例えば、社債の価格の今後の見通しなどの情報）を提供して、私からビジネスを勝ち取った。私はポートフォリオのあらゆるリスク指標を所定の範囲内に収めるような社債のなかから、最も利回りの高いものを選んで発注した。あるいは、営業担当者が何か新しいもの、特にその会社が引き受ける新規社債の話を持ってきてくれるまで待つこともあった。

もう一つの方法は、プルデンシャルの債券トレーダーのところに行くことだ。

会社は私が購入する類の債券を扱うトレーダーを二人雇っていた。彼らが働くトレーディングルームでは、さまざまなブローカーが提示する債券の買値と売値が、コンピュータの画面に映し出されていた。ポートフォリオマネジャーのなかには、トレーダーを注文取りとして扱い（トレーダーはこれをひどく嫌う）、肩越しに立って欲しい債券を指さす人もいれば、一日の初めに大まかな指示を与えて、あとはトレーダーが良い取引を探し出してくれるのを待つだけの人もいた。

二カ月もしないうちに、私は飽き飽きしてしまった。プルデンシャルは私をトレーダーとして雇ってはくれなかった。しかし、それでも私は自分をトレーダーだと思っていた。とびきりの機会は、債券を一つずつ取引していたのでは構築することはできない。

例えば、非常に魅力的な利回りの新発債があっても、残存期間が適切でないか、すでに露出が高すぎる業種の社債かもしれない。その場合、買うことは買えるが、別の債券を売り、それを補足する残存期間のまた別の債券を買う、という条件つきだ。問題なのは、いったん買ってしまうと、今度は必要な残りの二つの取引に熱中するあまり、不利な価格しか得られず、最初に購入した債券で得た利益がふいになってしまうことだった。

営業担当者と包括取引を交渉したこともあった。だが、全体として見ると良い価格を得られなかった。トレーダーに何とかうまくやってくれないかと頼んでみたものの、市場の動きは速く、また彼らは彼らでほかにたくさん仕事を抱えていた。

信じられないかもしれないが、当時こうした債券の管理は、すべて手作業で行われていた。確かにプルデンシャルは、私のためにダイアルアップ式一二〇〇ボーモデムがついた汎用大型コンピュータをタイムシェアリング（共同）で使用する時間をくれた。これを使っていくつかのルーチンをＦＯＲＴＲＡＮ言語でプログラムした。また自宅にもこの仕事のためにＦＯＲＴＨでプログラムするコンピュータを持っていた。

だが、その後プルデンシャルは第一世代のＩＢＭＰＣを購入した。だれが何のために買ったのかは最後まで分からなかった。ある日だれもいない部屋に突如として出現したのだ。

私はすぐさま自分のポートフォリオを入力し、最も有利な債券を探し出すＢＡＳＩＣのプログラムを作った。そして、そのプログラムを使って出力したリストを手にトレーディングルームに行き、そこで画面からいくつかの債券を選んで購入した。それから下に戻って取引を入力し、新しいリストを持ってまた上に戻った。コンピュータを使えば、それぞれの取引を手作業で計算する必要はなかった。また、もう一往復すれば調整できることが分かっていたので、バランスを崩すような取引もできるようになった。

別段仕組んだわけではなかった。ただ、自分でトレードをする許可を得るための方法としては、これに勝るものを考え出せなかっただろう。私の行動は、特に市場が激しく動いているとき、トレーダーたちを憤慨させた。

私はデスクに（隅っこだったが、それでもデスクには変わりない）自分の椅子と画面（ほかのトレーダーが三つだったのに対し、一つだけだが）を得た。得られなかったのは、ＰＣをトレーディングルームに移す許可だけだった。まだ階段を往復する必要があった。

その後、一九八八年に債券分野に力を入れていたフランスの小さな投資銀行、ルペルク・ド・ヌフリズの抵当証券部長になるまで債券部に在籍した。しかし、本業としてやったことは一度もなかったものの、トレードはやめなかった。

このトレードは立会場のオプション取引に比べれば落ち着いていた。しかし、金額ははるかに大きかった（ちなみにプルデンシャルをやめたとき、私のポートフォリオは三〇億ドルに膨れあがっていた）。

ゲームはほとんど同じだった。価格の基本的な関係をつかみ、例外をねらい撃ちし、市場がどちらの方向に動いても影響を受けないように全体のバランスを取り、適正価格に戻るのを待って利食いする。計算はより複雑になり、扱う証券の幅は広がった。しかし、コンピュータの力と手足になって働いてくれる部下がいたため、一人ですべてを頭のなかでやる必要はなくなった。

ルペルクでのポーカー

ルペルクは州年金基金への不動産担保証券販売で利益を上げていた。

銀行やそのほかの貸付機関から住宅ローンを大量に購入し、社債よりも利回りが高く、信用リスクの低い住宅ローン担保証券に作り替えるのだ。この商品は複雑で運用が難しかったため、研修や投資支援のサービスを無料で提供することもあれば、希望に応じて債券取引の利益の一部として提供することもあった。また有償でポートフォリオ運用を行うこともあった。

こうした商品を売り込んだり、顧客と作業を進めたりするために、私は四年以上かけて全米の州都の半数以上を訪れた。こうした経験をして初めて、州都の多くが非常に小さいということに気がついた。古い州の場合、これは軍事防衛のためだった。大都市は港やほかの輸送路上に位置していたため、攻撃を受けやすかった。また新しい州では、大都市が州都になると力を持ちすぎるという理屈から、地方の利権が優先された。

ともかく、私は各地を回って基金に債券を売り込み、現代的な財務管理規則を陳情し、講義を行い、運用実績を報告した。もちろん出張のおりには抵当証券部を代表するだけではなく、ルペルクが提供するそのほかの金融商品やサービスの概要を紹介する冊子も持って行った。

ゲームプレーヤーは、しばしばトレードによってゲーム熱が失われることに気づく。トレードなどの金融業務は、ポーカーと同じ技術を使い、同じ満足感をもたらすからだ。

ファイナンスに関心を持つ前、私にとってポーカーは人生を満喫する手段だった。しばらくプレーしないと、味気なく退屈な気分になったものだ。良いゲームをすることで鋭気を養い、溜まっていた欲求不満や人生でのちょっとしたへこみを発散することができた。

ビジネススクールでは、主として楽しみとしてポーカーをやった。目的は仲間を得ることであって、金ではなかった。最高のプレーヤーや最高の賭け金のゲームをどうしても探し出したいとは思わなかった。どんなに良いゲームでも、夜明かしする気にはなれなかった。ファイナンスの勉強やプロジェクトが、十分な刺激になっていたからだ。

プルデンシャルに移り、特にトレーディングフロアに足を踏み入れてからは、ほとんどポーカーをプレーしなくなった。トレードを始めてからは、仕事後にポーカーをすると、残業しているような気分になったからだ。私に必要だったのは違うゲームをすることではなく、ゲームから離れてリラックスすることだった。唯一の例外は、遠方からやってきた昔のポーカー仲間がゲームを所望したときだった。

それまで金のためでなく、楽しみとつきあいのためにポーカーをやっていた私は、ルペルクに転職したとき初めてビジネスとしてやるようになった。私はディクシー氏の教えにしたがって対戦記録を注意深くつけ、ことあるごとに名前と住所を交換していた。おかげで、州都に知り合いがほとんどいなかったものの、州の中心都市には、大抵だれか知り合いがいた。そのつてを頼って、地元の記者やロビイスト、議員、役人たちがプレーする州都でのパワーゲームへの招待を取りつけたのである。

ポーカーは、債券の売り込みや、自社商品が優位になるような規則変更に、直接役立ったわけではない。対戦した相手が、私が町を訪れた目的に直接関わっていたことは一度もない。もしあったとしても、ポーカーテーブルでそんな話をするはずもなかったし、ほとんどの場合、ゲームを去っていただろう。

だが、営業やロビー活動では、だれも知り合いがいないよりも、だれか知り合いがいたほうがずっといい。その土地の雰囲気になじみ、問題に精通している内部者と雑談をするのは非常に大切なことだ。土曜日に到着して、その晩はポーカーをやり、日曜にプレーヤーのだれかと地元の催しを楽しめば、月曜には当日飛行機で到着した銀行家に対して、圧倒的に優位に立っているはずだ。

たとえ二人とも世界で最も腐敗した街の悪徳企業からやってきた怪しげなセールスマンだったとしても、私には地元に何人かの友人がいるし、ファイナンスよりもまともな分野で何らかの技術を持っていることを証明ずみだ。小さな町では、噂はすぐに広まるものだ。

われわれの行動には政治的な動機もあった。もちろん、大したものではない。ルペルクは優良な商品を（ほとんどの投資銀行のように割高ではあるが、飛び抜けて高くはない価格で）販売する、信頼できる会社だった。それでも州内の銀行は、この商売では自分たちが優先されてしかるべきだと考えるかもしれないし、労働組合の幹部は、州の資産は得体の知れないものに資金を供給するニューヨークで発行された証券ではなく、組合員を雇用する地元企業に投資されるべきだと主張するかもしれない。また、われわれの商品に有利な法律ができれば、汚職や過剰なリスクテイクをもたらすのではないかと懸念する人がいるかもしれない。

報道関係者の取材にいつでも対応できるようにしておけば、好意的な扱いを受けるだろう。ただし、口を開く前に地元の内情を十分理解しておくことも必要だ。政治家に対しては、型にはまったありきたりの主張をするよりも、時間をかけて微妙なニュアンスを知っておくほうが、効果がある。

このポーカーは、私が以前やっていたポーカーとは別物だった。目的は大金を稼ぐことではなく、テストに合格することである。ポーカーの腕を証明すること、そしてポーカーを単なるセールスの手段とせずに、心からゲームを楽しむことが、このテストの一環だった。

私は勝ちたかったが、見せかけと裏腹に狡猾だという印象を与えたり、だれかを傷つけたりするのは嫌だった。このようなときには、非常にルーズで過度にアグレッシブなスタイルがうってつけだ。多くのポットに参加し、つかまえたりつかまえられたりしながら、自分がゲームに参加していることを知らしめる。そして夜が終わった時点で自分が勝っていたとしても、だれもが自分から大きなポットを一つ二つ取っている。

この方法でプレーするもう一つの理由は、自分が非常に不利な状態からスタートしているからだ。ほかのプレーヤーは知り合い同士で、もう何年もプレーしている仲である。一方、自分は白紙の状態から、全員のプレースタイルを推測しなければならない。

パッシブなプレーヤーにとって、これは非常に不利だ。ほかのプレーヤーに反応するときには、自分が何に反応しているのかを分かっていなければならない。

他方、アグレッシブなプレーヤーは、ほかのプレーヤーのスタイルにさほど注意を払わない。アグレッシブであるために、相手のほうが反応せざるを得なくなる。このことが、不利点を利点に変えるのだ。ポーカーの専門家からは、新しいゲームには注意深く取りかかり、全員を理解するまではタイトなポーカーをするようにという助言も聞かれる。私にはこれが不思議で仕方ない。そんなのはちっともポーカーらしくない。

私が勧めるのはその逆だ。自分が知られていないという強みを、最大限に活用するのだ。彼らのスタイルに関する情報を得る見返りに、チップを少しずつ盗み取られていたのでは、何にもならない。良い手だけでプレーするのは、彼らがあなたの悪い手をいくつかコールするようになってからだ。

いかなる犠牲を払ってでも、主導権を維持すること。スタイルを突然変更して、あなたが推測するのではなく、彼らに推測させるよう仕向けること。多少の技量と運があれば、普通よりも頻繁にフォールドとレイズをして、彼らが頻繁にコールをするよう仕向けることができるはずだ。

私がファイナンスの教授だったころ、ビジネスとギャンブルを混同するのは、特に公的機関の場合、倫理に反すると主張する学生たちがいた。州の年金受給者には、投資決定がポーカーに影響されないことを期待する権利があるのではないだろうか。

もちろん、金がテーブル上を行き交えば疑惑を招くのは当然だ。債券の営業担当者が、年金基金の理事長や最高投資責任者とギャンブルに興じるのは、確かに不適切だ。

だが、倫理の問題は、ファイナンスの非常に重要な人間的側面を無視している。ファイナンスでは多くのデータや理論を用いる。ただ、良い取引の根底には必ず信頼がある。信頼は、商取引だけで築くことはできない。もちろん夕食を取りながら、あるいはゴルフをプレーしながら交わす会話も助けにはなる。だが、相手について学ぶ方法として、ポーカーをプレーすることに勝るものはない。

とはいえ、今日ではこんなことは絶対にやらない。金融と政治の世界は一九八七年当時とは、主に良い方向にではあるが、様変わりしている。ポーカーを愛する人なら、社会的な信認を得ている人物の近くで、個人的に金銭を不用意にやりとりするようなことは避けるべきだ。寂しいが、それが現実だ。

一九八八年にファイナンスの教授になるためにルペルクを辞めて以来、私はビジネスに多少なりとも関わるゲームでプレーしたことはない。別にある日そう心に決めたわけではない。個人的な株取引や、個別候補者への政治献金をやめたのと同じように、ただやめただけだ。

不正ではないが、すべての人に対して正当性をわざわざ証明するだけの価値もないし、もちろん会社の評判を危険にさらすだけの価値もない。私には、少なくとも金融界から引退するまでの間は、一般的な政治団体と、ミューチュアルファンドと、友人とのポーカーで十分だ。とにかく、公共の場でポーカーをプレーすることが許され、テレビでの放映すら許されている今日、密室は必要ないのだ。

第8章　ゲームあれこれ

――なぜゲーム理論のせいで負けるのか

ポーカーのいくつかの側面を理解するには「ゲーム理論」と呼ばれる数学の一分野について知るのが一番だ。学んだことも、耳にしたことすらなくても、ゲーム理論は、あなたが読んだり聞いたりする、ポーカーの考え方や助言の基礎になっていることが多い。

実際、ゲーム理論がポーカーの理論を支配しているために、ゲーム理論こそがポーカーだと考える人が大勢いるほどだ。だが、それは本当ではない。両者の違いを理解することが、勝てるプレーヤーになる秘訣だ。ゲーム理論は、自分のプレーを改善する手段としてではなく、理論に直接的、間接的に依存するプレーヤーの過ちを予測する手段として理解することが大切なのだ。

ゲーム理論はポーカーに影響をおよぼしたばかりか、ファイナンスにも密かに入り込んでいる。したがって、理論の弱点を理解することは、金融の分野でも役に立つ。

だが何と言っても最悪だったのは、ゲーム理論が「冷戦の狂気」の重要な知的根拠だったことだ。正気で聡明で責任能力があると思われた人々が、地球上の生命を絶滅させるための兵器の建造を招いた。彼らの行動を正当化したのは、宗教的狂信や病的な憎しみではなく、相互確証破壊と呼ばれるゲーム理論の考え方だったのだ。

同世代の例に漏れず、私も核戦争で地球上の人類が滅亡する可能性が十分にあることを信じて疑うことなく育った。健康な若者の一年以内に死亡する確率が一〇〇〇分の一にも満たないことを考えれば、自分が大学卒業前に爆撃で死ぬ確率は、それ以外の理由で死ぬ確率の二〇～五〇倍はあると真剣に信じていた。私は正しかったのかもしれない。しかし、本当のところは知りようがない。

このような考え方は、映画「博士の異常な愛情」に見事に描き出されている。ただし、この映画は風刺とはいえない。現実は、この映画よりも狂気じみていたのだから。

運が関わっているとき

クラップスのように純粋な運のゲームでは、確率論を使って最良の戦略を推定できる。運と技の両方がものをいうゲームでも、ほかのプレーヤーの行動が固定的であるなら、同じことがいえる。例えば、ブラックジャックをカジノのディーラーと一対一でプレーする場合、確率論は有効だ。

だが、プレーヤー全員が手を選べるポーカーやブリッジのようなゲームでは、確率論だけでは不十分だ。

あなた

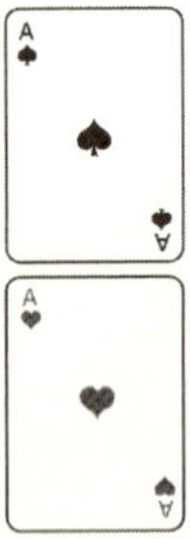

ボード

相手

例えば、ホールデムで、あなたは「ポケットエース」を配られ、ボードには「A」「Q」「J」「7」「3」が出ており、同じマークのカードが三枚ないものとする。

あなたに勝てる唯一の手は、ストレートを作る「K」「10」だ。これを数学的に考えると、未知のカードが四五枚あり、その組み合わせは四五×四四÷二＝九九〇通りある。このうち「K」「10」を獲得する方法は四×四＝一六通りあるので、二枚のランダムなカードがあなたを負かす確率は、一六÷九九〇＝一・六二％になる。

この計算を**図表8・1**にまとめた。列と行にすべての順位のカードと、その順位で手に入る可能性のある（つまりあなたの手札にもボードにもない）枚数を記した。

ほとんどのカードは四枚だ。しかし「A」は一枚だけ、「Q」「J」「7」「3」は三枚ずつである。

各セルの数字は、その組み合わせが何通り作れるかを表している。例えば「Q」「8」の組み合わせを見るには、（高位である）「Q」の列と「8」の行を見る。ここにある一二という数字は「Q」の枚数（三）と「8」の枚数（四）の積になる。

図表8.1

低位のカード

高位のカード		A	K	Q	J	10	9	8	7	6	5	4	3	2
		1	4	3	3	4	4	4	3	4	4	4	3	4
A	1	0	4	3	3	4	4	4	3	4	4	4	3	4
K	4		6	12	12	16	16	16	12	16	16	16	12	16
Q	3			3	9	12	12	12	9	12	12	12	9	12
J	3				3	12	12	12	9	12	12	12	9	12
10	4					6	16	16	12	16	16	16	12	16
9	4						6	16	12	16	16	16	12	16
8	4							6	12	16	16	16	12	16
7	3								3	12	12	12	9	12
6	4									6	16	16	12	16
5	4										6	16	12	16
4	4											6	12	16
3	3												3	12
2	4													6

ペアは若干やり方が異なる。例えば、手に入る可能性のある「K」は四枚だ。しかし、四×四＝一六通りの組み合わせではない。「K」を一枚引いてしまえば、入手可能なのは残る三枚だけなので、四×三＝一二通りとなる。ここまでは簡単だ。

だが、表中の〝6〟という数字を得るために、この数を二で割らなければならないのがややこしい。二で割る理由は「K」が交換可能だからだ。

「ハートのK」と「スペードのK」は、「スペードのK」と「ハートのK」と同じ手だ（さらに「ハートのK」と「ハートのK」を獲得することはできない）。ところが「ハートのK」と「スペードの10」は、「スペードのK」と「ハートの10」と同じではない。二つのサイコロを振って「5」と「3」を出すよりも「4」のぞろ目を出すのが二倍難しいのも、同じ理由による。

どの数字でも、ぞろ目が出る確率は、ぞろ目が出ない確率の半分でしかない。クラップスのプレーヤーは「4」のぞろ目を出すことを「苦労して《ハードウェイ》8にする」と呼ぶ。

「4」「4」では、最初のサイコロは「4」でなくてはならず、次のサイコロも「4」でなくてはならない。それぞれの確率が六分の一なので、両方揃う確率は（一÷六）×（一÷六）＝三六分の一だ。「5」「3」の場合は、最初のサイコロは「5」でも「3」でもよいので、六分の二となる。次のサイコロはもう一方の数字なので、六分の一だ。だが（二÷六）×（一÷六）＝三六の二で「4」「4」の確率の二倍になっている。

表中のすべての数字を足し合わせると、九九〇になる。これは四五（未知のカードの枚数）に四四を掛けて（最初の一枚を引いた後の未知のカードの枚数）を二で割った数（カードは互いに交換可能なため）だ。

「K」「10」を見てみると一六なので、二枚のランダムなカードの手が「K」「10」である確率は一六÷九九〇となる。ポーカーをせず、単にこの数字に賭けているのなら、それだけ知っていれば十分だ。だが、あなたは二枚のランダムなカードを前にしているわけではない。ポーカーをやっている。一〇人のプレーヤーのいるテーブルで、だれか一人がこの手を配られている確率は、一四・九四％あるのだ。「K」「10」を持っているだれかが、この時点でまだ降りておらず、しかもほかの人と同じようにベットした確率を考える必要がある。

またこのプレーヤーが、この時点まで降りずにいるからには、ほかにいかなる手を持っている可能性があるかも、考えなければならない。最後に、あなたが取り得るアクションを受けて、このプレーヤーがその手で、またはほかに考えられる手で何をしてくるかを予測しなければならない。

例えば、あなたを負かすカードが「K」「10」ではなく「7」「4」であったなら、あなたは勝つという確信を一層強めるだろう。なぜなら、この手は、ほぼ確実にフロップの前にフォールドをしているはずだからだ。

また、もし「Q」と「J」がターンとリバー（最終二ラウンド）で来たなら、多少気が楽になるだろう。なぜなら「K」「10」は「A」「7」「3」のフロップ後ならフォールドをした可能性があるからだ。しかし「A」「Q」「J」の後では絶対にフォールドするはずがない。

「7」「4」の確率は「K」「10」の確率に等しいし、いかなるボードでも、カードがどの順番で来るかは同じ確率だ。だが、あなたのベット戦略は、あなたを負かすのが「K」「10」なのか「7」「4」なのか、そしてボードのカードがどの順番で配られるかによって変わってくる。確率論だけでは不十分なのだ。

一つのアプローチは、相手の戦略を想定して、それに対する最良の対抗戦略を推定することである。こうすればポーカーを、ブラックジャックのような、ほかのプレーヤーの行動が事前に定められているゲームと見なせるようになる。つまり数学的に扱いやすくなるわけだ。

だが、数学の得意な人がよく犯す過ちの一つに、数学的に都合の良いアプローチを選択して、それを「唯一合理的な解答だ」と主張することがある。本章の後半で、この過ちを逆手に取る方法について説明する。

ゲーム理論の基本原理は、戦略の問題を一歩先へ進める。理論では、相手が「特定の戦略」を取ることを想定する。その「特定の戦略」とは、あなたが彼らの戦略を知っており、かつあなたが自分にとって最も有利な対抗戦略を実行する、という二つを前提としたときの「彼らにとって最良の戦略」だ。

このアプローチを取れば、負けようがないように思われるかもしれない。対戦相手は自分にとって最も有利な戦略を選択しても、あなたには最良の対抗戦略があるのだから。相手がそれ以外の戦略を取ったとすれば、あなたは少なくとも同程度か、それを超える戦略を取ることができる。

例えば、野球の試合で考えてみよう。九回裏、同点満塁フルカウントの場面だ。投手がフォアボールを出すかヒットを許せば、投手のチームは負ける。打者からアウトを取れば、ゲームは延長戦に突入し、彼のチームが勝つ確率は、ほぼ五分五分だとする。

彼には速球、カーブ、スライダーの三つの球種がある。ストライクになる確率は、速球なら九〇%、カー

図表 8.2　打者がアウトになる確率

	振る	見送る
速球	55%	90%
カーブ	65%	70%
スライダー	90%	50%

ブなら七〇%。しかし、スライダーは制球に難があり、ストライクゾーンに入る確率は五〇%でしかない。

打者はバットを振るか振らないかを自分で決める。ストライクゾーンを外れた球を振れば、三振してイニングが終了するものとする。ストライクゾーンに来た速球かカーブを振れば、サヨナラヒットになる確率が五〇%あると仮定する。だがスライダーを打つのは難しく、たとえストライクゾーンに来たとしても、ヒットになる確率は二〇%でしかない。

図表8・2は、このような仮定を前提に、それぞれの選択の組み合わせで打者がアウトになる確率を示したものだ。

打者が見送る場合、ストライクが来ればアウトになるので、この列に示した数字は各球種がストライクになる確率そのものである。

打者が振る場合、ボールが来ればアウトになり、ストライクが来れば二分の一の確率でアウトになる。ただしスライダーの場合は、ストライクなら五分の四の確率でアウトになる。

投手は、平均してアウトになる確率が最も高い球種を選びたいと思うかもしれない。速球は（五五%＋九〇%）÷二＝七二・五%、カーブは（六五%＋七〇%）÷二＝六七・五%、スライダーは（九〇%＋五〇%）÷二＝七〇%だ。つまり速球が最高の球種で、スライダーがそれに続き、カーブが最悪となる。

打者が振るか振らないかをコイン投げで決めるなら、そのとおりかもしれない。他方、もし投手が打者の行動を予め知っているなら、打者が振る場合はスライダーを投げ、見送る場合は速球を投げるだろう。だが、ここでは「打者が優秀で球種を読むことができ、そのうえで振るか見送るか決められる」と仮定する。ただし、球がボールになるかストライクになるかを予測できるほどの能力はないものとする（テッド・ウィリアムズやバリー・ボンズではないのだ）。

打者はアウトになる確率を最小限に抑えたい（自分の理想的な戦略を取りたい）と考える。そこで、投げられた球種で、数字が小さいほうの列を選択する。つまり、速球とカーブなら振り、スライダーは見送るわけだ。

それを分かっている投手は、各行の大きいほうの数字を無視して、低いほうの数字のなかで最も数字が大きい球種を選ぶ。これが「ミニマックス」と呼ばれる戦略である。

ミニマックス戦略で最も良い球種は、最悪状況の確率六五％のカーブだ。カーブは期待値の計算では最悪の球種だったし、打者の意向が分かっている場合には絶対に投げられない球種だった。カーブを最高の球種として認定するのは、ゲーム理論だけだ。

もちろん、このように単純な状況なら、きちんと計算をしなくてもカーブの利点に気がつくかもしれない。だが本物のゲームでは、組み合わせはあっという間に何倍にも膨れあがり、実生活ではさらにその数倍にもなる。ゲーム理論が生まれるまでは、ミニマックスを一般的な戦略方針として認定した人はだれもいなかった。ゲーム理論の手法を使わなければ、結果がたくさんあり得るゲームを解くことは不可能に近い。

もし打者が振るか見送るかを、投球前に決定しなければならないとしたら、どうなるだろうか。そうすると違うゲームになってしまう。計算は若干複雑とはいえ、結構うまくいく秘訣がある。

ゲーム理論の最適戦略には、対戦相手の選択を平準化するものが多い。対戦相手がある選択をすると別の選択をしたときよりも得をするのであれば、活用できるような機会を相手にむざむざ与えたことになるのは、直感的に分かるはずだ。ゲーム理論的ポーカーでは、フォールド、コールまたはレイズをしたときの期待値が等しくなるように、対戦相手を崖っぷちに立たせるような金額をベットすることが多い。いつもうまくいくとは限らないが、この例では功を奏する。

投手は、打者にとって振ることと見送ることが同じくらい魅力的になるようにしたいので、投手には球種の選択肢が二つあればよい。選択肢が一つでは十分でない。というのも、打者は投げられた球種で起こり得る結果をもとにして、振るか見送るかを決めるからだ。だが、もし投手が二種類の球種を適切な割合で混合すれば、打者が振っても振らなくても、投手のチームが試合に勝つ確率は等しくなる。

打者の行動にかかわらず、最も期待値の高い二つの球種から選ぶことは、明らかに理に適っている。つまり速球とスライダーだ。もし投手が帽子のなかに一～一五の数字を入れて一枚引き、一～八の数字が出れば速球を投げ、九～一五の数字が出ればスライダーを投げるなら、打者が振っても振らなくても、アウトを取れる確率は七一％になる。

これがゲーム理論から得られる、もう一つの重要な洞察だ。つまり意図的にランダムな戦略を取り、ギャンブルの手法を利用して人工的なリスクを創出するわけだ。このことは、理に適っていることが多い。むしろリスクを最小化しようとしたり、ギャンブルは人工的なリスクを生み出すから非合理的などと考えていると、機会を逃す恐れがある。

投手にとって最高の非ランダム戦略は、アウトを取る確率が六五％のカーブをいつでも投げることだ。最高のランダム戦略でアウトを取る確率は七一％で、打者がスイングについていかなる決定を下そうとも、カーブでアウトを取る確率よりも高い。ランダム戦略も、ファイナンスの重要な位置を占める。

神がガッツを与えたもうた、神の期待に背くな

ゲーム理論を深く掘り下げるために、ポーカーではなく、ポーカーテーブルでときどきプレーされる「ガッツ」について考えてみよう。

あなたはアンティを支払い、5カードポーカーをする。その手を見てから、テーブルの下に置いてある予め申し合わせた額面のチップを一枚取って（もしくは取ったふりをして）、握りこぶしをテーブルの上に置く。こぶしのなかにはチップがあるかもしれないし、ないかもしれない。

全員がテーブルの上にこぶしを置いたら、いっせいに開く。だれもチップを握っていなければ、全員が自分のアンティを取り戻す。チップを握っていたのが一人なら、その人がすべてのアンティを獲得する。二人以上のプレーヤーがチップを握っていた場合、すべてのチップをアンティと合算し、最強の手を持っている人がポットを取る。

ただし、これはいくぶん単純化した説明だ。実際のガッツでは、だれもチップを握っていなかった場

合、全員が再びアンテイを支払ってもう一度ゲームを行う。このときチップを握っていたのが一人だけであれば、このプレーヤーはデッキから配られた新しい手を自分の手で負かさなければ、ポットを取ることはできない。負かすことができなければ、このプレーヤーのチップと全員のアンテイは、次のラウンドのために取っておかれる。

だが、ここではさらに単純化するために、プレーヤーは二人だけで、ベットするチップはアンテイのチップと同じ額面であると仮定する（通常は、前者のほうが後者より大きい）。

あなたはもしロイヤルフラッシュを配られたら、当然ベットするだろう。負けるはずがないし、勝つかもしれないからだ。ゲーム理論は、対戦相手も同じことをすると想定するよう教える。

そこであなたが「Kハイ・ストレートフラッシュ」を持っていると想定してみよう。もしあなたがベットし、相手が「ロイヤルフラッシュ」を持っていれば、あなたは握っていたチップを一枚失うことになる。

ここでは、あなたが失うアンテイの枚数までは勘定に入れない。ポーカー戦略を計算するうえで陥りやすい過ちは、勘定を混同することだ。損益を計算するのはアンテイの前後でも、どの時点でもよい。しかし、いつも同じときでなければならない。私が好むのは、あなたがアンテイを入れ、ほかのベットがまだ行われていない時点をゼロ点とする方法だ。

この方法で考えるのが一番よい。この時点では、ポットにすでに入っているすべての金が、もうあなたのものではない。あなたがその金を失ったとしても、損失にはならず、取り戻せば、利益になる。

あなたが「Kハイ・ストレートフラッシュ」でベットし、相手がそれより劣る手を持っている場合、あなたはベットすることで少なくとも一枚余分のチップを獲得する。もし相手がベットすれば、あなたはベットすることで三枚のチップを獲得する（アンティ二枚と相手のベット）。もしフォールドしていたなら、チップはゼロ枚だったはずだ。もし相手がベットしなければ、あなたはベットすることで二枚のチップを獲得するが（アンティ二枚）、もしフォールドしていたなら獲得した枚数は一枚だったはずだ（自分のアンティが戻ってくる）。

あなたを負かすロイヤルフラッシュは四通り、あなたが負かすことのできる手は二五九万八九五二通りある。また、もしあなたが勝てば、最低でも負けた場合の負け額と同額を獲得できるので、あなたは当然ベットすべきだ。

もう少し正確にするために、あなたの持ち手を考えれば相手が持っているはずのない手を除外しよう。そうすると、ロイヤルフラッシュのあり得る組み合わせは三通り、あなたが負かすことのできる手は一五三万三九三三通りになる。

しかし、これでもまだ分かり切った選択だ。そこで、われわれが「Kハイ・ストレートフラッシュ」でプレーし、相手もプレーすると仮定する。

この論法に則って、上から手を一つひとつ順番に調べていき、負かすことができる手の数と、負かされる手の数が同じになるところでストップする。両者がまったく同じ数になる手はなく、「A」「K」「Q」

「J」「2」がこれに最も近い。これと同等か、これよりも強い手は一三〇万四五八〇通りあり、これより劣る手が一一九万四三八〇通りある。

そこで、相手のプレーヤーが持つ可能性のある手のちょうど五〇％がこれを負かし、ちょうど五〇％がこれに負けるものと考える。五〇％の確率でチップを一枚失い、五〇％の確率で一枚または三枚のチップを獲得できるのだから、われわれは当然この手をプレーすべきだ。

あなたと、そして仮定によって相手のプレーヤーが「A」「K」「Q」「J」「2」以上の手を持っていれば、必ずベットすべきだ。これは配られる可能性のある手の五〇・二％にあたる。五〇％を超えるのは、中央値の手を持っているときにもベットするからだ。

では、次にもう一方の端、つまりあり得る最悪の手となる、マークの揃っていない「7」「5」「4」「3」「2」から考えてみよう。ほとんどのローボールでは、「A」をローカードと見なし、ストレートとフラッシュを無視することが許される。その場合「5」「4」「3」「2」「A」が最低（つまり最強）の手だ。しかし、ガッツはハイカードゲームなので「A」はハイカードとして扱われ、ストレートやフラッシュを主張する。

「7」「5」「4」「3」「2」はいかなる手にも勝てない。ベットすれば、ほかのプレーヤーがベットすれば一枚チップを失い、相手がベットしなければ一枚獲得する。だが、先ほどの分析から、われわれは相手が半分以上の確率でベットすることを知っている。そこでこの手はフォールドとなる。

二番目に悪い手は「7」「6」「4」「3」「2」で、これで勝てる手は「7」「5」「4」「3」「2」しかない。ただし、その手はフォールドされ、チップは一枚だけしか獲得できないことをわれわれは知っている。この手ではどうやっても三枚のチップを勝ち取る可能性はなく、「7」「5」「4」「3」「2」と同じ状況なのでフォールドする。

この論法を使って「A」「K」「Q」「10」「9」まで順々に分析していく。するとゲーム理論の解は、ペア以上の手役か「A」「K」「Q」「J」を含むときに必ずベットし、「A」「K」「Q」「10」「9」以下の手は必ずフォールドするということになる。

推測ゲーム

ゲーム理論を使わずに適切な戦略を計算するには、ほかのプレーヤーの戦略を推測しなくてはならない。それは一見さほど難しくないように思える。ところが、数学的に処理するのは難しい。いかなるゲームも、いやありていに言えば、いかなる他人との駆け引きも、計算できないリスクを伴う。そう考えると、面倒な気がしてプレーしたくなくなる人もいるだろう。

ホラー映画には、悪霊を呼び出す呪文の書かれた古い巻物を見つけ、本当に効くかどうか試してみる愚か者が必ず登場する。彼に降りかかる災いを、計算できないリスクにおける重要な教訓として肝に銘じてほしい。とにもかくにも、プレーすることを決めたなら、リスクが計算可能だという、幻想の世界を作り上げてはならない。

ゲーム理論に関する問題点の一つは、人が理論の示唆するような行動を取らないことだ。事実、大規模な実験によって、ゲーム理論の最適行動からの系統的逸脱は数多く発見されている。人々がゲーム理論を用いている実例は、ほとんど発見されなかったのだ。

確かに、ゲーム理論の「仮定」のもとでは、そのことを心配する必要はない(理論の危険な兆候の一つは、理論の提唱者が「理論の真偽は重要ではない」と主張することだ)。ゲーム理論に基づくあなたの戦略は、対戦相手が彼らの視点から選び得る最適戦略に対して最適化されている。もし彼らがそれ以外の戦略を選択したとしても、あなたは少なくとも同じくらいにはうまくやるだろう。だが、対戦相手がその戦略を選ぶことはあまり多くないので、単純な人の目には、あなたがだれも持っていない武器のために盾を持ち歩いているように映るのかもしれない。

ゲーム理論家は、単純な批評家は愚鈍で数学を理解できないのだとして、この批判を却下する。だが愚鈍な人たちを無視するわけにはいかない。彼らとて武装していないわけではなく、武装の仕方が違うだけなのだ。愚者にぶたれるのも、賢者にぶたれるのと同じくらい痛い。

ゲーム理論の第二の問題点は、非常に単純なゲームにおいても、しばしば明らかに誤った答えを導くことだ。最もよく知られた例は、囚人のジレンマだ。

二人の犯人が銀行強盗に失敗して、逃亡中に逮捕された。ところが、警察にとっては不幸なことに、彼らを強盗犯として特定できる目撃者がおらず、ほかの物的証拠もない。ただ、二人とも逮捕に抵抗し

図表 8.3

		哀れな共犯者	
		自白する	自白しない
ゲーム理論家	自白する	二人とも懲役９年	理論家は無罪釈放 共犯者は懲役10年
	自白しない	理論家は懲役10年 共犯者は無罪釈放	二人とも懲役１年

たことで、懲役一年の有罪判決を受ける可能性はあった。一方、銀行強盗未遂に対する有罪判決は、懲役一〇年だ。

犯人たちは独房に隔離され、それぞれ同じ取引の申し出を受けた。「相棒の罪を密告すれば自由の身となる。しかし、二人とも自白して相手の罪を密告すれば、二人とも密告によって一年減刑され、懲役九年となる」

犯人のどちらか一人が、ゲーム理論を理解できない愚鈍なプレーヤーを相手にポーカーをやって全財産をすった挙げ句、銀行強盗に身を落としたゲーム理論家であれば、必ず自白するだろう。相棒が何をしようとも、自白すれば刑務所ですごす時間を一年減らせると判断するからだ。もし相棒が裏切ったとしても、懲役は一〇年ではなく九年だ。だから自白する。

相棒は、ゲーム理論家と一緒に銀行強盗をやろうとした自分をののしりながらも、同じく自白する。仁義など理解しない男に仁義を尽くして、苦境に陥るつもりはないのだ。そんなわけで、それほど数学力のない泥棒であれば一年で釈放になるところを二人とも九年の刑に服する。

二人を同じ監房に入れるのは、残酷で異例な刑罰だ。二人が揃ってそこにいることがいかに賢明なことか、同房者から九年間も延々聞かされる生活を想像してほしい。

この考え方は数学的にはまったく問題なく、完全につじつまが合っている。この結論は仮定から厳然と導かれている。それに「私は自白する」という、ゲーム理論家の決定を批判しているわけでもない。相棒も違う理由からだが、同じことをしている。

問題は、ゲーム理論家が最初から相棒を「敵」として特徴づけたことにある。そのため、信頼、仁義、協力の価値が失われた。そしてこの決定は、人間関係や仕事における一つのステップではなく、顔の見えない敵を相手に行う一度限りのゲームと化した。

相棒が親友だろうが最悪の敵だろうが関係なしに、同じ行動が推奨される。それどころか、友やライバルという言葉は意味を失い、だれもが敵と化す。悪意に満ちた敵ではないが、あなたの幸福などお構いなしに、自分の効用関数を最大化する、ただの意思決定主体に成り下がってしまうのだ。

この種の考え方が国際外交にどれほどの害を及ぼすかは、言うまでもない。だれもが敵と化し、敵の戦略のなかで最もダメージの大きいものに備えるようになる。これは友好国、非友好国のどちらにも、ついでに言えば国内政治にも適用される。

「敵の意向ではなく、能力に備える」ことは、軍事上の原則としては理に適っている。ところが、これを適用すべき相手は敵だけであって、全員を敵として扱うのは狂気の沙汰だ。ポーカーでは、なお悪いことに、金を失うことになる。

ポーカーのテーブルでは、競争よりも協力が行われることのほうが多い。ところが、ゲーム理論家にはそれが理解できない人もいる。金融では一層この傾向が強い。

ただし、ゲーム理論を攻撃しているわけではない。ゲーム理論は、ポーカーのいくつかの側面を理解するための手段として役に立つ。

それに、ゲーム理論の研究者を攻撃しているわけでもない。ゲーム理論の理論的、実験的検討において、今も卓越した重要な研究が行われているのを理解している。

私が批判するのは、基本を理解しただけですべてを理解したと思い込む人たちだ。彼らを相手にポーカーをするのは望むところだ。だが、一緒に銀行強盗をやるのはごめんだ。

ブラフの達人

ゲーム理論は、ほかの方法では正確に説明できない「ブラフ」の概念を説明するうえで非常に役立つ。ブラフは広く誤解されている。

例えば、卑劣な悪党に誘拐された勇敢な女性記者が「編集者に電子メールで記事を送ったので、あなたの身元はもう割れている。私を殺しても事態は悪化するだけよ」と言い張ったとしよう。もちろん、悪党は「それはブラフだ」とあざ笑うだろう。

卑劣な悪党よ、悪いがそれはブラフではない。「うそ」なのだ。

勇敢な女性記者は何かを賭けたわけではない。賭けるべきものは何もなかった。もし彼女が何も言わなければ、悪党に殺されるだろう。だが悪党がこのうそを信じれば、殺されないかもしれない。うそをついたという理由で、彼女を二度殺すことはできない。彼女はうそをついても何も失うものがなく、かつ悪党がそれを信じた場合にだけ得をする。この二点から、これはブラフ失格となる。

もちろん、勇敢な女性記者は脱出に成功し、卑劣な悪党は逮捕される。この記者を法廷で見かけた悪党が「逃げ出して殺してやる」と脅しをかけたとしよう。二枚目で頭は弱いが忠実な彼女の男友達は「ただのブラフだよ」と言って慰めようとするかもしれない。

これも間違いだ。卑劣な悪党は、何かを賭けているのかもしれない。感情をあらわにしたことで、心からの悔恨による減刑点数をふいにするのだから。だが、勇敢な女性記者は、これに対して何をすることもできない。したがって、これはブラフではなく「脅し」になる。

例えば、あなたが上司に「ほかに仕事の口があるので、昇給が得られないなら辞めたい」と言ったとしよう。あなたは何かを賭けている。上司に断られれば、仕事か、少なくとも多少の自尊心を失うだろう。一方、上司には「出て行くときは警備員に社員証を渡してね」と言うか「もちろん給料を上げましょう」と言う選択肢がある。

だが、それでもこれはブラフではない。上司の対応の決め手となるのは、あなたの言い分を信用するかしないかではなく、あなたに高い給料を払ってでも残ってほしいと考えているかだからだ。もし上司が何カ月も前からあなたをお払い箱にしようと考えていたなら、あなたに新しい仕事があると信じようが信じまいが、握手をして新しい仕事での幸運を祈るだろう。

しかし、もしあなたが本当に必要とされているのであれば、何としてでも残ってもらおうとするはずだ。たとえ、あなたがうそをついていることを知っていたとしても、それを指摘すれば、あなたはプライドを傷つけられて辞めてしまうかもしれないし、少なくとも将来の争いの火種を作ることになるかもしれない。

本物のブラフは、騙しではない。

この違いに注目することが大切だ。ブラフをかけているとき最も望ましくないのは、ブラフをかけた相手が混乱することである。一方、欺こうとしているとき、相手を混乱させるのは得策だ。

ブラフの数学

ブラフの数学を理解するために、ガッツのゲームに戻り、それをポーカーゲームに作り替えてみよう。テーブルの下のチップや、全員が同時に賭けるといった無意味なことはやめて、プレーヤーはチェックまたはベットをしなければならないとする。

もしあなたがチェックをすれば、二人で手を見せ合い、良いほうがアンティを取る。もしあなたがベットをすれば、私はコールまたはフォールドをすることができる。そこで私がコールをすれば、それぞれがチップを一枚ずつ入れ、手を見せ合い、良いほうの手が四枚のチップを獲得する。あるいは私がフォールドをすれば、あなたがアンティを獲得する。

ここであなたは「ペア以上の手が来ればベットを開始する。しかし、そうでなければチェックをする」と決めたとしよう。あなたがペア以上の手を獲得する確率は四九・九％だが、ここは簡単にするために五〇％としておこう。

ゲーム理論の分析では、私があなたの戦略を知っているものと想定する。私は、勝つ確率が少なくとも四分の一以上のときに限って、あなたのベットに対してコールをする。負ければチップを一枚失い、勝てばチップを三枚獲得するからだ。

私が「6」のペアを持っている場合、あなたが最低でも「2」のペアを持っていることを考えれば、あなたに勝つ確率は四分の一だ。したがって、あなたは二分の一の確率でチェックをして、残る二分の一の確率でベットをする。あなたがベットをしたとき、私がコールをする確率は八分の三だ。次の表でこれを説明した。

図表8・4は、あり得る五つの結果を、**図表8・5**は、それぞれの結果が、あなたにもたらす期待値を示したものだ。

二人とも「6」「6」以上の手を持っている場合、あなたがベットをして、私がコールをする。半分の確率であなたは勝って三枚のチップを獲得し、半分の確率であなたは一枚失う。

あなたがベットすべき手（「2」「2」以上）を持っており、私がフォールドすべき手（「5」「5」以下）を持っている場合、私はフォールドをして、あなたはアンティを手に入れてプラス二枚となる。

もしあなたの手が「2」「2」から「5」「5」までの間で、私の手が「6」「6」以上なら、あなたはベットをし、私が勝つので、あなたはチップを一枚失う。

あなたはノーペアなら、チェックをする。もし、私の手が「2」「2」以上なら、私は常に勝ち、あなたのチップはゼロ枚になる。

もし私もノーペアなら、あなたは半分の確率でアンティを得るので、期待値はプラス一枚になる。

図表8・6には、計算した確率を記した。われわれはそれぞれ八分の三の確率で「6」「6」以上の手

図表 8.4

<table>
<tr><td colspan="3"></td><td colspan="3">わたしの手</td></tr>
<tr><td colspan="3"></td><td>6のペア以上</td><td>2のペアから
5のペアまで</td><td>ノーペア</td></tr>
<tr><td colspan="2"></td><td>行動</td><td>あなたがベット
すればコール</td><td>あなたがベット
すればフォールド</td><td>あなたがベット
すればフォールド</td></tr>
<tr><td rowspan="3">あなたの手</td><td>6のペア以上</td><td>ベット</td><td>あなたがベット
わたしがコール
それぞれの勝つ
確率は五分五分</td><td rowspan="2" colspan="2">あなたがベット
わたしがフォールド
あなたが勝つ</td></tr>
<tr><td>2のペアから
5のペアまで</td><td>ベット</td><td>あなたがベット
わたしがコール
わたしが勝つ</td></tr>
<tr><td>ノーペア</td><td>チェック</td><td colspan="2">あなたがチェック
わたしが勝つ</td><td>あなたがチェック
それぞれが勝つ確
率は五分五分</td></tr>
</table>

図表 8.5

<table>
<tr><td colspan="3"></td><td colspan="3">わたしの手</td></tr>
<tr><td colspan="3"></td><td>6のペア以上</td><td>2のペアから
5のペアまで</td><td>ノーペア</td></tr>
<tr><td colspan="2"></td><td>行動</td><td>あなたがベット
すればコール</td><td>あなたがベット
すればフォールド</td><td>あなたがベット
すればフォールド</td></tr>
<tr><td rowspan="3">あなたの手</td><td>6のペア以上</td><td>ベット</td><td>＋1</td><td rowspan="2" colspan="2">＋2</td></tr>
<tr><td>2のペアから
5のペアまで</td><td>ベット</td><td>−1</td></tr>
<tr><td>ノーペア</td><td>チェック</td><td colspan="2">0</td><td>＋1</td></tr>
</table>

図表8.6

<table>
<tr><td></td><td></td><td></td><td colspan="3">わたしの手</td></tr>
<tr><td></td><td></td><td></td><td>6のペア以上</td><td>2のペアから5のペアまで</td><td>ノーペア</td></tr>
<tr><td></td><td></td><td>確率</td><td>3/8</td><td>1/8</td><td>1/2</td></tr>
<tr><td rowspan="3">あなたの手</td><td>6のペア以上</td><td>3/8</td><td>9/64</td><td colspan="2" rowspan="2">5/16</td></tr>
<tr><td>2のペアから5のペアまで</td><td>1/8</td><td>3/64</td></tr>
<tr><td>ノーペア</td><td>1/2</td><td colspan="2">1/4</td><td>1/4</td></tr>
</table>

を、八分の一の確率で「2」「2」から「5」「5」までの手を持ち、残る二分の一の確率でノーペアとなる。

どの組み合わせの確率も、個々の確率の積に近い。例えば、あなたの手が「6」「6」以上で、私が「2」「2」から「5」「5」までの手である確率は、(三÷八)×(一÷八)＝六四分の三となる。

あなたの全体的な期待値を計算するには、先の二表の各セルの数字を掛け、それを足し合わせればよい。＋一×(九÷六四)＋二×(五÷一六)＋〇×(一÷四)＋一×(一÷四)＝三一・三二を得る。あなたはプレーするためにチップを一枚アンティとして払う必要があるので、長期的には必ず負ける。あなたが獲得するチップの数は、平均すれば一枚よりも少ないからだ。

一般に、最良の手をプレーする確率がp(分数)のとき、一手ごとに「pの二乗÷八枚」のチップを失う。この場合、p＝二分の一なので、あなたは一手ごとに三二分の一枚のチップを失う。あなたにできる最善のことは、p＝〇に設定することだ。つまり常にチェックをし、けっしてベットをしない。ベットはけっして行われず、最強の手がアンティを獲得する。このとき一二八手をプレーすれば、平均すると一二八枚のチップを得る。

この例は、ギャンブルに関する昔ながらの問題を説明する。あなたにとって、賭けを提案することは割に合わない。私は自分にとって有利な賭けにしか応じないからだ。

「賭けに応じることは割に合うかもしれない。しかし、賭けを提案することは割に合わない」

二〇〇〇年ほど前、ある無名の人物が、この論法の過ちを発見した。この過ちは、ブラフによって逆手に取ることができる。これ以前にもブラフを理解していた人はいるかもしれない。だが、記録は残っていない。

戦略について書かれたものはたくさんあるのに、書き手がブラフの概念を偶然発見したことを少しでも示す記述はない。ブラフが戦略として非常に重要であることを考えれば、それが知られていたことについて言及する人がだれもいなかったとは信じがたい。またブラフは、驚異的であり、かつ直感に反した考え方なので、当たり前のこととしてわざわざ書き残そうとした人がいなかったなどとは、さらに考えにくい。

その天才的なひらめきとは、自分の最良の手ではなく、最悪の手でベットすることだ。例えば、あなたは「Q」「9」以下の手と「6」「6」以上の手を持っている場合、ベットをするとしよう。それでもあなたは、合わせて半分の確率でベットをしている。「Q」「9」以下の手を持っている確率は八分の一、「6」「6」以上の確率は八分の三だからだ。

また、私もやはり「6」「6」以上の手ならばコールをする。勝つ確率が少なくとも四分の一あるからだ。

図表8.7

<table>
<tr><td colspan="3"></td><td colspan="3">わたしの手</td></tr>
<tr><td colspan="3"></td><td>6のペア以上</td><td>Q・9以下</td><td>Q・10から
5のペアまで</td></tr>
<tr><td colspan="2"></td><td>行動</td><td>あなたがベット
すればコール</td><td>あなたがベット
すればフォールド</td><td>あなたがベット
すればフォールド</td></tr>
<tr><td rowspan="3">あなたの手</td><td>6のペア以上</td><td>ベット</td><td>あなたがベット
わたしがコール
それぞれの勝つ
確率は五分五分</td><td colspan="2" rowspan="2">あなたがベット
わたしがフォールド
あなたが勝つ</td></tr>
<tr><td>Q・9以下</td><td>ベット</td><td>あなたがベット
わたしがコール
わたしが勝つ</td></tr>
<tr><td>Q・10から
5のペアまで</td><td>チェック</td><td>あなたがチェック
わたしが勝つ</td><td>あなたがチェック
あなたが勝つ</td><td>わたしがチェック
それぞれが勝つ確
率は五分五分</td></tr>
</table>

図表8・7の結果表では、あなたがチェックをし、私が「Q」「9」以下を持っている状況を示す箱が、新たに分割されたことに注目してほしい。先ほど、あなたはこの状況では負けて、結果がゼロ枚だった。ところが、今は勝ってプラス二枚の結果に変わった。これは表全体の一六分の一に相当するので、あなたの期待利益は八分の一枚増えて、三二分の三一から三二分の三五となる。これは一よりも大きいので、あなたはこのゲームをプレーすることで得をする。

その代償は、あなたの手が「Q」「9」以下で、私が「6」「6」以上の場合、あなたが僅差ではなく大差で負けることだ。しかし、だからといって、金がかかるわけではない。

この新しい展開について、私にできる

ことは何もない。私はあなたがベットをするとき、四度に一度はブラフをかけると知っている。だが、その知識があっても、私にできることは何もない。あなたは私を惑わしているのではなく、負かしているのだ。

あなたが賭けを先に提案することは、当初思えたようにあなたを不利にするのではなく、有利にする。だが、それはブラフのやり方を知っている場合に限る。

残念なことに本物のポーカーでは、相手のプレーヤーもブラフをし返して、優位を取り戻すことができる。

大切なのは、最も弱い手でブラフをすることだ。このことはゲーム理論から得られる重要な洞察であり、ゲーム理論を使わなければ明快に説明することはできない。

これが古典的なポーカーブラフ、つまり考え得る最も弱い手を持っているときに、非常に強い手を持っているかのように行動することである。ブラフをするときは、金を失うのは覚悟のうえだ。しかし、ほかの手で、その損失を補って余りあるだけの利益が得られる。あなたが強い手を持っているとき、コールをされる確率が高くなるのだ。

ほかのプレーヤーが、あなたがブラフをする可能性があると知っている。だから、あなたがコールをするときの手は、概して前よりも強くなる。なぜならあなたはレイズをしたはずのいくつかの手でブラフをかけ、代わりにコールをするからだ。

ブラフの成否は、人を惑わせられるかで決まるわけではない。むしろブラフが有効なのは「あなたがブラフをする可能性があると知られている場合」に限られる。もしあなたが人を惑わせられるというのなら、ブラフの代わりにそっちをやったほうがいい。だが、それをブラフと呼ばないでほしい。

ポーカーには、ほかにも騙しのプレーがある。それをブラフと呼びたがる人もいる。ここで意味論について四の五の言うつもりはない。ただ、古典的なブラフが、ほかとはまったく違う考え方であることを理解してほしい。

人間は生まれながらに欺瞞的である。したがって、いかなるときにうそをつくべきか、いかなるときにうそをつかれているのかを知るには、直感が良い手引きになる。

だが、ブラフは直感とまったく相容れない。ブラフをかける、あるいはほかのプレーヤーにブラフをかけられた自分を守るには、訓練が必要だ。あなたの直感は、あなたを裏切り、ブラフの価値を破壊してしまう。それどころか、直感のせいで、ブラフによって金を失うことになる。「なぜ最弱の手でブラフをするのだろうか。代わりに並みの手でブラフをすれば、コールをされたとき勝つ見込みがいくらかでもあるのに」と考えてしまう。

またコールをされたとき、あなたはきまりが悪くなり、価値のない手札を見せずに捨ててしまうかもしれない。ブラフをするにはどう考えても最悪のときを本能的に選んでしまうかもしれないし、ほかのプレーヤーがあなたにブラフをかけているという読みも誤っているかもしれない。こうしたことのすべてが、ブラフの価値を下げてしまうわけだ。

ほかのカードゲームはうまいのに、ポーカーでは並みのプレーヤーに大負けしてしまう主要因が、ブラフなのだ。

つまるところ、古典的なブラフは「自分が弱いときに強いふりをすること」である。逆に強いときに弱いふりをすることは「スロープレー」と呼ばれ、一般的な騙し戦略の一種だ。私はこれを「ブラフ」とは呼びたくない。

古典的なブラフでは、通常ならフォールドをすべき手でレイズをする。しかし、スロープレーは、通常ならレイズをするはずの手でコールをすることだ。

ブラフは極端から極端に移る。一方、スロープレーは極端から中間に移る。

ポーカーでは、常にいろいろなプレーを織り交ぜるべきとはいえ、ブラフをしているのでないかぎり、移動するのは一段階ずつである。つまりフォールドからコールへ、コールからレイズへ、または逆方向へと移る。

レイズすべき手をフォールドしてブラフするようなことは、絶対にない。それは、まともではない。もう一つの違いは目的だ。スロープレーの目的が、プレーをしている手でもっと大きな利益を得ることにあるのに対し、ブラフは金を失うことを覚悟しながらも、将来の手の期待値を上げることを目的とすることが多い。

さらに興味深い問題に「セミブラフ」がある。これは重要なポーカー概念には珍しく、一人の人物によって考案されたことがはっきりしている。その人物とは、デイビッド・スクランスキーだ。

スクランスキーがセミブラフについて書く前に、セミブラフを使った人はだれもいなかったというわけではない。それは私に知るよしもない。だが、セミブラフについて書いたのはスクランスキーが初めてで、この考え方を十分に練り上げたのも彼であることは、間違いない。

セミブラフとは「おそらくは弱いままだが、ひょっとしたら非常に強くなるかもしれない手をもっているときに、レイズをかけること」をいう。

この一例が、ホールデムでのスペードの「6」と「7」だ。

もしボードに三枚のスペード、あるいはその「6」と「7」と共にストレートを作る三枚のカードが含まれていれば、強い手になる。また、もしほかのプレーヤーがあなたの手を読み誤ってくれれば、なおすばらしい。早い段階でレイズをすれば、ペア以上の手を持っていると思わせることができる。

例えば、ボードに「7」のペアと「6」が一枚出ているが、「A」はなかったとしよう。あなたが強気でベットをすれば、ほかのプレーヤーは、あなたが「A」「7」で開始したのではないかと推測し、あなたがスリーカードを持っていることを想定してプレーをするだろう。そこでストレートかフラッシュを持っているプレーヤーが、自信たっぷりにベットをする。だが、あなたの持っているのは実はフルハウスで、彼らの手を負かすことになる。

あるいは、もしボードに高位のカードが何枚かとスペードが三枚あれば、ほかのプレーヤーはあなたが持っていると思われる高位のカードでツーペアを作ったか、スリーカードを作ったと考えるだろう。しかし、あなたが実際に持っているのはフラッシュだ。

私としては、この手を持っており、ボードが開く前にレイズをかけることを「ランダム化したブラフ」

と考えたい。レイズをするとき、あなたには自分がブラフをしているか分かっていない。

私がセミブラフという言葉を好きでないのは、多少なりともブラフしていることを暗に示しているからだ。実際はそうでない。あなたはブラフをしているか、していないかのどちらかだが、現時点ではどちらか分からないだけなのだ。これは重要な区別だ。

ブラフもどきは絶対に成功しない。しかし、ランダム化したブラフは成功する。スクランスキーは、セミブラフ、はっきり言えばすべてのブラフに、儲かる公算があると書いている。

私の考えでは、儲けることを期待するなら、その手はブラフではなく騙しだ。期待値が正のときにベットをするのはブラフではない。あなたはほかのプレーヤーがフォールドをしないかぎり勝てないような弱い手を持っているかもしれない。だが、もし相手がフォールドをする確率が十分高ければ、あなたは偽りのプレーをしているのであって、ブラフをしているのではない。

スクランスキーが負の期待値を持つプレーを絶対にしないことを考えれば、彼にとっては、ランダム化したブラフが、ゲームにブラフを組み込むための唯一の方法だといえる。

セミブラフの不利な点は、ブラフをするタイミングを自分で制御できないことだ。セミブラフをするには特定の種類の手が必要となるので、それを獲得するのに一時間もかかることがあるし、たとえ獲得したとしても、それをブラフにすることができないかもしれない。一方、古典的なブラフを行うなら、テーブルにカードが配られるうちに必ず好機がめぐってくるだろう。そのうえブラフをかける場所と相手を自分で選ぶことができるし、特定の種類のポットを求めてブラフをする贅沢すら許される。

セミブラフは、次の二つの条件が揃うとき、最も役に立つ。第一に、負の期待値を持つブラフへの投資を回収できるほど、ゲームが長続きしない恐れがあるとき。この極端な例が、大きなポットを勝った人がゲームから去りそうなときだ。

これはオンラインゲームでよく起こる。プレーヤーは物理的にその場から立ち去る必要もない。プレーヤーが非常にタイトになれば、去ったも同然だ。

第二に、ブラフの目的は、収支トントンまたはそれ以上の状況を、より利益の多い状況に変えることである。赤字の状況を収支トントン以上の状況に変えることではない。

収支トントンの状況を改善するには、適切なブラフをする好機が訪れるまで、どれほど長い時間がかかっても待つ価値がある。だが勝ち目がないのなら、すぐにブラフをするか、ゲームをやめたほうがいい。

ゲームの実際

ゲーム理論によるブラフの分析は、ポーカーの一つの側面について考えるための一つの方法にすぎない。ゲーム理論からは多くの貴重な教訓が得られる。ただし、この理論への過度の依存の結果、最近の標準的な戦い方は、いくつかの点であきれるほど脆弱になっている。

一例を挙げれば、ゲーム理論は、自分の戦略を隠すことの利点は何もなく、隠すべきものはカードだけだと教える。そしてほかの人が最初にカードを手に取り、必死で反応を押し隠そうとしている様子をじっと観察するよう教える。

こうしたプレーヤーは、こと自分の戦略に関しては、実に開けっぴろげにしゃべる。「低順位のペアをプレーするのはいやなんだよな」とか「同じマークの『J』『10』は最高のポケットカードだ」といったことを、全世界に向かって宣言するわけだ。

このような情報のすべてが真実というわけではない。低順位のペアが嫌いだというプレーヤーは、低順位のペアをプレーしすぎたから嫌いなのだろう。「酒はもう一滴たりとも飲まない」と誓う人がそれからの一年間で飲む酒の量は、酒のことなど話題にもしない人が飲む量よりも多いだろう。

だが、私の経験では、こうした言葉が意図的なミスディレクションであることはまれだ。重要なのは、こうした言葉から、彼らのゲームに関する考え方がうかがえるということだ。

勝利や挫折について語る人には、耳を傾けよう。彼らがどのようにプレーを進めるか、彼らにとって何が最も大切なのかを語っているのだから。彼らは成功したブラフや、素晴らしい手で良い手を負かしたときのことを語るだろうか。悪い手でプレーをして成功する人や、最強の手だけでプレーをする人について愚痴をこぼすだろうか。

もちろん、その両方であることが多い。ただ、それでも何らかのニュアンスは感じ取れるはずだ。

プレーヤーがこの種の情報を無償で暴露することや、ほかのプレーヤーがそれに注意を払わないことが、もっと驚くべきことなのか、私には分からない。ただ、私が学んだ、より伝統的な様式のポーカーでは「だれかの戦略を知るためには

A
ゲーム理論の過ち①
戦略ではなく
カードに焦点を当てる
A

金を払う必要がある」と教えられた。

配られたカードを手に取った後のプレーヤーの様子よりも、手に取る前のプレーヤーの様子を観察するほうが、はるかに多くのことが分かる。一つの理由は、彼らがゲーム理論のせいで、シャッフルとディールの最中は無防備になっており、ミスディレクションやカモフラージュをすることが少ないからだ。もう一つの理由は、彼らが反射サングラスをかけているのでもないかぎり、手札についてそれほど有益な情報はなかなか得られないからだ。手札がかなり良さそうだとか悪そうだといった大まかな感触ならつかめるかもしれない。しかし、それはベットをしている様子を見れば、すぐに分かることだ。

同じマークの「A」「9」と、「8」のペアの違いを読むのは難しい。本当に下手なプレーヤーは、自分の手の強さについて自分が考えていることを漏らしてしまうだろう。だが、本当に下手なプレーヤーの発言は、往々にして間違っている。相手の知らないことをその表情から読むのは無理な話だ。また、本当にうまいプレーヤーが、有益な情報を提供する代わりに、あなたに信じ込ませたいことを話す可能性も、少なくとも同じくらい高いだろう。

いずれにせよ、ポーカーで意思決定をするときに、ほかのプレーヤーの手の強さの小さな違いがものをいうことはほとんどない。確かに勝ち負けは、こうした小さな違いによって決まる。だが、自分のプレーする方法が左右されることはない。

相手の戦略を理解していれば、その人に対してどのようにプレーすべきかが正確に分かる。ディール前の様子を見ているだけで、その人がプレーに値する手なら、いかなる手でもリバーまで行くつもりだとか、フォールドをする言い訳を探している、といったことが分かるものだ。

チップの大きな山に自己満足して、ひたすら最上の手を待つだけの人がいる。そうかと思えば、損失を取り戻すために何か手を打とうと必死になっている人もいる。こういったことを知っていれば、彼らの今後のベットを解釈する助けになるし、どのように対応すればよいかが分かる。

相手の戦略を知っていれば、カードを知る必要はない。例えば、あなたはカードが配られる前にディーラーがブラインドスチールをすることに決めたようだと、判断したとする。あなたの予想どおり、彼はレイズをする。あなたは並みの手しか持っていないが、彼はいかなる手であってもレイズをするつもりだったと考えて、コールをかける。もし彼がたまたま良い手を持っていれば、あなたはおそらく負けるだろう。だが、あなたはあまり気にしない。この知識を持っていれば、勝つことが多いからだ。

他方、もし相手の手札を知っていたとしても、それは相手の金を早く勝ち取るのに役立つだけだ。むしろ、早く勝ちすぎてしまう。あなたがポットに金を入れるたびに勝っていれば、プレーする人はいなくなるだろう。もし本当に全員のカードを知っているなら、ときどきはわざと負けて、その事実を隠したほうがいい。長い目で見れば、だれのカードも期待分布に近くなり、推測する必要はなくなる。

ゲーム理論における秘密主義の重視は、冷戦外交にも波及した。冷戦を題材にしたサスペンス小説といえばもちろんスパイ物だ（善玉が負ければ世界が滅亡する恐れがある、という筋書きが多い）。

スパイへの執着は、今にして思えばかなり滑稽だった。重大な機密保護違反を犯した人のほとんどが、自国を裏切ったスパイだったのだ。スパイや逆スパイへの執着がそれほどなかったなら、機密はもっと保護されていたはずだ。

外国の諜報員を政府文書の山へと送り込めば、いつまでたっても貴重で、しかも信用できる数少ない文書を選び出すことはできないだろう。重要書類を残らず最高機密書類の書類ばさみに隔離するのは、敵に大いに便宜を図ることになる。そのうえ機密を管理する巨大な官僚機構を設置すれば、一層の便宜を図ることになる。統計的に、内通者や愚か者がそこに雇われる確率は、かなり高くなるからだ。

それに、何よりも国家の重要なデータを秘密にすることは、報道の自由と国民の選ぶ権利を損なう。さらに悪いのは、政権を握る与党と考え方の凝り固まった公務員とが結託して、何を国民の目から隠すか決めることだ。

冷戦の災いが、実は戦略の災いだったのは、滑稽なことだった。どちらの側も、持っているカードが良くなかったのではない。プレーのやり方がまずかったのだ。より良いカードを獲得する（ますます恐ろしい兵器を建造する）ために無駄に費やされた財的、人的資源が、すべてのものを危険にさらし、すべての人を恐怖に陥れる戦略を支えていた。

ポーカーに話を戻そう。カードよりも戦略に焦点を当てることが大事なもう一つの理由は、相手のカードを変えることは（少なくとも合法的には）不可能だが、相手の戦略は簡単に変えられるからだ。前に取り上げた最初のガッツについて考えてみよう。

このゲームでは二人のプレーヤーが同時に宣言する。もし相手のプレーヤーが、強いほうの半分である「A」「K」「Q」「J」「2」以上の手をプレーするというゲーム理論的な最適戦略に従うなら、あなたに勝ち目はない。だが、彼がどちらかの方向に逸脱し、これより多いか少ない手をプレーするなら、あなたは優位に立てる。

相手のプレーする手が半分よりも少ない場合、あなたにとって最良の戦略は、すべての手をプレーすることだ。

相手が半分以上の手をプレーする場合の最良の戦略も、ルーズなプレーである。ただし、このときは相手の半分だけルーズにプレーする。例えば、相手が七〇％の手をプレーするなら、あなたは六〇％をプレーする（五〇％との差の半分）。もし相手がちょうど半分の手をプレーするなら、あなたは五〇％から一〇〇％までのどの割合をプレーしても構わない。

この大まかな考え方は、多くの状況に当てはまる。もし別のプレーヤーが（ほんのわずかでも）タイトすぎるなら、あなたはそれに対応して非常にルーズなプレーをする。また別のプレーヤーがルーズすぎるなら、あなたはその半分だけルーズなプレーをする。またこの考え方は、タイトなプレーヤーをよりタイトに、ルーズなプレーヤーをよりルーズにさせるのが得策だということをも示している。

A
ゲーム理論の過ち②
自分が変えられるもの
ではなく
自分に変えられないものの
ことを気にする
A

あなたはほかのプレーヤーを最適戦略から遠ざけたい。ならば、彼らがそもそも動きたがっている方向に追いやったほうが簡単だし、利益になる。

ゲーム理論家にとって、この情報は無意味だ。ゲーム理論家は対戦相手が自分たちにとって最悪なことをやるという前提でプレーするため、相手が実際に何をするかは気にしない。だが、私にとっては、相手が実際に何をするかは大問題だ。

私の推測では、ほとんどのポーカープレーヤーは良い手が来るまで待つよう教え込まれているため、過度にタイトな状態で始める。そこで、最初はすべての手でプレーをする。そうすればおそらく儲けられるし、最悪でも期待利益は小さな負の値になるだけだからだ。その場合はすぐに、つまり最初にだれかが弱い手でベットした時点で、気がつくはずだ。

私がすべての手をプレーし、相手が着実に金を失うという状況が続けば、当然彼はルーズになるよう仕向けられる。私は彼がベットするすべての手が分かるので、彼がどの程度ルーズなのかを正確に判断できる。これも、当初ルーズに始める理由の一つだ。つまり、相手の戦略を知りたいのだ。

だが、全員が自分以外の全員の戦略を知っているという前提からスタートするゲーム理論は、それが重要とは考えない。相手がルーズになり、五〇％の手でプレーをするまでになれば、できるだけ早く、さらにルーズにさせたい。柔道と同じで、相手の勢いを利用して倒すのがこつだ。

どうやってこれをやるか。自分の手を見ずにベットをするのだ。自分の手を見てからテーブルの下でチップを握る代わりに、チップを一枚取ってテーブルの上で握る。何も言わずにただそうする。

（要求されないときに）手を見ずにベットすることは、ポーカーでは、ほかのプレーヤーの戦略を変えさせる重要な作戦だ。ところが、ゲーム理論が情報を無視することは正しくないと教えるために、現代の本からは消えてしまっている。

うまくやれば、相手に五〇％をはるかに上回る手でプレーをさせることができる。この状況を活用するには、私は相手の半分だけルーズなプレーをする必要がある。そのためには綿密な推測が必要とはいえ、しばらくの間ならやれる。

相手はショーダウンで負けるのにうんざりすれば、再びタイトに戻り始める。私は再び、すべての手でプレーをすることになる。

もちろん、相手も私に対して同じことをしようとするかもしれない。彼が常に一歩先を行くか、私に論理ではなく感情でプレーをさせるか、私のバランスを崩すことができれば、彼が勝つだろう。二人のうちのどちらかが勝ち、もう一方が負ける。カード運は勝敗と何の関係もない。

勝者を推測するための巧妙な数学的手法はないし、リスクを計算する方法もない。これこそがゲーム、少なくとも良いゲームの重要な性質だ。それがゲーム理論からは完全に抜け落ちている。このことは、だれでも生まれながらに知っているのに、数学のせいで混乱させられているのだ。

ゲーム理論の過ち③
ほかのプレーヤーの
状況を楽にするような
プレーをする

常識を保ち、明快な戦略でプレーし、ほかのプレーヤーには自分の打破できる戦略でプレーをさせる。それができれば、あなたに太刀打ちできるプレーヤーはほとんどいないはずだ。

この例は、ゲーム理論のもう一つの欠陥も明らかにする。一般に最適戦略は、対戦相手のどの戦略も同等に有効であることを意味する。例えば、ジャンケンのゲーム理論的戦略とは、それぞれの手をランダムに同じ確率で出すことだ。こうすれば、長い目で見れば勝つ回数はちょうど半分になる（実際には勝ちが三分の一で、あいこが三分の一だが、あいこを勝ちの半分と勘定すれば、勝つ回数は半分になる）。

私が常にグーを出しても、常に前回勝ったはずの手を出しても、常にあなたが前回出した手を出しても、最適戦略を取るあなたの勝つ回数は、ちょうど半分になる。負けないが、勝ちもしない。それではとてもプレーしているとは言えない。ゲームをしたくないのなら、なぜプレーという無駄な努力をするのだろうか。

相手がいかなるプレーをしても同じ利益しか得られない戦略よりも、ほかのプレーヤーに手痛い失敗をする機会をたくさん与えるような戦略を採用するほうが、ずっと理に適っている。

全員が全員の戦略を知っていて、その知識をもとに完璧にプレーをするという仮定から始めるのではい。戦略がはっきりと分かっておらず、プレーは完璧でないという、より現実的な仮定を立てることにする。この状況で勝つには、失敗の数をほかのプレーヤーよりも少なくすることに尽きる。つまり自分の失敗を減らすか、相手の失敗を増やすか、という二つの策がある。

あなたのほうがプレーヤーとしてうわ手であれば、すでに相手の上を行っているので、前者の策を取るのは難しい。だが後者の策は簡単だ。あなたのほうがうわ手なので、テーブルを操って全員のバランスを崩すことができるはずだ。

あなたがほかのプレーヤーと同じぐらいの腕前でも、後者の策を取ることは理に適っている。一つ失敗を避けても、それは一つ分有利になるだけだ。ところが、あなたと対戦しているほかのプレーヤーに失敗をさせれば、プレーヤー一人につき一つ分有利になる。

ほかのプレーヤーを混乱させるよりも、自分のプレーを改善するほうが理に適うのは、自分が一番下手なときだけだ。その場合、ゲーム理論的アプローチは、優れた防衛手段となる。だが先に述べたように、それよりもさらに良いアプローチは、相手に太刀打ちできるほどうまくなるまで、ゲームをやらないことだ。

視野の狭さ

ゲーム理論の残る三つの過ちは「視野の狭さ」という大まかな標題のもとにまとめられる。

ゲーム理論は原理上、多数の対戦相手に対してプレーをする多数の手を扱うことができる。だが、いかに強力なコンピュータでも、この計算量には、たちまち圧倒されてしまう。

ポーカーでゲーム理論の厳密解を導くことができるのは、対戦相手が一人だけの、単純化されたゲームだけだ。研究者は扱いやすい方程式を導くために、カードの山からカードを抜き取ったり、ベットラウンドの回数を減らしたり、ルールを変更したりする。私はこのアプローチに対して、何の反感も持っていない。私自身、ブラフの概念を説明するために、単純なガッツの例を用いている。

だが、このアプローチでは、ポーカーの一つの側面を部分的に解明することしかできない。このやり方に全面的に依存すれば、損をするだろう。なお悪いことに、単純化された枠組には生じない、明らかな過ちを見落としてしまうだろう。

どうしようもないほどゲーム理論にかぶれているポーカーの指南本は、ちょっと目をとおしただけですぐ分かる。こういった本は、二つの状況をまったく違う方法で扱っている。著者は、プリフロップであれマルチウェイポットであれ、ベットする可能性のある人が多数存在する状況では、ゲーム理論の考え方については触れもせず、最強の手を獲得する確率を計算するだけで満足している。

プレーヤーはこの情報をもとに、手に率直なプレーをする。見込み薄の場合はフォールド、並みのチャンスでコール、成功の見込みがあればレイズをするわけだ。多少の騙し（フリーカードを得るためのスロープレーやレイズ）を加えることはあっても、ブラフはしない。

このときの議論は確率論一辺倒であって、ゲーム理論ではない。なかには一度に二人以上のプレーヤーにブラフをすべきではないと断定する本もある。だが、それは経験に根差したポーカーの知恵ではなく、都合の良い仮定にすぎない。

A
A
ゲーム理論の過ち④
テーブル全体ではなく
一人の対戦相手に対して
プレーする

参加者が複数いる状況でのゲーム理論的ブラフは、あまりにも複雑すぎて計算できない。ゲーム理論家がこのような状況でのブラフを避ける理由は、それが好ましくないからではなく、計算できないからだ。だが、大きな利益をもたらす見込みがあるのは、計算できないリスクだけだ。

そして一対一のゲームに話題がおよぶや否や、テーブルにいたそのほかのプレーヤーは忽然と姿を消し、アプローチはゲーム理論に切り替わる。もちろん、この切り替えについて何の説明もなされない。

このような取り組み方には、いくつかの問題点がある。一つには、決定を下すときには、ポットにまだ残って競い合っているプレーヤーだけでなく、テーブルの全員を考慮に入れるべきだということだ。全員を考慮に入れても、現在の手については何ら違いを生じない。だが、将来の手には違いを生じる。例えば、もしあなたがブラフでコールをされれば、テーブルの全員が、あなたに対するプレーのやり方を変えるだろう。すでにフォールドをしたプレーヤーは、または少なくともそのなかのうまいプレーヤーは、まだプレー中かのように、熱心に観察しているはずだ。自分のプレーを心配する必要がないので、あなたのプレーにもっと注意を向けられる。

私は自分が実際に相手と対戦しているときよりも、フォールドをした後や観戦しているときのほうが、プレーヤーのことを理解しやすいと感じることが多い。プレー中は、自分が何を持っているのかを知っているので、ほかのプレーヤーを分析しているときもそれが頭から離れない。だれの手も知らないときは、プレー中なら見逃したかもしれない多くのことが目につく。

別の意味で啓発的な三つ目の状況は、自分はこれからフォールドをするつもりだが、相手がそのことを知らないときだ。

三つの状況のそれぞれで違う発見があり、それを組み合わせることによって、どの一つの状況よりも全体像がよく見える。もちろんゲーム理論家は自分の戦略ではなく、カードを偽ることだけに関心があるので、観察から学べることがあるとは考えない。次のゲームではまた別の手が来るので、有益な情報が持ち越されることはないと考えるのだ。

情報の持ち越しとその影響を表す具体例に、いつブラフをするかという問題がある。ゲーム理論がまだなかったころ、伝統的なポーカーでは、手を見せずにポットを二つ勝ち取るたびにブラフをせよと教えられた。

もちろん、機械的にそうせよということではない。ショーダウンなしで二回勝った後、いかなる手でもブラフをするというのでは、あまりにも見え透いている。この助言の意図は、ブラフの頻度を、自分の強い手を相手にコールをさせるというブラフの目的と結びつけることによって、適切な頻度に調整できるようにすることにある。

ゲーム理論が示唆するのは、正反対の考え方だ。ショーダウンを行わずに勝つのは、半分ブラフしているようなものだ。ほかのプレーヤーは、あなたが実際に良い手を持っていたか知らない。そのため彼らは、あなたがコールされて何も持っていなかった場合と同じだが、それほど強くはない、反応を示す。ショーダウンなしの二勝はブラフ一回に相当するので、もう一度ブラフする必要はない。むしろ、今やコールをされる可能性が高くなっているのだから、次には強い手をプレーすることを心がけるべきだ。

どちらの分析も正しいので、われわれはジレンマに陥ってしまったようだ。われわれの強い手に対して全員がフォールドをするとき、われわれはブラフの頻度を上げるべきだろうか、下げるべきだろうか。

実はこれは、テーブルの全員を頭がたくさんついた一人の対戦相手と見なしたせいで生まれた、偽のジレンマなのだ。テーブルには、ブラフによってルーズにさせたいプレーヤーもいれば、もっとタイトにさせたいプレーヤーもいるのが常だ。

コツは、ブラフをかける相手に最もコールをしそうにないプレーヤーを選ぶことだ。テーブルには、こうしたプレーヤーが何人かいるので、ブラフの標的を自分で選ぶことができる。

自分が良い手を持っているときに、この逆をやればよいと考える人がいるかもしれない。つまり、良い手を持っているルーズなプレーヤーをとらえることだ。だがそのタイミングは、自分でコントロールできない。

コールをする可能性が低いプレーヤーにブラフをかけるのは、儲かる可能性が高いだけでなく、効果も高い。おそらく、あなたは手札を見せないものの、それでもルーズなプレーヤーは、あなたが格好の標的に対してブラフをかけていることに気がつくだろう。ほかのプレーヤーは、あなたがブラフでまんまと逃げ切るのを好まない。

必ずコールをしてくるプレーヤーとショーダウンまで行って、これ以上ないほど弱い手をさらして損するよりも、慎重なプレーヤーに対するブラフを成功させて、カードを見せずに儲けたほうが、多くのアクションを促すことができる。それに、格好の標的がコールをしてきた場合は、効果は倍になる。

こうした理由から、反応を期待しないプレーヤーにブラフをかけるほうが安くすむし、効果も高い。ルーズなプレーヤーがあなたにコールをしていないのなら、タイトなプレーヤーにブラフをかけてみよう。タイトなプレーヤーがあなたの良い手に対して二、三度フォールドしたら、ルーズなプレーヤーに挑戦できる最強の手が来るまで待ち、それからタイトなプレーヤーを相手に、一晩中ブラインドスチールし続ける。ゲーム理論のせいで、対戦相手が一人だけではなくテーブルの全員がそこにいるということを忘れないかぎり、これほど簡単なことはない。

複数の対戦相手がいる場合には確率論を用い、一人の場合にはゲーム理論を用いるアプローチのもう一つの問題点は、その切り替えが唐突に行われることだ。初手はテーブルで最強の手に発展する確率を基にして選ぶ。だが、ラウンドの後半のベッティングでは、ゲーム理論的最適戦略に基づいて判断を下す。

この切り替えのせいで、首尾一貫したやり方を円滑に進められなくなる。ブラフも最強の手も見破られやすくなる。そのうえ、手がなかなか思い出せなくなる。

当初は一つの考え方に集中しているので、ゲームに残った場合に必要になるかもしれないことにまで、なかなか気が回らない。自分のことに注意を払い、後にほかのプレーヤーの失敗を誘うようなシグナルを確実に発することとなると、さらに難しい。

こうしたことよりも、もっと大切なのは、ゲームの初めから終わりまでを戦略と確率の両方の観点から考えなければ、成功は望めないということだ。最初自分のカードの強さだけを考えていると、プレーをしている手が二番目に強い手になってしまうことが多い。そしてポーカーで最も儲けが多いのは最強の手だが、最も損失が多いのは二番目に強い手なのだ。

最悪の手を持っているほうがはるかにましだ。フォールドをして、損失をアンティとブラインドに限定すればよい。

カードを選ぶときには、その手が最強の手になる確率だけでなく、最強になる確率と二番目に強くなる確率との差も考慮しなくてはならない。また自分が最強の手を持っていることが自分に分かる確率も計算に入れる必要がある。その状況では、儲けがずっと大きくなるからだ。だが、たとえ自分の手が最強の手である可能性が高くても、別のプレーヤーがそれを超える手を持っていることを自覚している確率がわずかでもあるなら、手を捨てることになるかもしれない。

もちろん原理上は、ゲーム理論の分析をテーブルのプレーヤー全員に拡張することは可能だ。驚くべきことに、こうすれば二人のゲームよりも簡単に解を導くことができる。もしあなた以外のすべてのプレーヤーが、あなたを除く全員にとってベストな戦略を採用するなら、あなたはいかなる手であれフォールドをすべきだ。テーブル全体があなたに対して結託しているような状況では、儲けることなどできない。

ゲーム理論家は、これは不公平なアプローチだ、各人が相互に独立してプレーすると仮定すべきだ、と主張するかもしれない。確かにそれは数学的には面白い演習かもしれない。しかし、テーブルで見られるプレーヤー間の協力的、競争的な相互作用は、ポーカーにおける非常に大切な要素なのだ。ここで問題にしているのは、あからさまな結託のことではない。これも実際に起こることなので考慮すべきではあるが、ルールには反している。

私が言っているのは、いかなるポーカーテーブルにも生じる、自然な相互作用のことだ。これを自分の利益になるように活用することが、ポーカーで勝つ秘訣だ。この流れに逆らうことは、災いを招くようなものだ。ゲーム理論的戦略を取ると、テーブルで孤立することが多い。その結果、テーブル全員があなたに対して無意識に結束を固める場合が多い。

ゲーム理論的分析の視野が狭いもう一つの理由は、それが一度きりのゲームを、また多くの場合、一度きりのゲームでのたった一度の決定を問題にしているからだ。原理上は分析を拡張して、一連のゲームにまで網羅することはできる。だが、複雑すぎて問題が手に負えなくなってしまう。あなたが目標としているのは、おそらく生涯通算でポーカーに勝つことか、少なくとも一つのポーカーセッションを勝つことだろう。一つのゲームを完璧にプレーすることは、良くてもこの目標に向けた一歩にすぎない。もしかしたら逆方向に向けた一歩かもしれないのだ。

博識者のデイビッド・スパニアーは、著書『トータル・ポーカー（Total Poker）』のなかで、ロンドンのクラブで最初のショーダウンまでの間ずっと、完全なブラフをかけ続ける戦略を取ったときのことについて書いている。この種の完全なブラフは、米国はもとより、英国で行われることはめったにない。少なくとも、この著作が執筆された当時はそうだった。

彼のプレーはあまりにも注目を集めたおかげで、一晩中強い手に対してコールをされ続けたという。このような戦略が、一度きりのゲームという文脈で検討できないのは明らかだ。

実は、ゲーム理論が複数回のゲームにも当てはまるかという問題を考えるうえでは、二重思考が必要とされる。一方では、ゲーム理論の計算が役立つのは、ゲームを一度だけプレーする場合に限られる。他方では、全員がほかの全員の戦略を知っているという前提がふさわしいのは、複数回ゲームをプレーするという文脈においてだけだ。

戦略をランダム化することは、実際には一度きりのゲームをしながらも、複数回のゲームを（あなたが取り得るアクションのせいで増えるかもしれない手を含む、すべての手を）することを考慮に入れるための、数学上のテクニックなのだ。もし私が人生であと一ゲームだけポーカーをやるとしたら、期待値を最大化するためにプレーし、絶対にブラフはしないだろう。その場合、ゲーム理論ではなく確率論を使って、行動を決定する。

ゲーム理論家は、もしほかのプレーヤーにその戦略を知られたら、ゲーム理論的戦略を取り、それを知られた場合よりもまずい状況に立たされるはずだと、主張するだろう。だが、もし相手が私の考えを読めるというのなら、私はそもそもそんな相手とポーカーをやりたくない。

ゲーム理論の分析を拡張して複数回のゲームを網羅することには、二つの問題点がある。一つは、複数のプレーヤーを相手にする場合と同じで、計算が一気に複雑になることだ。もう一つは、全員が自分以外の全員の戦略を知っているという仮定は、学習が行われないことを意味するため、一つのゲームを次のゲームと違うやり方でプレーする理由が、何もなくなることだ。複数回のゲームに有効なゲーム理論を展開するには、学習の理論を取り入れなくてはならない。

　ゲーム理論を用いれば、一度きりのゲームをプレーするときのブラフの最適確率を定めることができる。この計算は多くの疑わしい仮定を伴うものの、計算結果は、複数回のゲームで実際にブラフを行う場合の最適「頻度」に関する適切な指針となる。つまり、ゲーム理論が特定の状況で五％の確率でブラフするよう命じるなら、そのような状況が起こったときに二〇回に一回ほどブラフすることが、おそらく正しいということだ。

A
ゲーム理論の過ち⑤
勝負全体ではなく
一度きりのゲームを
プレーする
A

　だが、確率は頻度ではない。その違いを忘れることが、定量的推論に長けている人にとって、往々にして危険な盲点になる。ブラフの回数をランダムに選ぶこと、つまりその状況に陥るたびに乱数発生器を使って行動を決めるなど、ポーカーではあり得ない考えだ。ブラフの時機を決める段階でゲーム理論から離れ、本当のゲームが始まる。

　ゲーム理論の最後の盲点は、なぜ人がそもそもプレーするかという問題を問わないことにある。ゲーム理論の分析は、プレーヤーが金を前にしてテーブルを囲んで座っているところから始まる。では、彼らはどこからやってきて、ゲームが終わったらどこへ行くのだろうか。金以外に賭けられているものは何だろうか。

金だけが目的であれば、特にカードルームが手数料を徴収する場合、プレーをする意味がない。うまいプレーヤーは正の期待値を持っているし、下手なプレーヤーは誤って導かれているのだと反論する人がいるかもしれない。が、ゲーム理論は、プレーヤーが合理的で十分に情報を与えられていることを前提としている。

囚人のジレンマのように、プレーヤーがゲームを強制されたり、純粋に娯楽のためにプレーをするなら、こういったことはあまり重要でないかもしれない。だが、どちらの状況も、ポーカーには、あるいは少なくとも大金のかかったプレーには当てはまらないことが多い。

一九五〇年代末、ドイル・ブランソン、セイラー・ロバーツ、アマリロ・スリムの三人がチームを組み、車でテキサス中を回って各地のゲームでプレーをした。三人とも一九七〇年代に行われた世界ポーカー選手権で優勝を経験しており、ブランソンなどは二度も優勝している。このプロのドリームチームは、テキサスの小都市の酒場の密室で、地元のアマチュアを相手にどのような成績を上げたと、あなたは予測するだろうか。

テーブル上のアクションだけを考えるなら、あなたは三人が大金を獲得したと予測するだろうし、それはおそらく正しい。だが、もっと広い観点から考えれば、地元の人たちはなぜ車でやって来た三人のよそ者が、金を巻き上げるのをむざむざ許したのか、という疑問が湧いてくる。

もちろん、そのようなことは許されなかった。ときには地元の保安官が三人をとらえ、賞金を超える罰金を徴収することもあった。また町を去るときに強盗に襲われ、賭け金に加えて賞金まで奪われることもあった。貸し金が回収不能となり、さらに利益を蝕むこともあった。これらを足し合わせると、彼らはポーカーをすることで損をしていたのだ。

彼らがやったことといえば、金を町のポーカープレーヤーから保安官や無法者に回しただけだった。保安官や無法者は、地元の犠牲者を武装した強盗から都合良くかくまってやった、無報酬の共犯だったと言うこともできる。

では、なぜ三人はプレーを続けたのだろうか。実は、三人は地元のノミ屋の間で高校フットボールギャンブルを両賭けする組織に加担していた。彼らはこの働きに対して報酬を得ており、ポーカーは儲からない副業にすぎなかったわけだ。

A
ゲーム理論の過ち⑥
テーブルの外の世界を
無視する
A

この手の話は、一九九〇年代以前のほとんどの有名なポーカーチャンピオンの伝記に繰り返し登場する。彼らは大金を勝ち取りながらも、無一文になることが多い。ポーカーで賞金を獲得するのが得意なのに、金を持ち続けることは苦手なのだ。ポーカーで成功を続けたい人は、テーブルの外の世界に作用している何らかの力について、考える必要がありそうだ。

テーブルという観点だけからものごとを考えるのなら、成功するための最も簡単な方法は、金持ちで下手なプレーヤーの集まるテーブルを探すことだ。だが、そもそも、なぜそのようなテーブルが存在するのだろうか。なぜ下手なプレーヤーはプレーするのだろうか。ほかのうまいプレーヤーが、利益を得ようとして競争に加わらないのはなぜだろうか。

同じような状況は、ビジネスでも起こる。儲かる市場を見つけるだけではだめだ。なぜそれをすでにやっている人がいないのか、また成功した場合には、なぜ模倣戦略を取って値下げ圧力をかける企業がないのかを、考える必要がある。

こうした疑問に対するもっともな答えが存在することも、ときにはある。だからこそ成功する企業がある。だが、こうした疑問について考えなければ、成功する企業の仲間入りはできない。またポーカーテーブルでこうした問題について考えない人は、たとえ世界ポーカー選手権のチャンピオン三人が束になったほどうまかったとしても、長い目で見れば勝てないだろう。

「ゲーム理論の過ち⑥」は、ゲーム理論の過ちのなかでも本書のテーマに最も近く、本書のほかの箇所でも詳細に議論している問題だ。単純な例は「カジノでポーカーをプレーして生計を立てるには、どうすればよいのだろうか？」である。もちろん、うまいプレーヤーでなければならないが、それは最初の一歩にすぎない。

あなたがゲームで金を勝ち取るとき、その金は、ほかのだれかから来ているはずだ。論理的にあり得るのは次の三つである。①勝つプレーヤーの勝ち額が、全体として少なくなる、②負けるプレーヤーの負け額が多くなる、③カジノが回収する手数料が減る。あなたの収入源は、この三つのうち一つか、いくつかの組み合わせになる。

まずカジノから始めよう。カジノのポーカーで生計を立てている人は、カジノ経営に関する本を読むべきだ。正直に言えば、私の知り合いの成功したカジノプレーヤーでこうした本を読んでいる人はいない。ほとんどがカジノで働いた経験があるか、カジノの従業員とのつき合いを通じてカジノの考え方を十分に理解しているかのどちらかだ。また身の回りにあるものの経済状態を把握することが、生まれながらに得意な人もいる。

カジノでほとんどのゲームに適用される通常の方式では、カジノの取り分はプレーヤーの損になる。カジノの収入は、常連が失っても構わないと考える金額によって制約される。しかし、ポーカーで勝つプレーヤーは、カジノが本来得るはずだった収入を奪っていることになる。なぜカジノはこれを許すのだろうか。

「ポーカーは、ほかのカジノゲームよりも運営費が安い」と考える人もいる。だが、それはうそだ。ポーカーは手数料収入一ドルを得るために、ほかのカジノゲームよりも広いフロアスペースと多くの従業員を必要とする。またポーカーでは従業員に要求されるスキルも高い。

ほとんどの人が思いつく理由に「カジノはポーカーではゲームの結果にかかわらずピンハネをするのでリスクが低い」という説もある。だが、大規模なカジノの場合、クラップスやルーレットでは、賭けの回数の多さを考えればリスクはごくわずかでしかない。

あまり重要ではないもう一つの点は、ポーカープレーヤーはほかの客と違って、カジノの閑散時である午前二時から午後五時までにプレーする傾向にあるということだ。だがこんなことでは、カジノのポーカーゲームを説明することはできない。

一つの答えは、ポーカープレーヤーが、ほかのゲームでギャンブルをする人と違っていることだ。より正確に言えば、同じ人がポーカー以外のほかのカジノゲームもプレーすることは多いのに、失ってもよいと考える金額が、ポーカーだけは違うということだ。彼らはカジノがブラックジャックやスロットマシンではけっして得られない金額を、ポーカーでなら失ってもよいと考えるのだ。

この答えの別の側面として、ポーカープレーヤーが損失の見返りとしてほかのカジノの顧客と同じサービスを要求しないことがある。彼らは気前の良いコンプ（部屋代無料などの優遇サービス）を期待しないし、貸し付けを求めることもない。一般に競争の厳しいカジノは、ギャンブラーたちが足を運んでくれるように益金の七五％を還元し、それで間接費、コンプ、貸倒損失を賄わなければならない。顧客層が異なれば、この三項目の内訳も変わるが、総額はかなり一定している。

だが、ポーカープレーヤーが相手の場合、カジノが手数料のほとんどを保持する。つまりカジノは原則として、勝ったプレーヤーが全体としてカジノの取り分の三倍の金額を持ち去ることを許し、ほかのゲームと同じく、顧客損失の二五％をキープする。これに含まれるのは常勝者だけで、ある晩は勝っても別の晩には勝ち分をすべて失うようなプレーヤーは、予算に含まれない。

この洞察が示唆するのは、まず競争の厳しいカジノでポーカーをやるのは得ということだ。ポーカーでは顧客がフロアショーとして、別の顧客を引きつける。ラスベガスやアトランティックシティのカジノは、車で三時間も行かなければ競合店が見あたらない先住民居留地のカジノに比べれば、顧客を引きつけるために多額の出費をするのがならわしとなっている。

愚かなプレーヤーは、カジノは何もしてこないと言うだろう。だが、カジノが勝者の金をかすめ取る方法はたくさんある。一般的な方法は、手数料を引き上げて、その一部を敗者に還元することだ。オンラインカジノは敗者に常に損失の二五％以上を払い戻している。短期的には、手数料を一五％ほど引き下げて払い戻しを撤廃すれば、これと同程度の金額になる。そうすると常勝者がより多くの利益を得る一方で、常敗者はより多くの損失を被る。

だが、勝者が買った金をカジノから引き出すのに対し、常敗者はけっして金を引き出すことはないので、オンラインカジノにとっては、常敗者に払戻金を与えることは、その金を銀行に預けるのと同じくらい安全なことなのだ。従来型のカジノは、バッドビートジャックポット（十分良い手だったのに負けたとき、ハウスから臨時に提供される賞金）を用意していることが多く、またすべてのポットから手数料を徴収して敗者に与えることもある。

カジノではサクラが雇われることも多い。こうしたプレーヤーはハウスに雇われ、元手を提供されるが、賞金はカジノのものになる。カジノはベットや席の順番に関するルールを、ポーカーで生計を立てるプレーヤーの不利になるよう調整することもできる。

こういった作戦は必ずしも成功するとは限らない。もしかしたらカジノポーカーで、カジノの取り分をものともせずに常に勝っている人が、どこかにいるかもしれない。だが、私はそんな人に会ったためしがない。

「流れに逆らって漕げば、ワニに笑われる」というマレー地方のことわざがある。自分の勝った金がカジノのためにもなるように立ち回れば、流れに沿って漕ぐことができる。卑怯なワニがカジノを経営していることもある。だが、そういう輩は味方につけるにかぎる。

カジノで人気者になるにはどうすればよいだろうか。優良顧客やスタッフを困らせたり、いざこざを起こしたりしないこと。愛想を振りまき、ほかのプレーヤーに短気を起こさないよう働きかけることもプラスになる。敗者も十分楽しめるように、また手数料がそれほど大きな痛手にならないように、ゲームを楽しくする。

「ヒットエンドラン」、つまり素早く金をせしめてさっさと去るのはいけない。テーブルにチップの大きな山を置いておこう。自分の人脈や評判で客を呼び寄せることができれば、なお良い。最悪の罪は、顧客をほかのカジノに追い払ったり、プライベートゲームにこっそり連れて行ったりすることだ。カジノでは、強力な友人でもあり、たちの悪い敵でもあるお兄さんたちが、常に目を光らせている。

また、自分以外の勝者たちにも気を配らなければならない。彼らがあなたに対抗して結託すれば、成功は望めない。良いテーブルを独占することもできなくなるし、テーブルに敵対的なプレーヤーが何人もいれば、壊滅的に不利な状況に立たされる。彼らのポケットから金を取っても、グルになって対抗されないようにするには、どうしたらよいだろうか。

一つには、彼らの、特にあなたよりも上手なプレーヤーの素性を把握し、彼らが穏やかにゲームをしているときには加わらないことだ。だが、彼らがあなたのゲームにやって来たときには、痛い目に遭わせてやる必要がある。あなたにとっては、そのセッションで自分が勝つことよりも、彼らに損をさせるか、少なくとも散々苦労した挙げ句、わずかな利益をひねり出させることが大事だ。

個人的に礼儀正しく愛想良くするのはよいことだと思う。だが、私はその逆の戦略で成功している人たちを知っている。

あなたが迎え入れられれば、代わりにだれかが追い出されることになる。ゲームで賄える勝者の数は限られているのだ。残った勝者が以前と同じだけの分け前を得て初めて、あなたは「勝者は敗者を相手にプレーするのであり、仲間内で挑戦し合うのではない」という暗黙の了解のもとで、勝者の仲間入りをすることができる。

あなたのもう一つの務めは、ゲームを新入りから守ることだ。特に敗者を追い払ったり、確立された序列に敬意を払わなかったりする不愉快な輩である。こういった輩のゲームに参加して、彼らが生計を立てられないようにすれば、彼らは別の場所に移り、仲間の平和を乱すことはなくなるだろう。

敗者も大切だ。あなたとの対戦で金を失うことを楽しんでもらえれば、あなたは長い目で、さらに成功するだろう。もちろん、相手を怒らせればゲームが勝ちやすくなり、相手を不安定にさせればセッションが勝ちやすくなることが多い。だが、このようにして生計を立てるのは、粗悪品を売りつけておいて、顧客の苦情をすべて無視するようなものだ。

実際こういう人はたくさんいる。だが、本物の価値を提供し、満足した顧客が戻ってきてくれるようにするほうが、より良い人生だといえる。

敗者を満足させておくうえで、彼らの人となりや、彼らが負けることを厭わない理由を知ることは欠かせない。個人的に知り合いにならなくても、そのうちにタイプを識別できるようになる。

敗者のなかには、翌日自慢できるような大きなポットを一つ二つがっぽり稼げるなら、一晩中賭け金を巻き上げられても構わないという人もいる。そうかと思えばせっかちで、何度もフォールドをするのが嫌な人もいる。相手が何を求めているかに注意を払い、彼らの金と引き換えにそれを与えてやればいい。

一度きりのゲームを考察してもポーカーを分析できない理由は、より広範な経済の成り立ちが考慮されていないからだけでない。一度きりのゲームの勝敗で成否が決まるわけではないのだ。ゲーム理論が世界を分極化させ、破滅寸前まで追い込んだのと同じように、完璧なゲーム理論的戦略を取れば、ほかのプレーヤーとハウスは必然的に結託して、あなたに対する陰謀を企てるようになる。

空気抵抗のない物理学や、ファイナンスにおける効率的な市場と同じように、ゲーム理論も単純化された世界である。この考え方は深い洞察をもたらしはする。しかし、単純なモデルに目をくらまされてはいけない。

現実の世界には空気抵抗がある。ピサの斜塔から砲丸を落とすなら空気抵抗を無視しても構わない。だが、もしあなたが、特にポーカーゲームに向かって、パラシュートで降下しているのであれば、無視することはできないのだ。

フラッシュバック⑥
ライアーズポーカー

トレーダーは古くから「がさつな職業」と相場が決まっており、しごきが徒弟制度の重要な役割を担ってきた。しごきは言葉による虐待や悪ふざけ、屈辱的な仕事、難題といった形を取り、一九八〇年代半ばには常軌を逸した水準に達していた。

このころ、大手金融機関に運良くトレーダーの職を得れば、数年のうちに裕福な人生を手に入れる見込みが高かった。だが、それは史上初のことだった。それまでは、ほとんどのトレーダーがすぐに大損をして落伍していたし、成功したトレーダーでさえ、何年も働いた末にそこそこの富を手に入れる程度だったのだ。

一九八〇年代半ばの市場は、並みの技量のトレーダーに数百万ドルもの金を惜しみなく与えた。ウォール街の金融機関のほとんどが、トレーダー、特にCEOよりも稼ぎの多い者たちを統制する方法を習得しておらず、彼らの羽目を外した行動は野放しになっていた。

トレードが変化したのは一九八〇年代、銀行をはじめとする金融機関がカジノと同じ建築原理で巨大なトレーディングフロアを作るようになってからのことだ。ビルのワンフロア全体が、コンピュータのモニターがびっしり置かれた何列もの長いテーブルで埋めつくされた。ひと並びのオフィスや会議室がぐるりとフロアを取り囲み、窓を遮断した。

主任トレーダーにはオフィスがあてがわれた。もっとも、トレーダーがオフィスにいるところを目撃されることはなかった。あらゆる活動がデスクで行われ、キー入力や手ぶりや短い電話で、数億ドルの金が動いた。

トレードで成功する方法

一方、市場はますます複雑さを増していた。楽して儲ける機会は瞬時に消滅し、儲けるためには精度と計算がますます必要になった。

昔かたぎのトレーダーは「値動きを読む」ことができた。つまり、相場よりもわずかに高いか低い価格での取引をもとにした推論や、心理学や経済学のちょっとした知識で、次の動きを推測できたのだ。

こうした技量は、高度な数学やきめ細かな情報に比べると、重要性が低下した。私の友人たちは博士号を持つ「クオンツ（高度な数学的能力を持つ金融業界人を指すウォール街の用語）」で、基本的なトレード技術を習得すれば、こうした市場で手腕を発揮できる技量を持っていた。

昔かたぎのトレーダーは、クオンツと距離を置きたがり、彼らにトレードをさせるよりも、トレーダーたちの後方支援に回らせようとした。

優秀なクオンツは、年俸一二万五〇〇〇ドルにボーナス三〇万ドルを稼ぐこともあった。これは結構な金額だ。しかし、下級トレーダーは一〇〇万ドル以上稼ぎ、成功したクオンツトレーダーはそれをはるかに上回る額を稼いでいた。この所得水準にまで登りつめるには、上級トレーダーを追い越す必要があった。

昔かたぎのトレーダーたちは、私利のためにクオンツをデスクから遠ざけておきたがっただけではない。年配で既婚の野暮ったいクオンツよりも、自分たちに似た、抜け目のない男っぽいリスクテイカーを昇進させることが多かった。

少数の例外は存在した。それは、精度と数学を尊重する伝統的なトレーダーである。彼らが構築したトレーディングデスクは、史上最大級の利益を叩き出していた。

良い証券会社にクオンツの職を得て、数カ月かけて取引を観察し、状況を理解したなら、次はトレーダーのご機嫌取りをする必要があった。

一つの方法は、仕事後や週末に行われるどんちゃん騒ぎにつき合うことだった。これは金がかかったうえ、クオンツの多くが酒やクスリ、売春婦、大ばくち、放蕩などになじめなかった。トレーダーはことあるごとに、腰巾着の弟分に請求書を回し、気まずい余波の後始末を押しつけた。

クオンツにとってのもう一つの問題は、トレーダーが立会時間の間、つまり一日のうちの数時間働くだけでよかったことだ。この間はモニターから離れられないものの、それ以外の時間、急を要する仕事は何もなかった。勤務時間外に新しい戦略に熱心に取り組むトレーダーも多かった。とはいえ、それでもどんちゃん騒ぎを繰り返しても仕事の遂行能力が損なわれることはなかった。

クオンツにそんなぜいたくは許されなかった。場中はトレーダーを支援し、市場が閉まると仕事を片付け、それから長期的な開発業務に取り組んだ。複雑なコンピュータプログラムをデバッグすることに比べれば、二日酔いでトレードをするほうがよほど簡単だった。

これよりも安全な道は、職場でのギャンブルに参加することだった。トレーダーは、トレーダー志望者を搾取するためのゲームをいくつか用意していた。

なかでも人気があったのが「うそつきポーカー《ライアーズ》」である。マイケル・ルイスの素晴らしい著書『ライアーズ・ポーカー』（パンローリング）でも有名だ。

これはいかなる意味でもポーカーゲームではないし、当時ウォール街でプレーされていたやり方では、大したゲームですらなかった。下っ端にとってうそつきポーカーは、法外な値札のついた、しごきの儀式でしかなかったのだ。

うそつきポーカーのルール

このゲームは、通常一人当たり一〇〇ドルの賭け金で、二〇ドル紙幣を使ってプレーされた。プレーヤーは紙幣を見ずに一枚引いてから輪になって集まり、ビッド（値付け）を開始した。

まず、指名された人が最初のビッドを大声で叫ぶ。例えば「3が四個」と叫べば、全員の紙幣の通し番号に「3の数字が合わせて四個以上ある」ことに賭けたという意味だ。続いて左隣のプレーヤーは、それをせり上げる（同じ個数で「3」よりも大きな数字か、数字にかかわらず五個よりも多い個数をビッドする）か、挑戦する（異議を申し立てる）ことができた。だれかが挑戦するまでゲームは続いた。

例えば、挑戦した時点でのビッドが「7が一二個」だったとしよう。そこで紙幣を調べ、挑戦されたビッドが正しかった場合、つまりすべての紙幣で「7」が合計一二個以上あった場合、挑戦者はプレーヤー一人ひとりに一〇〇ドルずつ支払わなければならなかった。一方、挑戦されたビッドが正しくなかった場合、つまり紙幣に「7」が一一個以下しかなかった場合は、ビッドをした人が各人に一〇〇ドルずつを払った。

このゲームは、ここで説明する事件が起こってから洗練された。紙幣を調べる前に誰もが挑戦を受けるようになったからだ。

それまで、このゲームではポーカーにもまして「輪のどこに座るか?」がすべてだった。そしてそのせいで、八百長がしやすかった。トレーダーは階級順にビッドをした。デスクの主任か稼ぎ頭が必ず最初だ。それから階級が下のトレーダー、ジュニアトレーダー、アシスタントトレーダー、クオンツ、そのほかのトレーダー志望者が続いた。

最上層のトレーダーは負けるはずがなかった。彼らは挑戦しようのない、極端に低いビッドをした。どのみちトレーダー同士で挑戦し合うつもりもなかったのだ。

下級トレーダーの任務は、上級トレーダーに再び順番が回ってこないよう、ビッドを十分高くつり上げ、アシスタントかクオンツのだれかが損を被るように取り計らうことだった。何らかの誤算で上級トレーダーに再び順番が回ったとしても、彼らがいかに高いビッドをしようと、それに挑戦する不届き者はいなかった。

階級の低いトレーダーが、代わりに彼の刃にかけられた。一九八〇年代のウォール街でうそつきポーカーの名手だったと自慢する人がいたら、その人は八百長ゲームを仕組んだ側だったと見て間違いない。

うそつきポーカーの残酷なところは、トップトレーダーが損失をかぶる余裕が十分あったのに対し、アシスタントにはそんな余裕がなかったことだ。クオンツはアシスタントに比べればずっと稼ぎが良かったとはいえ、そんな彼らですら、トレーダーが機嫌良く「一〇〇〇ドルでもう一ゲーム行くか?」と叫んだときには頭を抱えた。

一万ドルのゲームすら、珍しくはなかった。ただし、数週間前から準備が進められ、大勢の見物人を集めた(マイケル・ルイスは一〇〇〇万ドルのゲームが提示されたが、受け入れられなかったと書いている。だが、私は一万ドルを超えるゲームを見たことがない。ただし、これでも一人頭一万ドルであって、たった一人が全額をかぶるのだ)。

うそつきポーカーは通過儀礼であり、試験に合格するための厳格な作法があった。まず輪の末端で自分の番をこなし、不平を言わずに負けを払い続けながら、少しずつ上に登っていく。

次に、果敢に挑戦することで階級が上の者たちよりも良い位置を勝ち取り、大物トレーダーを多額の損失から守る。上方に移動するにつれ、経済的な損失は減少するものの、それでもまだ損失を安全な側にとどめておくという重要な任務があった。

やがて挑戦することをやめ、挑戦される恐れのある好戦的なビッドをするようになる。上級者を積極的に守り、必要とあらば自ら損失をかぶることで、さらに上昇することができたわけだ。

ついにトレーダー以外の人間が占めていた最高位に到達すれば、トレーディングデスクに次にできた欠員を埋めることができた。このゲームは、チンパンジーがボスを決めるやり方として完全に理に適っていたかもしれない。だが、トレーダーを選ぶ方法としてはとんでもなかった。

最も一般的なうそつきポーカーは、アシスタントトレーダーに階下の現金支払機から通し番号がばらばらの二〇ドル紙幣を取りに行かせることから始まった。賭け金の額は一人一〇〇ドルが最も一般的だ。しかし、二〇ドルにすれば、機械から通し番号がばらばらの紙幣を取り出しやすい。銀行の窓口で一〇〇ドル紙幣を求めると、通し番号順に並んだピン札を渡されることが多かった。これは不正操作の余地が大きかった。また二〇ドルを超える高額紙幣の通し番号のパターンは、悪用されやすい。

アシスタントは、例えば八人のゲームに三〇枚など、ゲームに使う枚数よりもずっと多くの紙幣を持ってくるように指示された。だれかがアシスタントを買収して通し番号を全部メモさせたとしても、それほど有利にならないようにするためだった。

アシスタントは紙幣を大きな封筒に入れたが、職場によっては儀式用の帽子やポットが使われた。プレーヤーは紙幣を見ずに一枚ずつ引いた。紙幣には八桁の通し番号が印刷されており、どの数字が出る確率も等しかった。なぜなら二〇ドル以下の低額紙幣では、一億個のすべての連番が印刷されるからだ（次に記号を変えて、またゼロ番から印刷される）。

プレーヤーが一〇人の場合、それぞれの紙幣にある数字の個数は平均八個で、一二個以上の数字がある確率は、およそ半分（正確に言えば四七％）である。

うそつきたちの協力

興味深いことに、このゲームの戦略上のコツは、自分の両側のプレーヤーと協力することにある。ゲームを一〇人でやっているとしよう。あなたは挑戦に成功すれば一〇〇ドルを得る。挑戦が間違っていれば九〇〇ドルを失う。つまり挑戦で儲けるつもりなら、挑戦の正しいことが九〇％確実でなければならない。

挑戦される場合は、その逆が当てはまる。あなたのビッドが正しくない確率が一〇％以上ある場合、あなたはだれかに挑戦されれば金を失うと予想される。ビッドする人は九〇％確実なビッドをするため、挑戦者はそのビッドが正しくないことが九〇％確実な場合に限って、挑戦すべきだということになる。

例えば、あなたの右隣の人が、正しい確率が五〇％のビッドをすれば、難しい事態になる。これ以上せり上げれば、あなたが正しい確率は五〇％より低くなる。それに挑戦もしたくない。五分五分の勝ち目でオッズは九対一だ。あなたは正しければ一〇〇ドルを得て、間違っていれば九〇〇ドルを失うため、挑戦した場合の期待値はマイナス四〇〇ドルになる。

だが、ビッドをして挑戦されれば、状況はさらに悪くなる。例えば、あなたは自分のせり上げたビッドの正しい確率が四〇％だと考えているとする。このときもし挑戦されれば、期待値はマイナス五〇〇ドルとなる。

ところが、そのビッドをして挑戦されなければ、ほぼ確実に一〇〇ドルが手に入る。ビッドがもう一周回って、あなたのところに戻ってきたとしても、それは話にならないほど高い水準、つまり挑戦しやすい水準になっていることは、ほぼ確実だからだ。自分のビッドが挑戦される確率が六分の五だと思うのなら、挑戦するのもビッドをするのも、期待値は同じだ。挑戦する場合の期待値はマイナス四〇〇ドルである。

ビッドをすれば、六分の五の確率で期待値がマイナス五〇〇ドルになり、六分の一の確率で期待値がプラス一〇〇ドルとなるので、足し合わせると期待値はマイナス四〇〇ドルになる。そこで自分の左隣のプレーヤーを横目で見ながら、彼があなたに挑戦する確率を推測する。

あなたの右隣、左隣、自分の三人が本当に望んでいるのは、三人以外のプレーヤーまでビッドが回っていき、三人ともが勝者になることだ。せり上げて隣のプレーヤーに難しい選択を迫るようなひどい仕打ちをしても、自分自身と隣のプレーヤーの二人の危険を高めるだけだ。

ここまでの計算が、あなたの持っている紙幣の通し番号をまったく考慮に入れていないことにお気づきだろうか。自分の番号は、多少役に立つかもしれない。あなたの紙幣にビッドされている数字が二つか三つ入っていれば、あなたがビッドをする可能性は高くなるだろうし、一つも入っていなければ、挑戦する可能性が高くなるだろう。だが、これが問題になるのは、判断が難しいときだけだ。

うそつきポーカーは、偏見を正当化するための手段にもなっていた。銀行の最高位の職はＷＡＳＰ（アングロサクソン系プロテスタントの白人）が占めていた。だが、トレーダーは少数民族、カトリック信徒、ユダヤ教徒が多く、アジア人も進出し始めていた。ただし女性、アフリカ系米国人、アジア系移民はほとんどいなかった。中欧や南アジアからの移民は、自然科学系の大学院で学び、卒業後トレーディングフロアのクオンツとして職を得たものの、トレードに携わることは強く阻止された。

まっとうな暮らしを送るチャンスを手に入れる、ただそれだけのために、いくつもの政治的、個人的問題を乗り越えてきた人たちをまだ、つらい目に遭わせようとでもいうのだろうか。世界で最も不屈で聡明な人たちが、この馬鹿げたゲームでカモ扱いされているのを見るのは、腹立たしいかぎりだった。

ゲームを破壊せよ

私はうそつきポーカーの破壊に取りかかった。大金を稼ぐことによって打破するのではなく、制度としてのうそつきポーカーを破壊しようとした。

このゲームは私のポーカーでの平等主義的な行動指針に反していたし、さらに私の友人たちを抑圧するために使われていた。うそつきポーカーを葬れば、クオンツの昇進を阻む障壁が取り除かれるだけでなく、数学者がトレーダー主催のゲームでトレーダーに勝てることの証明にもなる。

私はトレーダー志望のクオンツ（フロアで行われるゲームのビッドと結果をすべて記録していた）と、昔私がカードカウンティングやカジノでのたくらみに関わっていたころから知っている、ブラックジャックをはじめとするゲームのギャンブラーたちとで、オンライン掲示板のグループを結成した。

ここで、否認声明をつけ加えておくべきだろう。私はうそつきポーカー反対活動家として知られている。「あのゲームは公正で楽しかった」という声も、よく聞かれる。

私はこれまで「トレーディングフロアでのギャンブルに清教徒的な考えから反対しており、さらにはうそつきポーカーの不正集団を組織した」との、そしりを受けてきた。一方で、私を「ゲームを攪乱するための極悪非道で巧妙なアルゴリズムの開発者だ」とする説もある。しかし、どれも間違っている。

私はギャンブルが好きだし、このシステムはいかさまではなかったし、単純なものだった。だが、ここでは私側の言い分しか読めない。何と言っても私の本なのだから。文句があるなら自分で本を書いてほしい。

トレーダーたちは不正操作をしていた。だが、昔から詐欺師ほど負かしやすい相手はないと相場が決まっている。われわれは最初からいくつかの点で有利だった。第一にわれわれの得たデータは、トレーダーがゲームのやり方を分かっていないことを示していた。彼らのビッドは低すぎ、そして予測可能だった。彼らは早い段階で一つの数字に決めてしまい、それを変えることはほとんどなかったのだ。

最初の人は自分の紙幣の番号を見て、例えば一番個数が多い数字の個数に六を足した数でビッドする。もし「7」が二個あり、どの数字も三個なければ「7が八個」をビッドする、といった具合だ。

これはまるで無意味なビッドだ。自分の紙幣を見なければ「7」が八個以上ある可能性は五五％だ。自分の紙幣に「7」が二個あることを考慮すれば、その確率は七四％に上昇する。だが、もしこれが完全なブラフで「7」が一個もなかったとしても、残りの紙幣に「7」が八個以上ある確率は、それでも四三％ある。次のプレーヤーが挑戦するためには九〇％以上の確実性がなくてはならないことを考えれば「ゼロが一個」をビッドして、まったく情報を与えないほうがましだ。

次の人も同様のルールに従う。もし彼の紙幣にどれかの数字が三個以上か、「7」よりも大きい数字が二個あれば、彼はその数字を、六を足した個数でビッドするだろうし、そうでなければ「7が九個」をビッドするだろう。

そのうちに同じ数字が一個ずつ増えながら順番を回るようになる。われわれには彼らの戦略に関するデータがあったため、挑戦すべきタイミングをすぐにつかむことができた。基本的に、もし同じ数字のビッドが続いていれば、一二個になった時点でおそらくせり上げられすぎだった。だが、もしだれかがそのとき新しい数字を適度に高い個数でビッドすれば、たとえ一四個以上であっても、良い賭けである場合が多かった。

このゲームの秘密は、二種類のゲームが行われていたことにある。

一方のゲームでは、早い時点で一つの数字が選ばれたものの、その数字は、それが大きな数字だから、そして最初の数人の紙幣に二個以上の数字が何もなかったからという理由から、選ばれることが多かった。この場合、その数字が一四個以上ある確率は三％未満だった。そんなわけでトレーダーは、一四個以上はまずあり得ないと考えるようになっていた。

他方のゲームでは、だれかが早い時点でどれかの数字を三個か四個でビッドして、一〇個か一一個になった時点で数字を変えた。このような場合、どれかの数字が一四個以上ある確率は二五％以上だった。あまり認識されていなかったもう一つの事実は、自分以外の九人の紙幣に、無作為に抽出した数字が一〇個以上ある確率が一八％だということだ。したがって、もし自分の紙幣にどれかの数字が三個か四個あれば、ビッドが一三個か一四個のレベルでその新しい数字で割り込んでも、次のプレーヤーはあなたに挑戦することに対して、正の期待値を持たなかった。

われわれが考案したシステムには、何のいかさまもなかった。席が別のシステムプレーヤーの隣であっても、トレーダーの隣であっても、取る行動は変わらない。だが従来のゲームのやり方とはまるで違っていた。最初に順番が回ってきたシステムプレーヤーは挑戦することが多く、しかもそれまでの習慣よりもずっと低い水準で挑戦した。もし彼が挑戦しなければ、ほかのシステムプレーヤーが別の数字のビッドで割り込んだ。

このアクションには、レベルが高くなりすぎないようにする意図があったほか、このせいでビッドがヘッドトレーダーのところに戻ってくることが多かった。だれもこんな風にゲームがプレーされるのを見たことがなく、どう対応してよいかを知らなかった。

もう一つの優位は、準備と訓練だった。私はコンピュータシミュレータのプログラムを作り、何千手も練習させた。うそつきポーカーのいかなる熱心なプレーヤーも、これほどの経験は積んでいなかった。コンピュータはアクションを追跡し、助言を与えた。これは今日のポーカープログラムでは当たり前のことだ。だが、一九八〇年代初めには秘密兵器だった。

金を賭けない一対一の訓練セッションも手配した。そして速くプレーするよう促した。これには、風変わりなビッドよりも相手をさらに面食らわせる効果があった。例えば、最後のトレーダーが「3が一一個」と言えば、五秒間のうちに五人のシステムプレーヤーが「8が一三個」でヘッドトレーダーにビッドを返した。速いプレーは、だれが何を持っているかを推測するのを難しくしただけでなく、システムプレーヤーが万事心得ているという印象を与えた。

このような矢継ぎ早の、自信にあふれたプレーに挑戦する度胸のあるトレーダーはいなかった。もちろん、ヘッドトレーダーはクオンツに負けるわけにはいかなかった。

このことがわれわれの最後の優位をもたらした。彼らの体制には亀裂があったのだ。二番目のトレーダーはボスに勝つことを、三番目のトレーダーは二番目に勝つことを望んでいた。

トレーダー対クオンツの勝負であるかぎり、トレーダーは協力し合った。だが、何人かのトレーダーが転落することが明らかになると、彼らは野生型に戻った。

トレーダーはクオンツに似た戦術を採用できたし、そうすれば公正なゲームになっただろう。ところが、あまりにも互いの競争意識が高すぎた。彼らの目的は期待値を最大化することではなかった。だれかを負かし、自分は負かされないようにしていたのだ。

このシステムを初めて試すとき、私は観戦に行った。午後二時ごろ、トレーダーがうそつきポーカーゲームを呼びかけた。六人のトレーダーが参加すると答え、クオンツは全員やってきた。そのなかには、それまでも招待されてはいたが、自分たちに不利に操作されていることを知って参加したがらなかった面々もいた。

クオンツ全員が参加を申し出ると、トレーダーは彼らを迎え入れた。ただ、もちろん彼らをヘッドトレーダーの右側に並んで座らせた。

六人のトレーダーが「2が一一個」にまでせり上げると、五人のクオンツは叫べる以上の時間をかけずに「9が一三個」まで機銃掃射でビッドした。一分間の呆然とした沈黙の後、ヘッドトレーダーが挑戦した。紙幣には一五個の「9」が現れた。彼はいかさまをしたとクオンツを責め、支払いを拒否した。

私はこうなることを予想していた。

クオンツは笑って、続いて仲間内でプレーを始めた。今度も同じくらいの速度で、また従来のプレーヤーには無謀に羽目を外しているとも映るやり方でプレーをした。彼らが体系だったやり方を持ち、どのビッドが安全でどれが挑戦されるべきかを、トレーダーよりも熟知していることは明らかだった。

最後のビッドがこれほどさまざまな個数になるのは、トレーダーにとって初めてのことだった。従来のゲームでは、一二個か一三個までせり上がることが多かったのだ。さらにクオンツのゲームでは、実際の個数が最後のビッドの個数に近いことが多かった。これも従来のゲームにはなかったことだった。

クオンツがゲームを新しい水準に引き上げたこと、そしてトレーダーが賭け金を払わずにごまかしたことが、だれの目にも明らかになった。その後、われわれのフロアで、うそつきポーカーはプレーされなくなった。トレーダーはクオンツに負けることを潔しとはしなかった。しかし、クオンツを招待せずにプレーすれば意気地なしだと思われたからだ。

これを重大事件だと思う人は、トレーディングフロアというものが分かっていない。こういった反乱は日常茶飯事で、出世階段を上っていくためには避けて通れない道なのだ。もちろん袋叩きにはあう。しかし、ときを選んで自分の立場を主張することも必要である。

正しくやれば階段を上ることができるし、そうでなければ振り落とされる。これは長期戦だ。クオンツは確かに一本取ったが、ただの一本にすぎなかった。

ほかのフロアでは、クオンツはトレーダーの間に座らせられた。このシステムがいかさまだったなら破壊されたかもしれない。しかし、プレーがさらに公正でまっとうになっただけだった。トレーダーは位置的な優位を放棄して、うまいプレーヤーの隣に座る困難をクオンツから除いてやった。

そのうちに、ゲームに対する見方が変わっていった。それまでトレード技術の純粋なテストと見なされていたのが、今や完全にオタクのゲームと化していたのだ。うそつきポーカーはトレーディングフロアから消滅した。

クオンツによる勝利が、このことにどう関係しているかは分からない。ゲームには流行り廃りがあるものだし、一九九〇年代になると、トレーディングフロアはかなり落ち着きを取り戻したからだ。

ただ、われわれの「うそつきポーカーをやっつけろ」チームの驚くほどの割合が、その後トレードの世界で成功している。

私はこれをやったチームを誇りに思っている。われわれは社会運動の一端を担い、一九八〇年代に横行した狂気じみた乱行を、価値ある創造的カオスを損なわずに制御したのだ。また数学的能力と、それを駆使する度胸とを併せ持つことが可能であることを証明した。そしてファイナンス、ポーカー、うそつきポーカーでは、古いゲームについて考える新しい方法が必ずあることを実証した。

掲示板は残り、その後に流行ったしごきゲームやギャンブルのゲームにも取り組んだ。ただ、私の関わりはもうあまり重要ではなくなっていた。

なかでも大きな取り組みが、フットボールギャンブルのスキームだった。これは参加者が一〇〇〇ドル支払って、勝利チームを毎週一つずつ選んでいく（ハンディキャップなし）というゲームだった。選んだチームが一度でも負ければアウトになる。

ポイントは、一つのチームに一度ずつしか賭けられないことだった。強弱の差が最も大きな試合を選べば、最初の数週間は簡単に勝てた。だが、そのころになると良いチームが一つも残っておらず、五分五分の試合を選ばなければならなかった。勝者独り占め方式で行われ、ピーク時にポットは七五万ドル近くになった。

これは幸せな物語だった。最初はほとんどの人が、いかなる職場でも行われるＮＣＡＡ（全米大学競技協会）やウィンブルドンの賭けのように、気軽にプレーしていた。だが四週目か五週目になると、チャンスが残っているのがフロアで一人だけになることもあったのだ。

オフィスの全員が彼を応援し、クオンツはフットボールのハンディキャップをつけるプログラムや戦略シミュレータなどを考案することを期待された。これは精密分析だけでなく、フットボールの知識とトレードの技能が求められるゲームだった。

現代のトレードは共同作業である。全員が自分以外の全員の大切な才能に敬意を払うとき、最も奏功する。

第9章　ゲームはだれのもの？

――本当のゲーム理論を使って勝つ方法

ロサンゼルスの北東一四マイルに位置するサンタアニタは、米最大の競馬場の一つである。大恐慌のさなかに開業し、ビッグキャップと呼ばれるレースで史上初の一〇万ドルの賞金を提供したことで一躍有名となった。

シービスケットが優勝で引退を飾ったのも一九四〇年のビッグキャップだった。伝説的ジョッキーのジョニー・ロングデンやビル・シューメーカーも、ここでキャリアを終えることを選んだ。一九八四年にはオリンピックの馬術競技が開催された。

サンタアニタでは、クリスマスから四月中旬までの、南カリフォルニアの気持ちの良い週末、四万人ほどのファンと共に競馬を楽しめる。一〇月にも実際のレースが開催される。

しかし、夏の水曜の午後ともなれば、筋金入りのばくち打ちが一〇〇〇人ほどいるだけだ。ロサンゼルスの有力者たちは、はるか遠くで週末のゴルフのグロススコア競争を計画したり、ベンチャー資本家と昼食を取ったりしている。

そこには馬さえいない。ほかの競馬場のレースが同時放送されるのだ。

馬には競走が必要だとこいつは言う

ここに来る人たちは、主に賭けをするためにやってくる。このような午後の、一人当たりのハンドル（賭け金総額）は、金持ち連中が見物に、そして見物されるために来るときよりも、ずっと高い。常連には、家賃に回すはずの金を賭けているように見える人もいれば、ひどい格好で住む場所もないような人もいる。だが、ここに一人、格好はほかと似たり寄ったりだが、平均的な客に比べれば、もう少し最近風呂に入ったように見える男がいる。

ここ四半世紀ほど競馬場に行ったことがない人のために言っておくと、今でも映画で見るような馬券窓口はあるものの、ほとんどの賭けは券売機で行われる。券売機では現金、過去の勝ち馬券、そしてバウチャーカードが使える。

先ほどの清潔なばくち打ちの「クリーン氏」は、機械にバウチャーカードを何度も出し入れした。入れる、賭ける、出す。入れる、賭ける、出す。こんなことをする人はめったにいないので、彼の後ろに並んでいるバーティーが肩越しにのぞき込む。

クリーン氏は次のレースで九番の馬に一〇〇ドルを賭けている。券売機では一度に一〇〇ドルを超える賭けはできない。一〇〇〇ドルを賭けるには、これを一〇回やらなくてはならない。

花屋を自営しているバーティーは、たまの平日の午後を競馬場ですごすのが気に入っていた。彼は、競馬新聞をじっくり読み、選び抜いた何頭かの馬に二〇ドルずつ賭ける慎重なばくち打ちだった。

バーティーは好奇心から九番の馬を調べてみた。馬の名はエピタフ（墓碑銘）で、最後のレースでは三六馬身差で最下位に終わっていた。予想は五〇対一だった。突如としてクリーン氏が無鉄砲なばくち打ちに思われてきた。

バーティーは好奇心から、同時放送のスクリーン前にいる彼を探し出し、思い切って声をかけた。

「あんたにとっちゃすごいレースだな……。でも、五万ドル、儲かるかもな」

クリーン氏は怪訝そうな顔をして、券売機のところにいたバーティーを思い出すと、興味なさそうに「ああ」と答えた。

スタートの銃声が響く。先頭に飛び出す馬は、エピタフをおいてほかにいるだろうか。バーティーは文字どおり興奮で飛び上がった。しかし、彼はさらに驚いた。クリーン氏はレースを見もしなかったのだ。

「リードしているぞ！」

バーティーが叫ぶと、氏は目を上げ、無理に作った声で叫んだ。

「イェーイ、それ行けー！」

エピタフはカーブにさしかかるまで首位を保った。ところが、そこで伸び悩む。短距離に強い馬だったのだ。前レース三六馬身差に見合った展開だ。バーティーは落胆した。

「あそこでは一瞬、勝つと思ったのにな」

氏もようやく気がついたようで「ちぇっ」と、のんびり毒づいた。バーティーのように競馬歴が長くなくても、これが目の前にぶら下がった五万ドルを奪い取られた人間の行動ではないと分かる。何かがおかしい。

私は昔から競馬ギャンブルに興味を持っていた。ただし、実際の競技に関わる動物や人間にではなく、数字にである。興味深いのは、競馬場の手数料を帳消しにして公平な賭けをする方法はすぐに見つかるのに、儲かるシステムを考え出すのが非常に難しいことだ。

私は大学院を卒業する前、二番人気が最高の賭けだと考えた。大衆は本命馬と大穴を過大評価する。一部のオッズレンジではこの影響が非常に強いので、競馬場の手数料を克服して、数学的に適正な賭けをすることができる。

利益機会が転がっているもう一つの領域は、連勝単式と三連勝単式だ（最初の二着と最初の三着を着順どおり予想する）。これらは、それぞれの結果が実際よりも独立的であるかのような価格付けになっていることが多い。

この不一致は、二番人気の法則よりも活用するのが難しい。大きな違いを生むためには数十枚か、数百枚の馬券を買う必要があるからだ。オッズは固定的ではなく、自分が賭けようとするときも絶えず動いている。この点は後に重要となる。

だが、上記のどのスキームも、賭けた人（少なくとも馬に関する知識やインサイダー情報を持たない人）の勝ちを瞬く間に打ち消してしまう。競馬場の手数料を埋め合わせることはないのだ。競馬場の手数料には正の期待値を搾取し、消す狙いがあるのに対し、負の期待値を持つそのほかの賭けを平準化する狙いはない。

私がこどものころ、ワシントン州競馬場の手数料は一五％だった。ランダムに賭ければ、ゼロ～三〇％にほぼ均等に分布する勝ちを失った。少し努力するだけでゼロ％に近づけられる。ところが、正の期待値を得る方法は見つからなかった。

最近は状況を確認していない。しかし、ネットギャンブルのおかげで効率化がさらに進んだのではないかと思われる。

私は今でも競馬場が好きだ。ただし、シーズン盛りのサラトガやアキダクト、サンタアニタのような、美しい競馬場に限る。

競馬の大きなスリルは、レースが終わる直前、群衆のすべての目、頭、心が一つのものを注視し、一瞬だが全員が勝者になる瞬間だ。それから全員が一斉に息を吐き、勝負の行方や、翌日の予定や、自分の名前などを思い出す。

この精神融合は本物だ。単に自分が金持ちなのか貧乏なのか、利口者なのか愚か者なのか、イケてるのかダサイのか、信心深いか不信心かといったことではなく、人間であるとはどういうことかを気づかせてくれる。この状態は原始的な太鼓の音を聞きながら大きなたき火の回りで一晩中踊り明かしても得られる。だが、その方法は場所を選ぶ。

ロケット科学者

クリーン氏はカリフォルニア工科大学（カルテック）の経済学教授で、実験的ゲーム理論の指導的研究者だ。

ゲーム理論は誕生後二〇年にわたって数学の一分野として扱われていたため、実験は必要とされなかった。しかし、一九六〇年代後半になると数人の研究者が、理論による予測に関する研究に取りかかった。そして彼らの導いた結論は、大まかに言えば「どの予測も誤っており、人間はゲーム理論が示唆するような方法では行動しない」ということだった。

研究が本当に軌道に乗ったのは、一九八七年に米株市場の大暴落が起きてからのことだ。ギャンブルの計算方法に関する正統的な理論に、現実を説明する力がないように思われたためだった。

一九七〇年代には伝統的なマクロ経済学の誤りが立証され、この分野は混乱に陥った。一九八〇年代には同じことがミクロ経済学にも起こった。後にダニエル・カーネマンとバーノン・スミスは、現在「行動経済学」と呼ばれている理論で、ノーベル経済学賞を共同受賞した。

コリン・キャメラー、またの名をクリーン氏は、私の大学院時代からの友人だ。彼は当時から変わっていたので、現在競馬場で経済学を研究していたとしても不思議ではない。

コリンは、ジョンズ・ホプキンス大学を一九歳で卒業し、二三歳で博士号を取得した。また経済学の実験の一つとして「フィーバー・レコーズ」というレコード会社を立ち上げた。当時のシカゴのパンク音楽界に身を置いた人か、音楽史の研究家でもないかぎり、「ボーネメン・オブ・バルーマ」「ビッグブラック」「デッド・ミルクメン」といった名は耳にしたことがないだろう。だが、この時期の刺激的で有力なローカルバンドだったことは、私が請け合う。

コリンは競馬ファンで、一度などカルテック基金を説得して、自分がテキサスの競馬場で発見した裁定取引（無リスクの利益機会）を行わせようとしたほどだ（結局、基金はこの案を見送った）。

以前、私はコリンに「教授職を投げうって、その素晴らしい知性を競馬で勝つために使おうという誘惑に駆られたことはないのか」と、尋ねたことがある。「あるよ」という返事があまりにも早く返ってきたので、試験の点数に文句を言う学生が多いのだろうか、それとも愚かな大学事務局がカルテックから一人のスターを奪うような侮辱的な処遇を企てているのだろうかなどと、想像してしまった。彼は以前「寒い冬とＭＢＡたち」を逃れるためにシカゴから逃げだしたと話していたので、思い立ったら、彼が賭ける大抵の馬よりも速く、行動に移すたちなのだろう。

コリンは情熱的にこう語った。

「私は一つの小さな得意分野をとことんまで極めるつもりだ。そして小さな競馬場や州の品評会で、少額の資金を悪い馬に賭ける。普通のばくち打ちが何の情報も持たない、新馬戦に賭ける」

そして現職の経済学教授らしい口ぶりでこう続けた。

「真の価値を求めるには、本物の競馬ファンが何を過大評価しているかを理解しなければならない。ファンは失望すると、調教師ではなく騎手に向かってヤジを飛ばす。つまり騎手を過大評価しているわけだ。そこで、私は調教師を見て賭けをする。騎手は映画スターであり、大衆が目にする顔だ。だが映画の良し悪しを決めるのは、監督であることが多い」

コリンはある日競馬場で偶然、レースが行われる前に馬券を機械に差し込んでしまった。通常はレースが終わると勝ち馬券を機械に入れて、今後の賭けで使うために勝ち金をクレジットするか、現金を引き出す。機械にはこんなメッセージが点滅した。

「キャンセルしますか？」

コリンは、私が非公式の調査で聞いたほとんどの競馬師と同じように、賭けをキャンセルできることを知らなかった。この間違いをきっかけに、彼の頭のなかで「創造の歯車」が回り始めた。

コリンは目下、株式市場のバブルや消費者の嗜好の変化を説明する推測的ゲーム理論である「情報蜃気楼」について研究している。例えば、ある日いつもよりも多くの人が、たまたまある銘柄の株式を購入することにしたとしよう。株価はその結果少し上昇し、当然出来高も増える。投資家はこうした動きを株価が変動する兆候と見なし、翌日になると株を購入する人がまた少し増える。

この傾向は自ずと増幅される。買う人が多ければ多いほど、何らかの情報があるはずだと推測して便乗買いをする人が増える。

同じ日に二人のイケメンが麦わら帽子をかぶっているのを見た人にも、同じことが起こり得る。麦わら帽子が流行しているのだと思い、次にショーウィンドウに飾られているのを見たときには、二人がいかに格好良かったかを思い出すだろう。そこで帽子を買い、それを見た別のだれかも買い、いつの間にか麦わら帽子が大流行する。

ゲーム理論は、この現象を合理的に説明できる。だが、この説明を株価やファッションの流行とともに検証するのは難しい。例えば、株価は短期的にはトレンドなのに長期的には戻しの場合があるからだ。これは確かに情報蜃気楼理論が予測するとおりだ。

だが、こうした作用は、ほかにも多くの説明が可能で、データには多くのノイズが含まれている。最も重要なのは、価格変動の裏に真の情報があるのか、それが単なる蜃気楼なのかは、おそらくだれにも分からないということだ。

コリンはあらゆる変数を制御できる実験室のなかで、この行動を引き起こすことが可能か調べたいと考えた。そこで志願者を募って、あるゲームをプレーさせた。ここではルールを少し単純化する。それでも注意を払ってほしい。

各参加者には、ある特殊な紙で作られた「証券」が与えられる。そしてすでに投げられたコインの結果に基づいて、一〇分後に「すべての証券が二〇ドルと引き換えられるか、ただの紙切れになる」と説明される。

次に情報カードが一枚ずつ配られる。ラウンドの五〇％で、全員に何も書かれていない白紙カードが配られる。二五％のラウンドで、半数の人に白紙カードが、残りの半数には二〇ドルと記されたカードが配られる。残る二五％のラウンドで、半数の人に白紙が、残りの半数に〇ドルと記されたカードが配られる。

この二番目と三番目のケースでは、カードは常に真実を告げている。つまり記されている金額が、証券の正しい払い戻し額となる。このルールがすべての参加者に説明され、練習ラウンドが数回行われた。

市場に真の情報があるとき、証券の価格は当然予測されるように、すぐに払い戻し価格になった。例えば、半数のカードに二〇ドルと書かれていた場合、一〇ドル近辺で一時的に取引が散見されたが、必ず買い手の数が売り手を上回り、価格は次第に上昇した。そして価格がある点に到達すると、全員が証券に二〇ドルの価値があると考えた。賭けを嫌う人たちによる取引が、一八ドルか一九ドルで散見されることもあった。

一方、半数の人が証券に価値がないことを知っていたときには、価格は同じ方法でゼロまで下がっていった。

情報が全く存在しないときには、九ドル、一〇ドル、一一ドル付近でわずかな取引が散見された。それ以上の取引が行われることはまずなかった。情報が存在するときには価格が急変したため、彼らは情報が存在しないこともすぐに突き止めた。

だが時折「情報蜃気楼」が発生した。一一ドルでの取引があまりにも少ないので、白紙のカードの持ち主が一二ドルの値をつける。すると別の人が機会を逃すまいと大声で一三ドルと叫び、これといった理由もないまま証券は二〇ドルに達した。同じことが下方向でも起こった。

制御された実験も結構だ。しかし、二〇ドルを賭けてゲームをプレーしている大学院生が、数百万ドルを運用するプロの株式投資家や、何を買おうか思案する流行に敏感な消費者と同じ行動をするか、という疑問はついて回る。このモデルが、自分が実験室にいることを知らず、自分たちにとって本当に重要なものを賭けてプレーする人たちによって、実験室と実世界の両方で実証されれば、本当に信用できるだろう。

競馬の賭けの取り消しは、この第二段階への入場券にすぎなかった。テストをするたびにコリンに一〇〇〇ドルの費用がかかったわけではない。

競馬場での賭けは「パリミューチュエル方式」で行われる。レースの賭け金はすべて種類別の（この場合は単勝）プールに入れられる。まず競馬場が手数料を取り（カリフォルニア州では単勝、二着払複勝式、三着払複勝式は一五％）、残りが勝ち馬に賭けていた人たちに分配される。

例えばポール・リビアーの一着に四〇〇〇ドル、バレンタインの一着に八〇〇〇ドル、エピタフの一着に一万二〇〇〇ドル、エキポイズの一着に一万六〇〇〇ドルが賭けられていたとする。賭け金プールの総額は四万ドルで、競馬場の取り分である六〇〇〇ドルを引いた三万四〇〇〇ドルが、勝者に払い戻される。

もしポール・リビアーが勝てば、一ドルの賭け金につき三万四〇〇〇ドル÷四〇〇〇ドル＝八・五〇ドルが支払われる。賭け金の一ドルが戻り、さらに七・五〇ドルの利益があるので、これを「七・五〇対一の配当」とする。同様に、バレンタインが勝てば、馬券の配当は三・二五対一となり、エピタフは一・八四対一、エキポイズは一・二三対一となる。

パリミューチュエル方式では、勝ったときにどれだけの配当が支払われるかは、賭けた時点では正確に分からない。レース前の専門家予想を読んでもいいし、賭けが入ってくる様子を観察してもいい。最新の情報は、オッズ表示板に分刻みで示される。だが実際の配当は、レース終了まで分からない。

コリンはハンドル（賭け金総額）が少ないことが予想され、かつ過去の成績と予想配当の点から見てほぼ同等の大穴（勝つ見込みの薄い馬）が二つあるレースを選んだ。彼がそのどちらかに一〇〇〇ドルを賭けると、その馬のオッズは突然低下したのだ。

賭け金総額が少なく、大穴で、大半の賭けよりも早く賭ける、という条件が揃ったときに、観察可能な結果が生じた。この場合、次の三つのうちの一つが起こる可能性があった。

一．全員がコリンの賭けを無視し、どのみち賭けるつもりだった金額を賭ける。この場合、コリンの賭けだけが原因で、この馬のオッズは下がり、同等の馬のオッズよりも低い状態が続く。

二．賢明なるばくち打ちは、コリンの馬に賭けるのをやめ、ほかの馬への賭けを増やすことで、コリンの賭けを正確に相殺できる。この場合、コリンの馬のオッズは適正水準、つまり同等の馬と同じ水準に修正される。

三．ばくち打ちはコリンの馬に予想外の金が賭けられているのを見て、だれかが何らかの情報を持っているはずだと考える。これが、誘発された「情報蜃気楼」になる。コリンの金が金を呼び、その馬のオッズは一〇〇〇ドルの賭けでは説明できない水準にまで下落する。

コリンは出走予定時刻直前に賭けを取り消したため、その影響が明らかになるころには、ほかの賭け人はもう賭けを変更することはできなかった。

結局のところ、この研究に対する答えを握っていたのは、券売機でのぞき見をしていたバーティーだった。一見したところまともそうな、ばくち打ちが大穴に一〇〇〇ドルをポンと賭けるのを目撃したにもかかわらず、バーティーは、その馬に二ドルすら賭けなかった。コリンには深く感情移入し、熱狂的に応援もした。しかし、情報蜃気楼には五セント玉一枚すら賭けなかったのだ。

ほかの競馬ファンも全員同じ考えだった。データに多少のノイズはあったものの、ほかのばくち打ちがコリンの市場操作（株式市場ではこう呼ばれ、証券取引委員会に追跡される）の企てを無視したことは、はっきりしていた。オッズはコリンの賭けがなかった場合の水準をほぼ保ったのである。

理事長

コリンの行動が適法かどうか、確信が持てなかった私は、この話を本書で紹介することに不安を感じた。そこでコリンがカルテックの弁護士に相談すると、このスキームで利益を得なかったのであれば、不正行為にはなり得ないとの結論を得た（利益を得るために嘘をつくことが、不正行為の大まかな定義だ）。

こうした事情から、出走予定時刻間近になってコリンの前の人が賭けに手間取っていたときには、ひやりとする瞬間があった。レースが始まってしまえば賭けの変更はきかない。一〇〇〇ドル失うなら小さな災難ですむ。しかし、五万ドル勝つと非常にまずくなる。彼の賭けのパターンを追跡していただれかが、それまでの賭けと取り消しは、オッズを操作し、不正な五万ドルを引き出すための企てだったと主張するかもしれないからだ。いずれにしても弁護士に連絡が行き、不愉快な余波が生じることは避けられない。

私はカリフォルニア州競馬理事会と連絡を取り、「そいつは正直な賭け人をごまかす、いかさま師だ」とか「そんなことをしようものなら、馬がゴールにたどり着く前に投獄するぞ」といったコメントを引き出そうとした。そうなれば、だれかの非行為に加担したという責めを負わずにすむ。

ジョン・ハリスは、カリフォルニア州競馬理事会の理事長だ。彼は州内で過去四〇年間、最も成功している馬主でもあり調教師でもある。私はジョンに、このスキームについて非常に注意深く説明する必要があると思っていた。ところが、彼からは、こんな即答が返ってきたのである。

「もう一つ考えられるスキームは、一番人気以外のすべての馬に過剰に賭けて、一番人気に賭けた人が、大衆の支持が得られないことを理由に、賭けを撤回するか見ることだろうね」

いやはや、「最低だ」というコメントは、一体どこへ行ってしまったのだろう……。

ジョンは、研究を読んだり細かいところまで考えたりしていない段階での最初の所見だと断ったうえで、こう答えてくれた。彼は、このスキームが成功するとは考えなかった。

「ほとんどの賭けが遅くなってから入ってくる。したがって、そもそも資金プールが比較的小さくないかぎり、早い段階でオッズを操作しようとする企ては、あまり効果がないかもしれない」

だが、昔なら成功する可能性がずっと高かったのではないかと彼は考える。

「衛星を利用した勝馬投票が盛んな現在では、出走五分前までレースに集中しないプレーヤーが大勢いる。昔はオッズの変動を逐一追跡している人がたくさんいた。しかし、こうした人たちは消えつつある」

ところで、コリンは規則を破ったのだろうか。

「人間行動に関するこのような研究は面白いと思う。だが、競馬に関しては、ご説明のあったスキームのような行きすぎた不正操作を防ぐための予防手段を講じている」

競馬場には不正操作を防止するための標準的な運営要綱があるそうだ。またジョンは多額の賭けを解約できる保証はないと考えていた。

理事会の広報担当者マイク・マーテンは、もう少し詳細な回答をくれた。彼は弁護士のような文体で次のように書いている。

「予備的な回答だが、競馬法やカリフォルニア州競馬理事会規則には、この種の行動を禁じる具体的な禁止令はない。ただし、個々の競馬協会は、私有財産の所有者として、不適切な行動に従事するお客様を排除する権利を有す」

彼は競馬場が「このような行動を取らないよう警告した」事例を知っていた。その一方で、彼の本心も見えた。「うまくやる」ための秘訣を提供してくれたからだ（機械を使わずに、窓口に行くこと）。

これはもちろん単なる憶測だが、例えばニューヨーク州やイリノイ州など、競馬に経済的利害を持つ者が監督職に就くことを禁じている州で、これほど有益で率直な助言が得られたかどうかは疑問だ。なぜ自分の金を賭けたくないものの監督を買って出る人がいるのか、私には理解できない。

企業の株主を代表する取締役に選ばれたが、その企業の株式を保有していない人についても（エンロンの取締役ウェンディ・グラムにいたっては、おかしなことに「株式の保有は公益と私利の衝突になる」と主張した。この種の人間による監督がどれほどうまく機能するかは、推して知るべしだ）、公的な監視団についても、同じことが言える。実際に投資を行う人からは、より多くの情報と注目を引き出すことができるし、利害関係があるからこそ、道徳的権限を持って困難な決断が下せるのではないだろうか。

もちろん利害の衝突は生じる。しかし、誠実な人間は、利害の衝突があっても適切に行動できるし、誠意のない人間は、どのみち適切な行動を取ることはない。少なくとも衝突がオープンであれば、状況が明らかになり、地位を悪用する人は信用をなくすだろう。だが隠された対立では、その救いさえ得られない。

二月の週末の競馬場であれば、コリンが情報蜃気楼を生み出す可能性は高かったのではないだろうか。きちんとした身なりの人が集まるのは、この時期だ。身なりをきちんとすることに、情報蜃気楼を生み出す以外の目的があるだろうか。

平日の競馬場には、わざわざそんなことをする人はいない。蜃気楼に引っかかるのは野心家であって、重苦しい平日の群衆のなかの生き残り組は、とうの昔に幻想を失っている。コリンがこの環境でオッズに影響をおよぼすことができなかったからといって、株式市場や、ベンチャー資本家や、学術や政治の世界で、それが起こらないとは限らないのだ。

議論の教訓を実験から学ぶ

一般に実験的ゲーム理論からも、同じように決定的でない結果が導かれる。多くの研究で、人々がゲーム理論で予測するように行動しないことが明らかにされている。むしろ人々は操ることがより難しい、強固なアルゴリズムに沿って行動する。だが、数学的に最適な戦略から逸脱したものを利用して儲けるのは、非常に難しい。

どちらにも例外はある。ゲーム理論を知っているおかげで勝者になれるときもあれば、ゲーム理論の解を無視して、人々が実際にどのようにプレーするかを観察することでしか勝てないときもある。

ルネサンスの科学哲学者フランシス・ベーコンは、哲学者の会議に関するある寓話を紹介している。哲学者たちは「馬の歯は何本あるか?」という問題について、何週間にもわたって議論した。果てしない議論にうんざりした若い馬丁が「馬の口をのぞき込んで本数を数えたらどうか?」と提案すると、哲学者たちは怒り狂い、「愚かな考えだ」と言って彼を殴ったという。

だれかがポーカーでゲーム理論に基づく助言をくれたら、歯を数えてみたか聞いてみよう。中世の科学哲学者ロジャー・ベーコン（フランシス・ベーコンとは親戚関係にない）は、理論は真実への唯一決定的な指針だが、人々の心にある疑念を取り去ることはできないと認めた。

「なぜなら、火を一度も見たことのない人が、火が燃えることを十分な議論によって証明したとしても、それを聞いた人はけっして知性を満足させられないし、自分の手を火のなかに入れて、議論の教訓を実験から学ばないかぎり、火を避けることもないからだ」

実際に検証され、絶えず再検証されている数学理論であれば、プレーを大いに助けるだろう。だが数学だけでは目をくらまされ、だれかに餌食にされてしまう。

記録として残る最古のポーカー実験は、一二五年前にシンシナティ・ポーカークラブで行われたものだ。ブラインドの順番がテーブルを回っていくのではなく、選ばれたメンバーが一晩中ブラインドを固定した。

当時は現在のルールと異なり、ブラインドにコールはできなかった。ベットの最低額はブラインドの二倍、つまりブラインドの額のレイズだった。そのためブラインドはそれほど不利ではなかった。最初にブラインドを置く必要はあるものの、レイズに対しては最後に動くことになる。

現在のルールでは、ブラインドにレイズをかける必要はない。したがって、ブラインドを固定するのは明らかに不利となり、期待値はブラインドのおよそ半分の負の値をとる。だが一九世紀には、ブラインドを固定することが有利なのか不利なのかに関して、激しい論争が起こった。

どちらの側にもほぼ同数の専門家がついた。シンシナティの実験は決定的だった。ブラインド役となったプレーヤーは、ほぼ必ずその夜の勝者となり、大抵大勝ちしたのである。この種のブラインドを固定することは、大きな強みになったわけだ。

ところが残念なことに、彼らはほかの実験をやるでもなく、この唯一知られている実験を批判するわけでもなく、議論を続けた。単にこの証拠を無視し、自分たちの正しさが、数学やそのほかの理論によって証明されたと主張したのだった。

経験的ポーカー研究の次の重要な一歩は、一九二一年にコロンビア大学の心理学博士課程に学ぶ若い学生、エセル・リドルによって進められた。彼女の研究の全文はなかなか見つからず、コロンビア大学心理学部の図書館員が、タイプの不正確な、非常にもろい手書きの補遺つきの写しを何とか探し出してくれた。紙の端はボロボロで、ページはくっつき合っており、剥がすのに苦労した。綴じはとうの昔にページをまとめる用をなさなくなっていた。

私はこういった先人の忘れ去られた知恵の匂いがする文書が好きだ。この文書が永遠に失われる前に、だれかが博物館に入れるべきだ。

探し出したはいいものの、今度は読むのに苦労した。エセルは行動主義心理学者で、単調な統計の過剰分析に耽溺していた。あるいは彼女のせいではなかったのかもしれない。当時、学位を取得するには、その必要があったのかもしれないのだ。

嬉しいことに『トータル・ポーカー』をはじめポーカー研究の著書で知られるデイビッド・スパニアー

が、私と同じ写しを持っていた。彼はその写しから、エセルが被験者の一人と恋に落ちたと考えた。だが、その推論がどこから来たのか、私には突き止めることはできなかった。彼は、私よりも鋭い眼識があるか、想像力に富んでいるかのどちらかだろう（あるいは文書から何か盗んだのかもしれない）。『ア・ギャランティード・インカム・フォー・ライフ・バイ・ユージング・ジ・アドバンスド・コンセプツ・オブ・ポーカー（A Guaranteed Income for Life by Using the Advanced Concepts of Poker）』の著者であるフランク・ウォレスもこの研究を偶然見つけている。しかし、米国議会図書館から概要の写しをもらっただけだった。

エセルは経験を積んだポーカープレーヤーを地下の研究室に招き、ポリグラフのほか、心拍や呼吸や掌の汗などの感情を示す指標を計測するさまざまな機械（うそ発見器として用いられる類のもの）につなぎ、ポーカーをプレーさせた。

被験者は二・〇〇ドルの時給を受け取るものの、それを超える賭けは自腹だった。エセルは、すべての手とベットを記録し、それをプレーヤーの肉体的な反応や主観的な記録と相関させた。

彼女の発見は、ゲーム理論を覆したはずだった。しかし、ゲーム理論が考案されたのは、それから四分の一世紀たってからのことだ。残念ながら初期のゲーム理論研究者は、ポーカーを重要なモデルとして用いながらも、自分たちの主張の真偽を確かめようともしなかった。ただし、エセルの時代でも、五〇年にわたって、理論家たちはポーカーをまるでトランプゲームのように、一手ごとに分析していた。

エセルのデータは、個々のベットや手よりも、セッション全体を通じてテーブル全体で起こる相互作用のほうが、金の流れにずっと大きな影響をおよぼすことを明らかに示していた。エセル以前の研究者は、五〇年にわたって確率を計算し、戦略を推定しながらも、テーブルで起こる相互作用のほうが重要であることに気づかなかった。エセルの研究後も、同じ状況が八五年にわたって続いた。

もちろん、この研究結果を一般化できないかもしれない。彼女が集めたコロンビア大学友愛会の男たちは、典型的なポーカープレーヤーではなかったかもしれないからだ。彼らは現在の大学院生よりも年をくっていた（二〇代半ばで、六～一〇年のプレー歴があった）。ただし、ラスベガスのプロではなかった（ネバダ州でギャンブルが合法化されるのは一〇年後のことだった）。また自分たちの行動が記録され、ゲームが学位論文に載ることを知って、いつもと違うやり方でプレーしたのかもしれない。

しかし、自分の理論が間違っていることを示す、慎重に集められた確かな証拠を得た人は、データが間違っている理由をでっち上げるのではなく、理論を疑うか、より多くのデータを集めるのが筋だろう。

知識のある者は予測せず、予測する者には知識がない

興味深い研究結果の一つに、ショーダウンで手がさらされるまで、プレーヤーが自分以外の人の手の強さをほとんど予測できなかったことが挙げられる。エセルの地下室で行われたゲームは5カードドローだった。これはポーカーのなかで手の強さに関する情報が最も少ないゲームだ。ほかのプレーヤーのベットと、引いたカードの枚数から推測することしかできない。それでも、下位三分の一のプレーヤーがランダムよりも悪い推測を行い、最も上位のプレーヤーでさえ、それより目立って良い推測をしたわけではなかったのは、意外なことだった。

つまりショーダウン直前に、並みのプレーヤーに、別のプレーヤーの手を何だと思うか尋ねてみれば、返ってくる答えは、長期的な頻度に基づいた推測よりもわずかに信頼性が高いにすぎなかったということだ。いずれにせよ、このゲームでは、ほかのプレーヤーの癖に注目したり、戦略を綿密に分析したりすることは、割に合わなかった。せいぜい、各プレーヤーがさまざまな手でどれほど頻繁にベットをし、ドローをしたかに注目するくらいしかなかった。

私にとってこの結果は少々意外だった。というのも、ポーカーテーブルでの経験から、並みのプレーヤーにもほかのプレーヤーの手を推測する能力は多少あったからだ。確かに、最初のベットラウンドが終わるまで相手の手を二つか三つの選択肢に絞り込めるという、一部のポーカー本の教えは信じられない。だが、ほかの手を推測しようとする知的努力を欠かしたことはなく、それが役に立っていると考えている。

ただその一方で、プロの株式アナリストや投資顧問が、ランダムよりもひどい銘柄選択をしてきたことを示す明らかな証拠がありながら、長年にわたって手数料を徴収していることも、金融業界での経験から知っている。

ここで問題にしているのは「市場が効率的か？」ではない。「ランダムな選定よりも良い銘柄選択が可能か？」だ。この問題にもかかわらず、過去二〇年間、買った銘柄の成績が買い逃した銘柄よりも常に悪かった人、あるいは「強い買い推奨」と評価した銘柄の成績が「強い売り推奨」と評価した銘柄よりも悪かったという人の多くが、専門家としてまかりとおっている。

また、トレーダーが成功したトレードについて「初めから成功することが分かっていた」と後になって言うのをよく聞く。しかし、売買記録を見ると「実は推測を誤ったのに運が良かった」ということが何度もあった。こうしたことから、私は職業柄、物事は人々が認めたがるよりもずっとランダムだと信じている。ナシーム・タレブは、このテーマで『まぐれ』（ダイヤモンド社）という優れた本を書いている。

私は5カードドローの一つのゲームを、ほぼ間違いなく覚えている。あるプレーヤーがドロー前にレイズをして、それから一枚カードを引いた。これはツーペアを示唆している。

ところが、彼は引いたカードを見て、かすかな失望を見せた。これは意外だった。ツーペアをフルハウスにするカードは四七枚中、四枚しかない。カードを引くとき、それが来ることは期待していないはずだ。それにポットを獲得するためにフルハウスが必要だと信じる理由は、ほとんどなかった。

他方、フラッシュ狙いであれば、フラッシュを完成させるカードは四七枚中、九枚ある。オープンエンドのストレート狙いの場合は八枚だ。こういった手なら、失望の理由がまだ分かる。

彼はドローの後でレイズをかけた。私はドロー前のレイズが、フラッシュ狙いかストレート狙いのブラフで、ドロー後のレイズが、手役なしでのブラフだと推測した。彼がストレート以上の手を持っていれば、ほかのプレーヤーのベットを誘う可能性が高い。またドローの後でレイズをするにはツーペアでは弱すぎた。今でもこれは観察に基づく妥当な推論だと思っている。

結局、彼は「Q」のスリーカードを持っていたことが判明した。これは今となってみれば、かすかに見えた失望を除けば、彼の手の説明として、より単純で、より可能性が高かった。

何かの理論を持っており、それが確証されたと思い込むと、その後に起こるあらゆることを無視しがちである（これは大きな犠牲を伴う）。私はかすかな失望が見えたことで、彼がフラッシュかストレートを逃したのではないかと疑い、ドロー後のレイズがそれを確証するように思われた。だが、もしかしたら、かすかな表情は私の想像の産物だったのかもしれないし、あるいは誤った解釈だったのかもしれない。たとえ本当にそんな表情を見せたとしても、翌日予定されていた不愉快な会合のことを思い出しただけかもしれないし、母親の誕生日を忘れたか、夕食で二個目のクラブケーキを食べたことを後悔していたのかもしれない。

この話の趣旨は何かって？

この話は「無意味だ」ということだ。こうしたことはポーカーテーブルで四六時中起こっており、だれも、少なくとも私の知るうまいプレーヤーはだれも、こんなことについて一瞬たりとも思いめぐらしたりなどしない。ときたま「あんたがそれを持っていたなんて信じられないよ」などと文句を言われることがあるかもしれない。だが、ゲームを何度かプレーすれば、驚くことはしょっちゅうあると分かる。長い間記憶に残り、話に上るポーカーハンドには二種類ある。思いもよらない損失と、完璧な読みだ。それ以外のもの、つまり想定内の損失、勝利、完全な読み誤りなどは、次の手が配られる前に、記憶からも会話からも抜け落ちてしまう。

それには理由がある。ポーカーでは悪い読みでも、ほかのプレーヤーが読みを誤らせる方法を考え出したのでもないかぎり、それほどの痛手にはならない。読みに注意を払うべきなのは、判断に迷う、読みによってわずかに優位に立てる望みのある、接戦だけだ。

ただのランダムなら、その意味がない。実は、ランダムなのは良いことなのだ。そうでなければ予測されてしまう。ただし、良い読みは確実に金になる。

この例で、私は「A」のペアを持っていた。しかし、ドローで強くならなかった。それでも最後のベットでコールをしたときのポットのオッズは、ほぼ四対一だった（ほかのプレーヤーは全員脱落し、私のアクションが最後だった）。

例の男は二度のレイズで良い手を持っていることを示しており、また平均をわずかに下回る頻度でブラフを見せていた。だが、私はそれまで彼がいかなるキッカーを手元に残すのも見たことがなかったし、ドロー後にツーペアで複数のプレーヤーに対してレイズをかけるのも見たことがなかった。また、彼がドロー前にフォーカードでレイズをかけたとも思えなかった。その可能性はあまりにも低いので、いずれにせよ計算に入れる必要はほとんどない。

私の推測は、彼がセミブラフをかけていたか（正直なところ予想外だったが、彼のかすかな失望によって確認されたように思えたのだ）、ツーペアから始めてフルハウスを完成させたか（私が見た表情は、失望ではなかったのかもしれない）、あるいはいつもの彼らしくない行動を取ったかのいずれかだった。

私は彼がこのように行動した可能性を比較検討するだけでなく、カードの確率も考え合わせていた。結局、彼が手役なしの確率は三分の一ではないかと考えた。たとえ彼がフラッシュ狙いかストレート狙いでペアを手に入れたとしても、私の「A」ペアで勝てる。そう考えると、これはかなり確実な賭けのように思えた。だが、自分が負けたのを見ても、驚きはしなかった。

トレーダーも同じことをやる。最初からうまくいくという確信があったトレードのことは、人が聞きたがろうがそうでなかろうが、話して聞かせる。それ以外のトレードは、成否にかかわらず、記憶からも会話からも抜け落ちる。恥ずかしく思っているからではない。あまりにも月並みだから、忘れてしまうのだ。

トレーダーを採用したり経歴を知るために面接したりするとき、過去のトレードの根拠をでっち上げているように見えたなら、危険信号だ。説明が矛盾していたり、話があまりにもうますぎたりすると、当然不安になる。それは相手がうそをついているからではない。後付けで読みに関する話をでっち上げるのは、不治の病だからだ。

たまたま成功しただけなのに、抜け目のないトレードだったと独り合点して、その日が（あるいはキャリアが）終わるまで、二匹目のドジョウを狙い続ける。そして自分の読みを過信するあまり、確率についての熟考や、戦略どおりに実行することを怠ってしまう。

トレーダーやポーカープレーヤーが素晴らしい読みのことを覚えていて自慢するのは、読みは役に立つという信念を持ち続けるためだ。悪い読みについて話すことは、日中出くわしたわけでもない古い友人について話すことと同じように、難しいことなのだ。

思いもよらない損失（ポーカーの本や言い伝えでは「バッドビート」と呼ばれる）も、先入観を持たないことの大切さを思い出させてくれるという意味で、大切だ。「3」を引いてペアを作ろうとしている人が、フォーカードを手に入れるかもしれない。一度もブラフをしたことのない人が、手役なしでオールインをしたのかもしれない。最初に配られたカードが「Q」と見せかけようとする、あり得ないほど不器用で矛盾だらけのたくらみが、実際にそうかもしれない。

トレードでは、絶対に損をするはずがない完璧なポジションを持つことはできる。ただし「予期しない株式公開買付や、地震、予想もしなかった企業による不正行為などがなければ」の話だ。トレードをある程度やっていれば、こうしたことのすべてが、自分の身に降りかかる可能性がある。その可能性を忘れていると、それが現実のものになったとき破滅する。

もちろんこれらは極端な災難である。しかし、いつかは起こる可能性があるのだ。ヘッジファンドマネジャーにしてリスク研究者でもあるケント・オズバンドは、トレードでの予期せぬリスクを切り抜ける方法に関する本『アイスバーグ・リスク（Iceberg Risk）』を書いた。これはポーカーの名著でもある。

計算だけではだめだということを、肝に銘じなくてはならない。また計算がすべて覆されたらどうなるかについても、考えておく必要がある。

トレーダーやポーカープレーヤーが損をしたときのことを語るのは、謙遜ではない。自己防衛のためだ。勝ちについて話す必要はない。すでに意識は、どうやって儲けるかに集中している。この部分で助けを必要とする人が、優れたリスクテイカーになれるはずがない。

どうせ落ちるのなら高いところから落ちたい

もしプレーヤーがお互いの手を推測することで儲けられないのであれば、勝敗は戦略、つまりプレーのタイプによって決まったはずだ。

エセルの研究で最も分かりやすいのは、彼女が「リスカー」と名付けたタイプだった（エセルは行動心理学者だった。しかし、彼女の言葉の選び方はスキナー派の実証主義というよりも、フロイト派の典型のように聞こえる。もちろん一九二一年当時、心理学の各学派はまだ明確に定義されていなかった）。

社会学者は、一九六〇年代にカリフォルニア州のカードルームでリスカーを見い出したとき「アクションプレーヤー」と名づけた。これはポーカープレーヤーがよく使う用語でもあり、私もガーディナの章で使っている。トレーダーは「ギャンブラー」や「殺し屋」という言葉を使うことが多い。この発見についてはエセルを優先し、彼女の用語を使うことにしよう。

どのリスク分野を選択するにしても、その早い段階でリスカーを見分ける方法を学ぶことになる。リスカーは最も利益を得やすい相手だ。ただ、扱い方が分かるまでは危険な存在でもある。プレーヤーのごく一部を占める少数派なのに、影響力は大きい。

リスカーは、ほとんどの手でプレーをし、最も多額のレイズをし、最も失う額が大きい。だが一つひとつの手を評価すれば、うまいプレーヤーであることが多い。確率や戦術を理解している人もいれば、ポーカー以外のカードゲームの名手もいる。

テーブルの人気者になりたい人は、席に着くとき「自分は①金持ちで、②ブリッジ、ジンラミー、バックギャモン、スポーツギャンブル、ブラックジャックの専門家だ」と自己紹介しよう。これがリスカーの典型的な経歴だ。代わりに「オレはカジノの専門家」と自称すれば、間抜けなリスカーだと思われるだろう。

リスカーの戦略は、たとえほとんどの場合で機能したとしても、長期的には失敗する。リスカーは下手なプレーヤーよりも大金を失う。

ポーカーのゲーム理論家は、ときにリスカーになることを推奨することもある。リスカーは、一度に一つの手のことしか頭にないからだ。

リスカーは常にリスカーだ。エセルが研究したほとんどのプレーヤーは、状況に応じて二つ以上のタイプを行き来した。だがリスカーは別だった。

ある意味、リスカーはポーカーをプレーしているのではない。ギャンブルをしているのだ。人がリスカーになる理由の一つに、テーブルにいるほかのプレーヤーや場の空気を読めないため、状況に合わせて戦略を変えられないことがある。万能型の戦略では絶対にポーカーで勝てない。しかし、リスカーになって十分揺さぶりをかければ、短期的にツキが続けば、長期的な負の期待値を克服できるかもしれない。

ルーレットで「7」に一〇〇〇ドルを賭けるのは、赤か黒に一〇ドルを賭けて一〇〇回プレーすることと同じ負の期待値を持つ。しかし、三万五〇〇〇ドルの利益を得る確率が、三八回に一回ある。小さく安全な賭けを一〇〇回行っても、くじ運が同じなら、平均すると一七〇ドルの利益しか得られない。もしあなたの目的が、ただカジノに期待値どおりの五二・六三ドルを与えることではなく、ギャンブルをすることにあるのなら、リスカーのプレー方法は理に適っている。

リスカーの頭のなかを見た（全体的な生理的変化をとおしてだ。しかし、実際に頭のなかを見ることにかなり近い）のは、エセルのポリグラフが初めてだった。エセルの驚くべき発見は、何だったのだろうか。

「リスカーは無頓着だ」ということだ。彼らは感情指標の変化が平坦である。勝とうが負けようが、ゲームに興奮しない。集中していないからだ。

彼女の観察から私の解釈に移ろう。リスカーが居眠りをしないのは、無謀な賭けをしているときだけである。ほかの人がいかなる手を持っているかとか、自分がストレートを完成できるかといったことを考えて悶々とすることはない。彼らの鼓動は、ゲームなど見ていない別のドラマーの行進曲に合わせて高鳴っている。恐れにも欲望にもいかなる感情にも気を取られない、抜け目のないカードプレーヤーに多い状態だ。

プレーヤーのなかでは賭け金に最も執着の薄いリスカーが、経済的に最も豊かであることは、驚くにあたらない。セッション中の最大の賭けは、その賭けを行った当の本人にとって、経済的にも精神的にも最も価値がなかったのだった。

リスカーについてほかに分かっていることはあるだろうか、なぜ彼らはプレーするのだろうか。一体いかなる人たちなのだろうか。

科学にとって痛ましい損失は、エセルの被験者に対して追跡調査が行われなかったことだ。彼らを一〇年ごとに別のゲームに招集して、さまざまなポーカーの戦略が人生のなかでどのようにして完成していったか、また長年にわたってプレーがどのように変化していったのかを調べたらどうなっていたか、興味がそそられる。

かなり後の一九六〇年代や七〇年代になされた研究から、ゲーム以外の人生で最も成功しているポーカープレーヤーが、リスカーであることは分かっている。彼らはビジネスや政治、軍隊の世界で成功している。社会的にも成功しており、幸せな結婚生活や家庭を築き、最も評判が良い。

実はポーカープレーヤーのなかで、人々が政治家や上司にしたいと考えるタイプこそ、リスカーなのだ。リスカーがクールなのは、無頓着だからである。抜け目がないのは、感情に流されることがないからだ。成功しているポーカープレーヤーは定義上、信用がおけない。

ジョン・F・ケネディ大統領のキューバミサイル危機への対応は、巧妙なポーカープレーの例に挙げられることが多い。しかし、このときの彼のふるまいには、リスカーの兆候がはっきりと現れている。

実はニクソンの二枚舌や偏執症、冷酷さのほうが、成功しているポーカープレーヤーの特徴に近いのだ。ところが、人々は「優れたポーカープレーヤーを大統領に持ちたい」と言うとき頭に浮かべるのは、プレーがうまかったニクソンではなく、プレーがまずかったケネディである（ハーバードではケネディ一族が、最悪のプレーヤーかつ最大のリスカーに名を連ねていた）。

ニクソンが一九六〇年の大統領選でケネディに敗れた原因は、テレビ討論で落ち着き払って冷静だったケネディとは対照的に、ニクソンが大汗をかいていたから、というのが定説となっている。これはおそらく、ニクソンがこの討論のことを本気で気にかけていた（頭のなかで攻撃と反撃を計画するうちに、脈拍は速まり、手のひらには汗をかいていた）のに対し、ケネディが次のダイキリと密会のことを考えていたせいだろう。

もちろん、優れたポーカープレーヤーは自分の反応を隠す方法を習得している。しかし、ニクソンは大統領候補による初のテレビ討論会がこれほどいろんなものを露呈するとは知らず、大群衆を前にした討論のためのテクニックを使ってしまったため、仕方がない。一九六八年と一九七二年の大統領選時には、カメラが回っているときにはケネディのように冷静に見えるようにする（ただしオフレコだと思ったときは、それほど冷静には聞こえないようにする）コツを習得していた。

一九六〇年代からのもう一つの例は、米国のテレビ番組史上最も成功したスパイ物の「スパイ大作戦

（ミッションインポッシブル）」だ。

試験放送と第一シーズンのチームリーダーは、名優スティーブン・ヒルが演じるダン・ブリッグスだった。彼は背が低く、ひげそりあとが濃く、服装に無頓着だった。トレードマークの戦闘アクションは、股間を膝蹴りして先制攻撃を仕掛けることだ。ブリッグスには計画がなかった。チームがやってきて大混乱を引き起こし、お目当てのマイクロフィルムかスパイか武器を奪い、逃げるだけである。

番組の人気がようやく出始めたのは、ブリッグスに代わり、クールで一分の隙もない身なりをしたジム・フェルプスの登場した第二シーズンだった（ハンサムで人当たりの良いピーター・グレイブスが演じた）。ごくまれにフェルプスが戦うと、敵の肩に軽い空手チョップを食らわせるだけで気を失わせることができた。フェルプスには綿密な計画があり、完璧な成功を収めた。ただし、最後のコマーシャルの直前にはちょっとした邪魔が入り、コマーシャルが終わると速やかに臨機応変に処置を講じて、素早く切り抜けていた。

ブリッグスはポーカープレーヤーで、本気で気にかけていたために汗をかいた。フェルプスはリスカーで、無頓着だったために汗はかかなかった。

これよりも緩慢で劇的ではない変化が、ジェームズ・ボンド映画にも起こった。第一作（一九六二年の「００７ドクター・ノオ」）ですら「気骨がある」とは評されない。それでもショーン・コネリーは最も軽薄なときですら、その後のジェームズ・ボンド役の最も苦悩に満ちたときよりも、事態を気にかけているように見える。われわれは秘密諜報員をリスカーとして見たいのだ。

私の興味をそそるのは「リスカーが今でも人生の成功者か？」という問題である。本書のほかの部分にも書いたように、世界は一九七〇年代に変化を遂げ、ポーカーで勝つためのスキルがますます重視されるようになっている。物事に動じないリスクテイカーは、前よりも疑いの目で見られるようになった。われわれはもちろん大統領には、どれほど成功したポーカープレーヤーよりも分かりやすく高潔であってほしいと願う。しかし、大統領の側近が卑劣で無慈悲で打算的な人間であってもかまわないと思うし、むしろそうあって然るべきだとも思う。

私のポーカープレーヤー、リスクマネジャー、そして金融クオンツとしての魂の奥深くで、リスカーに対する不承不承の称賛の念と、報酬を伴わないリスクに対する嫌悪感とが葛藤しているのを見抜いた人がいるかもしれない。大惨事だけでなく、偉大な功績の陰にも、リスカーはいる。リスカーがいなければ、この世界は安全だが退屈な場所になってしまうだろう。

世界で最も評価の高い金融ストラテジストの一人、マイケル・モーブッサンは、ゲームプレーとファイナンスとの関係についてさまざまに考えをめぐらせている。彼は一流のファンドマネジャーについて、私にこう語ってくれたことがある。

「彼らはわれわれとは配線が違う。損失にそれほど悩まされない。彼らの注意を使命から逸らすのは難しい」

ならば、彼らはリスカーだろうか？

「彼らもほかの人と同じくらいか、それ以上に損失を気にする。だが、心のなかではなく、頭のなかでだ。偉大な軍司令官は、自分の部隊の安泰を何よりも優先させる。しかし、戦場では、その部隊を情け容赦なく犠牲にする」

この説明に当てはまる人物として、彼は次の三人を挙げた。ビル・グロス（世界最高の債券投資家の一人で、ＰＩＭＣＯの経営者、ブラックジャックでは、たちの悪い手をプレーする）、ビル・ミラー（最高の株式投資家の一人で、モーブッサンの会社レッグ・メイソンの共同経営者）、そしてジョージ・ソロス（ヘッジファンド投資家のスーパースター、慈善家、そしてジョージ・ソロスの名の下に働く活動家）だ。

この面々は、ポーカーテーブルで出くわすかもしれない、ありふれたリスカーの域を超えていると思う。彼らはリスカーとポーカープレーヤーの最良の側面を融合させている。そのようなことができたのだから、確かに「配線」がどこか普通ではないのだろう。

私は頭の固いポーカープレーヤーだ。脳外科手術でもしないかぎり、生理的反応をまったく示さずにポットにチップを投げ入れたり、たとえ正しい行動だったとしても無慈悲な決断を下したりすることは、とてもできそうにない。

象牙の塔のリスク

ジョナサン・シェーファーはゲーム理論的ポーカーの指導的研究者である。彼は最適なゲーム理論的ポーカーに最も近いプレーをするコンピュータプログラムを共同開発したことで知られる（ただし、このプログラムは人間にも、理論的妥当性で劣るコンピュータプログラムにも勝てない）。

ジョナサンは、うまいポーカープレーヤーに関する固定観念の一つは神経が太いことだとする、私の論説を批判した。彼曰く「強いプレーヤーにとって神経など問題ではない。的確なプレーということだけだ……」。これはリスカーや、彼のコンピュータプログラムのように、一度きりのゲームを考えることから生まれた考え方なのだろう。

確かにうまいプレーヤーは、多くの浮き沈みを覚悟している。それでもバッドビートを食らうのは、つらいことだ。また神経にこたえるのは、テーブルに並べられるカードを見るために待つことではない。状況を正しく把握できているか分からないことだ。自分がそのときどきに勝ちつつあるのか、負けつつあるのかは、知るよしもない。カードはあまりにもランダムなので、手持ち資金の増減では勝ち負けを判断できない。

パートナーシップや団体戦とは違って、客観的な助言を与えてくれる人はだれもいない。それどころか、周りの全員が、自分から真実を隠そうとしているのだ。もし自分が勝者なら、彼らの頭にあるのは、その状況をどうやって変えるかということだけだ。もし自分が敗者なら、だれもがそのままの状況が続くことを願っている。

ジョナサンも多くのゲーム理論家の例に違わず、ケネディやフェルプスが冷戦時代に持っていた夢を追いかけているのだろう。彼らは負け知らずで勇敢だった。しかし、自分の正しさと勝利を確信しており、そもそも物事を気にかけなかったために、神経の太さなど必要としなかった。

だが、その夢が現実のものとなったためしはない。いつか現実のものになるかもしれないという希望は、一九七〇年代に潰えてしまった。

ジョナサンは、私の主張を意見の相違ではなく「事実誤認」と称した。彼は素晴らしい研究をしている賢い男で、だれかの考え方が誤っていると思えば、労を厭わず正そうとする。私は彼を責めるつもりはない。

だが、この事実誤認という言い回しは、ゲーム理論がもたらし得る「独り善がり」を象徴しているように思われる。彼にはエセルのポリグラフを見たり、実際に最高のポーカープレーヤーと話したりする必要はない。彼の方程式は彼に真実を示し、それ以外のものはすべて誤りなのだから。

この分野の専門家であるジョナサンには、ある程度の独断が許されよう。だが、世の中には彼よりもさらに独善的でつまらない専門家がごろごろいる。その実、そのテーマの本を二冊ばかり読み、単純な実践例を少しばかり検証したにすぎないのだ。

もう一つの「事実誤認」があった。同コラムで私が行った予測だ。私は「二人のプレーヤー間の一度きりのゲームの分析に基づいたゲーム理論では、人間の優秀なプレーヤーが集うテーブルを相手に善戦するようなプログラムは作れない」と書いた。それに対して彼の書簡では「自明のこととして」ゲーム理論のプログラムは「負けるはずがない」とあった。

方程式がそう言うのなら、本当に違いないだろう。たとえ、その方程式が現実のプレーとは異なる状況を説明するものであったとしても……。三角形には辺が三つあるとか、二足す二が四になるといったことを検証する必要がないように、これは証拠や経験への問いではないというわけだ。彼はこう続けた。

「また人間は誤りを犯す可能性があり、実際に誤りを犯すため、長期的には人間が負ける」

しかし、プログラムを書くのも人間ではないのか？　それに、もし人間が完璧な機械よりも誤りを犯しやすいことを自覚しているなら、プレーをするのに図太い神経が必要ではないだろうか。

足の不自由な人の前で足を引きずってはいけない

ポーカーで一貫して負けるもう一つのタイプも、ゲームのことをそれほど気にかけない。それは「弱小プレーヤー」だ。多くの手でプレーをし、ショーダウンまで残ることも多い。しかし、めったにレイズをしない。ポーカーの隠語では、ゲームに「足を引きずりながら入る《リンプイン》」という。

弱小プレーヤーは、自分がどのタイプのプレーヤーよりもブラフをかけられることが多いと思っている。だが、実際にはブラフをかけられることが一番少ない。

リスカーとの違いは、わずかだが感情を見せるということだ。リスカーが最も熱中するのは、大金を賭けていて、これからほかのプレーヤーの手を見ようというときである。だが、弱小プレーヤーは、むしろ好奇心に突き動かされているため、フォールドをしてから、自分がブラフされたか調べるときに最も集中する。

彼らの測定値が最も高くなるのは、自分のカードを見ているときだ。自分がブラフをされたという妄想を除けば、ほかのプレーヤーの手には生理的に、ほとんど関心を示さない。

このパターンと、コリンの行ったある実験との間には、興味深い相関関係がある。カルテックはコリンのために脳走査装置を製作した。この装置は病院や医学研究所にあるものとは違って、例えばゲームをプレーするといった普通の行動を取る複数の人を調べることができる。

コリンはこれが目覚ましい大発見につながると考えている。彼はプレー中の人々のスキャンを観察することを「人類が月面を歩くのを観察する」と呼ぶ。生理的反応は非常に啓発的ではあるものの、どちらかと言えば月に望遠鏡を向けるようなものだ。そして脳計測装置は、月の岩を手に握っているようなものだ。

話を戻そう。コリンの初期の発見の一つは、信頼が要となるゲームをプレーする男女には、大きな性差が見られるということだった。例えば、ポーカーのベッターがブラフをかけているのか否か、判断に迷うような場合だ（ただし、コリンはまだ脳走査装置研究でポーカーを取り上げていない）。

男性は判断を下すときに、脳の計算を司る領域を動かし、判断を下した後は脳全体のスイッチを切ってしまう。ベットをしてしまったのだから、それ以上悩んでも何にもならないというわけだ。女性はそれほど計算せずに、社会行動を司る領域を動かし、結果が分かってからもずっと動かし続ける。

たった一つの観察結果について過度の憶測を働かせるのは危険だ。とはいえ、この結果は、男性は信頼に足るかどうかを計算するが、その後はどのような結果が生じようともそれを受け入れることを示唆しているようだ。これに対し女性は、信頼に足るかどうかという問題をそれほど熟慮せずに判断を下すが、それがもたらした結果についてみっちり考え抜く。コリンの言葉で言えばこうなる。

「だから、私はパーティから帰ってくると、フットボールの試合が見たくなるのだ。脳のスイッチは切られている。だが家内は、だれがだれのことをどのように思ったか、といったことを話したがる。脳がまだ完全に活動しているからだ」

男性が信頼を気にかけるのは、それが勝敗を左右するからだ。女性は相手が信頼に足るかどうかを判断するために、損失のリスクも厭わない。

もちろん、その後の観察の結果、この推測を修正することになるかもしれない。またこの観察は、こうした違いが遺伝的なものか、社会的なものなのか、といったことについては何も教えてくれない。ただ、この発見は「女性は好奇心が強すぎて優れたポーカープレーヤーになれない」という古いポーカーのことわざによく対応しているように思われる。

最近では、一流のプロプレーヤーに女性もいる。彼女たちが男性の典型的な信頼のパターンを学んだのか、典型的な女性のパターンをうまく活用する方法を見いだしたのか、興味深いところだ。ポーカーでは無為な好奇心は命取りだ。しかし、長いセッションでは多少の負の期待値という代償を負ってでも、早い段階でほかのプレーヤーを検証することが得策なこともある。

現代ポーカー戦略の用語で言えば「弱小プレーヤーはルーズでパッシブ」だ。ルーズなプレーヤーは多くの手をプレーし、大金をポットに入れる。タイトなプレーヤーはその逆である。パッシブなプレーヤーは頻繁にチェックとコールをし、アグレッシブなプレーヤーは、むしろベット、レイズ、またはフォールドをする。パッシブなプレーヤーがレイズをかけるのは、最強の手を持っているときで、フォールドをするのは、最悪の手を持っているときだ。

弱小プレーヤーは騙しの行為はしない（ただし、ほかの人がやっているのではないかと疑う）。ほかのプレーヤーがおそらく持っているであろうカードと自分のカードを比較したうえで、どうプレーするかを決めるわけではなく、自分のカードだけを見てプレーする。

ルーズとパッシブが最悪の組み合わせだということは、万人の認めるところだ。リスカーは頻繁にレイズをするのにルーズでパッシブである。それは彼らのレイズが予測可能だからだ。

ある意味、リスカーがレイズをかけるやり方は、弱いプレーヤーがコールをするやり方に似ている。

なぜなら、ほかのプレーヤーに厳しい選択を迫ったり、自分の手を偽ったりするためではないからだ。リスカーがレイズをかけるのは、賭け金を大きくするためである。リスカーがレイズをかけても、弱小プレーヤーよりもアグレッシブにはならない。レイズのせいで、さらにルーズになるのだ。

弱小プレーヤーはセッションを通じて弱い。いかなるタイプのプレーヤーに対しても同じようにプレーをする。だが、リスカーと違うのは、この同じプレーヤーが明日になれば「タイトでパッシブな」または「ルーズでアグレッシブな」プレーをして、多少儲けることもあることだ。

人は負けることでどんどんルーズでパッシブになっていく（勝つことでタイトでパッシブになっていく）。これはポーカーの常識だ。しかし、エセル・リドルはこれを示す証拠も、勝ち負けに起因するそのほかの系統だった戦略変化も、発見できなかった。

アグレッシブなプレーヤーは、自分の取る戦術がほかのプレーヤーをパッシブにすると考えていることが多い。ところが、エセルの研究は、この主張も裏付けなかった。

弱小プレーヤーは弱い状態でやってきて、だれに対しても弱くプレーする。そして、セッションをとおして弱かった。

ブラフ王ハルのように激しく

上記のすべては、それなりに面白い。だが、ポーカーではあまり役に立たない。リスカーや弱小プレーヤーとプレーする方法はだれでも知っているし、彼らはすぐに見分けがつく。

リスカーと対戦するときは良い手が来るのを待ち、それから彼らにポットを一杯にしてもらおう。弱小プレーヤーに対しては、彼らを打ちのめそうとするときにはレイズをかけ、そうでないときはフォールドをする。両者のプレーは十分予測可能なので、どちらの状況なのか、大抵察しがつく。

両者は常に自分がブラフをかけられていると考えるので、彼らにブラフをかけることは、けっして割に合わない。また彼らがフォールドをする恐れはないため、心おきなく良い手でレイズをすることができる。

これまでのところ、エセル・リドルの研究の実用価値は、自分がリスカーなのか、単に現時点では弱くプレーしているのかを判断するのに役立つということだけだ。ゲームを降りた後は退屈を感じ、ほかのプレーヤーがカードを表に返すときにしか本当の興奮を覚えない人は、リスカーなのかもしれない。またさっきの手がブラフだったかどうかが気になる人は、弱くプレーしているだけなのだろう。

ゲームから降りた後も注意を払うことは大切だ。しかし、フォールドをしたカードのことは忘れたほうがよい。勝っていれば注目しなかったはずだ。フォールドをしたカードは、もう存在しないものと考えよう。

エセルは、アグレッシブなプレーヤーをさらに三つに区分した。彼女には、ゲーム理論の影響を受けているという疑わしい強みがなかったため、いかなるアグレッシブなプレーを表すのにも「ブラフ」という言葉を使った。

彼女の言うところの「ベットブラファー」は、タイトでアグレッシブなプレーヤーだ。彼らは強い手だけをプレーした。そのとき頻繁にレイズをした。彼らはまたドローで強くならなかったり、ほかのプレーヤーの積極的なベットに遭遇したりすれば、進んでフォールドをした。

エセルからすれば、ベットブラファーのプレーは標準的だった。彼らは強い手をプレーし、負けそうになるとフォールドをした。だが、彼らのベットは欺瞞的だった。彼らは状況を考慮して、強い手でチェックをし、比較的弱い手でレイズをした。

このタイプのプレーヤーが示す生理的反応は、アグレッシブプレーヤーのなかでは最も弱かった。しかし、リスカーや弱小プレーヤーよりは強かった。

ただ、ベットブラファーの反応は、ときたま跳ね上がり、ゲームに夢中になることがあった。このときの彼らの感情の矛先は、特定のプレーヤーではなく、テーブル全体に向けられた。

こうした現象は、明らかな誘因によって引き起こされたのではなかった。プレーヤーが勝っているか負けているか、成功した手の後か失敗した手の後か、あるいはゲームに勢いがあるかないかで、どちらかが起こりやすいということはなかった。

どういうわけか、こうしたプレーヤーは機械的でタイトなプレーをしてほとんどの時間をすごし、ベットの間、情報をほとんど与えなかったし、手の強さを変えることはなかった。ところが、そうかと思えば、突如としてテーブル全体を相手に、激しいプレーを始めることがあった。このような激しい時期には大勝ちしたが、それ以外の時期にはわずかに負けた。

激しいプレーと標準的なプレーを区別できるような、目に見える兆候は何もなかった。ところが、ポリグラフでは、夜と昼の違いのように突出していたのである。

「ハンドバリューブラファー」とは、エセルがルーズでアグレッシブなプレーを指した言葉だ。ベットブラファーよりは率直にベットする。しかし、ベットが示す手を実際には持っていないことが多かった。彼らはゲーム理論的なブラフをかける。つまり、弱い手をあたかも非常に強いかのようにプレーするか、非常に強い手をつまらない手のようにプレーするわけだ。

彼らの感情反応は、ベットブラファーとまったく同じで、通常はかなり高揚しているものの、ときたま低調な時期があった。興味深いことに、彼らは高揚期には損をし、低調期には儲けた。

ハンドバリューブラファーは、わずかに常軌を逸したようなプレーをすることが多く、時たま冷静な計算期に戻って評判を回復した。そうだとしても、演技ではなかった。彼らは価値のない手でレイズをかけたり、最強の手でチェックやフォールドをしたりしながら、興奮している。だが、取り立てモードに切り替わると、手数料箱の中身を取り出すカジノの従業員のように退屈しきっているのだ。

このことが明らかに示しているのは、タイトでアグレッシブなプレーヤーが興奮しているときと、ルーズでアグレッシブなプレーヤーが退屈しているときは、要注意ということだ。特にうまいプレーヤーには、外面的にはっきり分かる手がかりを期待してはいけない。しかし、ポリグラフがなくても、興奮しているかどうかの見分けはつく。瞳孔拡張や声色の変化は、意識してやろうと思ってもできないものだ。マルコム・グラッドウェルの非凡な著作『第1感』(光文社)を読めば、こういったことがすべて分かる。ゲームとゲームの合間や、フォールドをした後のふるまいを偽ろうとする人はほとんどいない。したがって、こういうときに注意を怠らないことだ。またプレーの仕方が変わるのにも気づくだろう。これもわざとやろうとしてできることではない。

タイトでアグレッシブなプレーヤーがしばらく気を緩めるときや、ルーズでアグレッシブなプレーヤーが気を引き締めるときには用心しよう。このとき大切なのは、ゲーム理論が教えるように、彼らがいかなるカードを持っているかを観察することではない。戦略の変化を観察するのだ。

この変化は分かりやすい。そのうえ、あなたに優位を与えてくれる可能性が高い。このようなタイプの変化に気づいたときは、まったく相手にしないのが無難だ。ほとんどの手でフォールドをし、率直にプレーできる非常に強い手を持っているときだけ、ゲームに残って彼らを相手にする。

またこのような状況は、特にゲームにまだ残っているときは、自分の戦略を混ぜ合わせる好機でもある。そうすれば彼らが通常の状態に戻ったときに、彼らの金を取ることができる。もしあなたのほうがはるかに上手で、彼らが最高の状態にあっても必ず勝てるなら、どのみち彼らの金はすべて取ることができる。

最後の組み合わせは、タイトでパッシブなプレーヤーだ。エセルは彼らに「欲望ブラファー」という奇妙な名前をつけた。おそらくこの言い回しに、前述のデイビッド・スパニアーは何らかの意味を感じ取ったのだろう。

欲望ブラファーの全般的な興奮のレベルは平均的だ。しかし、ポットに一緒に残っている相手次第で、急激に変動する。彼らには負かしたいプレーヤーもいれば、まったく関心のないプレーヤーもいる。しかし、だからといって、プレーのスタイルを変えることはほとんどない。感情で流されてルーズになることはない。

彼らにとって本当に重要なのは、負かしたいプレーヤーに対して良い手を持っているときだけである。アグレッシブになるのは、このときだけだ。そのほかのプレーヤーに対しては、手が良いときも悪いときも、パッシブなプレーをする。

タイトでパッシブなプレーヤーは危険でないものの、彼らにはイライラさせられることがある。大金を勝ち取るのは難しいし、良い手を持っていないかぎりプレーしようとしない。ブラフには引っかからず、いったん良い手を作れば、ショーダウンまでコールをし続ける。

だが、彼らが良い手を持っており、あなたがさらに良い手を持っているときでも、彼らに大金を失わせることはできない。最高の手を持っているのではないかぎり、レイズをしないのだ（持っていてもレイズをしないことがある）。

全体としてみれば、ほかのすべてのパッシブプレーの例に漏れず、彼らも負けることになる。しかし、負け額はそれほどでもない。また、彼らは相手を苛立たせて間違いを誘うこともある。

タイトでパッシブなプレーヤーに対する最も簡単な戦略は、無視することだ。彼らにブラインドや手数料を肩代わりさせ、あなたはルーズまたはアグレッシブなプレーヤーから金を勝ち取ることに集中すればよい。彼らを相手にするのは、彼らの並みの手よりも強い手を持っているときだけにする。だが、そのときが来たら、あらゆる機会をとらえてレイズをしよう。これはめったに起こらないことだ。

タイトでパッシブなプレーヤーがレイズに対してプレーを続行する確率は一〇％にすぎない。しかも、あなたが彼らの並みの手よりも良い手を持っているとなると、確率はわずか五％になる。つまり、この状況が起こるのは二〇〇手につき一手、または平均して一セッションに一度だけとなるわけだ。

ただし、実際の確率は、もう少し高い。なぜなら、特にマルチウェイポットでは、有利なカードを引く可能性があるからだ。とはいえ、それでもあなたの期待利益を超えるほど増加することはない。

次回はエチルポンプに立ち寄れ

だが、エセルの研究は、欲望ブラファーを攻撃する方法を明らかにしている。この方法は、このタイプがテーブルに大勢いるときに最も効果が高い。一度に全員に対して効果を発揮するからだ。また、この方法を試みる意義が最も大きいのも、このときである。なぜなら、これ以外の方法では、彼らから大きく儲けるのは難しいからだ。

実のところ、この方法はいかなるプレーヤーにも効果がある。だが、最も効果が高いのが欲望ブラファーというだけのことだ。ただし、ほとんどのゲームでは利益ではなく、損失となるので、得策ではない。弱小プレーヤーは、アグレッシブなプレーの標的に最もされにくいタイプだ。だが、自分が標的になっていると考えることが最も多いのも、このタイプである。

実際に標的となるのは、次のようなプレーヤーだ。

- ●多額のベットをする
- ●アグレッシブにプレーする
- ●勝つ
- ●手持ちのチップが多い（これは勝ったと同義ではない。多額でも少額でもチップを購入できる）

あなたがこのようなことをすればするほど、ほかのプレーヤー、特にタイトでパッシブなプレーヤーをアグレッシブに仕向けることができる。通常、これは得策ではない。アグレッシブなプレーヤーは勝ち、パッシブなプレーヤーは負けるものだからだ。

だが、タイトでパッシブなプレーヤーが相手なら、状況はまた別となる。彼らはアグレッシブなプレーが不得手だ。

また、彼らがあなたに対してだけアグレッシブにプレーするという事実を逆手に取れる。例えば、あなたは、アーリーポジション（ディーラーとの間の席数が少ない場所）でのブラフを気にする必要はない。そのブラフはテーブル全体に向けたものだからだ。しかし、もしあなたがコールをし、ほかにだれもコールをした人がいない状態で、タイトでパッシブなプレーヤーがレイズをかけてきたら、それはブラフである可能性が高い。

欲望ブラファーのブラフはよく考え抜かれていないため、矛盾が見つかるはずだ。また彼らはブラフを途中で諦めないので、あなたはレイズをしてショーダウンに持ち込むことができる。

もちろん、それが強い手の場合もある。しかし、チャンスを選べば大抵は儲けることができる。

もう一つの利点は、ほかの比較的ルーズなプレーヤーも、タイトでパッシブなプレーヤーに苛立たされて、過度にルーズになったり、アグレッシブになったりする可能性があることだ。彼らを最適なプレーからさらに逸脱させ、彼らの攻撃の矛先を自分に向けることができれば、彼らからも金を勝ち取れるだろう。

チップを大量に買って、アグレッシブにプレーをしよう。スプレッドリミットか、ノーリミットか、ポットリミットであれば、大きなベットをする。固定リミットなら、たくさんレイズをしよう。運と技量があれば、勝てる。

相手を本気で怒らせたいのなら、ゲームを降りるようなそぶりを見せ（アグレッシブ戦術の標的になり、それをエスカレートさせたい場合に、必ず成功する手法だ）、猛攻に備えよう。ただし、失敗したからといって、私に金を請求しないでほしい。

この研究から得られるもう一つの教訓は「自分の攻撃の矛先を、自分が負かしたい相手にではなく、それが最も効果的と思われる相手に向けるべきだ」ということだ。

一般に、絶対にアグレッシブにプレーをしてはいけない相手は、大勝ちしている人、つまりアグレッシブで、ベットが大きく、手持ちチップの多いプレーヤーだ。こういうタイプは標的として最も心をそそられる。しかし、タイトでアグレッシブにプレーをしないかぎり、勝つことはできない。

こういう相手には、めったに挑戦すべきではない。しかし、いざやるときには大勝ちしよう。

いかなる手でもアグレッシブにプレーをしてよいのは、パッシブで注意深く、手持ちチップの少ないプレーヤー、つまり負けているか収支トントンのプレーヤーが相手のときだ。こういったプレーヤーに対しては、ルーズでアグレッシブになろう。

これらの助言は、あくまで経験に照らして検証すべき提案として、考えてほしい。というのもこれらは、通常のポーカーではない状況で、八四年前にプレーされた一連のゲームから導かれた助言だからだ。通常では得られない情報を体系的に記録したという点では有益だ。しかし、これだけに頼ってゲームはできない。

また、結果のなかから、私のポーカーに関する考え方に一致するものだけを選りすぐったため、私の主観も入りこんでいる。この研究の本当に重要な結論は「ポーカーの勝敗を決めるのが、二人のプレーヤーで行う一度きりのゲームの数学ではなく、セッション全体のテーブル全員の感情だ」ということだ。

私がポーカーを学んだ時代、これは当たり前のこととされていた。ポーカーのセッションが、通常一人の大勝者とそれより勝ち額の少ないプレーヤーの集団、そして敗者の集団を出して終わることは、常識だった。大抵は集団間にそれほど格差はなかった。

大負けする人がいた場合、際立った敗者は、その一人だけであることが多かった。また、大勝ちした人がもう一人いる場合は、それ以外の人の勝ち負けの額はわずかであることが多かった。だが、どちらの場合でも、一つの集団に含まれる人数が一人というだけで、大勝者から大敗者まで結果が均等に分布していたわけではなかった。

ほとんどのポーカー戦略が目指していたのは、勝者の集団に入ることであって、標準偏差を最小化しつつ期待値を最大化することなどではなかった。大勝ちは、主に幸運のなせる業と考えられていた。常に大勝ちする技量を持っていたとしても、それを成功させれば、ゲーム自体がぶち壊しになっていただろう。

長期にわたって着実に利益を上げるには、ほぼすべてのセッションで勝者の集団に入り、たまに大勝ちすればよかった。このような手法を使えば、トーナメントや一般のカードルームのために開発されたランダムウォークのプレーをした場合よりも、セッションで勝つことが多かった。

またこうした手法に従えば、現代のポーカー本が推奨するものとは異なる戦略を取ることになった。ポットオッズや予想ポットオッズを計算したり、セッションの前に予め開始の手を決めておいたりすることもない。

自分の手よりも、テーブルの状況や最近のゲームの結果を踏まえてプレーする。だからといって、ゴミ手をプレーしろとか、最高の手を捨ててしまえということではもちろんない。「一手ごとの期待値を正確に計算する必要などない」ということなのだ。

テーブルが参加するのに適した状況なら、いかなるプレー可能な手でも参加するし、手役なしでブラフさえする。テーブルの状況が適切でなければ、無敵のカードを持っていないかぎり参加しない。

マルチウェイがマイウェイ

具体的な違いを一つ挙げれば、以前はマルチウェイポットが好まれた。しかし、現代の標準的な助言は「完成した手役（それ以上強くならなくてもおそらく勝つ手）を持っているときは、ゲームからほかのプレーヤーを追い出し、ドローイングハンド（強くなれば勝つ可能性が高いが、そうでなければほぼ確実に負ける手）を持っているときは、ほかの人をゲームに残すこと」である。これに従えば、本物のマルチウェイポットにめったに参加することができない。

完成した手役を持っているときは、ほかに賭ける人がいなくなるか一人になるまで持ってプレーをする。ドローイングハンドを持っているときは、ポットにほかに数人残っていても、配られるカード次第で、その全員に勝つか全員に負ける可能性が高い。さらに、もし全員が同じ本を読んでいれば、全員がドローイングハンドを持っているだろう。

よくあるもう一つの助言は「一度に複数の相手にブラフをかけようとしてはならない」というものだ（マルチウェイポットが好まれる大きな理由は、頭でっかちの人の多くが、絶対にブラフをしないからだ）。

これは馬鹿げている。マルチウェイのブラフは儲けが多く、効果が高い。もちろん、ブラフが成功する確率は低くなる。もしだれかにコールをされれば、あなたは負けるからだ。

だが、ポットのなかには、ブラフに成功すれば得られる金がたくさん入っている。通常は、こちらの要因のほうが勝る。さらに、たとえ期待値は同じだとしても、少ない額を頻繁に勝つよりは、たまに大金を勝つほうがよい。なぜなら、ブラフに対してコールをされるたびに、得るものがあるからだ。つまり、あなたのブラフが明るみに出るたびに、次の良い手の期待利益が大きくなるわけだ。

さらに重要なことがある。ブラフの利益が最も大きくなるのは、あなたの最強の手に対して複数のプレーヤーがコールをするときだ。あなたが絶対に複数のプレーヤーにブラフをしないことが判明すれば、その強みは失われてしまう。

二人ゲームは、ゲーム理論が扱うことのできる唯一のゲームであり、数学的に計算できる唯一のリスクだ。現代の理論は、計算外のリスクと負けるリスクを同じものと見なす傾向にある。

この考え方の問題点は、本を読んで計算することはだれにでもできるということだ。うまいプレーヤーなら、計算されたリスクの優位をすべて排除できるだろう。弱いプレーヤーだけを相手にしているなら、何としてでも計算に固執したほうがよい。

だが、自分の経験から言って、地図やコンパスを持たずにリスクに飛び込まずして、うまいプレーヤーに勝つことはできない。ポーカーで常勝するということは、マルチウェイポットで計算されないリスクを取るということだ。

だからといって、計算を無視して、感触でプレーすべきだというわけではない。「計算できるものは計算する。ただし、それ以外のものをすべて恐れる必要はない」ということだ。

私はなにも自分が正しくて、ほかの著者が間違っているなどと言うつもりはない。私は一つのテーブルでプレーヤーが一定の時間をプレーしたらやめる内輪のゲームでポーカーを教わった。一方、例えばフィル・ヘルムート、ドイル・ブランソン、エリック・シーデルといった現代理論の主役は、カリフォルニア州の一般のカードルームでポーカーの腕を磨いたか、トーナメントで名を成した人たちだ。これらはまったく違う環境だ。

内輪のゲームで勝てる金額は、ほかのプレーヤーが失っても構わないと考える金額に限定される。また長期的に勝てる金額は、負けてもゲームに戻ってくるつもりの人が（またはあなたにもっと大きなゲームを勧めるつもりの人が）失っても構わないと考える金額に限定される。

だが、商業施設では、敗者の代わりに新しいプレーヤーが入ってくるため、プレーを続けるかぎり勝つ可能性はある。この場合の勝てる金額の上限は、時間ごとの利益が十分高くなれば参加してくるうまいプレーヤーの懐具合や、施設が財政的にどれだけ困窮しているかによって変わる。

トーナメントでも、敗者は取って代わられる。トーナメントで期待利益を最大化するには、一貫して小さく勝つ戦術を追求することだ。しかし、トーナメントで勝つための最高の戦略は、大勝ちを目指すことである。

トレーダーは気にかけるか？

こうした結果がトレーダーにも当てはまるか知りたくはないだろうか。

MITメディア研究所のマイケル・ソンがやろうとしているのが、まさにこのことだ。一九二一年とは状況が一変している。マイケルはエセルが測定したすべてと、さらにそれ以上のものを測定できる、非侵襲的（痛みや危険を伴わない）無線式ウエストポーチを開発した。

リアルタイムにデータを精緻化できるコンピュータアルゴリズムのおかげで、結果を観察しながらシートにペンで記入する若い女性のチームはもう必要ない。「身につけているのを忘れてしまうほどなので、まったく自然なデータが得られる」と彼は言う。

彼はまだ、この装置を装着するようトレーダーを説得していなかったので、私があちこちで頼んでみたところ、多くのトレーダーがこれを装着し、マイケルが自分の感情を分析することを快諾した。この実験をとおして自分の優位性を見いだすという考えに興味を持った人もいた。私はリスクマネジャーとして、トレーダーに多いストレス関連の問題を軽減することに関心があった。

だが、売買情報の開示には、全員が二の足を踏んだ。彼らの心や頭のなかはのぞき込むことはできても、売買記録は神聖なのだ。それでも、参加を表明する人が出てくるのは、時間の問題だろう。そうなれば、トレーダーがどのようにして勝ち、どのようにして負けるかについて、多くのことが分かるだろう。

熱心なポーカープレーヤーであるマイケルは、この機器をポーカーテーブルでも試してみた。このウエストポーチを装着しながらヘッズアップ（プレーヤーが二人）、ノーリミットのテキサスホールデムをプレーしてくれる被験者を募集した。志願者が現れなかったときは、彼自身が何度かプレーした。そして心拍数、熱流束、手掌部発汗、声音、体の微細な動きを計測したところ、それぞれがゲームの結果と六〇～八〇％の相関関係があることが分かった。

一例を挙げよう。人は絶え間なく筋肉を細かく動かしている。これは、リラックスして居心地の良い状態を保つためだろう。ところが、ストレスの多い状況では、体が硬直するのだ。そして大きなストレスを示していた男性は、六〇～八〇％の確率で負けた。

マイケルは五つの測定結果のすべてを統計的に組み合わせることによって、一枚の手札も知らずに、八〇％以上の結果を予測できた。

「それはすごいな」と、私はマイケルに言った。

「ほかのプレーヤーにもこれを装着させることができれば、ボロ儲けできるじゃないか。こういったものをカジノで使う方法はないだろうか」

マイケルはすぐに共謀者めいたささやき声になって、こう言った。

「もっと小さくして携帯電話に入れる必要がある。それにヘッズアップディスプレイをつけたメガネか、聴覚や感触で知らせる仕組みが必要だ」

マイケルが社会に計り知れない影響をおよぼす、もう一つの技術的飛躍を成し遂げたことに、私は衝撃を受けた。被験者はモニターを装着する必要がない。マイケルは遠隔装置で必要な情報を得ることができる。携帯電話やタバコの箱、財布などにそっくりのものをテーブルに置いておくだけで、全員の精神状態を知ることができるのだ。

ご心配の読者のために触れておくが、彼にはポーカープレーヤーをだまそうという気はまるでない。だが、もしあなたがカジノの警備係なら、念のため彼のウェブサイトで彼の写真をチェックしておくとよいかもしれない（悪いなマイケル、私はカジノ会社の株を持っているのでね）。

マイケルのカジノスキームは、おそらく愉快な空想にすぎないのだろう。マイケルは目下手一杯で、それに時間をかけられそうにもないからだ。彼は自分の開発した製品の販売会社を立ち上げたほか、ファイナンスにも手を広げようとしている。また、この機器をマサチューセッツ総合病院の精神科病棟に持ち込み、スタッフが患者の精神状態を絶えず計測できるようにした。

彼は機器をお見合いパーティに持って行ったこともある。マイク一本で声の音量を分析し、周波数変化の力学と標準偏差から、ことの成り行きの八〇％以上を正しく予測した。

例えば、シングルズバー（独身者が交際相手を見つけるバー）用の腕時計を考えてみよう。製品名は「ラッキータイム」とでもしよう。

さりげない振動で「うまくいってるよ」と知らせてくれたり、鋭い警告音で「ほかを当たれ」と指示し、その口実まで考えてくれたりする。サーチモードにすれば、しっくりいっていないのはどのカップルか、どのタイミングで割り込めば成功するかを教えてくれる。

追加機能として、赤いランプの点滅で「装着者を精神科病棟に連れて行って下さい」と周りの人に知らせることもできる。一部の人、もしかしたらほとんどの人は、こんなことは時計がなくても無意識にできるのかもしれない。だが、世の中には社交能力に欠けているか、少なくとも社交に自信のない、ハイテク好きのオタクがたくさんいるのだ。

この機器がポーカーの判断を示すようになったら、私も自分用に一つ買おうと思う。

学習について学習する

ゲーム理論の近代研究は、実験的研究ばかりではない。ドリュー・ファンデンバーグと私は、ハーバードで専攻も学年も一緒だった。大学院では経済学の講義をいくつか一緒に受講した。ところが、コリンのように人となりを示す面白い、または突飛なエピソードを、彼についてはどうしても思いつかない。何人かの友人にあたってみたが、だれも思いつかなかった。一人にはこう言われた。

「ドリューは数理経済学者だぞ。彼らは面白くもなければ、突飛でもない」

それ以上詳しいドリュー像を私は描けない。ドリューはまじめできわめて知的な人物で、自分の考えを明確に示し、才気あふれた独創的な研究をしている。あるいは近しい人だけが知る奇抜な面があるのかもしれない。だが、ちょっとした知り合いとしての彼を描写する言葉としては、冷静で学者らしいという表現が思い浮かぶ。彼は「自己確証的ナッシュ均衡」といった感じのテーマの論文を書いている。

ドリューは現在ハーバード大学の経済学教授で、理論的ゲーム理論の第一人者だ。この分野は、ゲーム理論の教科書でおなじみの四種類の報酬を示す表をはるかに超越する前進を遂げている。

ドリューの研究は、実世界の観測結果を説明しようとする。つまりコリンのような実験的研究者による検証と、重要な経済現象による検証の両方だ。

古典的ゲーム理論に対する大きな反論は、それが学習に何の役割も与えないことだ。ポーカーの一つひとつの手をそれ自体一つのゲームと見なせば、一つの手をプレーすることによって将来の手に影響を与える余地はなくなる。しかし、本物のポーカープレーヤーは、一つの手でブラフをかけて、ほかのプレーヤーに将来の強い手でコールをするように仕向ける。

ゲーム理論的ポーカープレーヤーは、ブラフの確率が前もって設定されているため、その確率を知っているほかのプレーヤーは、すべてのレイズに対してコールをする確率を最適に高める。だが、現実のポーカーは、学習を基盤としている。ほかのプレーヤーについて学習し、自分に関する情報を相手に与え、そして変わることによって勝つ。

タイミングがすべてだ。うまくやれば、ほかのプレーヤーはあなたのブラフに対してフォールドをし、あなたが強い手を持っているときにはコールをするだろう。あなたがリズムを定め、テーブルのバランスを崩し続けるのだ。だが、やり損じれば、ブラフをする確率とコールをされる確率が変わらなくても、大負けするだろう。ほかの人のリズムに合わせて躍ろうとして、自分の足につまずくのだ。

ドリューはUCLA経済学教授のデイビッド・レヴァインと共同で、学習の問題に取り組んだ。まず古代の出典、ハンムラビ法典から始めた。これは今日知られている最古の成文法で、今から四〇〇〇～五〇〇〇年前の近東の法的慣行を成文化したものだ。第二条にはこうある。

「もしだれかがある男を訴えれば、罪に問われた者は川に飛び込まなくてはならない。彼が川に沈めば、彼を訴えた者は彼の家を取るべし。だが、もし川が彼を無罪とし、彼が無傷で出てくれば、彼を訴えた者は殺されるべし。川に身投げした者は自分を訴えた者の家を取るべし」

これは分かりやすいゲームだ。もし私があなたを何かで訴えれば、われわれはお互いの家と生命を泳ぎの腕前に賭けるというわけだ。

実は、裁判の詳細は知られていない。川岸から飛び込んでもそれほど危険ではないだろうから、おそらく飛び込みは、高さと川の乱流から見て、生死の確率がほぼ五分五分になるような、崖や橋から行われたのだろう。より厳しい刑罰の場合、被告人はまず縄で縛られた。こうした人々が生き延びることがほとんどなかったことを、われわれは知っている。

これをどうしようもないほど原始的な時代の遺物だと思う人は、つい二〇〇年ほど前の英国で、原告人が決闘裁判という選択権を持っていたことを思い出してほしい。これは被告人と原告人との間で生命と財産が争われるという点で、基本的に同じ賭けだ。だが、公正さという点では劣る。ハンムラビ法典のゲームはランダムだが、決闘裁判は戦いに強い者に有利だ。

今日の法律に、一騎打ちに関する規定はない。だが、今でも大きな紛争は戦争で決着がつけられるし、小さなものはさまざまな個人的対決によって処理されている。法廷で解決されるのは、その中間のごくわずかな割合にすぎない。

法廷での判決の正しさに関する統計的研究は、ハンムラビの推定確度からの大幅な改善を裏づけない。法律制度が機能しているのは、圧倒的多数の事件が、判決が必要となる以前に解決されているからだ。もし罪を犯したほとんどの人が罪を認めず、えん罪が起こる頻度が合理的に低くなかったとしたら、法廷がランダムよりも大幅に良い判決を下すことは到底不可能になる。

ドリューとデイビッドは、ハンムラビ法典が迷信に依存することを指摘する。もし臣民が川が罪を明らかにすることを信じるなら、罪を犯したり、人にぬれぎぬを着せたりすることはないだろう。だが、ハンムラビが迷信を頼りとすることができるのなら、なぜここまで事を面倒にするのだろうか。なぜ「罪を犯した者は雷に打たれて死ぬだろう」とだけ書いて、それでおしまいにしなかったのだろうか。

四〇〇〇年前の近東の被疑者は、今日のポーカーゲームと結びつかないように思える。だが、もう少し我慢してお付き合いいただきたい。

「雷に打たれて死ぬ」という定めの問題点は、それに効き目がないことに人々が気づいてしまうことだ。迷信を最も恐れない人か最も捨て身の人、あるいは迷信を打ち消す何らかの魔よけを買った人が試してみるだろう。いったん定めに効果がないことが示されれば、権威は失われる。

これのもう少し利口なバージョンは、検証が不可能な「罪を犯した者は、永遠に地獄で焼かれるだろう」だ。これは今日でも効果があり、法的制裁の恐怖よりも多くの罪を防いでいるのは、ほぼ間違いない。だが、万人にとって十分というわけではない。

それよりも合理的に思われるもう一つの選択肢は、国家が犯罪者を処刑することだ。だが、これはえん罪の温床になる。だれかがあなたの恋人を盗んだ、戦車を買った、神殿の門前で遊んでいたならば、その手の法律をランダムに選び、それを破った罪で訴えればよい。

ハンムラビ法典第二条の真髄は、だれもプレーしたがらないゲームを作り出していることにある。原告人か被告人のいずれかが、必ず死ぬ。迷信を信じない人でも、罪を犯せば死ぬ確率が五〇％だと知っている。これはほとんどの人を思いとどまらせるのに十分な確率だ。

また人が正当にであれ不当にであれ訴えを起こさないのも、五〇％の死亡確率に晒されたくないからだと考えられる。もしこの考え方が正しいとすれば、犯罪者は訴えられないことを知って、思いのままに略奪行為を働くだろう。

だが、たった一人でも迷信を信じる人がいれば、この心地良い状況は損なわれる。神のご加護に自信を持ち、家を勝ち取ることを期待して、正当な訴えを起こす迷信深い人が少しでもいるかぎり、ハンムラビ法典は機能するわけだ。

「雷に打たれて死ぬ」や「永遠に地獄で焼かれる」では、全員が迷信を信じる必要があるのに対し、川のゲームでは迷信を信じる人が少しでもいればよい。そうであるかぎり、ゲームはめったにプレーされないので、結果がランダムであるという確証は得られない。

このテーマに関するドリューとデイビッドの論文は、これよりもはるかに精緻で、多世代の人々がゲームを習得することの影響についても考察している。「忍耐強く、合理的なベイズ統計学派」――われわれは皆そうではないだろうか――は、雷のルールのからくりを素早く見抜く。しかし、川の定めのもとでは、法律を守る良民として犯罪を通報し、根も葉もない訴えは起こさない。

ハンムラビのポーカールール

もし本書が殺人の罪を逃れる方法や、古代バビロンで家を勝ち取る方法に関する本であれば、ここまでの議論は順調だ。だが、ドリューの研究は、いったいポーカーとどのような関係があるのだろうか。

彼の研究の主な観察結果は「学習が行われる状況で企てを成功させるには、それがめったに検証されないようにする必要がある」ということだ。古典的ゲーム理論では、ブラフの最適頻度を選び、それから完全にランダムなブラフをする。

例えば、札が配られるたびにデジタル腕時計を見て、ちょうど三三秒になっていれば、ブラフをかけてもよい。小型乱数発生器があればなおよい。純粋なランダム性から少しでも逸脱すれば、単純なゲーム理論の枠組が損なわれてしまう。

これはヘッズアップ（一対一）のプレーであれば、うまくいく。相手があなたのブラフの頻度を知らず、どのみち最適反応を計算することもできないという事実を利用して、ブラフのタイミングを調節すれば、さらに良い成績を上げることができる。

だが、何人ものプレーヤーがいるテーブルとなれば、話は別だ。ブラフで逃げられないようにするためなら喜んで金を失う「そうやすやすと勝たせはしない」タイプの人もいる。そうかと思えば最高の手を持っているのでもないかぎり、少しでも力を誇示されればフォールドをする「転ばぬ先の杖」タイプのプレーヤーもいる。

前者のタイプは、テーブルの全員に奉仕をする。自分のスタックを犠牲にして、あなたのブラフの頻度を全員の目の前で測定して提供するのだ。

後者のタイプのプレーヤーに対してはブラフをかけ、前者のタイプに対しては率直にプレーすればよい。そうすることには価値がある。だが、それだけではあまりにも予測可能で、うまいポーカーと言えない。

そこで均等化を迫る。前者のタイプは、自分にブラフをかけてこないことを知ればフォールドをし始める。後者のタイプは、やがてコールをする勇気を持つようになる。また、ポットを争う相手がだれになるか判明する前から、説得力のあるブラフを計画する必要がある。

ハンムラビの第二条が機能するわけは、ゲームにもう一人別の人間を関与させるからだ。単に犯罪者VS雷なのではなく、犯罪者VS原告人VS川なのだ。人々がゲームの実行を阻止するような構造になっている。つまり、これに対抗する方法を習得する人は出てこないということだ。

あなたは複数のプレーヤーがいることを念頭に、あなたに対抗しようとする人が出ないように、ブラフを計画しなければならない。あなたが目指すのは、負けを恐れる人がテーブルに一人でもいれば効果を発揮するブラフである。全員が迷信を信じていなければ機能しない川のゲームのように、テーブルの全員が負けを恐れていなければブラフの効果はない。

またあなたは、自分のブラフで勝つか負けるかだけでなく、ブラフに対してコールをする人が不利益を被るのか、利益を得るのかを合わせて考える必要がある。相手が不利益を被るのは、第三者があなたの降りた後に動くので、あるいは最高の手を持っており、あなたがブラフをしていようが関係ないので、まだゲームに残り、あなたのブラフに対してコールをしない場合だけかもしれない。あなたにとってブラフで負けるのが得策ということではない。

実際に負けたとしても、生産的な負けにしたい。つまり、あまりにも複雑なために計算が不可能な、多方向のブラフを採用するということだ。ゲーム理論家や計算されたリスクを取る人が、逃げ惑ったり暴挙に出たりしても放っておこう。いずれの場合も、あなたのほうが有利なのだから。

別の見方をすれば、あなたが最強の手を持っている確率は、プレーヤーの人数をN人とすれば、N回につき一回にすぎない。勝者になるためには、あなたよりも弱い手を持っている人たちにベットをさせるか、あなたよりも強い手の人たちにフォールドをさせるかのどちらかが必要だ。前者なら、勝てば大きなポットを取れるし、後者なら、自分の正当な分け前以上の金額を勝つことができる。

問題は、どちらかを促すためのプレーが、もう一方を妨げることだ。ゲーム理論の戦略では、最適な中間点を見つけて、ほかのプレーヤーが誤りを犯すことを期待する（ただし、彼らが誤りを犯すかどうかは関係ない。あなたは中間点でプレーするのだから、あなたが非常にルーズであっても、非常にタイトであっても、彼らにとってそれほど痛手にはならない）。

この二人ゲームの視点が見逃しているのは、人々がどれくらい頻繁にコールやフォールドをするかが重要なのではなく、それを同じ手でやるのか、違う手でやるのかが重要だということだ。あなたは自分よりも強い手がすべてフォールドをするときにだけ勝ち、自分より弱い手がその同じあなたの手にベットをするときに最も大きく勝つ。一つを除くすべての強い手がフォールドし、弱い手がすべて残っても、あなたにとっては何にもならない。

ほかのプレーヤーは、自分が勝つか負けるかだけを気にしている。うまいプレーヤーがあなたに対して過剰にコールまたはフォールドをするよう仕向けることは難しいし、コールやフォールドをすべきタイミングについて推測を誤るように仕向けることはさらに難しい。これらのコールやフォールドをあなたの好きなように配分し、一つの手は全員がコールをするように、別の手はだれもコールをしないようにするほうがずっと簡単だ。

これをどのようにしてやるかは、ポーカーの種類やプレーヤーによる。だが、いずれにせよ肝心なのは「自分自身がゲームにおける最も不確実な要素になる」ということである。つまり、大いにブラフをかけて、かなり良い手をたくさん捨てるわけだ。

手役なしか、最高の手を持っている場合は、全員がコールをしてくるか、だれもコールをしないことが多い。したがって、多くのゲームに珍しい手で参加して、だれも何についても確信が持てないようにすれば、そこから展開する良い状況を最大限に活用できる。

もちろんこのようなプレーをするのは、ほかのプレーヤーがあまりにうますぎて、単純な戦術が奏功しない場合に限る。だが、もしあなたが常に非常に良い手を持っていれば、最強の手にはコールがあり、それ以外にはフォールドがあるだろう。もしあなたが予測不能なら、だれもあなたのブラフかもしれないものを一対一でコールをしようとは思わないだろう。正しかった場合に、十分な見返りが得られないからだ。

コールする人を一人に決めることは、テーブル全体にとっては好都合だ。しかし、プレーヤーはそれぞれの優位性を最大化しようとしている。これを二人ゲームのゲーム理論分析でとらえるのは無理な話だ。

私はコリンとドリューに、同じ単純な質問をしてみた。二人とも経済学を理解するためにゲームを研究している。ということは「彼らは人々が常にゲームをしていると本気で考えているのだろうか？」「それとも、ゲーム理論は、ただ決定と結果を予測するための優れたモデルを提供するだけなのだろうか？」「ロースクールに行くことを考えている人や、研究プロジェクトを検討している企業や、持ち家を売りに出そうとしている人は、それぞれの問題を敵や戦略の関係するゲームと見なしているのだろうか？」

驚いたことに、実際にゲームを実践しているコリンは「ノー」と考え、より抽象的なことに関心を持つドリューは「イエス」と考えていた。コリンはこう話してくれた。

「認知処理での究極の希少資源は、注目だ。われわれの周りでは、われわれが注目を払っていないことが起こっている。われわれの周りを無視された情報が漂っている。注目と記憶との間でトレードオフが行われる。法廷の速記者は小説を読みながらでも、法廷であらゆる人が発するあらゆる言葉を記録することができる。しかし、一〇秒前に何が起こったかを尋ねてみれば、ポカンとした表情が返ってくるだけだ。注目は、情報を得るために必要な道具なのだ」

「人はあらゆることを最適に解決できるだけの注目を持たないために、無意識のうちにいろいろな戦略を取っている。単純なゲームモデルで人間の行動を予測できるのは、彼らが注目を払っているからではなく、注目を払っていないからなのだ」

これに対してドリューは、ゲームがわれわれの遺伝子に組み込まれていると考える。人間を含むあらゆる生き物は、生物学的に戦略を立てて勝つようにできている。ゲーム理論の目的は、人間の実際の行動について単純な予測を行うことではなく、より賢明に行動する方法を理解することにある。いかなるゲームがプレーされているかを解明し、それから最適戦略を考え出すのだ。

この考え方は、全員が自分以外の全員の戦略を知っており、全員が最適な対抗戦略を採用するという状況での均衡解を見つけるという、単純なゲーム理論の典型例とは矛盾するように思われる。ドリューはこれが「最良の助言ではない」ことに同意する。

彼はこれを「弱いツールである均衡分析とゲーム理論とを混同するもの」として、強烈に批判する。ドリューの目的は一ゲーム一ゲームを勝ちに行くことである。全員が同じ行動を取った場合にゲームを安定させる役割を見つけ、それを果たすことなのではない。

ドリューとコリンは、ポーカーをプレーすることが非常に有益だという点では意見が一致する。理論から実験に至るまで、文科系からロケット科学に至るまで、ボストンからロサンゼルスに至るまでの両極の専門家が、ポーカーがためになるという点で、意見は一致しているのだ。

コリンはポーカーを注意力の訓練に最適なゲームだと考える。ドリューはポーカーが戦略的利点を探してそれを活用する方法を教えてくれると考える。

脳科学者であるコリンは、ポーカーが脳を鍛えると考える。理論経済学者のドリューは実践経済に役立つと考える。

私はどちらにも同意する。

第10章　ユーティリティベルト

――ギャンブラーはどう考えるのか、人々はギャンブラーがどう考えていると思うのか、そして、なぜだれもがギャンブラーのように考えるのか

なぜ人はギャンブルをするのか。

一〇〇年ほど前まで、この問題についてじっくり考えた人はいなかったようだ。人がギャンブルをするのはもちろん、楽しむためか、金儲けをたくらんでいるからだと考えられていた。ギャンブルを非難する人は多かった。不道徳あるいは不信心だという考えもあれば、ふしだらでほかの悪習をもたらすという考えや、社会問題を生み出すという考えもあった。だが、ほとんどの批判は、もっと単純だった。

「ギャンブルは時間と金の無駄だ。役に立たないが、悪いものでもない」

しかし、当時も今と同様、ほとんどの人がギャンブルをしていた。

彼らをその場所に根づかせる心理について思いをめぐらせる

ギャンブラーを本格的に攻撃するには、心理学の助けが必要だった。一九一四年、H・フォン・ハッ

ティンバーグは「ギャンブルに伴う緊張によってギャンブラーは性的に刺激される。その原因はもちろん、肛門期の発達段階における強迫観念にある」と断定した。その一四年後にフロイトは論文「ドストエフスキーと父親殺し」のなかで、ギャンブルは自慰行為の代用であると主張している。

そう言われてもあまり嬉しくはない。だが、少なくとも筋がいくらかとおっている。ギャンブルをすれば、例えばこどもを火事から救出するといった有益なことを実際に試みなくても、リスクを取る興奮を味わえる。

この考え方から言えば、自慰行為に似たものはたくさんある。例えば、ダイエット炭酸飲料を飲めば、実際にカロリーを摂取することなく、ソーダの発泡と味を味わえる。テレビで野球を観戦すれば、実際に球場にいなくても、試合のスリルをある程度感じることができる。

一九五七年になると、エドモンド・バーグラーが非難を強めた。彼は「母親と性的交渉を持ちたいがために、父親の死を望むのがギャンブラーだ」と力説した。実際に父親が亡くなると、ギャンブラーは罪悪感に駆られる。この罪悪感を和らげるには、自分の欲望が無駄に終わったことを示すしかない。そうなれば、自分が父親の死に責任がなかったことになるからだ。彼らは欲望というものがいかに無駄であるかを証明するために、ギャンブルで勝つことを望み、そして負ける。もちろん勝つことには耐えられないので、確実に失敗するような戦略を取る。

もう少し辛抱して聞いてほしい。事態はますますひどくなる。

ここまでは男性の心理学者だけだった。ところが、一九六三年になるとシャーロット・オルムステッドが「ギャンブラー性的不能説」を唱えた。

ギャンブラーは性的交渉を恐れ、不能な男性を求める女性と知り合う。だが、彼女らも彼らを嫌い、自分の欠点を隠そうとギャンブルに救いを求める彼らに屈辱を与える（そんな妻がいたら、家から出たいというのが、ギャンブルをする十分な理由になると思うが）。

また彼女たちは、性交無欲症以外に結婚問題の責任を転嫁するものができて喜ぶ。シャーロットの言葉で言えば「男性は負けることを望み、女性は彼らが負け続けることを望む。性的刺激や自慰行為といった害にならない楽しみが、ここで突如として誇るに足るものに変わってしまった」。

これらの研究のうち、現実の世界に生きる多数の人に関する調査をもとにしたものは、一つもない。何しろほとんどのギャンブラーは、自分に問題があるとは考えない。また問題を抱えていることを自覚する人は、一般にこうした理論を重視しないものだ。

実態調査が行われれば、集団としてのギャンブラーが、ギャンブルをしない人よりも精神的に健康だということがはっきりするだろう。ギャンブラーは幸せで、友人も多く、地域社会に溶け込み、精神的な悩みが少ないのだ。

確かに一部のギャンブラーは、深刻な問題を抱えている。しかし、彼らを強迫神経症だとか異常だとか依存症だなどと決めつけないのが、現代のアプローチだ。ギャンブラーが示す症候群はどれにも似ていない。

むしろ彼らは「不良ギャンブラー」なのだ。これらの問題のほとんどは、ギャンブラー以外の人のものだ。

私は心理学については門外漢だし、不良ギャンブラーを研究したこともない。だが、私は、行動について、それが引き起こした結果という観点から説明することを好む。これは単なる偏見かもしれない。

しかし、金融業界人の間では一般的な考え方だ。結果が予測できる行動を取る人は、そういう結果が好きなのだと思われても仕方がない。

この観点から言えば、不良ギャンブルは中産階級から抜け出すための手段のように思われる。勝てば金持ちになれるし、負ければ中産階級のあらゆるしがらみから逃れることができる。仕事も財産も、そして家族もなくしてしまう。何もかもなくしてしまうのだ。

不良ギャンブラーの研究者による報告を読んではっきり分かることの一つに「ギャンブラーは表面的な魅力がなくなれば、非常に好ましくない人間になる」ということがある。そのため、不良ギャンブラーに取り組む医師のほとんどが、一、二年たつと彼らを見放し、麻薬常用者や妄想型統合失調症といった、気持ちの良い人たちに取り組むようになる。

ギャンブラーよりも、アルコール依存症や殺人者のほうが、妻や母親に許してもらえることはずっと多い。彼女らは何年もの間、能なしにうそをつかれ、盗まれ、なおざりにされた挙げ句、自分にかけてくれた額よりもはるかに多額の金が下品な犯罪者につぎ込まれたことを許しもしないし、忘れることもない。

映画「ラウンダーズ」で、主役のマット・デイモンが重荷になっていた陰気なグレッチェン・モルから逃れたときよりも、つらい破局を見たことがあるだろうか。彼女は札束を目にすると、彼がポーカーをやったことを知り、荷物をまとめて出て行く。辛らつな言葉の一つもかけずに。そして映画が終わるまでの間ずっと、彼のことをせつなげに見つめるのだ。

自殺よりも安全

私は不良ギャンブラーが経験する、本当の惨めさを軽視しているわけではない。だが、もしギャンブルの目的が、中産階級のあらゆるしがらみを断つことにあるのなら、ギャンブルは自殺よりも安全で、麻薬よりも金がかからず、飲酒よりも確実だと言える。惨めではある。だが、その点では、ほかの選択肢も変わらない。

苦痛のほとんどは、友人や家族が負わされる。ギャンブラーがどん底に落ちて町を出て二カ月もすれば、どこかで新しい仲間と酒を飲みながらポーカーをやっている。一方、妻はシングルマザーとして借金に押しつぶされそうになりながら奮闘し、母親は老後の蓄えを持って行かれ、雇用主は使い込みを補填し倒産を避けようと四苦八苦している。

このテーマをさらに解明するかもしれない別の話を紹介しよう。アンディ・ベリンは痛烈で愉快な著作『ポーカー・ネイション（Poker Nation）』で、出獄したばかりのプレーヤーが最初に訪問するのは妻か、売春宿か、ポーカーゲームかという賭けを、ポーカークラブで引き受けたときのことについて書いている。ここでそのどんでん返しを暴露するつもりはない。その代わり、スリックという人物について紹介しよう。彼のことは好きではないが、友人の友人だ。それを表す言葉が必要だが、ここでは知り合いということにしておく。

スリックはラスベガスやアトランティックシティのギャンブル場に、たびたびぜいたくな旅行をした。噂によれば自腹で行き、ブラックジャックのカードカウンティングで儲けたらしい。しかし、ブラックジャックでカードカウンティングをしたことがある人なら、スリックを見ただけで、彼がそういうことをするタイプではないと分かる。私自身、彼がブラックジャックをやっているのを見たことがない。それに彼は、クラップスやルーレットでは大金をすっていた。また大金を獲得しているにしては、カジノで人気がありすぎた。

スリックは横領とマネーロンダリングを中心に、数々の罪を犯していたことが判明した。砂上の楼閣が崩れ去ろうとしていたとき、彼は人の良い連邦検察官に、過去七年間に犯された二〇〇以上の重罪が、実は一つの大きな犯罪であることを信じ込ませた。

これにはかなり効果があった。しかし、実のところ、彼には麻薬密売人や殺人者に手を貸したことはあっても、コカインや銃を直接さわったことはなかった（少なくとも、だれもそれを証明できなかった）。

彼のことを信用していた数十人以上の友人、親戚、同僚たちが、彼のせいで破滅させられた。ところが、だれ一人として裁判官に厳刑を求めず、スリックは結局二年ちょっとの服役ですんだ。テキサスでは、スリックよりも社会にとって大きな損失になると思われる人たちが、日々薬殺されていると思う。しかし、刑法を定めたのは私ではない。

私の友人の一人が、出獄したスリックを車で迎えに行った。彼女の判断は理解しかねる。だが、忠実すぎる友人を責めることはできない（私自身、いつ必要とするかもしれないのだ）。

スリックほど面の皮の厚い、陽気な楽天家ですら、仮出所後、ツイているときは威張りちらし、そのうえ騙して金まで巻き上げた人たちに囲まれる生活に戻ることを恐れていたに違いない。彼が最初に訪ねたのは妻だろうか。いや、友人は彼を車でカジノに送った（州境を越え、ギャンブル施設に足を踏み入れたことは、どちらも宣誓釈放違反だった）。

カジノのマネジャーは何と言っただろうか。「スリック、おまえはいかさま師だ、おまえがすったあの金すべてが、善良な人から盗ったものだったんだな！」だろうか、それとも「スリック、おまえは一文無しでお先真っ暗だ、出て行け！」だろうか、はては「どちらさまですか？」だろうか。

いや、マネジャーはこう言ったのだ。

「お帰りなさい、スリックさん。歓迎会をしましょう。あなたの信用状態は良好です」

スリックは長年にわたって盗んだ金をただ懐に入れていただけではなかった。カジノ銀行に預金していたのだ。彼は無一文で、法的にギャンブルを禁じられていたにもかかわらず、ハイローラー（訳注　**大金を賭けるプレーヤー**）の扱いを受け、多額の信用を与えられた。

なぜカジノは彼に金を融通したのだろうか。理由の一つは、スリックがギャンブラーだったからだ。ギャンブラーはけっしてギャンブルと縁を切ることがない。最終的には負けるとはいえ、そこに至るまでには勝つこともある。スリックが実際に勝ったとき勝ち金を回収することさえできれば、カジノの金も安全というわけだった。

またスリックはいつも知り合いを連れてきては、大金のばかばかしい賭けをするようけしかけた。スリックは極端な例で、彼は実際に「不良リスク」だったのかもしれない（彼にはまた金ができたらしい。どうやって作ったのか知らないが、まっとうに稼いだ金ではないほうに賭けてもいい。そしてまたカジノで金をすっているのだ）。

だが、彼は入獄したことで、かえって助かった。ほかのハイローラーたちも成り行きに注目していたのだ。彼らのなかには、刑務所を一生避けて通れそうにない人たちもいた。もしカジノが刑務所に服役した人を締め出せば、彼らは別の場所に資金を預け替える可能性があった。

カジノ銀行の利点は、資産をだれにも押収されないことにある。数人のタフな捜査官たちが、スリックが隠した金を一セント残らず回収しようとした。ところが、カジノの預金に手をつけることだけはどうしてもできなかった。

スリックよりも一般的な例として、稼いだり、せびったり、借りたり、盗んだりして手に入れたすべての金を数年のうちにカジノで失い、首になって離婚される男を考えてほしい。現金や預金や退職基金はすべて没収されるだろう。だが、ポーカープレーヤーである彼は、サクラやハウスプレーヤーとして雇ってもらえる。

これは素晴らしい人生とは言えない。だが、少なくとも中産階級ではない。

一〇項目のうち五項目が該当

米国精神医学会（ＡＰＡ）は、不良ギャンブラーの基準として一〇項目を挙げている。ＡＰＡによれば、そのうち五項目に当てはまる人は、病んでいるという。

三項目は、単にギャンブルが非常に好きだということを示す「没頭」「禁断症状」「追求」だ。ギャンブルのことばかり考えており、ギャンブルができないと楽しめず、負けても永久にやめるわけでなく、翌日には戻ってくる。

また二項目は、悪事をギャンブルのせいにすることを示す「違法行為（例えば、横領や詐欺だ。ギャンブル法違反だけに限らない）」と「救済（ギャンブルの債務をだれかに肩代わりさせる）」だ。

次の二項目は、あなたのギャンブルにだれかがいい顔をしないことを示す「虚言」と「危機的な関係」だ。女友達に「ギャンブルをするなら別れましょう」と言われ、「やめるよ」とうそをついてやめなければ、それで二点だ。

残りの三項目は、頭のなかの問題で「耐性」「逃避」「制御不能」である。耐性とは、賭け金を増やし続けずにはいられないことだ。逃避とは、ほかの問題や憂鬱から逃れるためにギャンブルをすることである。そして制御不能は、やめようとしてもやめられないことを指す。

まず、あなたがギャンブル好きだと仮定しよう。これで三点だ。もし次のどれかが当てはまれば、あなたは折り紙付きの不良ギャンブラーとなる。

①ほかに悪事をはたらいてそれをギャンブルのせいにしている
②だれかがあなたのギャンブルを心底嫌がっている
③ギャンブルをする自分が好きになれない

これは、かなり良い定義だと言える。つまり、あなたの好きなことについて、そのために悪事をはたらく羽目になるか、だれかがそれを好きでないか、そんな自分が好きでない、というのが問題というわけだ。だが、これは精神疾患のようには聞こえない。

突き詰めれば、不良ギャンブラーの多くが「そもそもギャンブルは悪いものであり、ギャンブルが生み出すあらゆる困難が、弱い、あるいは悩める精神の証拠だ」という暗黙の前提に行き着く。ところが、われわれは重要なものごとであれば、それを成し遂げるために問題を克服する人を、たとえ人の感情を害し、法律に違反することがあっても、称賛してしまう。

例えば、食事について考えてみよう。あなたはそれについて考えているはずだ。これを没頭という。食べなければ腹が減り（禁断症状）、昼食を抜けばその分、夕食をたくさん食べるだろう（追求）。

食事をするために法律を犯していない人も、必要とあればそうするだろう。今までにレストランでおごられたり、給仕してもらったことが一度でもあるなら、それは救済だ。食べることについてうそをついたことはないだろうか（ううんママ、クッキーを取ったのはボクじゃないよ）。または食事に関する意見の不一致で、だれかと別れたことはないだろうか（独身白人女性、禁煙ベジタリアンを求む）。人はスパイスのきいた食べ物への耐性を生じるし、多くの人が逃避するために食べ、感謝祭には（この病気を祝うための祝日まであるのだ！）きまって、食べたいと思う以上の料理を食べる。

ほとんどの人が「不良摂食」のテストで少なくとも七点を取るだろう。一〇点を取るのもそう難しいことではない。

不合理のまっただ中にあっても平静

ギャンブルは太古からあり、それに対する批判も同じくらい昔からある。だが、ギャンブルが不合理だという考え方の起源は、ダニエル・ベルヌーイがこの問題に取り組んだ一七三八年よりも前にはない。だが、彼がこの目新しく不条理な結論にどのようにして到達したのかを知るためには、一六五四年にまでさかのぼり、アントワーヌ・ゴンボーの物語を取り上げなければなるまい。

アントワーヌ・ゴンボーは、あらゆる統計学の本に登場する。「シュヴァリエ・ド・メレ」の名で、著者によって貴族、自称貴族、ギャンブラー、あるいはペテン師として登場している。だが、実際はそのどれでもない。

ゴンボーは史上初の、かつ最も重要なサロン理論家だ。その思想はフランス革命以前の欧州で大きな影響力をもたらした。彼は才気煥発で、おしゃれで、知的な思想家の集うサロンこそが、主要な社会的組織だと信じていた。だが、実際の世界が選んだのは、才気あふれる上流階級のカトリック教徒が支配する貴族的な組織ではなく、陰気な中産階級のプロテスタントが運営する民主主義的な組織だった。そこに隠れゴンボー主義者が大勢いた。いずれにせよ、ゴンボーは貴族ではなかったし、貴族を騙りもしなかった。

シュヴァリエ（勲爵士）・ド・メレという名前は、彼自身の思想を表す対話の登場人物の名で、それが当時の一般的な文学的技法だった。彼は特別熱心なギャンブラーだったわけでなく、ゲームの数学に関心があったにすぎない。

アントワーヌは友人のブレーズ・パスカルに「得点問題」と呼ばれる古くからあるギャンブルの問題に一緒に取り組んでほしいと頼んだ。そしてブレーズは、友人のピエール・ド・フェルマーに手紙を書いた。ギャンブルの問題を解くために、歴史上最も偉大な数学者の二人の助けを得たことは、サロン方式の強みを非常によく表している。

二人は問題をそれぞれまったく違う方法で解いた。パスカルは彼の有名な三角形（彼が発明したわけではないが）を使って解き、かくして確率論が生まれた。

この直接の影響の一つとして「期待値」という考えが生まれた。ギャンブルの期待値を求めるには、起こり得るすべての結果に確率をかけて、それを総計する。

例えば、アメリカンルーレットで7番（どの番号でもよい）に三八ドルを賭ける場合、一三三〇ドルを得る確率が三八分の一、三八ドルを失う確率が三八分の三七である。この場合の期待値は、一三三〇×（一÷三八）－三八×（三七÷三八）＝三五－三七＝マイナス二となる。

もし赤か黒に賭けたとすれば、三八ドルを得る確率が三八分の一八、三八ドルを失う確率が三八分の二〇なので、期待値は三八×（一八÷三八）－三八×（二〇÷三八）＝一八－二〇＝マイナス二となる。

したがって、この二つの賭けは、まったく別物であるにもかかわらず、期待値が等しい。

当時の哲学者は「あらゆるギャンブルが期待値によって評価されるべきだ」という考え方を激しく非難した。また、ダニエル・ベルヌーイが登場するまでの八四年間、確率論の専門家は「正の期待値を持つギャンブルを拒絶するのは不合理だ」と主張した。この主張は、現代の専門家が「ゼロまたは負の期待値を持つ危険なギャンブルに応じるのは不合理だ」と主張するのと同じように、独善的である。ところが、富を倍にするか貧困にするかのために硬貨を投げることが、本当に合理的なことなのかを疑う人は、ほとんどいなかった。

ダニエルは、彼の従兄弟のニコラスが二五年前に提示した問題を解くことを通じて、より多くの理論が必要だということをようやく人々に納得させた（スイスの数学者ゲイブリエル・クレイマーが、ベルヌーイよりも一〇年早く同じ解法を提案していた。だが、計算だけで満足し、だれのことも不合理呼ばわりしなかった）。

サンクトペテルブルグの賭け（ダニエルの論文がサンクトペテルブルグ学士院によって発表されたためにこう呼ばれるだけで、特にロシアと関わりがあるわけではない）は、二ドルのポットから始まる。コインを投げ、表が出ればあなたがポットを取り、裏が出ればポットは倍になる。表が出るまでこれを続ける。このゲームをするために、あなたなら何ドル支払うだろうか。

期待値の計算は簡単だ。最初に投げて表が出る確率は〇・五で、その場合二ドルを回収するので、〇・五×二＝一ドルとなる。

最初の一投で裏が出た場合、ポットは二倍の四ドルになり、二投目で表が出る確率は〇・二五なので、このときの期待値は〇・二五×四＝一ドルとなる。このようにして三、四投目とそれ以降の期待値を計算していくと、どれも一ドルになることが分かるだろう。

コインは無限回投げられるので、この賭けの期待効用は無限大だ。したがって（一六五四年から一七三八年までの標準的な理論に従えば）、いくら支払ってでもこのゲームをすべきだという結論になる。

さらに、ポットが二ドルではなく一セント、あるいは〇・〇〇〇〇一セントや一〇〇のマイナス一〇〇乗セントだったとしても、または一〇〇万回か一〇〇の一〇〇乗回裏が出なければポットが倍にならない設定にしても、結果は同じだ。それでも、あなたはこの賭けをするためにいくらでも支払うばかりか、そんな変更など気にもしないだろう。

だが、現実には、ほとんどの人が原型の賭けに五ドルしか支払わない（そして変型の賭けには金を出さない）。この金額は、相手のプレーヤーから三二ドル以上獲得できないと考えた場合の期待利益に一致する。

ダニエルはこの矛盾を「効用理論」と呼ばれる新しい考え方を使って解決した。この理論では、期待値を計算する前に、結果に何らかの関数を適用する必要があった。例えば、ある人の幸福は、富に直接依存するのではなく、富の平方根に依存するのかもしれない。この場合、一六ドルは四ドルの四倍良いことではなく、二倍良いことだ。なぜなら一六ドルの平方根（四）は四ドルの平方根（二）の二倍でしかないからだ。

もし私があなたにコインを投げるよう求め、表が出れば一六ドル、裏が出れば〇ドルあなたがもらえるとすると、この賭けの期待値は、一六×（一÷二）＋〇×（一÷二）＝八ドルになる。だが、この賭けの効用は四×（一÷二）＋〇×（一÷二）＝二ドルとなり、確実に四ドル持っている場合の効用に等しい。期待値のギャンブラーは、一六ドル勝てるかもしれないコイン投げに八ドル支払う。現代の言葉ではこのような人を「リスク中立的」と呼ぶ。彼はリスクを気にせず、賭けを期待値で評価する。

一方、平方根効用のギャンブラーは、同じコイン投げに四ドルしか賭けない。このような人を「リスク回避的」と呼ぶ。彼らはリスクを負うのに、より大きな期待値を要求する。

このことが、サンクトペテルブルグのパラドックスをどのように解決するのだろうか。平方根の効用を持つ人にとって、賭けの期待効用は無限大ではなく、二・四一だ。これは確実に五・八三ドルを手にする効用に等しい（二・四一は五・八三の平方根）。これは直感とまずまず一致する。

図表 10.1

分割なし	確率	1%	89%	10%
	結果	0ドル	50万ドル	250万ドル
分割あり	確率	100%		
	結果	50万ドル		

実は、このパラドックスを一部変更して、平方根の効用も覆すことができる。だが、それよりもずっと有効な関数がほかにある。ジョン・フォン・ノイマンとオスカー・モルゲンシュタインは、一九四七年にゲーム理論を発表した同じ本のなかで、これよりもはるかに厳密で完成した効用理論を提案した。

取引しよう

これは立派な理論だ。ただ、人が賭けなどについて、実際にどのようにして決定を下すかという問題と、まったく関係がないように思われる。

単純な例の一つに、アレのパラドックスがある。例えば、あなたがポーカーのトーナメントの最終テーブルに、二人の参加者と共に残っているとしよう。一等賞金は二五〇万ドル、二等賞金は五〇万ドル、ただし三等は賞金なしだ。あなたは中程度のチップを持ち、右側に座っている女性はあなたの十倍のチップを持ち、左側の男性はチップ一枚と椅子を残すだけ(チップアンドチェア)となっている。あなたは自分の優勝する確率が一〇%、二位になる確率が八九%、三位になる確率が一%と考えたとする。

ほかの二人のプレーヤーが、賭け金の分割を持ちかけた。あなたは五〇万

図表 10.2

分割なし	確率	89%	11%
	結果	0ドル	50万ドル
分割あり	確率	90%	10%
	結果	0ドル	250万ドル

ドルを獲得する。そして、女性が二五〇万ドルを獲得して、そこから男性に報酬を払うという。この分割を、あなたは受け入れるだろうか。ほとんどの人が、この分割に承諾するだろう（図表10・1）。

では、次の状況について考えてみよう。同じトーナメント、同じ賞金だが、今度は、男性が二番手で、あなたが三番手の場合だ。あなたの優勝する可能性はなく、五〇万ドルを手に入れる確率は一一％、何も得られない確率が八九％とする。

リードしている女性は、自分のチップと五〇万ドルを取って、二位の座で手を打ちたいと申し出た。二番手の男性も熱心に賛成する。あなたにとって唯一のマイナス面は、女性が男性を負かしてくれる可能性がなくなるので、男性を負かす確率が一％低下することだ。

あなたはこの取引をした場合、結局手元に何も残らない確率が九〇％、二五〇万ドルを獲得する確率が一〇％だと考えている。このときも、だれもがこの分割に喜んで応じるだろう（図表10・2）。

たった今、われわれは効用理論の公理を無視した。初めの選択で、あなたは何も手に入れられない一％の確率を避けるために、二五〇万ドル勝つ一〇％の確率を自ら進んで放棄した。二番目の選択で、あなたは何も得られない確率が一％高まることと引き換えに、二五〇万ドル勝つ一〇％の確率を、

図表 10.3

		宝くじ1番から89番まで	宝くじ90番から99番まで	宝くじ100番
状況1	分割なし	50万ドル	250万ドル	0ドル
	分割あり	50万ドル	50万ドル	50万ドル
状況2	分割なし	0ドル	50万ドル	50万ドル
	分割あり	0ドル	250万ドル	0ドル

同じくらい進んで手に入れようとしたのだ。

このパラドックスの最も思慮深い分析は、史上屈指の名著である、レナード・サベージの『ザ・ファウンデーション・オブ・スタティスティックス（The Foundation of Statistics）』で読むことができる。サベージはだれもがこうした選択をするにもかかわらず、だれもが誤っており、効用理論が正しいのだということを、巧妙に説明した。この決定について、次のような報酬が得られる一〇〇枚の宝くじ券として、整理し直してみよう（**図表10・3**）。

これが以前の取引と同じである点に注意してほしい。最初の状況で、分割前は五〇万ドルを獲得する確率が八九％、二五〇万ドルを獲得する確率が一〇％、何も得られない確率が一％だった。分割に応じれば、どの場合でも五〇万ドルを獲得する。

二番目の状況では、取引しなければ、何も得られない確率が八九％、五〇万ドルを獲得する確率が残りの一一％だ。分割に応じれば、九〇％の確率で何も獲得できず、残る一〇％の確率で二五〇万ドルを獲得できる。

サベージが指摘したのは、分割するかしないかの決定は、一番から八九番までの宝くじ券には何の影響もおよぼさないため、これらの巻をわざわざ考慮に入れる必要はないということだ。残りの巻については、二つの状況はまったく同じなので、どちらの状況でも同じ決定を下すべきだという。

このパラドックスに関する奇妙な事実は、われわれは最初の状況のほうが金持ちになるということだ。通常、金持ちはリスク許容度が高いと考えられる。だが、アレのパラドックスでは、金持ちが大きな正の期待値の賭けを却下するのに対し、貧乏なほうは必ず受け入れる。

このことから、二つの教訓が得られる。一つは「人は効用理論に沿って行動するわけではない」ということだ。そしてもう一つは「ときには理論が正しい場合もある」ということだ。効用理論について考えることで、より良い意思決定を下せるようになる。

実のところ、私はフォン・ノイマン＝モルゲンシュタイン効用理論を信奉している。単純であり優雅であり、有益な予測を与えてくれるからだ。この理論は誤っているように思えるときも、そうではないことが多い。

この理論は、ギャンブルが不合理であるとは言っていない。この結論は、理論を数学的に扱いやすくするために課された制約から来ている。ベルヌーイの効用理論に基づいて開発されたモデルを、フォン・ノイマン＝モルゲンシュタイン効用理論に転用するだけで、後者の理論によって付与された力や緻密さを、まるで生かそうとしない人が多い。

主な問題点は、解きやすい方程式を得るために、効用関数を「時間に関して分離可能」にする必要があるということだ。フィッシャー・ブラックは『一般均衡の探究』のなかで、この問題点を明らかにした。例えば、今一万ドルを受け取り、一年後に一〇万ドルを受け取るのと、今も一年後も二万ドルずつ受け取るのとでは、どちらがよいだろうか。また、コイン投げで表が出たら一万ドルを受け取り、裏が出たら一〇万ドルを受け取るのと、どちらの場合も確実に二万ドルを受け取るのとでは、どちらを選ぶだろうか。

この二つの質問はまったく別物だ。しかし、時間に関して分離可能であれば、どちらの質問にも常に同じ答えが返ってくると仮定せざるを得ない。別の見方をすれば、単純化された理論は、何かを手に入れる確率が五〇%だということと、それを半分の時間だけ持っていることが、同じであると仮定する。

これは一部の物や人については、妥当な近似かもしれない。だが、多くの場合まったくの誤りである。

岩よりも潮よりも星々よりも辛抱強く、夜の暗闇のように無数で辛抱強く

収入の大半を宝くじの購入に費やす人たちについて、多くの研究がなされている。彼らは主に三つの集団に分類される。

第一は非常に貧しい人たちで、宝くじを不規則に購入する。余分な金を手に入れると、報酬が比較的少ないもの、例えばスピードくじなどを購入する。理由を問われれば「ほかに買うものがないから」と答える。

こうした人たちが偶然手に入れる五ドルや一〇ドルのはした金を欲しがる金融機関はない。彼らの住む界隈や社会的環境では、余分な現金が盗まれたり、金を貸しても返ってこなかったりすることが多い。宝くじで当てた五〇〇ドルは、何らかの方法で自衛し、活用するのに十分な金だ。彼らは州営宝くじが

なかった時代には、ビンゴや違法な数当てギャンブルをやっていた。

第二の集団を構成するのは、下位中間所得層の年配の労働者だ。彼らは追いつめられているように感じ、挫折感を覚えている。一定の金額、例えば一日一〇ドルほどを彼らが見つけられるなかで最大の報酬を支払うゲームに賭けることが多い。中間の賞金は、すべて宝くじの購入に回される。

一〇〇万ドル超の賞金を当てる確率は非常に低いものの、長期間買い続ければ、天文学的に低い数字にはならない。だが、ほとんどの経済専門家よりもずっと辛抱強くなければならない。カール・サンドバーグの言葉を借りれば「岩よりも、潮よりも、星々よりも辛抱強く、夜の暗闇のように無数で辛抱強く」だ。社会や結婚生活や金銭の重荷から解放された新しい生活を待ち望む生命保険金の受取人よりも、さらに辛抱強くなければならない。保険金の受取人は、少なくとも支払いを受けられそうなことを知っている。

この集団の人々が強調するのは、こどもたちを大学にやる、金銭面で不安のない老後をすごす、といった中産階級の基本的な目標を達成するための方法が、ほかにないということだ。彼らはこうした目標のためのわずかな貯えは、取り崩されるか、取られてしまうと考えている。

最後の集団は失業、病気、離婚、訴訟などで経済的に大きな痛手を被った若い人たちだ。借金で首が回らない人が多い。彼らは中間的な報酬を狙って定期的に宝くじを購入する。以前の状態を取り戻すために二万五〇〇〇ドルや五万ドルを獲得したいと考えている。これに失敗すれば、破産状態に陥りそうだ。

三つの言い分は、どれも完全につじつまが合っているように思われる。彼らは認識を誤っているかもしれない。だが、不合理ではない。宝くじは希望という、それ自体価値のあるものを与えてくれるばかりか、彼らに提供される金融サービスよりも格段に優れている。

この世界がもっと思いやりにあふれていたなら、彼らが自力で貧困から脱し、中産階級の基本的な目標を達成し、不運の後で以前の状態を回復する手助けが得られるだろう。だが、われわれが生きるこの世界では、宝くじを買う人は非難され、賭け金の半分が州政府に、賞金の二八％が連邦政府に取り上げられてしまうのだ（さらに州税と地方税も徴収される）。

では、カジノのギャンブラーについてはどうだろう。宝くじを買う人が当選する確率は、たった一〇〇万分の一かもしれない。だが、勝つときには大きく勝つ。一方、五〇〇〇回ルーレット盤を回した時点で一ドルでも勝ち越している確率は、一〇〇万分の一よりもはるかに低い。

カジノのギャンブラーを理解するために、自由競争社会のカジノでは、ギャンブラーの損失の約七五％を払い戻すという話を思い出してほしい。小口のスロットプレーヤーは、カジノの諸経費やクーポンという形で、またハイローラーの一部はぜいたくなコンプ（優遇サービス）という形で、そのほかの人たちは「信用」という形で、払い戻しを受ける（カジノ経営に関する言いならわしに「顧客から二度勝つ必要がある」というものがある。一度目はテーブルで、二度目は借金を回収することで勝たなければならない）。

娯楽に三三％の利幅が上乗せされる（一〇〇ドルの損失と引き換えに、七五ドルのコンプなどのサービスを得る）のは不合理だと言いながら、バーでビール一本に五ドルを支払う経済専門家が何人もいる。そのビールは、スーパーで買えば一ドルだし、製造原価は〇・〇五ドルだ。どういうわけか、カジノのハウスエッジ（控除率）は、その七五％がプレーヤーに還元されるにもかかわらず、ギャンブルを不合理にする元凶と考えられている。ところが、それ以外の事業が利ザヤを稼ぐことは、当たり前の経済活動とされる。

小口のプレーヤーにとって、カジノは娯楽と親睦の場のようだ。ぜいたくな接待を好むハイローラーにとって、カジノですごす週末は豪勢な遊興だ。同じ部屋や食べ物、飲み物、娯楽をもっと安く手に入れることはできる。ところが、カジノはギャンブルの楽しみ以外にも、ほとんどのリゾート地よりも優れたサービスを提供する。

しかも、費用が間接的であれば、より気楽に遊ぶことができる。二〇〇ドルの夕食や五〇〇ドルのショー、三〇〇〇ドルの部屋を楽しめないという人は多い。かかった金のことを考えると、楽しみが半減するからだ。だが、同じものが数カ月前に被った損失の見返りのコンプとして提供されれば、思う存分楽しめるというものだ。またカジノ従業員の開けっぴろげな温かさは、一部の贅沢品の販売員が身にまとう、威圧的で鼻持ちならない慇懃さとは対照的である。

カジノは信用賭けのハイローラーに、一種の投資を提供する。彼らは生涯の通算では負ける。しかし、その間、いかなる不運が訪れようと、スリックのように温かく迎え、信用を与えてくれるカジノを見つけることができるかもしれない。

カジノでの損失は、けっして安全な投資ではない。だが、一部の人にとっては、銀行口座や貸金庫よりも安心なのだ。

これらの事例で人がギャンブルに救いを求める理由は、ギャンブル以外の事業、特に金融サービス業が、彼らのニーズを満たしていないからだと思われる。彼らにギャンブルの衝動があるとは思えないし、彼らが自分たちの置かれた状況でギャンブルが合理的な選択だと考えているとも思えない。ギャンブルに走ることが常に賢明な選択であるとは思わない（ときには賢明な選択であるとも思わない）。しかし、それには分かりやすい理由がある。精神疾患などではないのだ。

本書はこの種のギャンブル、つまり基本的に絶望的な状況からわずかな希望をひねり出すためのギャンブルや、娯楽のためのギャンブルについての本ではない。私が関心を持っているのは、人がリスクテイクをする、根拠のしっかりした経済的理由だ。人が宝くじを買ったりカジノゲームをしたりする理由ではなく、ポーカーをする理由だ。

なぜ期待値の上昇という見返りもないのに、リスクテイクをするのだろうか。この一例として、あるリスクが、あなたの負っている別のさらに大きなリスクと逆方向に働くときが挙げられる。

例えば、もしあなたの国の政府が不安定なら、金貨を保有することは得策だろう。金価格は変動する。だが、国家が崩壊して無政府状態に陥れば、ほかの資産の価値は失われ、そのようなときに金貨の価値は急騰する。

スポーツファンにとって身近なもう一つの例は、劣勢のときにリスクを取ることだ。アメリカンフットボールの試合で、優勢なチームはリスクの低いランプレーで満足するのに対し、劣勢なチームは前線に向かってロングパスを投げるだろう。

ビジネスの世界では、経営状態の良い企業は、まるで常に遅れをとっているかのように行動する。この世界にはだれかが、例えばライバル企業が、ガレージにいる二人の女の子が、コスト一〇分の一の海外の店が、それ以外の想像もしなかったような相手が、あなたに負けない強みを持っているかもしれない。低リスク事業戦略が失敗するのは世の常だ。

またリスクは最も優秀な人材を引きつけ、彼らに動機づけをし、機会を与える。例えば、あなたが見知らぬ土地に上陸したものの、その土地の言葉も知らず、地図も持っていなかったとしよう。あなたの配下には五五〇人の兵士がいる。ただし、彼らを完全に掌握しているわけではない。言ってみれば探検隊を乗っ取ったようなものだ。

探検隊の主催者は、あなたを追跡するために一四〇〇人の軍隊を派遣した。一方、あなたは二四〇万人の戦士を擁する地上最大の帝国を目の前にして、彼らを征服したいと考えている。

この状況ではもちろん、あなたがエルナン・コルテス（編注 アステカ王国を滅ぼしたスペインの野心家）でないかぎり、戦略的柔軟性を最大限に保ちつつも、リスク軽減の方法を探すことになる。

この例で言えば、自分の船を焼くということだ。なぜだろうか。これだけの戦力があれば楽勝だと思ったからだろうか。それとも寒かったのだろうか。そうではない。そうすることによって意見の不一致が解消し、全員が主要な目的に集中できるようになるからだ。

これまでおそらく何百人もの征服者気取りが船の焼却を命じ、部下に笑われたり、殺されたりしたことだろう。浜まで押し戻されて、撤退の選択肢が失われたことを激しく後悔した人たちもいただろう。だが、コルテスにとっては、さらなるリスクを引き受けることが功を奏したし、ほかの人たちにとっても、それほど劇的ではないにせよ功を奏した。

リスクを好む人たちには、オプション保有者もいる。オプションの価値は、原資産のボラティリティと共に上昇する。

現代ファイナンスは、企業の貴重な資産のほとんどがオプションであると教える。取引所や店頭取引で売買される紙の証券のオプションではない。本物のオプション（選択権）だ。企業が新しいアイデアを試すとき、価値の大半は、成功した場合に「発展する」というオプションからもたらされる。一次的な成功の期待値が同じなら、アイデアのリスクが高ければ高いほど、それを発展させるオプションの価値は高くなるのだ。

例えば、ある映画制作会社に、映画の企画が二つあるとしよう。どちらを制作するにも一億ドルの費用がかかる。一つ目は標準的なジャンルの映画で、予想収益は一億～一億四〇〇〇万ドル、期待収益は一億二〇〇〇万ドルだ。もう一方は型破りな新しいアイデアで、予想収益はゼロ～二億四〇〇〇万ドル、期待収益は同じく一億二〇〇〇万ドルである。

どちらも期待収益率は同じ二〇%だ。しかし、標準的な映画のほうがリスクは低い。一方、新しいアイデアには、メリットがたくさんある。ほかの映画には足を運ばないような観客が関心を持ち、今後かけがえのない中核的な観客になるかもしれない。また精力的で才能ある人材が、映画会社に集まるだろう。そしてこうした人材を管理する方法について、優れた新しい考え方や、貴重な情報が得られる。たとえ映画が経済的に失敗に終わったとしても、こうしたことのすべてが現実のものとなるわけだ。成功すれば、新しいジャンルや、そのほかの機会を生み出すだろう。

これに関連する考え方に「放棄する」という選択肢がある。例えば、撮影が二〇%終了した段階で、その映画がどれほどの収益を生むか判明したとしよう。標準的な映画の場合、この情報には使い道がない。少なくともコスト分の収益は上がるため、どのような情報が手に入ろうと、企画が中断されることはない。だが、新しいアイデアの場合、失敗を早めに放棄することで、期待収益率を二〇～三二・五％に高めることができる。

一九世紀の米国のように人々が多くの選択肢に直面するとき、リスクを取ることは理に適う。もし本当に「あっちの山から黄金が出た」のなら、あるいは新技術に比喩的な黄金が存在するのなら、リスクは高いほどよい。

勝てば万々歳だ。失敗したとしても、また別の選択肢を選べばいい。大丈夫、それがギャンブルというものだ。

文献解題

ポーカーの歴史と意義

ポーカーに関する最も古い文献は、一八二九年の英国の俳優ジョゼフ・カウエルによる手記、一八三七年のジェームズ・ヒルドレス著『ドラグーン・キャンペーンズ・トゥー・ザ・ロッキー・マウンテンズ（Dragoon Campaigns To The Rocky Mountains）』、そして一八四三年のジョナサン・グリーン著『ギャンブリング・アンマスクト（Gambling Unmasked）』にまでさかのぼる。

ただし、ノンフィクションの信頼性に対する基準は、今日とはかなり違った。本を書けるほど学問のある人は少なく、出版社は人気作品を提供するためにプロの駄文作家に頼っていたからだ。こうした人たちのほとんどが出版社に近い都市に住んでおり、いくらかでもポーカーを実際に経験したことのある人は少なかった。

この三人のなかで最も信頼性に欠けるのが、グリーンである。彼がポーカーをどのようにプレーするか理解していなかったのは明らかだ。またミシシッピ川流域の生活に関する説明があまりにも説得力に欠けることから、フィラデルフィアの外に一度も出たことがなかったのではないかと思われる。

ヒルドレスは、自著とされる本を書かなかった。彼は自分の説明した出来事が起こるはるか前に軍隊を離れているうえ、読み書きができなかった可能性もある。執筆者と目される人は数人いるが、その全員が説明されている場面に居合わせていたはずがなかった。いずれにせよ、この本で取り上げられているゲームは、非常に大ざっぱに説明されているので、いかなるゲームでもあり得た。ヒルドレスの本はポーカーではなく、地理と軍略を知るために読んでほしい。

カウエルは、この三人のうち唯一実在の人物で、本のなかで説明されている出来事に確実に居合わせていた。ただし、彼の伝える物語は、ミシシッピの川船という設定に合わせて不器用に作り替えられた、ありふれたギャンブルの逸話だ。彼はグリーンやヒルドレスとは違って、おそらくポーカーがプレーされるのは見たのだろうが、それを説明できなかったのだろう。

この三つの話で興味深いのは、そこに語られていないことだ。著者は三人とも（想定読者からすれば）見知らぬ野蛮な地について書き、いくつもの新しい言葉を発音に関するコメントつきで紹介している。だが、三人とも、ポーカーという言葉を読者になじみ深い言葉であるかのように使っており、それが異国風に、または風変わりに発音されていたことは示唆していない。このことは、ポーカーという名の起源がフランス語やペルシア語にあるという馬鹿げた説に反しているように思われる。

三人のうちだれも、ポーカーと類似のゲームとを混同してはいない。三人とも、このゲームが大きな地域の全域にわたってプレーされていたとしている。また三人ともが、例えばプレーヤーがポットに金を入れ、そのポットを一人の人が取ることや、プレーヤーがフォールドをすればポットに対する権利を失うこと、「A」の手が「K」の手に勝つことといった一般原則を読者が知っているものと想定していた。

したがって、ポーカーは一八三〇年代、すでによく知られていたローカルゲームだったと分かる。米国の東海岸や欧州では、ポーカーという種類のゲームがあることは知られていた。だが、詳しいルールは知られていなかった。ポーカーには個性があり、ポケやブラッグの変種とは見なされていなかった。明文化されたルールのないゲームが普及するには時間がかかることを考えると、こうしたことのすべてが、ポーカーの起源がさまざまな史書に記されているよりもずっと古いことを示している。ポーカーは一八三〇年には米南西部全域に定着していただけでなく、（たとえプレーされていなかったとしても）より広い範囲にわたって知られていた。

ほかのゲームと共通の祖先を持つことを示すしるしは何もなかった。つまり、ポーカーはこれよりずっと以前に祖先から完全に分かれていたか、まったく新しい発明だったかのいずれかである（もちろん、ほかのカードゲームを真似てはいるが、だからといってそういったゲームを祖先とするわけではない）。一般に、カードゲームはこのようにして進化する。緩やかなルールの変更を通じて進化するわけではない。

ポーカーの発展に関しては、ずっと良い資料がある。まずは一九〇六年のG・フランク・リドストン著『ポーカー・ジム（Poker Jim）』に収録されている素晴らしい物語からだ。リドストンは医学校を出てすぐカリフォルニアのゴールドラッシュに参加し、一八五〇年代から一八九〇年代までの鉱山労働者の生活について、ポーカーに重点を置きつつ記録にとどめた。これは本物の人生、本物のポーカーの物語だ。

この時期に関するもう一つの優れた資料に『ハッチングス・カリフォルニア・マガジン（Hutchings, California Magazine）』がある。

ジョン・ブラックブリッジ著『ザ・コンプリート・ポーカー・プレーヤー（The Complete Poker

Player)』（一八八〇年）は、当時の東海岸版のポーカーを生き生きと描き出し、理論的に考察している。

現代の本では、デイビッド・デイリー著『シーキング・プレジャー・イン・ジ・オールド・ウェスト（Seeking Pleasure in the Old West）』（一九九五年）に、有益かつ愉快な情報が満載されている。

R・F・フォスター著『フォスター・オン・ポーカー（Foster on Poker）』（一九〇四年）も、同じく有益な資料だ。特長として、広範なポーカーの資料を引用していることと、昔のポーカープレーヤーを探し当てて初期のゲームについて学ぼうとする取り組みの成果が生かされていることが挙げられる。

最近の本では、デイビッド・パーレットによる『ジ・オックスフォード・ガイド・トゥー・カード・ゲームズ（The Oxford Guide to Card Games）』（一九九〇年）が、今日手に入るなかで最も専門性の高いポーカー史であり、読み物としても素晴らしい。

シアトルの新聞記者ケネス・ギルバートは『ポーカー・ジム』がちょうど終えたところから執筆を始めている。私はこどものころ、彼の物語を抜き刷りの新聞コラムで読んでいた。これらは一九五八年に『アラスカン・ポーカー・ストーリーズ（Alaskan Poker Stories）』にまとめられた。同書には、一八九八～一九一六年のアラスカのゴールドラッシュでのポーカーが取り上げられている。

ハーバート・ヤードリーは、この間の時代を生きた人物だった。彼は一九〇〇年ごろに旧西部の生粋のギャンブラーからポーカーを学んだ。その後、暗号法と国際スパイ活動のキャリアを選ぶ。つまり、彼はポーカーの起源を現代の数学と政治的思考に結びつけたことになるわけだ。一九五六年の作品『ジ・エデュケーション・オブ・ア・ポーカー・プレーヤー（The Education of a Poker Player）』（一九九八年に復刻版が出た）は、古典的名著である。

アレン・ダウリングは、一九三〇年代のルイジアナ州の政界の黒幕ヒューイ・ロングの広報を担った人物だ。一九二〇年代から一九六〇年代にかけてニューオリンズで活躍した新聞記者かつ広報担当として、当時のこの地における計り知れないほど貴重な風聞を一九四〇年に『コンフェッションズ・オブ・ア・ポーカー・プレーヤー（Confessions of a Poker Player）』、一九六〇年に『アンダー・ザ・ラウンド・テーブル（Under the Round Table）』、一九七〇年に『ザ・グレート・アメリカン・パスタイム（The Great American Pastime）』で紹介している。最初の二冊はジャック・キングというペンネームで書かれた。

この時期を別の見方でとらえた本に、アルフレッド・ルイスの偉大な伝記『マン・オブ・ザ・ワールド（Man of the World）』（一九七八年）がある。

アルバート・オストローの『コンプリート・カード・プレーヤー（Complete Card Player）』（一九四五年）とアービン・ステイグの『コモン・センス・イン・ポーカー（Common Sense in Poker）』（一九六三年）は、一九三〇年代から一九五〇年代までのポーカーが取り上げられている。

二人の素晴らしく博学な英国の著者が、続いてポーカーノンフィクションの責務を引き受けた。アンソニー・アルバレスの『ザ・ビッゲスト・ゲーム・イン・タウン（The Biggest Game in Town）』（一九八二年）とデイビッド・スパニアーの『トータル・ポーカー（Total Poker）』（一九七七年）および『イージー・マネー（Easy Money）』（一九八七年）も必読の書だ。

アンソニー・ホールデンの一九九〇年の作品に『ビッグ・ディール（Big Deal）』がある。

最近のものでは、アンディ・ベリンの『ポーカー・ネイション（Poker Nation）』（二〇〇二年）とジェームズ・マクマナスの『ポジティブリー・フィフス・ストリート（Positively Fifth Street）』（二〇〇三年）が、輝かしくも偉大なポーカーノンフィクション作品の仲間入りを果たしたばかりだ。

ジョン・ストラビンスキーは『リーデム・アンド・ウィープ（Read'Em and Weep）』（二〇〇四年）に、数多くの素晴らしい逸話の抜粋をまとめている。もう一つの楽しい小話集に、マイケル・カプランとブラッド・リーガンの『エースィズ・アンド・キングス（Aces and Kings）』（二〇〇五年）がある。

ギャンブルの歴史と意味

まずは、一五二〇年のジェロラモ・カルダノの古典的名著『ザ・ブック・オン・ゲームズ・オブ・チャンス（The Book on Games of Chance）』から始めなければなるまい。そして、その一五四年後にチャールズ・コットンが書いた『ザ・コンプリート・ゲームスター（The Complete Gamester）』（一六七四年）と、テオフィロス・ルーカスによる『ライブズ・オブ・ザ・ゲームスターズ（Lives of the Gamesters）』（一七一四年）が続く。三冊とも、近代ギャンブルの理論と実践を説明した本である。

もう少し現代に近いところでは、いくつかの重要な概論がある。ルージュ・エ・ノワール著『ザ・ギャンブリング・ワールド（The Gambling World）』（一九八九年）、ハーバート・アシュベリー著『アン・インフォーマル・ヒストリー・オブ・ギャンブリング・イン・アメリカ・フロム・ザ・コロニーズ・トゥ・キャンフィールド（An Informal History of Gambling in America from the Colonies to Canfield）』（一九三八年）そして、ヘンリー・ハフェツ著『プレー・ザ・デビル（Play the Devil）』（一九六一年）などだ。

オスカー・ルイスが一九五三年に著した『セイジブラッシュ・カジノズ（Sagebrush Casinos）』は、初期のネバダ州（ラスベガスよりもリノが主体だが）に関する情報源として欠かせない。ギャンブルの意味とギャンブルに対する考え方に関する初期の優れた作品に、クライド・デイビス著『サムシング・フォー・ナッシング（Something for Nothing）』（一九五六年）がある。

またシャーロット・オルムステッドの一九六二年の著作『ヘッズ・アイ・ウィン・テイルズ・ユー・ルーズ（Heads I Win, Tails You Lose）』は本書で批判的に取り上げたが、素晴らしい部分も多々ある。

一九七〇年から二〇〇〇年にかけて米国でギャンブルが爆発的に流行したことで、多くの研究が触発された。ルーベン・ブレナーとゲイブリエル・ブレナーによる『ギャンブリング・アンド・スペキュレーション（Gambling and Speculation）』（一九九〇年）、ピーター・バーンスタインのベストセラー『リスク』（日本経済新聞社）、ウィリアム・トンプソン著『ギャンブリング・イン・アメリカ（Gambling in America）』（二〇〇一年）、チャールズ・ガイスト著『ウィールズ・オブ・フォーチュン（Wheels of Fortune）』（二〇〇二年）、ジャクソン・リアーズ著『サムシング・フォー・ナッシング（Something for Nothing）』（二〇〇三年）は、ギャンブルに対する考え方の再考を迫る。

金融とギャンブル

金融とギャンブルを結びつける作品はいくつかある。まずはディクソン・ワッツの一八七八年の著作『スペキュレーション・アズ・ア・ファイン・アート（Speculation as a Fine Art）』（一九六五年に『Fraser

Publishing』として復刻）がある。ジョン・マクドナルドは『かけひきの科学』（日本規格協会）によって、ゲーム理論の普及に大いに貢献した。

エド・ソープとシーン・カスフ（本書が印刷に回る直前の八月一〇日に亡くなった）の一九六七年の著作に『ビート・ザ・マーケット（Beat the Market）』がある。エドの一九六二年の著作『ディーラーをやっつけろ！』（パンローリング）は、この知的伝統を正統に継承したものだ。

最近この分野に加わった興味深い著作に、グレッグ・ディンキンとジェフリー・ジトマーによる『ザ・ポーカー・ＭＢＡ（The Poker MBA）』（二〇〇二年）がある。

マーティ・オコンネルの素晴らしい作品『ザ・ビジネス・オブ・オプションズ（The Business of Options）』（二〇〇一年）と、ポール・ウィルモットの名著『クォンティタティブ・ファイナンス（Quantitative Finance）』（二〇〇〇年）もこの分類に入れたい。だが、だからといってこの二冊が、最高の金融の教科書ではないということにはならない。

純粋なポーカーに関する本としては、メイソン・マルマスとデイビッド・スクランスキーの著作を見逃すわけにいかない。ここではメイソン・マルマスの『ギャンブリング・セオリー・アンド・アザー・トピックス（Gambling Theory and Other Topics）』（二〇〇四年）と、デイビッド・スクランスキーの『ザ・セオリー・オブ・ポーカー（The Theory of Poker）』（一九九四年）の一作ずつしか挙げない。だが、二人には数多くの著書がある。

リチャード・Ｄ・ハロックとルー・クリーガーの『ポーカー・フォー・ダミーズ（Poker for Dummies）』（二〇〇〇年）は、まったくの初心者向けの基礎知識を網羅した本で、中級レベルの優れた教材も含まれている。

本書で紹介した考え方を理解するための金融専門書には、ジョン・ロー著『貨幣と商業』（世界書院）と、ジェフリー・ウィリアムズ著『ジ・エコノミック・ファンクション・オブ・フューチャーズ・マーケッツ（The Economic Function of Futures Market）』（一九八六年）、ロバート・フィンクとロバート・フェドゥニアック共著『フューチャーズ・トレーディング（Futures Trading）』（一九八八年）、フィッシャー・ブラック著『エクスプローリング・ジェネラル・エクイリブリアム（Exploring General Equilibrium）』（一九九五年）、ナシーム・タレブ著『ダイナミック・ヘッジング（Dynamic Hedging）』（一九九六年）、ケント・オズバンド著『アイスバーグ・リスク（Iceberg Risk）』（二〇〇二年）、そしてラリー・ハリス著『市場と取引』（東洋経済新報社）がある。

『物理学者、ウォール街を往く』（東洋経済新報社）は、物理学者であり金融クオンツであるエマニュエル・ダーマンの自伝で、クオンツの目から見たウォール街の内情を紹介した素晴らしい本だ。ウィリアム・ファルーンが著した、スーパートレーダーであるチャールズ・ディフランチェスカの伝記、『チャーリー・D（Charlie D.）』（一九九七年）、ウィリアム・パウンドストーン著『天才数学者はこう賭ける』（青土社）、ティモシー・ミドルトンによるスーパー投資家ビル・グロスの伝記『ボンド・キング（Bond King）』（二〇〇四年）、そしてペリー・メーリングによるスーパー思想家フィッシャー・ブラックの伝記『金融工学者フィッシャー・ブラック』（日経ＢＰ社）は、こうした金融原理が適用される現場の貴重な内部事情を紹介している。

分類分けをするのが難しいが、本書で紹介した多くの考え方を違う方法で取り上げている、素晴らしい著作が三冊ある。ナシーム・タレブ著『まぐれ』（ダイヤモンド社）、ジェームズ・スロウィッキー著『「みんなの意見」は案外正しい』（角川書店）、そしてマルコム・グラッドウェル著『ブリンク（Blink）』（二〇〇五年）である。

先物取引の歴史に関する優れた著作がいくつかある。例えば、フランク・ノリス著『小麦相場』（英宝社）、エドワード・ダイズ著『ザ・プランジャー（The Plunger）』（一九二九年）だ。二作品ともフィクションだが、それでも信頼性は高い。

また、ジョナサン・ルリー著『ザ・シカゴ・ボード・オブ・トレード（The Chicago Board of Trade）』（一九七九年）、デイビッド・グリージングとローリー・モース共著『ブローカーズ・バッグメン・アンド・モールズ（Brokers, Bagmen and Moles）』（一九九一年）、ボブ・タマーキン著『ザ・マーク（The Merc）』（一九九三年）、カール・クレーマー著『プライド・イン・ザ・パスト・フェイス・イン・ザ・フューチャー（Pride in the Past, Faith in the Future）』（一九九七年）、パトリック・ケイタニア著『マーケット・メーカー（Market Maker）』（一九九八年）なども優れた本だ。

ドナルド・ミラーの偉大な著作『シティ・オブ・ザ・センチュリー（City of the Century）』（一九九六年）も、ここに含めたい。多くの同じ題を取り上げているほか、別の側面も網羅しているからだ。

そのほかの文献

レナード・サベージ著『ザ・ファウンデーション・オブ・スタティスティックス（The Foundation

of Statistics）』（一九五〇年）は、効用理論と、確率論の背後にある哲学の両方を、最もうまく説明した作品と言える。

またクリス・グレゴリー著『サベージ・マネー（Savage Money）』（一九九七年）を読めば、変化に対する考え方が変わるだろう。

ダニエル・アズナーの一九九二年の名著『インディアンズ・セトラーズ・スレイブズ・イン・ア・フロンティア・エクスチェンジ・エコノミー（Indians, Settlers, Slaves in a Frontier Exchange Economy）』は、魅力的な開拓時代に関する魅力的で開拓者的な考察である。

ジャネット・グリーソン著『ミリオネア（Millionaire）』（一九九九年）は、ジョン・ローの愉快な伝記だ。

ポーカー経済学に関する有用な著作には、グレゴリー・ストーン編『ゲームズ・スポート・アンド・パワー（Games, Sport and Power）』（一九七二年）と、デイビッド・ハヤノ著『ポーカー・フェイセズ（Poker Faces）』（一九八二年）の二冊が挙げられる。

社会的ネットワークについて書かれた本では、ハリソン・ホワイト著『マーケッツ・フロム・ネットワークス（Markets from Networks）』（二〇〇二年）と、ダンカン・ワッツ著『スモールワールド・ネットワーク』（阪急コミュニケーションズ）を最高の二冊として挙げたい。

<索引>

書籍

数字

アルファベット

あ

い

う

え

お

か

き

く

け

こ

さ

し

す

せ

そ

た

ち

つ

て

と

な

に

の

は

ひ

ふ

へ

り

る

れ

ろ

わ

【著者紹介】

アーロン・ブラウン（Aaron Brown）

投資銀行モルガン・スタンレー常務取締役。2005年にセミナー、著述、革新的活動が認められ、年間最優秀金融教育者に選ばれた。ハーバード大学で応用数学学士号を（そして世界一の大富豪の卵と米国大統領の卵とポーカーをプレーし）、またシカゴ大学で金融学学士号を修得する（そして三人のノーベル賞受賞者とポーカーをプレーする）。ウォール街の著名なクオンツアナリストであり、計量ファイナンス界の有力な専門誌『ウィルモット』のコラムニストでもある。プルデンシャル、JPモルガン、ラボバンク、シティグループで、トレード、リスク管理、ポートフォリオ運用の業務に携わる。生涯現役のポーカープレーヤーであり、ウォール街の大物や世界チャンピオンともプレーしている。

【訳者紹介】

櫻井祐子（さくらい・ゆうこ）

翻訳家。雙葉学園、京都大学経済学部卒業。オックスフォード大学大学院経営学研究科修了（MPhil）。東京三菱銀行などを経て現職。主な訳書に『ダウの犬投資法』（パンローリング）、『イノベーションへの解』『戦略のパラドックス』『コミュニティ・オブ・プラクティス』（翔泳社）、『巨龍・中国がアメリカを喰らう』（早川書房）などがある。

2008年11月3日 初版第1刷発行

ウィザードブックシリーズ ⑭⑤

ギャンブルトレーダー
——ポーカーで分かる相場と金融の心理学

著　者　アーロン・ブラウン
訳　者　櫻井祐子
発行者　後藤康徳
発行所　パンローリング株式会社
〒160-0023　東京都新宿区西新宿7-9-18-6F
TEL 03-5386-7391　FAX 03-5386-7393
http://www.panrolling.com/
E-mail　info@panrolling.com
装　丁　パンローリング装丁室
印刷·製本　株式会社シナノ

ISBN978-4-7759-7112-3

【免責事項】
本書で紹介している方法や技術、指標が利益を生む、あるいは損失につながることはないと仮定してはなりません。過去の結果は必ずしも将来の結果を示すものではなく、本書の実例は教育的な目的のみで用いられるものです。

心の鍛錬はトレード成功への大きなカギ！

ウィザードブックシリーズ32
ゾーン 相場心理学入門
著者：マーク・ダグラス

定価 本体 2,800円＋税　ISBN:9784939103575

【己を知れば百戦危うからず】
恐怖心ゼロ、悩みゼロで、結果は気にせず、淡々と直感的に行動し、反応し、ただそ の瞬間に「するだけ」の境地、つまり「ゾーン」に達した者こそが勝つ投資家になる！　さて、その方法とは？　世界中のトレード業界で一大センセーションを巻き起こした相場心理の名作が究極の相場心理を伝授する！

ウィザードブックシリーズ114
規律とトレーダー
著者：マーク・ダグラス

定価 本体 2,800 円＋税　ISBN:9784775970805

【トレーダーとしての成功に不可欠】
「仏作って魂入れず」――どんなに努力して素晴らしい売買戦略をつくり上げても、心のあり方が「なっていなければ」成功は難しいだろう。つまり、心の世界をコントロールできるトレーダーこそ、相場の世界で勝者となれるのだ！　『ゾーン』愛読者の熱心なリクエストにお応えして急遽刊行！

ウィザードブックシリーズ 107
トレーダーの心理学
トレーディングコーチが伝授する達人への道
著者：アリ・キエフ
定価 本体 2,800 円＋税　ISBN:9784775970737

高名な心理学者でもあるアリ・キエフ博士がトップトレーダーの心理的な法則と戦略を検証。トレーダーが自らの潜在能力を引き出し、目標を達成させるアプローチを紹介する。

ウィザードブックシリーズ 124
NLP トレーディング
投資心理を鍛える究極トレーニング
著者：エイドリアン・ラリス・トグライ
定価 本体 3,200 円＋税　ISBN:9784775970904

NLPは「神経言語プログラミング」の略。この最先端の心理学を利用して勝者の思考術をモデル化し、トレーダーとして成功を極めるために必要な「自己管理能力」を高めようというのが本書の趣旨である。

ウィザードブックシリーズ 126
トレーダーの精神分析
自分を理解し、自分だけのエッジを見つけた者だけが成功できる
著者：ブレット・N・スティーンバーガー
定価 本体 2,800 円＋税　ISBN:9784775970911

トレードとはパフォーマンスを競うスポーツのようなものである。トレーダーは自分の強み（エッジ）を見つけ、生かさなければならない。そのために求められるのが「強靭な精神力」なのだ。

相場で負けたときに読む本
～真理編～
著者：山口祐介
定価 本体 1,500 円＋税　ISBN:9784775990469

なぜ勝者は「負けても」勝っているのか？ なぜ敗者は「勝っても」負けているのか？ 10年以上勝ち続けてきた現役トレーダーが相場の“真理”を詩的に表現。

※投資心理といえば『投資苑』も必見!!

マーケットの魔術師シリーズ

ウィザードブックシリーズ19
マーケットの魔術師
著者：ジャック・D・シュワッガー

オーディオブックも絶賛発売中!!

定価 本体 2,800 円＋税　ISBN:9784939103407

【いつ読んでも発見がある】
トレーダー・投資家は、そのとき、その成長過程で、さまざまな悩みや問題意識を抱えているもの。本書はその答えの糸口を「常に」提示してくれる「トレーダーのバイブル」だ。「本書を読まずして、投資をすることなかれ」とは世界的トレーダーたちが口をそろえて言う「投資業界の常識」だ！

ウィザードブックシリーズ13
新マーケットの魔術師
著者：ジャック・D・シュワッガー

定価 本体 2,800 円＋税　ISBN:9784939103346

【世にこれほどすごいヤツらがいるのか!!】
株式、先物、為替、オプション、それぞれの市場で勝ち続けている魔術師たちが、成功の秘訣を語る。またトレード・投資の本質である「心理」をはじめ、勝者の条件について鋭い分析がなされている。関心のあるトレーダー・投資家から読み始めてかまわない。自分のスタイルづくりに役立ててほしい。

ウィザードブックシリーズ 14
マーケットの魔術師 株式編《増補版》

著者：ジャック・D・シュワッガー
定価 本体 2,800 円＋税　ISBN:9784775970232

投資家待望のシリーズ第三弾、フォローアップインタビューを加えて新登場!!　90年代の米株の上げ相場でとてつもないリターンをたたき出した新世代の「魔術師＝ウィザード」たち。彼らは、その後の下落局面でも、その称号にふさわしい成果を残しているのだろうか？

◎アート・コリンズ著 マーケットの魔術師シリーズ

ウィザードブックシリーズ 90
マーケットの魔術師 システムトレーダー編

著者：アート・コリンズ
定価 本体 2,800 円＋税　ISBN:9784775970522

システムトレードで市場に勝っている職人たちが明かす機械的売買のすべて。相場分析から発見した優位性を最大限に発揮するため、どのようなシステムを構築しているのだろうか？　14人の傑出したトレーダーたちから、システムトレードに対する正しい姿勢を学ぼう！

ウィザードブックシリーズ 111
マーケットの魔術師 大損失編

著者：アート・コリンズ
定価 本体 2,800 円＋税　ISBN:9784775970775

スーパートレーダーたちはいかにして危機を脱したか？　局地的な損失はトレーダーならだれでも経験する不可避なもの。また人間のすることである以上、ミスはつきものだ。35人のスーパートレーダーたちは、窮地に立ったときどのように取り組み、対処したのだろうか？

チャートギャラリーでシステム売買

株はチャートでわかる！【増補改訂版】

著者：パンローリング編

定価 本体 2,800円＋税　ISBN:9784775990605

1999年に邦訳版が発行され、今もなお日本のトレーダーたちに大きな影響を与え続けている『魔術師リンダ・ラリーの短期売買入門』『ラリー・ウィリアムズの短期売買法』（いずれもパンローリング）。こうした世界的名著に掲載されている売買法のいくつかを解説し、日本株や先物市場で検証する方法を具体的に紹介するのが本書『株はチャートでわかる！』である。

DVD チャートギャラリーで今日から動く日本株売買システム

著者：佳住啓一

定価 本体 10,000 円＋税 ISBN:9784775962527

個別株4000銘柄で30年間通用するシンプルな短期売買ルールとは!?　東証、大証、名証、新興市場など合計すると、現在日本には約4000〜4500銘柄くらいの個別株式が上場されています。その中から短期売買可能な銘柄の選び方、コンピュータでのスクリーニング方法、誰でもわかる単純なルールに基づく仕掛けと手仕舞いについて解説します。

魔術師リンダ・ラリーの短期売買入門

著者：リンダ・ブラッドフォード・ラシュキ，L・A・コナーズ
定価 本体 28,000 円＋税　ISBN:9784939103032

国内初の実践的な短期売買の入門書。具体的な例と豊富なチャートパターンでわかりやすく解説してあります。著者の1人は新マーケットの魔術師でインタビューされたリンダ・ラシュキ。古典的な指標ですら有効なことを証明しています。

ラリー・ウィリアムズの短期売買法

著者：ラリー・ウィリアムズ
定価 本体 9,800 円＋税　ISBN:9784939103063

マーケットを動かすファンダメンタルズとは、3つの主要なサイクルとは、いつトレードを仕切るのか、勝ちトレードを抱えるコツは、……ウイリアムズが答えを出してくれている。

フルタイムトレーダー完全マニュアル

著者：ジョン・F・カーター
定価 本体 5,800 円＋税　ISBN:9784775970850

トレードで経済的自立をするための「虎の巻」！ステップ・バイ・ステップで分かりやすく書かれた本書は、これからトレーダーとして経済的自立を目指す人の必携の書である。

自動売買ロボット作成マニュアル

著者：森田佳佑
定価 本体 2,800 円＋税　ISBN:9784775990391

本書は「マイクロソフト社の表計算ソフト、エクセルを利用して、テクニカル分析に関する各工程を自動化させること」を目的にした指南書である。